Karl H. Neufeld, S.J.: GESCHICHTE UND MENSCH

T0107988

Analecta Gregoriana

Cura Pontificiae Universitatis Gregorianae edita
Vol. 234, Series Facultatis Theologiae: sectio A n. 25

KARL H. NEUFELD, S.J.

GESCHICHTE UND MENSCH

A. Delps Idee der Geschichte
Ihr Werden und ihre Grundzüge

Università Gregoriana Editrice

ROMA 1983

KARL H. NEUFELD, S.J.

GESCHICHTE UND MENSCH

A. Delps Idee der Geschichte
Ihr Werden und ihre Grundzüge

UNIVERSITÀ GREGORIANA EDITRICE

ROMA 1983

IMPRIMI POTEST

Romae die 14 novembris 1983

R. P. Urbanus Navarrete, S.I.
Rector Universitatis

Con approvazione del Vicariato di Roma
in data 28 novembre 1983

© 1983 - U.G.E. - Roma

TIPOGRAFIA P. U. G. - ROMA

Gedruckt mit Unterstützung der Augustin Card. Bea - Stiftung München.

Die Tiefe einer geistigen Tat
steht im genauen Verhältnis
zum Einsatz des Täters.
Ob Fortschritt oder nicht:
im Leben des Geistes gibt es
wie in jedem Leben
das Unwiderrufliche.
Henri de Lubac « Glaubensparadoxe »

VORWORT

Die Philosophie der Geschichte als Kind der Aufklärung
stellte sich die Aufgabe, das Ziel aufzudecken, dem die Geschichte zustrebt. Aber die Schwierigkeiten wurden umso größer,
je mehr man die Geschichte wirklich kennenlernte (A. Brunner).
Konkretes und Allgemeines, Anschauung und Leben, klare Konturen und unentwirrbares Dunkel streiten in der Geschichte
miteinander. Davor fühlt sich der Mensch verloren, auch weil
er ihr nicht entrinnen kann. Seitdem ihm dies nicht mehr als
einfach gelebte Selbverständlichkeit vertraut ist, sondern zum
bohrenden Problem wurde, bemüht er sich in ungezählten Versuchen, Geschichte zu begreifen oder auch dieser Aufgabe aus-
zuweichen. Nicht selten wird er zum Opfer der Geschichte.

A. Delp, eine der profiliertesten Gestalten katholischen Wi-
derstandes gegen den Nationalsozialismus, setzte sich, bevor er
Opfer dieses Terrors wurde, nicht nur mit Unrecht und Gewalt,
sondern eben mit dem umfassenderen Problem menschlicher
Geschichte auseinander. Sein Widerstand ist letztlich Konsequenz
dieser geistigen Auseinandersetzung. Das wurde bislang übersehen, weil das Ende Delps rasch für sich Symbolwert erhielt und
nur noch aus jenen Zeugnissen verstanden wurde, die « Im Angesicht des Todes » während der Haftmonate das letzte geistige
und geistliche Ringen dieses Christen, Priesters und Jesuiten
erschütternd dokumentieren. Doch dieses Schlußkapitel eines
nach menschlichen Maßstäben kurzen Lebens und Wirkens wuchs
aus einem viel längeren geistigen Mühen heraus. Dieses Denken
Delps zu erfassen, es in seinen Wurzeln und in seinem inneren
Zusammenhang zu erhellen und so darzustellen, daß sich er-

kennen läßt, was daran zeitbedingt und zufällig gewesen sein mag, vor allem aber, was in ihm über den Tag hinausweist und wenigstens ansatzhaft als Beitrag auch heute von Wert ist, das hat diese Untersuchung in Gang gebracht und zu Ende kommen lassen.

Schon vor einer ganzen Reihe von Jahren wurde sie begonnen, doch ihr Abschluß verzögerte sich aus verschiedenen Gründen immer wieder. Das besondere Problem bestand zunächst in der Erfassung und Gewichtung der verstreuten Äußerungen Delps. Um ihn zu verstehen, war überdies ein Blick auf seine Studien unerläßlich, der beim Fehlen von Vorarbeiten erstmals zu erstellen war. Ohne großzügige Hilfe von verschiedenen Seiten wäre schon diese Zusammenstellung nicht möglich gewesen. Erwähnt seien die Hinweise, Berichte und Texte der Studiengefährten A. Delps Fr. X. Bockmayer, J. Neuner und Fr. Prinz. Wichtig war auch die bereitwillige Unterstützung durch die Verantwortlichen der « Philosophischen Hochschule München », wo die Arbeit schließlich als philosophische Dissertation angenommen wurde. Auf manche Hilfe in Einzelfragen ist jeweils in Anmerkungen noch mit Dank aufmerksam gemacht. Publikation und Auswertung des im Anhang beigegebenen Briefwechsels, dessen zufällige Entdeckung vor mehr als einem Jahrzehnt nicht zuletzt diese Untersuchung auslöste, ermöglichte das großzügige Einverständnis von Frau Dr. Susanne Thieme. Allen gilt ein Wort herzlichen Dankes.

Der Druck dieses Bandes verlangte zuletzt erhebliche finanzielle Hilfen, die durch die Bereitschaft der Oberen und verschiedener Freunde zusammenkamen; ihnen allen ein ausdrücklicher Dank. Nach Ursprung und Thema hängt diese Untersuchung in mehrfacher Hinsicht mit der Arbeit zusammen, die der Verfasser in den Jahren 1974 - 1978 im « Alfred-Delp-Haus » in München tun durfte; den Mitbrüdern dort und namentlich der Herausgebergruppe der Monatsschrift « Stimmen der Zeit » sei dieser Band deswegen als Zeichen der Verbundenheit gewidmet.

Pontificia Università Gregoriana
Rom, im Frühjahr 1983

INHALT

EINLEITUNG

Im Sommer 1943, während des zweiten Weltkriegs, wandte sich O. Kuss, der später bekannte Münchener Neutestamentler[1], von Breslau aus an einen jungen Jesuitenpater in der bayerischen Hauptstadt. Er schrieb ihm, es sei ein Sammelband unter dem Arbeitstitel « Welt und Ewigkeit » bzw. « Die Verwandlung der Welt. Beiträge zur religiös -philosophischen Problematik der Gegenwart »[2] geplant.

---

[1] O. Kuss (geb. 1905) Dr. theol., Prof. f. Biblische Theologie Regensburg (seit 1946), Paderborn (seit 1948), München (seit 1960), emeritiert. Bekannt sein Kommentar « Der Römerbrief » ([2]1963) sowie Arbeiten mit dem Schwerpunkt Paulinische Theologie. Bis Kriegsende Domvikar und Studentenseelsorger in Breslau; dort half er mit Prof. E. Kleineidam den Gebildeten durch Vorträge und Veröffentlichungen in der weltanschaulichen Auseinandersetzung. In diesem Rahmen lud er u.a. auch A. Delp nach Breslau ein; O. Kuss erinnert sich, den Jesuiten auch in München-Bogenhausen besucht zu haben. — Für die freundliche Mitteilung seiner Erinnerungen sei Herrn Prof. Dr. Kuss verbindlich gedankt.

[2] Original im Nachlaß Delp; Wortlaut:
« Breslau, den 1. Juli 1943, Domplatz 6
Lieber, verehrter Herr Dr. Delp,
der Alsatiaverlag in Kolmar hat uns aufgefordert, ein Zeitbuch zu entwerfen, er meint, dass er es noch drucken kann. Wir haben uns nach einigen Bedenken entschlossen, wenigstens einen Versuch zur Verwirklichung des Planes zu machen. Ich lege Ihnen den Rohentwurf bei und frage Sie an, ob Sie zu einer Mitarbeit zu gewinnen wären. Würden Sie über den « Sinn der Geschichte » schreiben können, etwa 2 Bogen oder auch mehr? Es kommt uns bei dem ganzen Buch (falls es überhaupt zustande kommt) darauf an, der modernen Diesseitigkeit gegenüber ein möglichst lebendiges Bild christlicher « Jenseitigkeit » zu entwerfen — vielleicht kann es so doch auch seinen Dienst tun, zumal des « Büchermachens » nunmehr doch « ein Ende » zu sein scheint. Wenn Sie zustimmen — würden Sie dann das Ms bis etwa zum Spätherbst abliefern können? Mit herzlichen Grüssen und guten Empfehlungen zugleich im Namen von Prof. Kleineidam (gez.) Ihr Otto Kuss ». — Der beigeheftete Plan gibt folgende Übersicht:
« Welt und Ewigkeit bzw. Die Verwandlung der Welt Beiträge zur religiös-philosophischen Problematik der Gegenwart
Themen
Die Fremdheit des Christen in der Welt — Der Mensch vor Gott (Anthropologie des MA) — Die Mystik und die Würde des Menschen —

Und er bat dafür um einen Artikel zum Thema « Sinn der Geschichte ». In A. Delp[3] glaubte er den rechten Autor gefunden zu haben.

Die Anfrage drückte in diesem Augenblick eine besondere Erwartung aus; ob sich das Projekt überhaupt verwirklichen ließ, war ungewiß. Aber der Jesuit hatte sich wiederholt mit der Frage nach der Geschichte aus katholischer Sicht auseinandergesetzt[4]. Darauf stützte sich die Bitte. Ihre Erfüllung versprach in jedem Fall eine Orientierung, eine klärende Hilfe angesichts der Kriegsereignisse und der Verwirrung, welche die offizielle Propaganda verbreitete. Der Sammelband ließ sich nicht mehr realisieren; wie soviele andere Pläne fiel auch er dem Krieg und dem deutschen Zusammenbruch zum Opfer. Delp dagegen durfte sein Wort noch sagen[5].

Nach dem Krieg wurde der Jesuit durch sein Zeugnis « Im Angesicht des Todes »[6] und sein gewaltsames Ende weltweit bekannt. Persönliche Erinnerungen hielten sein Andenken bis heute lebendig. Im wesentlichen gehen sie auf Begegnungen und Erlebnisse mit Delp selbst zurück, die von Bekannten und Freunden sorgsam weitergegeben wurden. Nachträglich verbanden sich damit Deutungen und Wertungen, die sich nur zum Teil in ein zusammenhängendes Bild der Persönlichkeit und des Werkes fügen. So ergaben sich eine Reihe von Fragen, die in der Mehrzahl noch keine eindeutige Antwort fanden. Die wenigen knappen biographischen Übersichten[7] erweisen sich aller

---

Das abendländische Kulturbewusstsein — Die gemeinchristlichen Aufgaben in der religiösen Krise der Gegenwart — Die Flucht in die Welt (Gegenwartsphilosophie) — Die Geschichte und ihr Sinn — Die moderne Naturwissenschaft und der christl. Glaube — Die Ehre des Natürlichen im Christentum — Der Sinn der christlichen Aszese — Die Auferstehung des Fleisches und das ewige Leben. Mitarbeiter (Plan) Bernhart, Smolka, Pribilla, Delp, Spülbeck, Schöllgen, Mauer, Schneider, Kleineidam u.a. »

[3] A. Delp S.J. (1907-1945); vgl. O. Simmel, in: NDB III (Berlin 1957) 589; J.-B. Lotz, in: Encicl. Filos. II (Florenz ²1968) 313; Fr. v. Tattenbach, in: Bavaria Sancta II (Regensburg 1971) 417 - 438.

[4] Vgl. « Geschichtsphilosophie und Geschichtstheologie » (5 Besprechungen), in: StdZ 138 (1940/41) 241 - 243 sowie: « Weltgeschichte und Heilsgeschichte », ebd. 245-254.

[5] A. Delp, « Der Mensch und die Geschichte », Kolmar (1943). — Dieser Beitrag wird später genau behandelt; dort auch Einzelheiten zur Veröffentlichung.

[6] Zunächst als Band III der von P. Bolkovac S.J. herausgegebenen Vorträge, Aufsätze, Ansprachen und Aufzeichnungen unter dem Obertitel « Christ und Gegenwart », Frankfurt/M. 1947. 10. Auflage 1976, Taschenbuchausgabe 1958. Übersetzungen ins Französische, Englische, Spanische.

[7] Vgl. außer Anm. 3 noch Fr. v. Tattenbach, Das entscheidende Ge-

investierten Mühe zum Trotz immer wieder als unzureichend. Eine umfassende Lebensbeschreibung Delps aber fehlt bis heute; die nötigen Nachforschungen wurden bisher nur für ein paar enge Einzelbereiche in Angriff genommen.

Noch schwieriger läßt sich ein Urteil über das Werk und das Denken des Jesuiten gewinnen. Voraussetzungen und Motive, Hintergründe und Hauptlinien seiner Überzeugung liegen so gut wie völlig im dunkeln. Welche geistige Entwicklung machte dieser Mann bis zur Verurteilung und Hinrichtung durch? War dieses Schicksal für ihn nur purer Zufall? Oder hing sein Zeugnis innerlich mit persönlichen Ansichten und Auffassungen zusammen, die auch seinem Ende eigenständige und unverwechselbare Züge einprägten? Delps Mitarbeit im « Kreisauer Kreis » [8] besaß jedenfalls durchaus individuellen Charakter; es handelt sich nicht nur um die Präsenz eines Katholiken und eines Jesuiten. Für eine neue erhoffte Zukunft sollten klare Ordnungsvorstellungen herausgearbeitet werden. Keiner der Teilnehmer glaubte, man könne und dürfe für diese Ordnung dort anknüpfen, wo die ältere Generation durch die nationalsozialistische Machtübernahme ihre Verantwortung eingebüßt hatte. Inzwischen war eine Katastrophe Wirklichkeit geworden, die alles in Frage stellte. Die Aufgabe lautete: sich von Grund auf mit der gegebenen Gegenwart auseinanderzusetzen, den Mut zum Vorgriff auf ganz neue Perspektiven einsetzen und doch Vorstellungen entwickeln, in denen ausgewiesene Werte wieder aufleben können.

Bekanntlich sollte Delp im « Kreisauer Kreis » ganz speziell Vorstellungen zum sozialen Zusammenleben beisteuern, die sowohl der katholischen Sicht entsprachen als zugleich einer Situation Rechnung trugen, die mit ungewöhnlich zahlreichen Unbekannten noch kaum greifbar war. Von vornherein hatten bloß private Interessen oder Vorlieben zurückzubleiben. Andererseits mußte der Jesuit ganz auf eigene Rechnung und Gefahr das katholische Bild einer sozialen Zukunft in diese Gespräche einbringen. Denn die Gruppe, deren Erwartungen für die ausste-

spräch, in: StdZ 155 (1954/55) 321-329; O. Simmel, Alfred Delp SJ † 2.2.1945, in: StdZ 175 (1964/65) 321-324; ders., Alfred Delp SJ, in: R. R. Geis, O. Hammelsbeck, O. Simmel, Männer des Glaubens im deutschen Widerstand, München 1959, 47-72; G. van Roon, Neuordnung im Widerstand. Der Kreisauer Kreis innerhalb der deutschen Widerstandsbewegung, München 1967, 170-203.

[8] Vgl. dazu die Arbeit von G. van Roon (Anm. 7) und L. Volk SJ, Opposition gegen Hitler, in: StdZ 180 (1967) 55-59 sowie K. Finker, Graf Moltke und der Kreisauer Kreis, Berlin (Ost) 1978.

hende Gestaltung der Gesellschaft ein Einzelner formulieren und vortragen sollte, war selbst zu einer Meinungsbildung und Stellungnahme nicht in der Lage; vorauszudenken und wenigstens zu einem anfänglichen Konsens über eigene Ziele zu kommen, war ihr politisch unmöglich gemacht. Zudem hatten in diesen Jahren fast alle Kräfte des deutschen Katholizismus der unmittelbaren Selbstbehauptung, oder: der unaufgebbaren direkten Hilfe des Glaubens angesichts der allgemein und tagtäglich gewordenen Lebens- und Todesnot einer unabsehbaren Menschenmasse zu dienen. Und selbst diesem dringlichen Notdienst war in vielen Fällen nicht oder nur ganz ungenügend nachzukommen. Aber durfte katholisches Christentum über diesem unmittelbaren Elend völlig aus den Augen verlieren, was nach der sich immer deutlicher abzeichnenden Katastrophe kommen würde?

Männer, die wie Delp diese risikoreiche Aufgabe übernahmen, suchten ebenso in der Not des Augenblicks da zu sein. Und sie waren sich der Gefahr und Schwierigkeit bewußt, die sie mit der Sorge für die Zukunft zusätzlich heraufbeschworen. In erster Linie standen sie allein, und doch sollten die von ihnen entwickelten Zukunftsvorstellungen ganz in den Anschauungen ihrer jeweiligen Gruppe oder Kirche verankert bleiben. Sich dessen etwa in freier Diskussion oder in offenem Gespräch zu versichern, schlossen die Umstände aus. Die herrschende Ideologie war im gleichen Zug und auf lange Sicht zu entlarven als totales System, das sich des Denkens und Urteilens von Menschen bemächtigt und gültig überkommene Leitbilder und Normen zersetzt und zerstört hatte. Zwar lagen die Schäden an den geistigen Fundamenten noch nicht für jedermann deutlich zutage. Aber sie aufzudecken und in ihren Ursachen zu erkennen, war gerade jenem Spürsinn aufgetragen, der in eindringlicher Schulung Bedeutung und Gewicht unscheinbarer Anzeichen abzuwägen gelernt hatte.

Für dieses Unterscheiden brachte A. Delp eine Reihe allgemeiner und persönlicher Voraussetzungen mit, die ihm einen besonderen Beitrag erlaubten. Eine dieser Voraussetzungen näher herauszustellen, ist das Anliegen der hier vorgelegten Untersuchung. Die Idee der Geschichte spielt sowohl im Denken des Jesuiten wie für die von ihm erwartete Klärung in der konkreten Situation eine ganz besondere Rolle. Der Nachweis dafür wird im Lauf dieser Arbeit im einzelnen erbracht werden. Doch schon eine erste Übersicht zeigt, wie auffällig das Problem der Geschichte sich durch alle Arbeiten Delps hindurchzieht. Deshalb steht zu erwarten, daß sich von diesem Ansatzpunkt aus die Grundzüge des geistig-wissenschaftlichen Beitrags des Jesuiten im ganzen erhellen lassen.

Allerdings mag es auf den ersten Blick erstaunen, daß überhaupt mit einem ernstzunehmenden geistig-wissenschaftlichen Beitrag Delps gerechnet wird. Er wurde mit 37 Jahren hingerichtet und hatte zuvor die ungewöhnlich lang dauernde Ausbildung eines Jesuiten erhalten. Blieb ihm da überhaupt eine Gelegenheit zu eigener wissenschaftlicher Arbeit? Die Frage verschärft sich, weil Delp nach seinen Studien als Mitglied der Redaktion der Monatsschrift « Stimmen der Zeit »[9] kaum Ruhe für eigene Forschungen und die Möglichkeit zu streng wissenschaftlichen Untersuchungen bekam.

Im ganzen blieben ihm für diesen Einsatz ohnehin nur zwei Jahre, bis das Verbot der Zeitschrift und die Zwangsräumung des Hauses[10] im Frühjahr 1941 ihn und seine Mitbrüder in verschiedene Seelsorgsaufgaben verschlugen. Fortan war wegen der Beschlagnahme der Bibliothek Delp auch noch eine der wichtigsten Voraussetzungen für wissenschaftliche Arbeit genommen. Was er dennoch zustande brachte, wuchs unter wenig günstigen äußeren Verhältnissen.

Trotzdem — oder vielleicht auch gerade von diesen beengenden Umständen provoziert — entstand ein zwar nicht umfangreiches, aber durchaus ernstzunehmendes Werk[11]. Die Sammlung dieser Texte verdient unter verschiedenen Gesichtspunkten Aufmerksamkeit, zumal wenn sie im Kontext ihrer Zeit betrachtet werden. Nichtsdestoweniger besitzt dieser Beitrag im Blick auf das Problem der Geschichte und ihrer Philosophie besonders eindeutige Züge, so daß Delp selbst eine Aufarbeitung seines Denkens von dieser Frage her nahezulegen scheint.

W. Brugger nennt in seinem « Abriss der Geschichte der Philosophie » den Namen des Jesuiten, wo er die « Christliche Philosophie der Gegenwart » vorstellt, gerade unter jenen, die in engerem oder weiterem Anschluß an die Scholastik eine systematische Entwicklung der Geschichtsphilosophie versuchten[12].

---

[9] Allgemeine katholische Kulturzeitschrift herausgegeben von den deutschen Jesuiten; bis 1914 « Stimmen aus Maria-Laach » (seit 1872); Delp gehörte zur Redaktion in München von 1939 bis 1941, hatte aber schon seit 1935/36 (Bd. 130) regelmäßig mitgearbeitet. Vgl. Bibliographie Delp im Anhang.

[10] Vgl. dazu A. Koch, Die « Stimmen der Zeit » im Dritten Reich, in: StdZ 196 (1978) 855-57.

[11] Einen wohl vollständigen Überblick über Delps Veröffentlichungen s. im Anhang.

[12] W. Brugger S.J., Philosophisches Wörterbuch, Freiburg/Br. [13]1967: Abriß der Geschichte der Philosophie 467-551; vgl. ebd. 527.

Etwas allgemeiner heißt es in der Personalnotiz von J.-B. Lotz,
Delp habe sich vor allem mit Problemen der historisch-sozialen
Wirklichkeit des Menschen auseinandergesetzt [13]. Nähere Unter-
suchung erfuhren diese Hinweise bislang nicht, obschon eine
Reihe von Gründen das hätte empfehlen können.

Daß die Biographie Delps von einer solchen Untersuchung
profitiert, liegt auf der Hand. Auch über ihren zeitgeschichtli-
chen Wert wird es kaum unterschiedliche Meinungen geben. Aber
entscheidend für eine philosophische Behandlung dürften zwei
Fragen zum Thema ins Gewicht fallen. Zunächst die nach einer
eventuellen philosophischen Begründung des deutschen Wider-
standes und der damit verbundenen Probleme, konkreter gesprochen: die Klärung der Frage nach Sinn und Verpflichtung der
Geschichte in den Augen von Teilnehmern am Kreisauer Kreis [14].
Die zweite Frage ergibt sich aus einem Rückblick auf die Entwicklung des katholischen Denkens der letzten Generationen in
Deutschland. Hier läßt sich unschwer ein Wandel ausmachen,
dessen Wurzeln nicht zuletzt in einer Neuentdeckung der Geschichte zu suchen sind. Die Auseinandersetzung mit der so gestellten Aufgabe zeitigte eine Reihe mehr oder minder originaler
Ansätze und Entwürfe. Diese Beschäftigung mit der Geschichte
brachte auch mit anderen philosophischen Strömungen, namentlich mit dem Existentialismus [15], in Kontakt.

Nicht von ungefähr kann darum W. Brugger A. Delp auch
unter den Philosophen nennen, die sich systematisch auf die
Existenzphilosophie einließen [16]. Schon während seiner Studienjahre war der Jesuit durch sein Büchlein « Tragische Existenz.
Zur Philosophie Martin Heideggers » [17] in Fachkreisen bekannt
geworden. Diese frühe Arbeit darf als erste eigenständig-philo-
sophische Untersuchung Delps gelten. Sie stellt sich eine philo-

---

[13] J.-B. Lotz, in: Encicl. Filosofia II (Florenz ²1968) 313; allerdings
wurde Delp nicht — wie hier angegeben — in München enthauptet, sondern am 2. Febr. 1945 in Berlin gehängt.

[14] Vgl. G. van Roon (Anm. 7).

[15] Durch M. Heidegger, Sein und Zeit (1927) war in bisher ungewohn-
ter Weise das Zeitproblem aufgeworfen; diese neue Fassung verstärkte
manche anderen Ansätze, die Frage der Geschichte zu bewältigen. Der
Begriff 'Existentialismus' ist hier allerdings in ganz allgemeinem Sinn
als Sammelbezeichnung für die Strömungen gebraucht, die Existenz und
Geschichte in Verbindung brachten.

[16] W. Brugger a.a.O. 528 (Anm. 12).

[17] Freiburg/Br. 1935. Vgl. folgende Rezensionen: Divus Thomas 13
(1935) 346 f.; Gral 30 (1935/36) 164-67; Schol 11 (1936) 123 f.; NRTh 63
(1936) 561-79; Philosophica 2 (1937) 142-45; ThRv 37 (1938) 473-82.

sophische Aufgabe und bringt die entsprechenden Voraussetzungen, Anschauungen und Mittel des Autors deutlich zum Einsatz.
Zusammen mit einer Klärung der philosophischen Ausbildung
des Jesuiten erlauben Darstellung und Analyse dieses Versuchs,
den Ausgangspunkt der philosophischen Entwicklung des Delpschen Denkens ziemlich genau herauszuarbeiten.

Dabei bleibt natürlich zu berücksichtigen, daß diese Äußerung schon die Form einer Auseinandersetzung hat. Auseinandersetzung aber kennzeichnet auch das weitere Denken und das
Schicksal Delps, so daß sich von Anfang an ein wichtiger Zug
seines Werkes klar greifen läßt. Konfrontation ruht auf Vergleich und Unterscheidung, zielt auf Entscheidung durch Kritik.
Der Gegensatz gibt auch Bruchstücken und Fragmenten bei solchem Vorgehen soviel an Kontur, daß sich leichter ein Bild des
Ganzen entwerfen läßt als sonst aus langatmigen und umständ-
lichen, aber einlinigen Darlegungen. Jedenfalls gewinnt die Aussage Delps durch die ständige Auseinandersetzung ein hohes
Maß an Eindeutigkeit und Lebendigkeit.

Nur unter einer Rücksicht entwickelt sich die Konfrontation
bei ihm. Zunächst diskutiert er theoretische Positionen. Im Laufe
der Jahre aber verlagert sich sein Interesse immer mehr auf die
Diskussion der Sachfragen selbst, auf die Grundsatzentscheidun-
gen des menschlichen Lebens. Zurücktritt dabei, was andere dazu sagen. In diesem Sinn entspricht dann auch sein persönliches Schicksal ziemlich genau seinem Denken. Zudem sichert
diese Entwicklung von der Theorie zur Praxis den von Delp
behandelten Themen eine unmittelbare Aktualität, die bislang
kaum wahrgenommen wurde, sie aber auch für heutige Bemühungen hochbedeutsam macht.

Das gilt zuerst für das Problem der Geschichte, dem besonderen Anliegen des Jesuitenphilosophen. Denn diese Frage
schien sich als kritische Instanz von außen dem Christentum
aufzudrängen, das seiner eigenen historischen Erscheinung zum
Trotz der Welt eine überzeitliche Botschaft zu vermitteln meinte.
Verurteilte sich solcher Anspruch der eigenen historischen Relativität und Brüchigkeit wegen nicht zu Tragik und Nichtig-
keit? Auf jeden Fall stellte die Geschichte immer unausweichlicher eine harte, problematische Anfrage, deren Wurzeln im
christlichen Grund und Boden selbst steckten. Sie drohten diesen bislang fest und kompakt geglaubten Boden aufzubrechen,
Risse und Spalten zu verbreitern und an ihm selbst das Lebens-
gesetz von Werden und Vergehen zu demonstrieren.

Die Entdeckung der Geschichte im Christentum sollte Delp

immer stärker beschäftigen. Schließlich konnte er seine dies-
bezüglichen Erfahrungen und Einsichten noch in dem Entwurf
« Der Mensch und die Geschichte » [18] zusammenhängend skizzieren, bevor ihm das letzte existentielle Zeugnis abverlangt wurde.
Mit diesem zweiten Büchlein des Jesuiten war zwar keine abschließende Antwort, wohl aber ein echter Ausgangspunkt für
eine Lösung des Problems gewonnen. Der Ansatz ist in sich so
strukturiert, daß sich unschwer die mögliche Weiterentfaltung
erkennen läßt; die Orientierung ist markiert, der Versuch läßt
eine begründete Beurteilung zu [19].

Einem naheliegenden Einwand ist jedoch gleich zu begegnen. Warum soll Delps Werk überhaupt philosophisch untersucht werden? Empfiehlt sich nicht eher eine theologische Studie? Unzweifelhaft haben religiöse Interessen und Motive den
Jesuiten geprägt. Unzweifelhaft bestimmten theologische Fragen
auch seine wissenschaftliche Ausbildung und seine spätere Arbeit. Trotzdem ist unschwer zu erkennen, daß in seinem Denken die Philosophie den Vorrang behauptet, sowohl im Blick
auf die Themen wie auf die Methode. Gewiß bestimmen die Gedanken aus der Sammlung « Im Angesicht des Todes » heute
in erster Linie sein Andenken. Die von ihm selbst veröffentlichten Äußerungen dagegen sind deutlich als philosophische
oder allgemein geistige Beiträge, als Anregungen zur Meinungs-
und Urteilsbildung ausgewiesen.

Im Rahmen von B. Jansens « Aufstiege zur Metaphysik » [20]
kam der junge Student zuerst zu Wort und fand damit den

---

[18] Kolmar (1943).

[19] Die Anlage des Textes und die Vorstudien Delps — Spuren im
Nachlaß — geben eine erste Begründung. Das Inhaltsverzeichnis nennt:
Geschichte als Erlebnis; Geschichte als Ordnung; Naturhafte Notwendig-
keit; Schöpferische Freiheit; Gott in der Geschichte; Not der Geschichte;
Geheimnis; Sinn der Geschichte.

[20] Auf den ersten Blick scheint dieser Band eine Monographie zu
sein. Doch setzt er sich in seinen Einzelkapiteln aus Aufsätzen des Verfassers zusammen, die schon früher veröffentlicht waren. Sie sind für
diese Ausgabe überarbeitet und in einen eher lockeren historischen Zusammenhang gebracht worden. In diesem Kontext erschien Delps erster
Entwurf zu « Tragische Existenz » (vgl. Anm. 17) in dem Kapitel « Sein
als Existenz? Die Metaphysik von Heute », ebd. Freiburg/Br. 1933, 441-484.
Am Ende seiner Einführung (ebd. VIII) erwähnt Jansen kurz, daß dieses
Kapitel von Delp stammt; vgl. auch sein Vorwort zu « Tragische Existenz ». Das Kapitel fand in manchen Besprechungen besonderes Interesse;
vgl. Köln. Volkszeitung v. 26. Nov. 1933, Nr. 323; ZkTh 58 (1934) 128;
Schol 9 (1934) 147 f.; Zs. f. d. kath. Rel. Unter. a. Höh. Lehranst. 11 (1934)
250 f.

für ihn auch weiterhin charakteristischen Platz, seine Überzeugung zum Ausdruck zu bringen. Zwar nimmt er in der Folge zahlreiche Anregungen und Bereicherungen aus der Theologie auf. Die Schritte, die er selbst tut, behalten in ihren Mitteln und Ergebnissen wesentlich philosophischen Charakter. Den vollen Sinn dieser Behauptung kann erst die folgende Untersuchung im einzelnen herausarbeiten. Für ihren Gang geben die vorstehenden Hinweise schon die Richtung an. Der geistigen Entwicklung Delps nachgehend ist seine Geschichtsidee auf dem Hintergrund der Vorgegebenheiten und der jeweiligen Zeitumstände nachzuzeichnen. Dabei darf die Entwicklung dieser Idee, ihre Schritte im einzelnen und ihre wachsende Präzisierung, nicht vergessen werden. Solch systematische Skizzierung bedingt auch ein gewisses Maß eigener Sicht der Frage in der Darstellung. Doch soll es ganz dazu dienen, Delps Gedanken eindeutiger zu erfassen und anschaulicher vorzustellen.

Jeweils in einem zweiten Schritt ist auf Bedeutung, Wert und Funktion der erhobenen Elemente einzugehen, soweit sie auch im aktuellen Kontext noch wirksam sind. Unter Zurückstellung der bloßen Beschreibung muß dabei die systematische Reflexion in Analyse und Synthese zum Zug kommen, ohne daß sie sich einfach vom ersten Schritt trennen ließe. Delps Äußerungen und heutige Deutung greifen ineinander, wie in seiner Geschichtsidee selbst Vergangenheit und Gegenwart ineinandergreifen und durchaus auch noch die Perspektive Zukunft mit einbeziehen.

Das Material dieser Studie bedarf keiner besonderen Vorstellung, da es weder sehr umfangreich ist noch für den Leser besondere Schwierigkeiten bietet. Die unerläßliche Hintergrundinformation wird jeweils an Ort und Stelle vorausgeschickt, und Delp soll so zu Wort kommen, daß im Gang der Darlegung selbst deutlich wird, wie seine Texte zu lesen sind [21]. Damit soll dem

---

[21] Das gilt namentlich für Zitate und Entwürfe aus dem unveröffentlichten Nachlaß, die einem heutigen Leser manche Schwierigkeiten machen, weil ihm Umstände und Voraussetzungen unbekannt sind. Ein Blick auf den im Anhang beigegebenen Briefwechsel zwischen K. Thieme und A. Delp verdeutlicht das sofort. Von daher ist aber auch Zurückhaltung in bezug auf das veröffentlichte Werk des Jesuiten angebracht. Man sollte es nicht zu einfach im gängigen Verstehenshorizont werten, falls nicht zuvor geprüft ist, ob sich nicht aus der damaligen Zeit heraus Nuancierungen und Schwerpunkte ergeben, die nicht ausfallen dürfen. Das zu beachten, ist auch nötig, weil Delp keine Zeit zu einem ausgereiften Werk hatte und weil sich seine Äußerungen in der Mehrzahl der Fälle sehr konkreten Auseinandersetzungen verdanken.

nötigen Unternehmen einer Gesamtausgabe seiner Schriften für
unsere Zeit nicht vorgegriffen, wohl aber vorgearbeitet sein. Wo
Nachlaßmaterial herangezogen wurde, haben wir uns bemüht,
dem Leser mit einigen zusätzlichen Hinweisen ein klares Bild
von der Quellenlage zu ermöglichen. Doch bleiben für die Geschichtsidee des Jesuitenphilosophen nach wie vor die von ihm
selbst veröffentlichten Beiträge maßgebend. Auf sie vor allem
muß die Untersuchung sich stützen auch dann, wenn sie weiteres Material einbezieht.

Von einer Delp-Forschung zu sprechen, ist nach den vorangehenden Hinweisen kaum möglich. Wie erwähnt, fehlt eine
gründliche Darstellung von Person und Leben des Jesuiten. Die
Sekundärliteratur bietet bis heute im wesentlichen persönliche
Erinnerungen. Darum findet sich auch keine Aufnahme seiner
Gedanken, keine Auseinandersetzung mit seinem Denken, die kritisch den sachlichen Ertrag seines Werkes zu sichern versuchen.
Insofern begeben wir uns mit dieser Studie auf ' terra incognita ',
an eine Erforschung also, die stets besondere Risiken und eine
eigentümliche Verantwortung einschließt. Dem soll vor allem
dadurch Rechnung getragen werden, daß die Aussagen der Delpschen Texte und ihre Bedingungen möglichst sorgsam erhoben
und gesichert werden. Damit möchten wir eine so solide Basis
schaffen, daß auf ihr auch weitere Untersuchungen ansetzen können. Für dieses Ziel sind nun die vielfältigen Erinnerungen an
den Jesuiten und sein Wirken nicht einfach belanglos. Zwar lassen sie sich nicht unkritisch zu einem Bild zusammenstellen;
ihr unterschiedlicher Charakter und ihr je eigenes Gewicht stehen dem entgegen. Aber sie enthalten neben unwichtigen und
anekdotischen Informationen doch auch sachliche Hinweise,
aus denen sich mancher Aufschluß über Delps Denken ergibt.
Die Zeugnisse sollen jeweils im Einzelfall herangezogen werden,
damit sie nach knapper Situierung ganz dazu dienen, einen bestimmten Gedanken sachlich zu erhellen.

Ähnlich bieten Untersuchungen bestimmter Sachprobleme
für unser Thema Aufschluß, die zwar Delp nur nebenher oder
auch gar nicht nennen, die jedoch Licht auf die Situation, ihre
Aspekte und Voraussetzungen werfen. Der Jesuitenphilosoph
mühte sich nicht allein um die Frage der Geschichte; andere
arbeiteten ebenfalls gemeinsam oder für sich an einer Antwort.
Ein ganzes Geflecht von Einflüssen und Wirkungen läßt sich
um die Arbeitsstelle Geschichte herum ausmachen. Es kommt
ebenfalls nur ' ad hoc ' zur Sprache, soweit es der Erarbeitung
von Einzelzügen aus dem Denken Delps dient; daß nicht jedes-

mal eine umfassende und ausgewogene Skizze der ganzen herangezogenen Position möglich sein kann, versteht sich wohl von
selbst.

Am Anfang haben wir die Anfrage von O. Kuss erwähnt. Sie
brachte einen Wunsch zum Ausdruck, der im geplanten Rahmen
damals keine Erfüllung mehr fand. Gleichwohl konnte Delp seinen Gedanken der Geschichte noch zusammenhängend entwickeln und darstellen. Diese Idee scheint auch seit seiner Hinrichtung keineswegs überholt. Das persönliche Schicksal Delps
gab diesem Gedanken vielmehr noch nachträglich eine besondere Kraft und einen verbindlichen Anspruch. Was er zum « Sinn
der Geschichte » zu sagen hat, verliert auch durch die inzwischen weitergegangene Geschichte nicht seinen Wert, weil es
sich auf bleibend gültige Gegebenheiten gründet und gerade deren Konsequenzen in der philosophischen Betrachtung des Ge-
schichtsproblems herausarbeiten will.

Das versucht Delp mit seiner Philosophie der Geschichte,
deren allgemeiner Anspruch von vornherein leichter einzusehen
ist als der einer möglichen Theologie der Geschichte. Wo aber
stieß der Jesuit auf die Wurzeln dieser Idee? Von welchem Ansatz aus entwickelte sie sich? Diese Fragen leiten zur Darstellung
selbst über.

I. DER WEG ZUR GESCHICHTSIDEE

1. ZWISCHEN NEUSCHOLASTIK UND MODERNE

Im Herbst 1928 nahm A. Delp an der Philosophischen Fakultät S.J. Berchmanskolleg in Pullach bei München [1] seine philosophischen Studien auf. Hinter dem 21jährigen lagen einige nicht selbstverständliche Entscheidungen, die für seine bewußte Bemühung um einen Begriff der Geschichte nicht belanglos sein sollten. Er brachte ja nicht nur wie alle seine Mitbrüder biographische Voraussetzungen in die Zeit an der Hochschule mit; in Delps ' curriculum vitae ' hatte sich einiges durchaus nicht se nahtlos und harmonisch zusammengefügt, wie es für die meisten anderen jungen Jesuiten damals vorausgesetzt werden darf. Zweimal hatte er an einer Kreuzung gestanden und sich gegen gewisse Vorgegebenheiten entscheiden müssen. Zunächst ist an das ausdrückliche Ja zur Katholischen Kirche zu erinnern, das sich nach protestantischer Erziehung in den Kinderjahren durch Erstkommunion und Firmung 1921 sowie durch den Eintritt in das Bischöfliche Konvikt Dieburg 1922 artikulierte. [2] Dann kam im Frühjahr 1926 der Eintritt in die Gesellschaft Jesu, der sich auch nicht einfach aus dem bisherigen Lebensweg ergab. Delp bekundete damit seinen Willen, aktiv und verantwortlich an Sonderaufgaben der Kirche mitzuarbeiten. Er wollte gestalten, nicht nur verwalten.

In beiden Fällen wehrte Delp sich gegen die Existenz dessen, der einfach vorgezeichneten Bahnen folgt oder sich von vorgegebenen Kräften treiben und bestimmen läßt. Damit wuchs auch seine Selbständigkeit. Allerdings brachte ihm das nicht nur Vorteile, sondern innerhalb einer Denk- und Lebenswelt

---

[1] Vgl. J. de Vries, 1925-1975 Fünfzig Jahre Berchmanskolleg. Aus der Geschichte einer philosophischen Hochschule, in: Hochschule für Philosophie München — Philosophische Fakultät S.J. — Rückblick 1925-1975 und Jahresbericht 1974/75, 3-15; vgl. auch Koch JL 1484.

[2] Delp war nicht Konvertit, wie öfter behauptet wurde; wohl erfuhr er aus familiären Gründen nach katholischer Taufe eine evangelische Kindererziehung.

wie der des Katholizismus der 20er und 30er Jahre manche Gelegenheit anzuecken oder sich selbst zu stoßen.[3] Der Jesuit faßt Widerstände jedoch nicht nur als unvermeidliches Schicksal, sondern mehr noch als zu bewältigende Aufgabe. Diese Grundeinstellung klärt sich reflex erst später, nachdem das dazu nötige geistige Instrumentarium erworben ist. Nicht zuletzt ist hier einzurechnen, was Delp zwischen 1928 und 1931 an Philosophie einübte. Insofern ihm diese Welt neu war, ging er mit unverkennbarem Interesse und einer positiven Neugier auf sie ein. Das ergibt sich vor allem aus seinem dann nie mehr in Frage gestellten Vertrauen in die Möglichkeiten geordneten philosophischen Denkens. Bis zuletzt bediente er sich dieser Möglichkeiten sicher und selbstverständlich; dieses ungebrochen positive Verhältnis zur Philosophie verbunden mit einem echten persönlichen Eros zur Weltweisheit verdankte Delp den Pullacher Studien. Auf sie soll darum zunächst die Aufmerksamkeit gerichtet werden.

a. *Anfänge einer Hochschule*

Die « Hochschule für Philosophie München » — so die offizielle Bezeichnung der früher in Pullach ansässigen Fakultät heute[4] — konnte im Herbst 1975 auf 50 Jahre akademischen Wirkens zurückschauen. Als Delp die Studien begann, bestand sie demnach erst drei Jahre. Einer ihrer ersten Studenten war damals Karl Rahner[5], der wiederholt in allgemeinen Hinweisen auf den Charakter der Philosophie einging, die in diesen Anfangsjahren an der Fakultät gelehrt wurde[6]. Zusammenfassend spricht er von der Periode einer « relativ beruhigt neuschola-

---

[3] Nach verschiedenen, voneinander unabhängigen persönlichen Berichten tat sich Delp auf Grund seines Temperaments im Orden nicht leicht. Zu beachten ist allerdings, daß die damals vorherrschende Mentalität im möglichst problemlosen Sicheinfügen ein Ideal sah und dazu neigte, Selbständigkeit als Kritik und Aufsässigkeit zu werten.

[4] Seit 1971; vgl. de Vries a.a.O. 13-15.

[5] Der bekannte Theologe, geb. 1904, studierte 1924-27 in den Aufbaujahren an der Fakultät Philosophie. Zur Neueröffnung der nach München verlegten Hochschule hielt er den Vortrag « Philosophie und Theologie » (ThPh 47/1972/1-15; = Zum heutigen Verhältnis von Philosophie und Theologie, in: Schriften zur Theologie X, Zürich 1972, 70-88). Von 1973-1981 lebte K. Rahner ganz in der Hochschule.

[6] Vgl. K. Rahner, Tradition im Wandel — 50 Jahre Hochschule für Philosophie, in: Hochschule für Philosophie München — Jahresbericht 1975/76, 3-10 und Rahners Bemerkungen in: G. van Roon, Neuordnung im Widerstand. Der Kreisauer Kreis innerhalb der deutschen Widerstandsbewegung, München 1967, 170 f.

stischen Philosophie ... die nicht gerade allzuviel vom Geist eines Thomas oder gar eines Kants oder des deutschen Idealismus spüren ließ » [7]. Dem zustimmend, aber zugleich nuancierend kennzeichnet einer der bekanntesten Professoren der Hochschule, ihr langjähriger Dekan J. de Vries [8], die erste Generation: « Professoren wie der Ethiker Johannes B. Schuster [9], der Psychologe Alexander Willwoll [10], der Philosophiehistoriker Bernhard Jansen [11] lehrten gewiß im Geist der klassischen Scholastik, waren aber ebensosehr auf Offenheit gegenüber den Fragen der Zeit und den Fortschritten der Wissenschaften bedacht » [12]. Neben den hier Genannten bleiben drei weitere Namen zu erwähnen, will man die Reihe der wichtigeren philosophischen Lehrer Delps vervollständigen: da ist der Naturphilosoph K. Frank [13], der Professor für philosophische Gotteslehre M. Rast [14] und nicht zuletzt Al. Maier [15] anzuführen, bei dem die Studenten von 1928 an Erkenntnistheorie und Metaphysik hörten.

Gewiß stand im Hintergrund der Tätigkeit all dieser Professoren mehr oder weniger « die Neuscholastik der Pianischen Epoche der Kirche » [16], wie Rahner es ausdrückt. Dennoch läßt sich ihr Wirken gar nicht so leicht in eine knappe Darstellung zusammenfassen. Selbst wenn wir uns dabei im wesentlichen auf die Zeit- und Geschichtsauffassung konzentrieren, müßten sich die nötigen Ausführungen zu einer eigenen Monographie entwickeln. Es wird also im Blick auf Delp nur möglich sein, ohne nähere Begründung die wichtigsten Aussagen einfach zu-

---

[7] K. Rahner, Tradition im Wandel a.a.O. 6.

[8] J. de Vries (geb. 1898), Prof. für Logik und Erkenntnistheorie; zu Veröffentlichungen und Wirken vgl. J. B. Lotz (Hg), Neue Erkenntnisprobleme in Philosophie und Theologie (FS zum 70. Geburtstag), Freiburg/Br. 1968, bes. 249-257.

[9] (1887-1952), Prof. f. philos. Ethik; vgl. Ziegenfuss-Jung, Philosophen-Lexikon II, Berlin 1950, 500 und Koch JL 1626.

[10] (1887-1961), Prof. f. rationale Psychologie; vgl. Philosophen-Lexikon II, a.a.O. 888 und Encicl. Filosofia VI, Florenz ²1967, 1130.

[11] (1877-1942), Prof. f. Geschichte d. Philosophie; vgl. Philosophen-Lexikon I, Berlin 1949, 589; NDB X (Berlin 1974) 340 (de Vries) und Scholastik 17 (1942) 240-42. Wir kommen später auf Jansen noch genauer zurück.

[12] J. de Vries, 1925-1975, a.a.O. 3.

[13] (1875-1950), Prof. d. Naturphilosophie; vgl. Koch JL 572.

[14] (1892-1973), Prof. d. phil. Gotteslehre.

[15] (geb. 1895; Jesuit bis 1939), Prof. f. Erkenntnistheorie und Metaphysik 1928-1932. Er löste A. Naber (vgl. Anm. 30) ab, der nach K. Frick (vgl. Anm. 26) diese Disziplinen doziert hatte. Auf Maier folgte H. von Galli (geb. 1903) und J. de Vries bzw. (für die Metaphysik) J. B. Lotz.

[16] K. Rahner, Tradition im Wandel a.a.O. 6.

sammenzustellen und in einigen Bemerkungen auf ihre Herkunft aufmerksam zu machen. Das erlaubt — so hoffen wir — eine Situierung und eine Skizze jener Basis, von der ausgehend der Jesuit dann seinen eigenen Begriff der Geschichte nach und nach entwickelte.

Zunächst ist ein Blick auf den Anfang der Hochschule zu werfen. Als ihr eigentlicher Gründer darf der spätere Kardinal Augustin Bea [17] gelten, der damit zwei Notwendigkeiten entsprach, vor denen sich die deutschen Jesuiten zu Beginn der 20er Jahre sahen. Einmal reichten die bestehenden Fakultäten in Innsbruck und Valkenburg nicht, die nach dem Ersten Weltkrieg stark angewachsene Zahl der Jesuitenstudenten aufzunehmen [18]. Zum anderen — und dieser Grund besaß entscheidendes Gewicht — wollte man nach dem Fall des Jesuitengesetzes und der Aufhebung der Verbannung aus dem Deutschen Reich [19] durch eine Hochschule in Deutschland sich unmittelbar in das geistige Leben einfügen und als eigenständiger Partner an den Auseinandersetzungen der Zeit teilnehmen. Die Absicht ergibt sich nicht zuletzt auch aus der Wahl des Standortes in der Nähe Münchens. Spätere Kritiker sahen nur die Lage am Rande der Stadt und vergaßen darüber, wie eng für die damalige Zeit die Verbindung mit dem geistigen Leben der bayerischen Metropole sich gestaltete, als die meisten anderen Hochschulen noch ihren Standort wirklich auf dem Lande oder in Klein- und Mittelstädten hatten.

Da die Fakultäten sowohl in Innsbruck wie in Valkenburg weitergeführt wurden, mußte für die Pullacher Hochschule ein Professorenkollegium neu geschaffen werden; eine Schwierigkeit und eine Chance zugleich. Es war nicht daran zu denken, die überkommenen Grundelemente der philosophischen Ausbildung in den Studienhäusern der Gesellschaft Jesu in Frage zu stellen oder gar fallen zu lassen; die nämlich « einer dezidierten suarezianischen Neuscholastik ... bei der auch didaktisch die formulierte These am Anfang der Überlegungen aufgestellt wurde und die Unterlage der Examina ein Thesenzettel war, ganz abgesehen vom Schullatein, in dem vorgetragen, nach scholasti-

---

[17] (1881-1968), seit 1959 Kardinal, Provinzial der Oberdeutschen Provinz S.J. 1921-24; vgl. Koch JL 167 und Biograph.-Bibliograph. Kirchenlexikon I, Hamm 1975, 434-437.

[18] Innsbruck vgl. Koch JL 874-877; Valkenburg vgl. Koch JL 1792-1794.

[19] Dazu s. Koch JL 918-920; das Gesetz bestand von 1872 bis 1917 und schloß die Angehörigen der Gesellschaft Jesu aus dem Deutschen Reichsgebiet aus.

schem Disputationsritual disputiert und auch examiniert wurde »[20]. Daran erinnert K. Rahner, um herauszustellen, daß seiner
Überzeugung nach « diese Hochschule immer und auch heute
nicht nur Philosophiegeschichte treibt, sondern Philosophie, nicht
unphilosophisch den Schüler bloß in einen Sumpf von Meinungen versenkt, aus dem er herauszukommen allein meist ohne
Erfolg versuchen muß, daß man noch Ja und Nein sagen, eine
eigene Überzeugung bei aller kritischen Selbstbescheidung und
in aller Freiheit für den Hörer vortragen kann »[21]. Die Bemerkung richtet sich gegen einen bloßen philosophischen Historismus, sie bezeugt aber auch den Professoren der Pullacher Hochschule bei aller Reserve im einzelnen, daß sie von Anfang an
ihren Studenten einen Weg ins lebendige Philosophieren selbst
erschlossen. Rahner illustriert diese Tatsache dann, indem er
hinzusetzt: « Ein großes oder kleines Beispiel für diesen Geist
in Offenheit und Entschiedenheit zugleich mag auch heute noch
Alfred Delp sein, der vor 30 Jahren als Märtyrer starb. Er schrieb
als Scholastiker von Pullach das erste Buch eines christlichen
Philosophen über den Heidegger von « Sein und Zeit ». Mag
dieses Buch gut oder heute überholt sein, es ist das erste Buch
eines offenen und wachen Christen über diesen Philosophen in
einer Zeit, in der die Neuscholastik den Aufgang des modernen
Existentialismus noch nicht bemerkt hatte. Delps Tod aber ist
das Zeugnis eines Mannes für seine christliche, katholische und
sogar jesuitische Überzeugung, die dieser Mann inmitten der
damaligen Finsternis, die heute auch nicht leichter, wenn auch
anders, lastet, nach Kräften zu reflektieren versuchte und mit
dem Opfer seines Lebens besiegelte. »[22] Die christliche, katholische und jesuitische Überzeugung reflektieren, dazu sollten die
Pullacher Lehrer durch Einüben lebendigen Philosophierens an-
leiten. Das Programm setzte den Anschluß an die bewährten
Methoden voraus; ein Bruch sollte vermieden werden. Entsprechend wählte man die ersten Professoren für die neue Fakultät.[23]

Zugleich sollten diese Männer aber auch in Philosophie und
Wissenschaft der Zeit mitreden können. Daß sie einen gewissen
Namen hatten, daß sie auch in der deutschen wissenschaftlichen

---

[20] K. Rahner, Tradition im Wandel a.a.O. 4.
[21] Ebd. 5.
[22] Ebd.
[23] Der Aufbau erfolgte schrittweise, indem man mit dem Kurs des
1. Jahres begann und ihn auf den dreijährigen Ausbildungszyklus wachsen
ließ. Man kooptierte Hochschullehrer mit Erfahrung und zugleich junge
Kräfte, die man gezielt Spezialstudien machen ließ.

Welt zuhause waren, davon hing einiges für die künftige Wirkung und Anerkennung der Fakultät ab. Aber solche Männer ließen sich nicht leicht finden oder nur schwer für die neue Aufgabe freistellen. So stand auf jeden Fall eine etwas zufällige Gruppe von Hochschullehrern für den Beginn zu erwarten, der einige Zeit nötig sein würde, um sich zusammenzufinden. Die Verantwortlichen sahen diese Schwierigkeiten voraus. Um ihnen zu begegnen und die Verbindung zur Tradition zu sichern, wartete man nicht die Fertigstellung des Neubaus in Pullach ab, sondern richtete schon ab Herbst 1924 im vorarlbergischen Feldkirch [24] ein « Domus Philosophatus 1 anni » [25] ein. Dieser erste Kurs zählte 46 Studenten, unter ihnen K. Rahner. Verantwortlich für die Studien wurde der damals 68jährige K. Frick [26], zuvor über Jahre hin Professor für Logik und Ontologie [27] in Valkenburg. Während des Ersten Weltkrieges hatte er die « Institutiones logicae et ontologicae » von T. Pesch, des verdienten Mitarbeiters und Herausgebers der « Philosophia Lacensis » [28], neu bearbeitet; eine eigene « Logica » von ihm kam schon 1893 heraus und erlebte bis 1931 sieben Auflagen, eine « Ontologia » erschien 1894 und lag 1929 in 6. Auflage vor. Diese Grundlegung der Philosophie folgte im wesentlichen der Valkenburger Tradition; auf sie dürfte die Charakterisierung « einer dezidierten suarezianischen Neuscholastik » zutreffen.

K. Frick bestimmte als Studienpräfekt in Feldkirch die Anfänge der Hochschule. Zur Seite stand ihm für die geistliche Betreuung A. Steger [29]. Zu beiden stießen nach Eröffnung der Fakultät in Pullach im Jahre 1925 die Professoren K. Frank und A. Willwoll, von denen der erstere ebenfalls in Valkenburg doziert hatte, während der zweite nach Spezialstudien in Rom und Wien hier seine Lehrtätigkeit begann. Sie waren für das zweite Studienjahr verantwortlich. In das erste traten damals

---

[24] Seit 1894/96 Noviziat und Exerzitienhaus; vgl. Koch JL 1758.

[25] Offizielle Bezeichnung im Katalog der Oberdeutschen Provinz S.J. für das Jahr 1925.

[26] (1856-1931), Prof. f. Logik, Erkenntnistheorie und Metaphysik, zeitweilig auch für natürl. Gotteslehre; vgl. Koch JL 614.

[27] Zwischen 1894 und 1903, aber auch später jeweils unterbrochen durch andere Aufgaben.

[28] Vgl. dazu J. de Vries, Tilmann Pesch S.J. und die Philosophia Lacensis, in: Hochschule für Philosophie München — Jahresbericht 1977/78, 1-11 (erste Fassung in: Liturgie und Mönchtum H. 32 (1963) 87 - 100).

[29] (1884-1958), vgl. zu ihm und seinem Einfluß K. Fischer, Der Mensch als Geheimnis. Die Anthropologie Karl Rahners, Freiburg/Br. 1974, 27 f., doch bedürfen diese Hinweise noch genauerer Untersuchung.

über 50 neue Studenten ein, so daß die Hochschule in Pullach
mit über 100 Hörern ihre Arbeit aufnahm. Erst im darauffol-
genden Jahr jedoch wurde mit der Einrichtung des dritten Studienjahres der philosophische Kurs komplett. In das Professorenkollegium traten damals (1926) der Vertreter für philosophische Ethik, J. B. Schuster, der Philosophiehistoriker, B. Jansen, und der junge Dozent für Erkenntnistheorie und Metaphysik, Al. Naber [30], ein. Zugeschrieben wurde dem Kollegium auch
M. Rast, der aber für die zwei folgenden Jahre noch Spezialstudien in Rom machte. Vorläufig übernahm für ihn K. Frick
die philosophische Gotteslehre, den Naber — der schon in Feldkirch beim Beginn des ersten Jahres geholfen hatte — in der
Erkenntnistheorie und Metaphysik jetzt entlastete [31].

Der stufenweise Aufbau und die langsame Erweiterung des
Lehrkörpers sowohl um Valkenburger wie um ganz junge Kräfte
vollzogen sich erstaunlich gradlinig, wenn auch nicht ohne gewisse innere Spannungen und Schwierigkeiten. Der grundsätzliche Auftrag, in lebendiges Philosophieren einzuführen, lag fest;
die Valkenburger Tradition als Ausgangspunkt war ebenfalls
nicht fraglich. Hinzu trat das deutliche Bestreben, mit der wissenschaftlichen Welt in Deutschland in ernsthaften Kontakt und
Austausch zu treten. Aber Alters- und Mentalitätsunterschiede
lassen sich nicht übersehen, und in den philosophischen Grundanschauungen werden deutlich Akzentverschiebungen spürbar.
Einige Bemerkungen zu den geistig-philosophischen Strömungen
dieser Jahre müssen das weiter unten noch etwas näher verdeutlichen. Die Aufbauphase der Hochschule darf jedenfalls mit
dem Jahr 1928 als abgeschlossen betrachtet werden. Damals sie-
delte K. Frick nach Wien über, Al. Naber ging nach Rom [32].
Von dort kamen als junge Kräfte M. Rast für die philosophische
Gotteslehre und Al. Maier für Erkenntnistheorie und Metaphysik [33].

---

[30] (1890-1962), in Feldkirch Helfer des Novizenmeisters und von P. Frick
für die Studenten, anschließend in Rom als Philosophenrepetitor am Collegium Germanicum, 1926-1928 in Pullach als Dozent für Erkenntnistheorie und Metaphysik, von 1928-1962 Prof. f. Philosophie und Geschichte
der Philosophie an der Pontif. Università Gregoriana in Rom.

[31] K. Frick war über 70 Jahre alt.

[32] Mit dem Jahr 1928 schließt die Aufbauphase der Hochschule ab;
die personellen Veränderungen unterstreichen das besonders deutlich.

[33] Mit den beiden jungen Professoren bleibt das Kollegium im wesentlichen für die folgenden Jahre stabil; sie bringen aber von Rom
aus auch neue Akzente mit, insofern sie dort stärker mit der Thomas-
Renaissance dieser Jahre in Verbindung gekommen waren. Vgl. dazu
Näheres weiter unten.

Gleichzeitig kam A. Delp als Student an die Hochschule.
Sein um vier Jahre älterer Mitbruder K. Rahner hatte ihm als
Vorbereitung darauf in Feldkirch noch ein Jahr lang Unterricht
in den klassischen Sprachen erteilt, nachdem er selbst 1927 die
eigenen philosophischen Studien abgeschlossen hatte. Rahner ist
Zeuge des Aufbaus der Fakultät gewesen. Delp fand schon kon-
solidierte Verhältnisse vor.

b. *Die Professoren*

Bevor der geistige Horizont im allgemeinen skizziert wird
und bevor wenigstens in einigen Hinweisen auf die sich auch
an der Pullacher Hochschule auswirkenden Strömungen aufmerksam gemacht wird, sollen die Lehrer Delps etwas näher
vorgestellt werden. Wir stützen uns dafür auf ihre gedruckten
Lehrbücher und werden besonders ihre Aussagen zu Zeit und
Geschichte unterstreichen. Natürlich ist die publizistische Tätigkeit dieser Männer sehr unterschiedlich anzuschlagen [34]. Dennoch
garantiert die Tradition scholastischer Lehrbücher, daß der wesentliche Inhalt und die allgemeinen Methoden sich gleich bleiben, selbst wenn ein Professor erst später dazu kam, seinen
Kurs gedruckt zu veröffentlichen [35].

1. Karl Frank (1875-1950)

Der Naturphilosoph Frank war nach K. Frick der älteste
der Pullacher Professoren. Als er an der neuen Hochschule begann, konnte er im Rahmen des bei Herder in Freiburg erschei-
nenden « Cursus Philosophicus in usum scholarum » seine eigene
« Philosophia naturalis » [36] herausgeben. Wie im Vorwort ange-

---

[34] Wegen zeitlicher, sachlicher und methodischer Unterschiede, die
jeweils berücksichtigt werden müssen. Zur Mitarbeit an den Zeitschriften,
bes. « Stimmen der Zeit » und « Scholastik » s. weiter unten.

[35] Die offizielle Sammlung der Hochschule trug den Titel « Institutiones Philosophiae Scholasticae — auctoribus pluribus philosophiae pro-
fessoribus in collegio Pullacensi Societatis Jesu » und erschien bei Herder
in Freiburg/Br. Sie erwuchs aus der Valkenburger Sammlung « Cursus
Philosophicus ». Sie zählte zuletzt sieben Bände, die jeweils aus Vorlesungen und wiederholt überarbeiteten, vervielfältigten Manuskripten entstanden, so daß es sich in aller Regel um erprobte Lehrbücher handelte,
die weit über Deutschland hinaus benutzt wurden. Aber bis zur Druck-
legung vergingen nicht selten Jahre; K. Frank, Philosophia naturalis 1926
(1. Aufl.), 1949 (2. Aufl.); A. Willwoll, Psychologia metaphysica 1943 (1.
Aufl.), 1952 (2. Aufl.) usw.

[36] Diese Ausgabe präsentiert sich noch als Teil des Valkenburger
« Cursus » (Teil III, weil damals Logik und Erkenntnistheorie noch nicht
getrennt waren), Freiburg 1926.

merkt ist, ging es allerdings zunächst um eine Neuausgabe des Lehrbuches von H. Haan [37]. Doch schien Frank bei Berücksichtigung der neueren naturwissenschaftlichen Erkenntnisse die früher angewandte Methode unzureichend; er wollte induktiver vorgehen als sein Vorgänger. Außerdem bezog er eine Darstellung der Evolutionstheorie mit ein, während er andere Fragen der Erkenntniskritik und der rationalen Psychologie überließ. Einen besonderen Dank weiß er J. Fröbes [38] und K. Frick. Diese « Philosophia naturalis » dürfte überhaupt das erste Lehrbuch, wenn nicht die erste größere wissenschaftliche Publikation aus der neuen Hochschule gewesen sein [39].

Wie K. Rahner bemerkt, hat Frank « für seine Zeit gründlich Biologie in Löwen studiert » und damit die von E. Wasmann [40] vorgebahnte Richtung eingeschlagen [41]. Frank erwähnt Arbeiten Wasmanns in seinem Literaturverzeichnis und läßt ebendort durchblicken, wie er in seinem Beitrag « The theory of Evolution in the light of facts » (London 1913) das von Wasmann mit « Modern Biology and the Theory of Evolution » (London 1908) gegebene Beispiel aufnahm. Der Streit um dieses Thema sollte auch für den Begriff von Zeit und Geschichte bei Frank etwas abwerfen. Doch zunächst widmete er im dritten Kapitel des ersten Abschnitts seines Lehrbuches über die « inaktiven Eigenschaften aller Naturdinge » [42] dem Thema ' Zeit ' sehr allgemeine und grundlegende Gedanken. Dabei ist er auf Zweierlei aus: die Klärung der Begriffe ' Bewegung, Dauer und Zeit ' sowie — gegen Kant gerichtet — den Nachweis einer objektiven Bedeutung des Zeitbegriffs. Die Erörterungen sind nicht gerade originell; sie werden in der These zusammengefaßt: « Zeit sei als Raum zu begreifen, in dem andauernde Vorgänge möglich sind. In diesem Sinn sei sie nicht rein subjektive Form oder etwas real und physisch Gegebenes, sondern ein Gedankengebilde auf realer Grundlage, die in der realen Dauer von Körpern be-

---

[37] H. Haan (1844-1909), vgl. Koch JL 745 f.

[38] (1866-1947), Psychologe; vgl. NDB V (Berlin 1961) 646 (Gilen) und Diz. dei Filosofi (Florenz 1976) 411.

[39] Das Vorwort ist signiert: « Pullachii prope Monachium, in Collegio S. Joannis Berchmans, die 26 novembris 1925 », (ebd. VI); die Vorlesungen hatten dort am 5. Okt. 1925 begonnen.

[40] (1859-1921), Biologe und Naturphilosoph; vgl. Koch JL 1831 f.

[41] K. Rahner, Tradition im Wandel a.a.O. 4.

[42] Philosophia naturalis. Liber I: De proprietatibus omnium rerum naturalium. Tractatus I: De proprietatibus inactivis. Caput III: De tempore 67-80.

stehe »[43]. Ausgehend von der Definition des Aristoteles « Zahl (Maß) der Bewegung entsprechend früher und später » (numerus (Mensura) motus secundum prius et posterius) und unter später aufgegebenem Rückgriff auf Thomas von Aquin und seine Deutung bestimmt Frank so Zeit als den Raum von Dauer. Sein Vorgänger H. Haan (Philosophia Naturalis, Freiburg/Br. 1906) hatte die Frage noch ganz anders eingeordnet und ihr nur einen vergleichsweise unbedeutenden Stellenwert eingeräumt. Wie die nach dem II. Weltkrieg erschienene zweite Auflage des Studienbuches von Frank zeigt, hat er selbst in diesem Punkt weitergearbeitet und nachher andere Akzente gesetzt. Das alles beweist nur, daß ihm die Frage der Zeit ein persönliches Problem war. Delp wurde damit in jener Fassung vertraut, wie sie sich in der ersten Auflage spiegelt.

Wie erwähnt, hatte Frank seinem Lehrbuch einen eigenen Teil « De evolutione historica organismorum »[44] eingefügt. Einleitend ist dort unter anderem auch die Rede vom Werden des heutigen Zustandes, was Frank sehr allgemein mit ' Geschichte ' der Welt oder auf die neuere Theorie der Art dieses Prozesses schauend mit ' Evolution ' bezeichnet[45]. Für wahrscheinlicher hält er, daß nach der Weltschöpfung diese sich in einem gewissen Maß aus ihren Kräften entwickelte. Die Tatsache von Veränderungen ist ja nachzuweisen; nur bleibt die Frage, wie solche Änderungen — namentlich im organischen Bereich — zu deuten sind. Gegebenen Typen wird in dem ihnen zukommenden Bereich Evolution zugesprochen. Die Hypothesen Darwins und Lamarcks dagegen verfallen in kritischer Betrachtung der Ablehnung.

Interessant an Franks Ausführungen sind weder ihre Voraussetzungen noch ihre (heute überholten) Ergebnisse, sondern die versuchten Differenzierungen und Nuancierungen. Der Evolutionsgedanke wird ja nicht einfach zurückgewiesen; vielmehr weist Frank ausdrücklich ein gewisses Werden nach. Aber er betont sehr stark die Unterschiede und warnt so entschieden vor einer zu bequemen einlinigen Systematisierung.

Wie weit diese Ideen Delp und zuvor schon Rahner beeinflußten, läßt sich an dieser Stelle nicht diskutieren. Es dürfte

---

[43] Vgl. ebd. 74; tempus, quod concipitur ut capacitas continendi in se durationes, non est forma mere subiectiva neque ens reale et physicum, sed ens rationis cum fundamento in re, quod fundamentum est duratio realis corporum.

[44] Ebd. 299-354.

[45] Vgl. ebd. 299.

sich überhaupt um eine Aufgabe handeln, die sich im Rahmen vorliegender Untersuchung gar nicht bewältigen läßt. Daß aber Franks Gedanken zu jener Philosophie gehörten, der Rahner wie Delp verpflichtet sind, läßt sich nicht in Frage stellen.

2. Alexander Willwoll (1887-1961)

Brachte K. Frank das erste lateinische Lehrbuch der neuen Fakultät heraus, so folgte ihm der Psychologe A. Willwoll nicht viel später mit der deutschen Monographie « Begriffsbildung » [46]. Sie leitete eine neue, von K. Bühler [47], dem Wiener Lehrer Willwolls, edierte Sammlung ein. Der Autor signierte das Vorwort im Dezember 1925 in Pullach, also kurz nach Eröffnung der Hochschule [48]. So rasch er sich publizistisch zu Einzelfragen meldete, so lange sollte es dauern, bis ein lateinisches Lehrbuch rationaler Psychologie von ihm gedruckt wurde [49]. Zuvor legte er in der Reihe « Mensch, Welt, Gott » [50] erst einmal einen deutschen Aufbau der Psychologie [51] vor. Im Vorwort zu beiden Fassungen dankte Willwoll ausdrücklich J. Fröbes « olim magistrum, cui plurima debet » [52]. Die Namen Bühler und Fröbes geben eine erste Orientierung für die Psychologie Willwolls.

Charakteristisch ist die Öffnung auf die experimentelle Psychologie, diese allerdings nicht rein positivistisch und statistisch, sondern als Denkpsychologie verstanden. Gegen den Neukantianismus des ausgehenden letzten Jahrhunderts versuchte man hier einen ' kritischen Realismus ' [53], und gegen eine experimentelle Psychologie, die das Seelische seziert und mechanisiert und des-

---

[46] A. Willwoll, Begriffsbildung. Eine psychologische Untersuchung (Psychologische Monographien), Leipzig 1926.

[47] (1879-1964), vgl. Philosophen-Lexikon I a.a.O. 158 und Encicl. Filosofica I, Florenz ²1967, 1115 f.

[48] Vgl. Anm. 39.

[49] A. Willwoll, Psychologia metaphysica in usum scholarum (Institutiones Philosophiae Scholasticae ... Pars V), Freiburg/Br. 1943 (2. Aufl. 1952).

[50] Ein Aufbau der Philosophie in Einzeldarstellungen herausgegeben vom Berchmans-Kolleg in Pullach. Diese kurz vor dem zweiten Weltkrieg begonnene deutsche Sammlung mußte bald unterbrochen werden; trotz der Wiederaufnahme nach dem Krieg scheint der ursprüngliche Plan nicht voll verwirklicht worden zu sein. Der größe Erfolg dieser Reihe war dem als Ergänzungsband von W. Brugger herausgebrachten « Philosophischen Wörterbuch » beschieden, das bis heute 16 Auflagen erlebte.

[51] A. Willwoll, Seele und Geist (4. Bd.), Freiburg/Br. 1938.

[52] Psychologia metaphysica a.a.O. V.

[53] Vgl. J. de Vries, Realismus, in: Pil. Wörterbuch (W. Brugger).

halb nur assoziative Mechanismen aufzuweisen vermag, möchte man — wie weit es wirklich gelingt, ist eine andere Frage — auf die lebensvollen Zusammenhänge des seelischen Erlebens zurückgreifen [54]. Dieses Erleben ist als ganzheitlicher Vorgang verstanden, in dem sich verschiedenste Elemente zu höherer Einheit bündeln. In diesem Sinn wird es zum eigentlichen Gegenstand psychologischer Betrachtung hier.

Ganz entsprechend beschreibt Willwoll den Umgang des Menschen mit Geschichte: « Er erlebt Geschichte und webt an ihr mit. Aber Geschichte erleben kann nur, wer im Strom des unaufhörlichen Geschehens und Vergehens wie eine Welle mitströmt und doch zugleich mit einem Teil seines Seins über dem ruhelosen Wandel steht, nach überzeitlichen Sinngesetzen in der geschichtlichen Vergänglichkeit ausschaut. » [55] Den Grund dafür gibt Willwoll so an: « Durch den leiblichen Werdezusammenhang mit Eltern und Voreltern ist das Kind auch in seinem geistigen Sein in den Erbstrom, in Geschichte und Schicksalsweg der Menschheit hineingestellt. Für eine Spanne Zeit wird es nun an der Geschichte menschlichen Glückes und Leides weiter wirken mit alledem, was es an Fähigkeiten überkommen hat oder erwerben wird. Das Geistige im Menschen selbst aber ist in seinem Werden unmittelbarer dem Ewigen verbunden! » [56] In dieser Sicht kommt die soziale Verankerung des Geschichtserlebens zur Sprache, wird die Mitarbeit an einer historischen Aufgabe unterstrichen, aber auch die Zuordnung des Geistigen zum Ewigen deutlich betont. Individuell dagegen beschreibt Willwoll unter dem Thema ' Gedächtnis ' das Zeiterleben: « Erlebnisse werden in ihrer Beziehung zu unserem Ich und seiner Geschichte, als Erlebnisse, die wir schon einmal, dann und dann, hatten, wiedererkannt ... Aber erst, wo reflexes Ichbewußtsein besteht, wo die Denkkategorie der ' Zeit ' geformt ist und freie willkürliche innere Verhaltungsweise möglich ist, wird das neu erwachte Erlebnis ausdrücklich als Erlebnis des eigenen Ich erfaßt, an seinem ' zeitlichen Ort ' in der eigenen Lebensgeschichte lokalisiert ... » [57] Der Psychologe hat selbst noch einmal die verschiedenen Aspekte dieses Geschichtserlebens zusammengefaßt: « Die Seele hat den Weg durch Geschichte und Schicksal zu gehen, durch die große Menschheitsgeschichte, von der die Wellen an ihr kleines Einzelleben schlagen, und durch die kleine Ge-

---

[54] Vgl. A. Willwoll, Begriffsbildung a.a.O. 145.
[55] A. Willwoll, Seele und Geist a.a.O. 2.
[56] Ebd. 240.
[57] Ebd. 58 f.

schichte ihres engen Lebenskreises. Dieser Weg führt sie durch hohes Glück und tiefes Leid. Und auch den Sinn von all dem Glück und Leid soll sie erkunden und entbinden, in eigenem Wirken und Sichhingeben für andere Menschen die Urgedanken der Vorsehung nachvollziehend. — Die Seele muß ihren Weg durch Welt und Geschichte gehen mit dem persönlichen Angebinde von Anlagen und Lastern, die ihr die Vorwelt mit ins Dasein gab oder die sich in ihrem eigenen Sichauseinandersetzen mit Lebensforderungen herausgeformt haben. » [58]

Die feierliche Diktion dieser Abschnitte darf nicht darüber hinwegtäuschen, daß von Geschichte und Zeit letztlich wenig gesagt ist. Erklärt wird bei Willwoll wie bei Frank durch die Dauer, die sinnlich wahrnehmbar ist [59]. Aber im Unterschied zum Naturphilosophen kommt beim Psychologen mit den Begriffen ' Leben ' und ' Erleben ' die Einheit der einzelnen Elemente und Aspekte noch deutlicher in den Blick. Gleichzeitig hebt er den aktiven Anteil hervor, mit dem in die Geschichte des Menschen unablösbar Erkennen, Wollen und Verantworten einbezogen sind.

3. Johannes B. Schuster (1887-1952)

Der Ethiker J. B. Schuster kam im Herbst 1926 an die Pullacher Hochschule. Auch er repräsentierte die Valkenburger Tradition, jedoch mit einigen Nuancen. Zunächst hatte er einen Umweg über die Universität Innsbruck genommen, wo er 1925/26 christliche Philosophie dozierte; er arbeitete auch später mit der Tiroler Universität zusammen [60]. Sodann erhielt Schuster nicht in Valkenburg seine Grundausbildung, weil er schon Priester war, als er 1913 in die Gesellschaft Jesu eintrat. Aber zur Abrundung seiner wissenschaftlichen Formung schickte man ihn 1914 doch an die Fakultät in Holland, wo er jeweils zwei Jahre die Philosophie und Theologie vertiefen konnte, bevor er sich zwischen 1919 und 1921 unmittelbar auf die Dozententätigkeit in philosophischer Ethik vorbereitete. In dieser Aufgabe löste

---

[58] Ebd. 241.

[59] Vgl. A. Willwoll, Psychologia metaphysica a.a.O. 50 f. (nᵒ 53): De experientia sensitiva temporis.

[60] Seine erste größere Untersuchung « Der unbedingte Wert des Sittlichen. Eine moralphilosophische Studie » erschien als 6. Heft des 2. Bandes von « Philosophie und Grenzwissenschaften » — Schriftenreihe, herausgegeben vom Innsbrucker Institut für scholastische Philosophie, Innsbruck 1929.

er dann für vier Jahre M. Pribilla [61] ab, bis ihn der Ruf nach Innsbruck und von dort nach Pullach erreichte.

Seine « Philosophia moralis » wuchs äußerst langsam heran; erst nach dem zweiten Weltkrieg konnte sie 1950 erscheinen und 1952 in einer zweiten Auflage herauskommen [62]. Im Vorwort bemerkt Schuster, daß er früher zweimal das schon seit langem eingeführte Lehrbuch von V. Cathrein [63] bei Neuauflagen betreut habe. Als er in Pullach seinen Lehrstuhl übernahm, stützte er sich vor allem auf diesen Autor, nach dessen Tod 1931 er die Verantwortung für die Moralphilosophie Cathreins gewissermaßen als Erbe antrat [64]. Er fügte dem Text lediglich einen Zusatz mit Texten zur christlichen Soziallehre bei, gab damit aber zugleich zu verstehen, in welche Richtung er diese Ethik weiterentwickeln wollte. Schon Cathrein hatte zu diesen Fragen eigenständig Stellung bezogen, aber inzwischen war die Diskussion weitergegangen, waren vor allem neue Erklärungen der Päpste ergangen. Darauf aufbauend legte Schuster 1935 eine eigene Zusammenfassung vor: « Die Soziallehre nach Leo XIII. und Pius XI. unter besonderer Berücksichtigung der Beziehungen zwischen Einzelmensch und Gemeinschaft » [65]. Im Vorblick auf Delps spätere Aufgabe im Kreisauer Kreis und auf den Schwerpunkt seiner Mitarbeit an den « Stimmen der Zeit » läßt sich schon jetzt sagen, daß Schusters Interesse an der sozialen Frage für den Jüngeren bedeutsam gewesen sein muß. Aber Schuster behandelt das Thema prinzipiell, wie er sich überhaupt mit seiner ersten größeren Arbeit « Der unbedingte Wert des Sittlichen » [66] den Problemen der ethischen Prinzipienlehre zuwandte. Mit beiden Akzentsetzungen traf er ohne Zweifel entscheidende Aufgaben. Man kann jedoch fragen, ob ihm auf der Grundlage eines sehr handfesten Naturrechtsdenkens eine zukunftweisende Lösung überhaupt möglich war. Eher will es scheinen, als hätte Schusters holzschnitthafte Anwendung der Prinzipien auch noch jene Ansätze verdeckt, aus denen vielleicht eine

---

[61] (1874-1956), Professor der Ethik und Schriftsteller, Mitarbeiter der « Stimmen der Zeit » (1921-56); vgl. K. H. Neufeld, Werk und Denken, P. M. Pribillas S.J., in: Arch. Hist. S.J. 44 (1975) 209-235.

[62] Freiburg/Br. (Institutiones Philosophiae Scholasticae Pars VII).

[63] (1845-1931), Mitarbeiter der « Stimmen aus Maria-Laach » (alter Name der « Stimmen der Zeit » vor 1914) Prof. f. Moralphilosophie; vgl. Koch JL 307; NDB III (Berlin 1957) 176 (A. Hartmann); LThK ²II 980.

[64] Vgl. Schusters Vorwort zur 16. Aufl. von V. Cathrein, Philosophia moralis, Freiburg/Br. 1932, VI.

[65] Freiburg/Br. 1935.

[66] Vgl. Anm. 60.

differenziertere Betrachtung moralischer Fragen in der modernen
Welt hätte folgen können. Aber der Faktor Zeit hat in diesem
Denken nicht einmal einen Platz, geschweige denn ein wirkliches
Recht. Entschuldigend läßt sich vielleicht bemerken, daß damals
Aussagen zu ethischen Fragen weit stärker als andere unter dem
Druck von Kritik und Zensur standen. Ein Wissenschaftler, der
als Christ seinen Glauben ernst nahm, hatte hier äußerst be-
hutsam vorzugehen, wollte er Mißverständnisse vermeiden und
sich nicht von vornherein alle Möglichkeiten verspielen.

Immerhin finden sich in Schusters Arbeiten Hinweise, die
im Blick auf Delps Denken zu notieren sind. So hat er den ethischen Skeptizismus und Relativismus [67] im Blick. Vor allem sieht
er in Kants Moralbegründung die Position, mit der sich der
christliche Ethiker in erster Linie auseinanderzusetzen hat. Es
kommt auf eine religiöse Pflichtauffassung an [68]; die « Natur ist ...
noch nicht vollendet, sondern zunächst nur Anfang, Plan, Ziel
und Aufgabe. Ausführung und Erfüllung kommt durch das bewußte, von diesem Wertziel (Ebenbild Gottes; Zufügung) gelei-
tete freie Wollen. » [69] Damit ist einschlußweise Zeit und Sinn
von Geschichte mitbehauptet; die Verwirklichung erfolgt « in
der schöpferischen Bearbeitung und Umgestaltung der materiellen Welt, der er (der Mensch; Zufügung) in seinem planvollen
Gestalten das Siegel seines Geistes und seiner persönlichen Kraft
aufprägt. Die gesamte objektive Kultur als Inbegriff der Denk-
mäler menschlicher Produktion ist so ein Zeugnis der Vergeisti-
gung und Vergemeinschaftlichung mit der Person und ihren
Interessen; dadurch aber eine wahre Vollendung der sichtbaren
Schöpfung. » [70] Mögen diese allgemeinen Aussagen auch nur eine
sehr entfernte Bedeutung für Delps Überzeugung zu haben scheinen, der Einfluß Schusters wird sofort klar, wo aus den generellen Ausführungen Folgerungen für konkrete Bereiche abgeleitet sind wie in dem Aufsatz des Ethikers « Politik und Moral » [71]. Auch für ihn gilt: « Es ist in der Tat nicht gleichgültig,
welchen Gebrauch der Mensch von seinen Fähigkeiten und seiner ihm gegebenen Zeit macht. » [72] Sogar ein vom Einzelnen un-
abhängiges « geschichtliches Werden » [73] gerät in den Blick, aber

---

[67] Vgl. Der unbedingte Wert des Sittlichen a.a.O. 5 und 9 f.
[68] Vgl. ebd. 20.
[69] Ebd. 38.
[70] Ebd. 49.
[71] StdZ 112 (1927) 161-171.
[72] Vgl. Der unbedingte Wert des Sittlichen a.a.O. 82.
[73] Ebd. 85.

Bedeutung für den Bereich des Sittlichen in einem positiven Sinn scheint dem nicht zuzukommen.

Die Beziehungen von Einzelmensch und Gemeinschaft auf Grund des Prinzips der Subsidiarität stellte Schuster schließlich in seinem Band « Die Soziallehre » [74] dar. Hier geht es ebenfalls um philosophische Fundamente, zu denen der Ethiker den Zeitfaktor nicht rechnet. Entwickelt wird eine scholastische Position, für die Schuster Lebensnähe und den unbestechlichen Mut reklamiert, « mit dem sie alle drängenden Gewissensfragen der Zeit, die durch die Nöte der Gesellschaft aufgegeben werden, angefaßt und einer Lösung zugeführt hat » [75]. Daran erweise sich die Überlegenheit der scholastischen Sozialtheorie, daß sie gegenüber soziologischen und sozialpsychologischen Untersuchungen auf die eigentlichen Tiefen menschlicher Gemeinschaftsstruktur dränge « zur Ethik und Naturrechtslehre, zur Wert, und Ziellehre, die in einem wohldurchdachten philosophischen Gesamtbild die eigentliche Stellung des Menschen in der Welt und vor dem Weltschöpfer umreißen » [76].

Daß einer solchen Sicht der Verhältnisse die Verknüpfung von « Sein und Zeit », die Heidegger kurz zuvor dargestellt hatte, mehr als fremd bleiben mußte, liegt wohl auf der Hand. Gerade von Schuster her ist darum die volle Bedeutung jener Weiterentwicklung an der Pullacher Hochschule zu messen, die sich in den folgenden Jahren durchsetzte und von einer gegensätzlichen Konkurrenzstellung zu neueren philosophischen Deutungen wegführte. Nach und nach trat stattdessen das Bemühen um ein Miteinander in den Vordergrund.

4. Maximilian Rast (1892-1973)

In den Semestern des Jahres 1930/31 hörte A. Delp die Vorlesungen zur philosophischen Gotteslehre bei M. Rast. Seine « Theologia naturalis in usum scholarum » [77] erschien 1939; die deutsche Fassung « Welt und Gott. Philosophische Gotteslehre » [78] kam erst 1952 heraus, als der Verfasser schon eine ganze Zeit durch den zweiten Weltkrieg aus seiner früheren Lehrtätig-

---

[74] Freiburg/Br. 1935; vgl. ebd. 79-83 und 114-131.
[75] Ebd. 155.
[76] Ebd.
[77] Freiburg/Br. 1939 (Institutiones Philosophiae Scholasticae Pars V).
[78] Freiburg/Br. 1952. — Zu dem Abschnitt « Das Gewissenserlebnis » 31-33 vgl. M. Rast, Gott im Gewissenserlebnis, in: Scholastik 12 (1937) 321-345.

keit herausgerissen war. In diesem Moment spielte der Name Delps schon eine wichtige Rolle bei der geistigen Bewältigung des Nationalsozialismus; die Zeugnisse aus seiner Gefängniszeit « Im Angesicht des Todes » waren zu einem verbreiteten Lese- und Betrachtungsbuch geworden. M. Rast wies damals in einem kleinen Hinweis zu seinem Abschnitt « Der Sinn des Menschlichen Daseins » [79] u.a. auch auf Delps Studie « Der Mensch und die Geschichte » [80] hin. Der Lehrer griff also auf den Schüler zurück, so daß sich hier die Einflüsse umzukehren scheinen.

Rasts literarische Tätigkeit macht einen sehr viel verhalteneren Eindruck als die seiner Kollegen [81]; man gewinnt nicht den Eindruck, daß es ihm wirklich gelang, sich über die Grenzen der Hochschule hinaus Gehör zu verschaffen. Das mag nicht zuletzt dadurch bedingt sein, daß er versuchte, sich aus bloßen Schulstreitigkeiten herauszuhalten. Sein Ansatz — sachlich und methodisch — drückt sich in dem Grundsatz aus: « Die natürliche Gotteslehre steigt mittels des Denkens von den Dingen dieser Welt zu Gott empor » [82]. Dabei stößt er wie alle seine Kollegen vornehmlich auf Kant. Der Königsberger Philosoph ist in all diesen Jahren der wichtigste Gesprächspartner für die Professoren in Pullach. Aber die Art der Auseinandersetzung wandelte sich, wenn wir recht sehen, nicht zuletzt dank der umfassenden und eindringlichen Anleitungen Rasts zur Lesung der Texte selbst [83]. Diese intensivere Bekanntschaft mit dem Werk Kants ließ vorsichtiger werden im Urteil und regte zu Fragen nach Voraussetzungen und Vorgegebenheiten menschlichen Wissens von Gott an [84].

Nicht ohne Einfluß auf die Zurückhaltung von Rast war aber wohl auch die überragende Gestalt E. Przywaras [85], der

---

[79] Ebd. 180-185.

[80] Ebd. 180 Anm. 17. — Das dort genannte Erscheinungsjahr 1944 trifft nicht zu; es muß 1943 heißen.

[81] Rast hat nicht viel veröffentlicht, und seine Publikationen lassen kaum stärkere eigene Akzente erkennen. Auch als Rezensent taucht er z.B. in den StdZ nur selten auf (etwa 120 (1931) 314 f.).

[82] Welt und Gott, Freiburg/Br. 1952, 3.

[83] Zu den wichtigeren Werken Kants u.a. moderner Philosophen bot Rast Textlesungen an und bereitete sie durch vervielfältigte Lesehilfen vor. Charakteristisch ist die klare Gliederung der Texte. Das scheint ein besonderes Interesse zu spiegeln: auf die Aussagen selbst zurückgehen, sie aus dem eigenen Kontext verstehen.

[84] Vgl. z.B. « Das subjektive ‹ Apriori › in unserer Gotteserkenntnis », in: Scholastik 14 (1939) 74-80, aber auch den Anm. 78 zitierten Aufsatz.

[85] E. Przywara (1889-1972), Mitarbeiter der « Stimmen der Zeit »; vgl.

als anerkannter Sprecher des deutschen Katholizismus in religionsphilosophischen Fragen galt [86]. Wo Przywara in die öffentlichen Auseinandersetzungen wie etwa den Streit mit der ' Dialektischen Theologie ' [87] eingriff, konzentrierte sich Rast stärker auf seinen Kurs, auf die unmittelbare Lehrtätigkeit und die praktischen Aspekte der natürlichen Gotteslehre. Da Rast zwei Jahre seiner theologischen Ausbildung zusammen mit den französischen Studenten der Gesellschaft Jesu in Enghien [88] absolviert hatte, lag ihm diese Ausrichtung auch aus Kenntnis der französischen Verhältnisse nahe. Vermutlich dürfte er in diesem Sinn eine nicht unwichtige Rolle bei der Vermittlung neuerer französischer Versuche nach Pullach gespielt haben; im Anschluß an den ersten Weltkrieg waren ja die meisten lebendigen Verbindungen abgerissen, und für Deutsche war es selbst bei gutem Willen damals nicht leicht, neue Beziehungen anzuknüpfen und einen wirklichen Austausch zu erreichen. Der Schweizer Rast besaß da andere Möglichkeiten.

Die Zeit nimmt in der Gotteslehre bei Rast ihren festen Platz ein; sie ist Eigentümlichkeit des geschaffenen Seins und steht der Ewigkeit Gottes gegenüber [89]. « Es ist bekannt, wie sehr Heidegger die Zeitlichkeit als das Wesensmerkmal des endlichen Seins betont » [90], fügt Rast im eigenen Sinn hinzu. Aber gegen die Auffassung, welche « die Zeitlichkeit für einen Wesenszug alles wirklichen Seins überhaupt » [91] ausgibt, führt er die Erfahrung möglicher Zeitvergessenheit schon beim Menschen ins Feld. Immerhin wird hier das Problem gesehen. Weiter ausgeführt ist es im Zusammenhang mit der Frage nach dem Sinn menschlichen Daseins. Der Mensch « ist ein geschichtliches We-

---

Philosophen-Lexikon II a.a.O. 313 f. und « Erich Przywara 1889-1969 » Eine Festgabe, Düsseldorf 1969.

[86] Durch seine Bücher « Gottgeheimnis der Welt », München 1923; « Religionsbegründung. Max Scheler - J. H. Newman », Freiburg/Br. 1923; « Gott. Fünf Vorträge über das religionsphilosophische Problem », Köln/München/Wien 1926; « Religionsphilosophie katholischer Theologie », München 1927.

[87] Vgl. dazu E. Mechels, Analogie bei Erich Przywara und Karl Barth. Das Verhältnis von Offenbarungstheologie und Metaphysik, Neukirchen-Vluyn 1974.

[88] Nach den Katalogen der Oberdeutschen Provinz S.J. studierte Rast zwei Jahre Theologie in Valkenburg und setzte die Studien dann am Theologat der nordfranzösischen Provinz S.J. in Enghien (Belgien) fort (1923-25).

[89] Welt und Gott a.a.O. 121 f.

[90] Ebd. 121.

[91] Ebd.

sen » [92]. Nach Dilthey und M. Weber sei ihm deshalb immer nur eine relative Sinnantwort möglich; etwas anderes sei weder historisch-empirisch noch im Ausgang von den menschlichen Naturanlagen erreichbar [93]. Die Erschließung der Geschichte in metaphysischer Blickrichtung erlaubt nur eine abstrakte Lösung. Wäre eine Verbindung von metaphysischer und empirischer Methode denkbar? « Die christlichen Vertreter der Gegenwartsphilosophie », so Rast, « neigen fast ausnahmslos dazu, nur noch eine Geschichtstheologie zuzugeben. » [94] Trotzdem möchte Rast auf dem Wert der philosophischen Sinnbetrachtung bestehen; « sie bildet gleichsam den Rahmen, das Schema, um die konkrete Geschichtsauffassung des Glaubens aufzunehmen ». [95] Mit dem letzten Gedanken verweist Rast auf die Theologie, die in anderer Weise noch einmal jenes Thema aufnimmt, dem sein Traktat galt. Überhaupt treten bei der philosophischen Gottesfrage die geistigen Strömungen der Zeit deutlich in Erscheinung; die Entscheidung in dieser Frage — implizit oder ausdrücklich getroffen — prägte eben das Vorgehen des Philosophen entscheidend mit. Und das gilt nicht nur für den Gegensatz: christliche Philosophie — nichtchristliche Philosophie, sondern auch für die Möglichkeiten des Denkens unter gemeinsamer Voraussetzung ein und derselben Überzeugung des Glaubens.

Das sich hier andeutende sachliche Problem soll gleich eine skizzenhafte Darstellung erfahren, weil die verschiedenen Zugänge zum Philosophieren geistige Strömungen weckten und nährten, die zu den weiteren Voraussetzungen der Arbeit an der Pullacher Fakultät gehörten. Sie haben deshalb entfernt auch Bedeutung für den Hintergrund, auf dem Delp seinen eigenen Geschichtsgedanken entdeckte und präzisierte. Die beiden Professoren B. Jansen und A. Maier, von denen Delp in seinem Büchlein « Tragische Existenz » erklärte: « Wenn bei so bescheidenem Versuch ein persönliches Wort gesagt werden darf, dann sei es ein Wort des Dankes an meine Lehrer am Berchmanskolleg Pullach-München, besonders an P. Bernhard Jansen und P. Alois Maier » [96], zählen sozusagen mit zu den Vätern der Auseinandersetzung Delps mit M. Heidegger. Auf ihren Beitrag möchten wir deswegen erst im nächsten Kapitel eingehen.

---

[92] Ebd. 180.
[93] Vgl. ebd. 181.
[94] Ebd. 182.
[95] Ebd.
[96] A. Delp, Tragische Existenz, Freiburg/Br. 1935, 2; vgl. dazu auch die Bemerkung K. Rahners bei G. van Roon (a.a.O. Anm. 6) 171.

c. Geistige Strömungen

Aufmerksam zu machen ist hier auf Bewegungen, die in irgendeiner Weise die Anfänge der Fakultät in Pullach berührten; ein weiteres Bild des geistigen Hin und Her ist also nicht beabsichtigt. Indes muß auch deutlich werden, wie sich die geistigen Einflüsse von außen her für die Hochschule und ihre Arbeit bemerkbar machten, d.h. welche institutionellen und personellen Beziehungen den Austausch ermöglichten und vermittelten. Nicht nur um einfache Benennung und Beschreibung der geistigen Einflußströme geht es also, sondern auch um die Wege, auf denen sie Pullach erreichten. Natürlich kann dieser Abschnitt ebenfalls nur Hinweise bieten; aber wichtiger scheint ohnehin der Überblick über Zusammenhänge und nicht so sehr die Klärung der Details. In diesem Sinn lassen sich die entscheidenden geistigen Impulse der Aufbau- und Anfangsphase der Fakultät auf drei Namen zurückführen: den Kants[97], Maréchals[98] und den des Thomas von Aquin[99].

1. I. Kant

Die Geschichte der Auseinandersetzung von Jesuiten, namentlich der deutschen, mit dem Königsberger Philosophen in den 20er Jahren unseres Jahrhunderts ist noch zu schreiben. Sie ließe sich zwischen A. Deneffe « Kant und die katholische Wahrheit »[100] sowie E. Przywara « Kant heute »[101] als Extrempunkten einer Entwicklung beschreiben, die ein neues Verhältnis zur Kantischen Philosophie begründete. Diese Geschichte verlief jedenfalls bewegt und stellt mehr dar als nur eine willkürliche Sammlung einzelner Stellungnahmen. Sie ist vielmehr Ausdruck der nach Deutschland zurückgekehrten Gesellschaft Jesu,

---

[97] I. Kant (1724-1804) — als Exponent für ein protestantisches und deutsches Denken vom Neukantianismus der Jahrhundertwende hingestellt — wurde nach dem Zusammenbruch des ersten Weltkriegs sowohl im Blick auf den Protestantismus ('Dialektische Theologie') wie auf die nationale Frage ('Untergang des Abendlandes', Lebensphilosophie, Interesse an Nietzsche) von vielen abgetan.

[98] Vgl. G. Isaye, Joseph Maréchal, in: Les grands courants de la pensée mondiale contemporaine (Hg. M. F. Sciacca), Mailand 1964, Portraits II, 991-1032. Wir kommen später noch ausführlich auf Maréchal zurück.

[99] Thomas von Aquin (1225-1274); sein Denken erlebte in den 20er Jahren eine Renaissance, die vor allem von Frankreich ausging. Vgl. weiter unten.

[100] Freiburg/Br. 1922.

[101] München/Berlin 1930.

die sich unverzüglich daran macht, die Grundlagen der hier bestimmenden geistigen Welt zu prüfen und zu diskutieren. Daß dies zunächst im Geist der gewohnten Abwehr, der unversöhnlichen Gegensätze erfolgt, ist weniger zu verwundern als die Beobachtung, daß sich nach und nach eine andere Sicht durchsetzt. Nicht als ob am Ende eitel Harmonie und Übereinstimmung stünde. Aber nicht verkennen läßt sich ein sehr differenzierender Wille, Ansatz und Elemente Kantischen Denkens für die eigene Aufgabe intellektueller Verantwortung nutzbar zu machen.

Um die Bedeutung des Vorgangs gleich deutlich zu unterstreichen: im Jahre 1926 erschien J. Maréchals berühmter Versuch « Le Thomisme devant la Philosophie critique » [102], der in der Philosophie der 30er Jahre Schule machen und anschließend das neuere katholische Denken tief prägen sollte. Hier ist darauf noch nicht einzugehen, weil die Verbindung von Thomismus und Kritizismus im Blick auf die Entwicklung von Pullach als eigenständige Kraft gelten kann. Sie wird im folgenden Abschnitt eine eigene Darstellung erfahren. Nur war Maréchal kein Einzelfall; eine ganze Reihe seiner deutschen Mitbrüder mühten sich um Aufarbeitung der durch Kants Kritizismus gestellten Probleme.

Die erwähnte Arbeit von Deneffe erschien 1922 und war für eine breitere Information gebildeter Kreise gedacht. Ihr Anliegen war ein Vergleich zwischen der Lehre Kants und der Lehre Christi [103], also kein philosophisches Fachthema. Dennoch deutet dieses Büchlein den Hintergrund an, der damals auch die meisten philosophischen Auseinandersetzungen von seiten einer « phiolsophia perennis » trug. Auf jeden Fall reichte der Meinungsaustausch in breite Kreise hinein, so daß nicht verwunderlich ist, daß vor allem die Monatsschrift « Stimmen der Zeit » [104]

---

[102] Löwen/Paris 1926; Cahier V von Le point de départ de la métaphysique. Leçons sur le développement historique et théorique du problème de la connaissance (Museum Lessianum - Section Philosophique).

[103] Vgl. A. Deneffe, Kant und die katholische Wahrheit a.a.O. V-VII (Vorwort).

[104] Die Zeitschrift erschien regelmäßig seit 1871, zunächst als « Stimmen aus Maria-Laach », seit 1914 als « Stimmen der Zeit » und sah die Auseinandersetzung mit den geistigen Zeitströmungen von katholischem Gesichtspunkt aus als ihre Aufgabe an; vgl. H. Krose, Entstehung und erste Jahrzehnte der « Stimmen aus Maria Laach », in: Mitteilungen aus den deutschen Provinzen der Gesellschaft Jesu 16 (1946-48) 299-313; die Arbeit von B. Bonnery, Les revues catholiques « Stimmen der Zeit » et « Literarischer Handweiser » dans l'Allemagne de 1918 à 1925, Frankfurt/M.

der Ort für die Beiträge wurde. Hier erschienen nicht nur die
Artikel zum Kritizismus, die B. Jansen dann in seinem Band
« Wege der Weltweisheit » [105] gesammelt vorlegte, sondern auch
wichtige Kapitel aus seiner Untersuchung « Die Religionsphilosophie Kants » [106]. Auf Jansen kommen wir noch eigens zu sprechen, aber natürlich kam er in der Zeitschrift auch im Zusammenhang mit dem Kantjubiläum von 1924 [107] zu Wort. Das Gedächtnis des 200. Geburtstages des Königsbergers markiert einen
ersten Höhepunkt in der Auseinandersetzung. E. Przywara [108]
schrieb als Betrachtung zum Kant-Jubiläum « Kantischer und
katholischer Geistestypus » [109], M. Gierens steuerte einen Beitrag
« Idealismus » [110] bei und J. Ternus faßte seine Eindrücke « Am
Grabe Kants » [111] zusammen. In den weiteren Umkreis des Gesprächs mit Kant sind auch jene Aufsätze einzubeziehen, die
M. Pribilla in den « Stimmen der Zeit » veröffentlicht hatte und
1924 zusammen mit Prof. A. Messer unter dem Titel « Katholisches und modernes Denken. Ein Gedankenaustausch über Gotteserkenntnis und Sittlichkeit » [112] als Buch herausbrachte. Schon
1921 verglich Pribilla « Kant und Schiller. Über das Verhältnis

---

1978 kann wegen wichtiger Lücken in der Information und wegen ihrer
Wertungen nur mit großen Reserven herangezogen werden.

[105] Der Band enthält 17 Beiträge, von denen 12 zwischen 1917 und
1924 in den « Stimmen der Zeit » zuerst veröffentlicht wurden. Zu Kant
finden sich drei Aufsätze: Scholastische und moderne Philosophie, in:
StdZ 100 (1921) 249-266; Die Bedeutung des Kritizismus, ebd. 107 (1924)
81-99 und Kant der Religionsphilosoph der Aufklärung, ebd. 104 (1923) 1-11.

[106] Geschichtlich dargestellt und kritisch-systematisch gewürdigt, Ber-
lin/Bonn 1929; vgl. Der ideelle Ort Gottes im System des Kritizismus,
in: StdZ 114 (1927/28) 14-31; Der Sinn der Religion nach Kant, ebd. 440-450
und die Stellung Kants zum Christentum, ebd. 115 (1928) 99-108.

[107] Die einzelnen Titel vgl. weiter unten; das Gedächtnis erfuhr verhältnismäßig viel Aufmerksamkeit.

[108] Przywara kann nicht als eigentlicher Spezialist für das Werk Kants
betrachtet werden, aber in seiner Stellung im Mitarbeiterteam der Zeitschrift konnte er Kant auch nicht einfach übergehen.

[109] StdZ 107 (1924) 161-174. Der Titel verdeutlicht schon die für Przywara typische Betrachtungsweise des Vergleichs von Grundtypen.

[110] StdZ 107 (1924) 23-33. Knüpft an Kant an, entwickelt dann aber
sein Thema als Klärung der Sachfrage.

[111] StdZ 107 (1924) 476-479. Bericht über die Jubiläumsfeiern in Kö-
nigsberg und ihre Hintergründe.

[112] Stuttgart 1924; aufgenommen sind hier folgende Artikel: Katholisches Autoritätswesen und moderne Denkfreiheit, in: StdZ 104 (1922/23)
96-104; Nochmals: Katholizismus und moderne Denkfreiheit, ebd. 430-444;
Katholisches und modernes Denken, ebd. 105 (1923) 255-269; Ethik und
Metaphysik, ebd. 408-427. Zu diesen Äußerungen Pribillas bezog A. Messer
(1867-1937) Stellung.

von Pflicht und Neigung » [113]; ihn interessierte — wie sich hier
andeutet — Kants Bedeutung für Ethik und Moral. Przywara
dagegen, der in seinem Beitrag « Kantentfaltung oder Kantver-
leugnung? » [114] eine Bilanz des Jubiläums zog, richtete sein Augenmerk vor allem auf die Voraussetzungen und Strukturen der
kritischen Philosophie.

An dieser Stelle empfiehlt sich ein Exkurs, der die Rolle
der « Stimmen der Zeit » überhaupt für die neue Pullacher Hochschule in den Blick rückt. Denn mit der Redaktion dieser Monatsschrift, die seit 1914 ihren Sitz in München hatte — zuvor war
sie in Valkenburg angesiedelt gewesen —, war für die Professoren auch ein institutioneller Referenzpunkt gegeben, über den
sie sich an der geistigen Auseinandersetzung in Deutschland
beteiligen konnten. Davon machten sie schon in den Anfangsjahren regen Gebrauch. Ein B. Jansen und ein J. B. Schuster
waren bereits vor ihrer Lehrtätigkeit an der Pullacher Fakultät
gelegentlich als Mitarbeiter in Erscheinung getreten, doch dann
intensivierte sich ihr Anteil an den Beiträgen der Zeitschrift
beträchtlich. Auch Willwoll, Frank und Rast fehlen nicht unter
den Autoren, obwohl philosophische Fragen aus ihren Fachge-
bieten auch von den Mitgliedern der Redaktionsgruppe E. Przywara oder M. Pribilla behandelt wurden. Überdies behandelten
noch eine Reihe weiterer Jesuiten in den « Stimmen » regelmäßig
auch philosophische Themen wie St. von Dunin-Borkowski [115],
V. Cathrein [116], J. Fröbes [117], Fr. Sladeczek [118] u.a.. Dennoch hat
das offensichtlich die Pullacher Professoren nicht gehemmt, sondern eher angeregt, sich in allen Publikationsformen der bekannten Zeitschrift zu versuchen. Die Zusammenarbeit lag allerdings
wesentlich auf der Ebene der Pullacher Lehrer; dafür, daß Stu-

---

[113] StdZ 101 (1921) 193-209.

[114] Ebd. 108 (1924/25) 90-108.

[115] (1864-1934) Mitarbeiter der « Stimmen der Zeit », Spezialist für Spi-
noza und pädagogische Fragen; Vgl. Die Pädagogik in Selbstdarstellungen I
(Hg. E. Hahn) Leipzig 1926.

[116] Vgl. Anm. 63. — Cathrein äußerte sich namentlich auch zu Fragen
der Sozialphilosophie in Auseinandersetzung mit dem Sozialismus seiner
Zeit.

[117] Vgl. Anm. 38. — K. Rahner, Tradition im Wandel a.a.O. 4 erwähnt,
er habe Schwierigkeiten gehabt, « daß er seine empirische Psychologie
an einer deutschen Universität studieren durfte ». Doch dürfte das eher
besondere Gründe gehabt haben — entweder momentan oder vom Fach
her bedingt; denn schon im Jahrzehnt vor der Jahrhundertwende finden
sich eine Reihe von Jesuiten als Studenten an der Berliner Universität,
u.a. R. von Nostitz-Rieneck, P. von Hoensbroech.

[118] (1889-1981) Philosoph und Schriftsteller.

denten unmittelbar mit der Redaktion der « Stimmen » in Kontakt gestanden hätten, gibt es keine Anzeichen. Wer den Lebensstil der damaligen Ausbildung kennt, wird das für ganz unwahrscheinlich halten müssen. Umgekehrt darf auch keine regelmäßige persönliche Präsenz der Redaktionsmitglieder in der Hochschule vorausgesetzt werden. Die Aufgaben waren doch zu verschieden, als daß etwa die Beiträge eines E. Przywara zum wissenschaftlichen und geistlichen Leben in Pullach über gelegentliche offizielle Einladungen hätten hinausgehen können.

Indes bedeutet der literarische Bezug der Pullacher Professoren zu den « Stimmen » insofern für die Hochschule etwas, als schon der Name der Zeitschrift dem Faktor ' Zeit ' einen ganz anderen Stellenwert einräumte als die scholastische Schulphilosophie. Ohne jetzt näher auf die Gründe einzugehen, muß einfach festgehalten werden, daß hier die Aktualität eine zentral wichtige Rolle spielt; auch die Beiträge aus der Hochschule hatten darauf Rücksicht zu nehmen.

Zwar legte man in der Redaktion auf solide und grundsätzliche Beiträge Wert, ohne darum die gegebene Situation und deren Fragen zu übersehen. Aber für die angestrebte Auseinandersetzung mit der geistigen Gegenwart drängte sich das Problem der Geschichte selbst auf und beeinflußte tiefgreifend die Art der Sicht und der Darstellung anstehender Aufgaben. Hier war die scholastische Erörterung nicht nur durchbrochen, die Schulsprache aufgegeben. Der ganze Stil war ein anderer und konnte die verhandelten Gegenstände nicht unberührt lassen. Durch die « Stimmen der Zeit » wußte und erfuhr Pullach von Anfang an, daß christliches Denken auch anders als scholastisch auszusagen und zu vertreten war, ja daß diese andere Art und Weise unvermeidlich geboten sein konnte. Es handelte sich dabei um eine Erfahrung der eigenen Geschichtlichkeit, mochte man sie auch durch nachdrückliches Unterstreichen des ' perennis ', das für die eigene Philosophie in Anspruch genommen wurde, zu bestreiten suchen. Delp sollte später hauptamtlich in der Redaktion der « Stimmen der Zeit » eingesetzt werden. Schon in seinen eigenen philosophischen Studien lernte er die Akzente dieser Monatsschrift näher kennen und sah vor allem, wie auf dieser Ebene wirklich Begegnung mit anderen geistigen Kräften möglich wurde.

Die Auseinandersetzung um Kant, wie sie gerade durch die « Stimmen der Zeit » geführt wurde, stellte sich als Zeitaufgabe dar, als aktuelles Problem. In der gleichen Perspektive sind auch die weiteren Veröffentlichungen deutscher Jesuiten zu sehen, die als Beiträge zur Kant-Strömung der 20er Jahre noch kurz zu erwähnen bleiben. Da eine nähere Betrachtung sich hier verbietet, mag eine einfache Aufzählung genügen, die immerhin etwas über die Tatsache und die Intensität der behaupteten Einflußlinie aussagt. Aus Innsbruck stammt der Beitrag von A. Inauen « Kantische und scholastische Einschätzung der natürlichen Gotteserkenntnis » [119], der ebenso wie B. Jansens Dresdner Vorträge « Der Kritizismus Kants » [120] auf der Akademikertagung mit dem Kant-Jubiläum zusammenhängen dürfte. Unter Rückgriff auf manchen Zeitschriftenbeitrag erschien 1929 Jansens « Die Religionsphilosophie Kants » [121], und ein Jahr später brachte C. Nink seinen « Kommentar zu Kants Kritik der Reinen Vernunft » [122] sowie E. Przywara sein schon erwähntes Buch « Kant heute » [123]. Wenn die Reihe damit abgebrochen wird, so einfach aus dem Grunde, daß sich um die Wende zu den 30er Jahren eine andere Strömung für die Arbeit an der Pullacher Hochschule in den Vordergrund schob. In Belgien war inzwischen von J. Maréchal der Versuch unternommen worden, Kant und Thomas in eine fruchtbare Verbindung miteinander zu bringen. Dabei geriet mehr und mehr die Metaphysik wieder ins Zentrum, während das rein erkenntnistheoretische Problem zurücktrat. Überwindung eines steril gewordenen Gegensatzes zwischen Objektivismus und Subjektivismus durch Entwicklung einer neuen Metaphysik aus den Ursprüngen; diesem Programm von « Le Point de Départ de la Métaphysique » [124] als Ausdruck einer geistigen Strömung müssen wir uns jetzt zuwenden.

---

[119] Heft 5 der Sammlung « Philosophie und Grenzwissenschaften » Bd. 1, Innsbruck 1925.

[120] München/Rom 1925 (Der Katholische Gedanke — Veröffentlichungen des Verbandes der Vereine katholischer Akademiker zur Pflege der katholischen Weltanschauung, Bd. XII).

[121] Berlin/Bonn 1929.

[122] Frankfurt/M. 1930. Vgl. auch C. Nink, Zum ontologischen Gottesbeweis bei Kant, in: Philosophia Perennis I. Abhandlungen über die Geschichte der Philosophie (Hg. F.-J. von Rintelen), Regensburg 1930, 309-321.

[123] Eine Sichtung, München/Berlin 1930.

[124] 1923-1926; der Plan umfaßt 6 Hefte: 1. De l'antiquité à la fin du Moyen-Age: La critique ancienne de la connaissance; 2. Le conflit du rationalisme et de l'empirisme dans la philosophie moderne, avant Kant; 3. La critique de Kant; 4. Par dela le Kantisme: vers l'idéalisme absolu; 5. Le Thomisme devant la philosophie critique; 6. Les epistémologies contemporaines. — Die Durchführung stieß auf Schwierigkeiten.

2. J. Maréchal [125]

Auf den ersten Blick scheint es wenig gerechtfertigt, mit dem Namen Maréchals eine eigene geistige Strömung verbinden zu wollen. Nimmt er nicht nur vorhandene Strömungen auf und sucht sie miteinander zu vereinen? Der Gedanke liegt nahe, solange nicht eine entscheidende Quelle seines Denkens und Fragens beachtet und ernstgenommen wird: Maréchal kommt von der Spiritualität und von der Psychologie her [126]. Er hat sich eingehend mit Mystikern und ihren Erfahrungen befaßt [127], hat in der katholischen Tradition Phänomene ausgemacht, die sich im modernen Geistesleben mit völlig anderen Deutungen wiederzufinden schienen. Daher fragt er nach dem « Ausgangspunkt », dem ' point de départ ', der Wurzel. Maréchal ist alles andere als bloßer Bewußtseinsphilosoph, der aus eigenen geistigen Urdaten in idealistischer Weise eine ganze Wirklichkeit konstruiert. Gewiß, er sucht nach Identität, Zusammenhang, gemeinsamem Ursprung. Doch ist das ausschließlich als Idealismus möglich? Dagegen spricht manches in Maréchals Werdegang.

Entscheidend für Maréchals Einfluß wurde das 5. Heft seiner Studien über den Ausgangspunkt der Metaphysik; es erschien 1926 unter dem Titel « Le Thomisme devant la Philosophie critique » [128]. Doch dieser Versuch einer fruchtbaren Verbindung war vorbereitet durch die schon veröffentlichten Hefte und sollte abgerundet werden durch jene, an denen Maréchal noch arbeitete. Um jene Punkte in Maréchals Absicht herauszustreichen, die schließlich die von ihm ausgehende geistige Bewegung markierten, bleibt auf Folgendes zu verweisen: 1. es geht um Thomas selbst, es geht um die philosophische Herausforderung, die das kritische Denken Kants darstellt; Maréchal will « l'objet en soi » erreichen, sonst bleiben wir « confinés à l'intérieur du sujet comme tel ... emmurés dans le relatif » [129]; 2. die Legitimität der kritischen Forderungen bleibt zu über-

---

[125] (1878-1944), vgl. Anm. 98 und J. B. Lotz, Zur Thomas-Rezeption in der Maréchal-Schule, in: ThPh 49 (1974) 375-394.

[126] Vgl. seine Arbeiten: Sur quelques traits distinctifs de la mystique chrétienne, Paris 1912; Etude sur la psychologie des mystiques I und II, Paris 1924 und 1937; Réflexions sur l'étude comparée des mysticismes, Löwen 1926.

[127] Vgl. die Personalnotizen in: Encicl. Filosofica IV, Florenz ²1967, 297-301 und in: Diz. dei Filosofi, Florenz 1976, 785 f.

[128] Vgl. Anm. 102; ebd. VII-XXI Avant-Propos, signiert: Louvain, 19 mars 1925, über den Sinn des Unternehmens.

[129] Ebd. VIII.

prüfen; 3. der Nachweis ist beizubringen, daß der metaphysische Realismus diesen Forderungen durchaus gerecht wird. [130] Anders gesagt: die thomistische Erkenntnismetaphysik soll zur Lösung der Grundprobleme der kritischen Philosophie eingesetzt werden. Dieser Versuch — unter ganz bestimmten Bedingungen — « transpose la méthode *ontologique* en une méthode *transcendentale* » [131].

Auf die Einzelheiten von Maréchals Darlegung einzugehen, verbietet deren Umfang und Komplexität. Zudem sind anderswo etwa die Probleme der transzendentalen Methode oder der Subjekt-Objekt-Spannung untersucht worden. Dagegen sind einige Hinweise auf das Zeitverständnis wichtig, wie es hier entgegentritt. Leider müssen wir uns dabei auf ein paar sehr einfache Beobachtungen beschränken; jede eingehendere Darstellung würde den Rahmen unseres Themas sprengen und der nachweislichen Bedeutung Maréchals für das Denken Delps ein zu großes Gewicht geben. Denn der Einfluß des Belgiers wird in Delps Äußerungen nur summarisch und vordergründig greifbar; für eine intensivere Auseinandersetzung des Jüngeren mit dem Werk des Älteren fehlen die Zeugnisse.

In der Bestimmung der Zeit folgt Maréchal dem Aquinaten; Zeit wird von der Bewegung (mouvement - motus) her verstanden, nicht von der Dauer (duratio) [132] aus. Aber die Bewegung wird noch einmal unterschieden in eine subjektive und eine objektive [133]. Die objektive Bewegung kommt immer nur in Verbindung mit der subjektiven Bewegung vor, während letztere auch für sich gegeben sein kann. Beide sind also nicht gleichursprünglich und gleichwertig; das gilt folglich ebenso für die entsprechenden Formen von Zeit. In seiner « Skizze einer ' transzendentalen ' Kritik, die dem thomistischen Aristotelismus entnommen ist » [134] stützt Maréchal sich darauf, daß sich « in unserer erkennenden Aktivität ein dynamischer Fortschritt, eine

---

[130] Vgl. Ebd.

[131] Ebd. 1; vgl. die früheren Arbeiten von P. Rousselot, L'intellectualisme de S. Thomas, Paris 1908 (2. Aufl. 1924; 3. Aufl. 1936) sowie seine Idee des « Dynamismus » in: Amour spirituel et synthèse aperceptive (Rev. de Phil. 16 (1910) 225-240) und: L'Être et l'esprit (ebd. 561-574), aber ebenfalls seine Beiträge zur Glaubenstheologie: Les yeux de la foi, in: RSR 1 (1910) 241-259, 444-475 und ebd. 3 (1913) 1-36; 5 (1914) 57-69, 453-458 (= Die Augen des Glaubens, Hg. J. Trütsch, Einsiedeln 1963).

[132] Vgl. Maréchal, Le point ... a.a.O. 27 und ebd. Anm. 1 sowie 121 f.

[133] Vgl. ebd. 212.

[134] Ebd. 392-437.

Bewegung von der Fähigkeit zum Akt »[135] zeigt. Diese Bewegung ist eine subjektive; wie jede andere ist sie auf ein letztes Ziel hin ausgerichtet, das « à chaque étape du mouvement la marque dynamique »[136] einprägt. Diese dynamische Bestimmung stellt die « forme spécificatrice qui oriente à priori notre dynamisme intellectuel »[137], dar. Die hier erwähnte intellektuelle Dynamik löste damals eine Kontroverse unter Fachleuten aus. Stammt der Gedanke wirklich aus dem Werk des Thomas von Aquin? Und wie verträgt sich diese intellektuelle Dynamik mit den üblichen Deutungen und Wertungen des Faktors ' Zeit '? Hatte Maréchal mit seiner Idee nicht die Endlichkeit so in das geistige Erkennen des Menschen eingeführt, das dieses — entgegen seiner Absicht — gar nicht mehr jene Transzendenz erfassen konnte, in der sich allein ein Begriff von Gott denken läßt, der auch dem Gottesbild der biblischen Offenbarung entsprechen könnte? Macht man die subjektive Bewegung zur Grundlage des Zeitverständnisses, wie es hier versucht ist, dann — so der Einwand — hat man schon unter der Hand in die Voraussetzung eingetragen, was mit ihr erklärt werden soll, nämlich Zeitlichkeit als Endlichkeit. Damit hätte man aber das Besondere der subjektiven Bewegung, nämlich ihre zeittranszendierende Geistigkeit, preisgegeben und sich die Möglichkeiten verbaut, entsprechende geistige Wirklichkeiten zu erfassen. Doch wie weit war Delp von diesen Überlegungen und Schwierigkeiten berührt?

Es unterliegt keinem Zweifel, daß er in seiner philosophischen Studienzeit mit dem Für und Wider um Maréchal bekannt wurde. 1924 erwähnte Przywara den belgischen Philosophen gelegentlich in einem Aufsatz[138]; er verfolgte dessen weitere Publikationen aufmerksam und kritisch und setzte sich vor allem mit der im 5. Heft vorgelegten Anwendung der transzendentalen Methode auf den Thomismus auseinander[139]. Später findet sich Maréchals Name auch bei Willwoll[140] und bei Rast[141]. Besprechungen kamen in diesen Jahren von C. Nink[142], von J.

---

[135] Ebd. 407.
[136] Ebd. 411.
[137] Ebd. 413.
[138] Vgl. StdZ 107 (1924) 161 Anm.
[139] Vgl. Kant heute a.a.O. 59-75 (= Kantischer und thomistischer Apriorismus, in: PhJB 42 (1929) 1-24, vgl. dazu Fr. Sladeczek, in: Scholastik 4 (1929) 457).
[140] Vgl. Seele und Geist a.a.O. 86.
[141] Vgl. Welt und Gott a.a.O. 26, 66, 80.
[142] Vgl. Scholastik 3 (1928) 138 f.

Ternus [143] und J. de Vries [144], der sich überdies in einem eigenen Beitrag « Intuition und Abstraktion » [145] mit der Frage nach dem Aufbau der Erkenntnistheorie auseinandersetzte. Eine der wichtigsten Stimmen jedoch war die B. Jansens in dem Aufsatz « Transzendentale Methode und thomistische Erkenntnismetaphysik » [146], nicht zuletzt wegen der mit abgedruckten brieflichen Stellungnahmen Maréchals. Auf Jansen kommen wir im anschließenden Kapitel zurück. Hier ist jetzt ein wenig näher die Plattform zu betrachten, auf der sich für den deutschsprachigen Bereich die Diskussion um Maréchal vor allem abspielte: die Zeitschrift « Scholastik » [147].

Diese wissenschaftliche Quartalschrift — heute erscheint sie unter dem Titel « Theologie und Philosophie » [148] — ist nur wenig jünger als die Pullacher Fakultät. Sie diente den deutschsprachigen Jesuiten als philosophisches und theologisches Fachorgan und ermöglichte vor allem den Professoren in Valkenburg eine direkte Beteiligung an der wissenschaftlichen Diskussion in Deutschland. Die Professoren in Pullach traten nach und nach in den Mitarbeiterkreis ein: Schuster schon 1926, Willwoll 1927, Jansen 1928, Rast 1930 und Frank — wie es scheint — erst 1935. Es handelte sich eben um ein spezielles Organ, das seinem Titel nach vor allem Verständnis für die « Scholastik » zu wecken suchte [149]. Im Gegensatz zu den « Stimmen » erreichte es nur Fachkreise, konnte sich darum aber auch, weil eine entsprechende Vorbildung vorausgesetzt werden durfte, auf « Quaestiones disputatae » einlassen. Dennoch lag der Schwerpunkt ihrer Abhandlungen vor allem bei historischer Aufarbeitung und Klärung, wärend der gepflegte Besprechungsteil eine Information über wichtige Neuerscheinungen und eine Hilfe zur eigenen Meinungsbildung bot. Wie oben erwähnt, erschienen in dieser Zeitschrift die ersten begründeten Stellungnahmen zum Anstoß Maréchals; sie spiegelt damit die Bewegung, die der belgische Philosoph auslöste. Auf ihren weiteren Verlauf brauchen wir nicht mehr einzugehen [150], da Delp sich nicht erkennbar Einflüsse aus

---

[143] Vgl. PhJB 42 (1929) 264-266.
[144] Vgl. Scholastik 5 (1930) 144 f.
[145] Scholastik 5 (1930) 393-400.
[146] Scholastik 3 (1928) 341-368.
[147] Vgl. Koch JL 1611 (seit 1926).
[148] Seit 1966.
[149] Das hängt mit der Thomas-Renaissance der 20er und 30er Jahre zusammen, auf die wir im folgenden Abschnitt eigens eingehen.
[150] Die jüngcre Generation der Pullacher Professoren, auf die wir hier nicht zu sprechen kommen, fühlte sich Maréchal besonders verpflichtet;

dieser Richtung zu eigen machte. Sie gehören einer Strömung an, die er kannte, die ihn auch wohl prägte, zu der er aber nicht eigenständig eine Meinung vortrug. Und erst nach dem Verbot der « Stimmen » finden sich Besprechungen von ihm in der « Scholastik »[151], darunter eine eingehende zu H. U. von Balthasars « Apokalypse der deutschen Seele »[152]. Einen ähnlich entfernten Einfluß auf Delps Denken dürfte P. Rousselot — Vorgänger in der Linie Maréchals[153] — ausgeübt haben, der in den 20er Jahren neu entdeckt wurde[154]. Es darf darum bei einem einfachen Hinweis bleiben. Auch dem Franzosen ging es um ein tieferes Verständnis des Thomas von Aquin und um die Überwindung des gängigen Widerspruchs zwischen scholastischem und modernem Denken[155]. So verweisen schließlich Maréchal und Rousselot, aber auch die Zeitschrift « Scholastik » auf die dritte Strömung der 20er Jahre, die betrachtet werden muß: die Renaissance des Thomismus.

3. Thomas von Aquin

Bekanntes soll jetzt nicht noch einmal referiert werden. Die Namen J. Maritain[156], E. Gilson[157], R. Garrigou-Lagrange[158], A.-D. Sertillanges[159] verweisen schon für sich auf jenen erneuerten Thomismus, der nach dem ersten Weltkrieg vornehmlich in Frankreich zu Wort drängte und sich mit der neugegründeten « Société thomiste »[160] und dem « Bulletin thomiste »[161] wirksa-

---

so J. B. Lotz (Hg), Kant und die Scholastik heute, Pullach 1955 (ebd. 35-108 = Die transzendentale Methode in Kants « Kritik der reinen Vernunft » und in der Scholastik) und W. Brugger, Dynamistische Erkenntnistheorie und Gottesbeweis, in: Mélanges Joseph Maréchal II Hommages, Brüssel/Paris 1950, 110-120. — Eine umfassende Untersuchung legte vor E. Wingendorf, Das Dynamische in der menschlichen Erkenntnis I/II, Bonn 1939 f.

[151] Scholastik 16 (1941) 427 f., 476-549, 629.

[152] Ebd. 79-82.

[153] P. Rousselot (1878-1915) vgl. Anm. 131.

[154] Die zweite Auflage von « L'intellectualisme de S. Thomas » erschien 1924 und bedeutete einen Durchbruch für das Werk.

[155] Über die Auswirkungen dieser Arbeit für die Glaubenstheologie vgl. E. Kunz, Glaube - Gnade - Geschichte. Die Glaubenstheologie des Pierre Rousselot SJ, Frankfurt/M. 1970.

[156] (1882-1973) Philosoph (Thomist), vgl. Brockhaus-Enzyklopädie XII (1971) 157 und St. Fumet, in: ICI n° 432 (1973) 18-21.

[157] (1884-1978) Philosophiehistoriker; vgl. Doc Cath 60 (1978) 944.

[158] (1877-1964); vgl. Catholicisme IV (1956) 1764 und Doc Cath 46 (1964) 535.

[159] (1863-1948); vgl. LThK IX (²1964) 691.

[160] Gegründet 1923.

[161] Gegründet 1924; vgl. Catholicisme II (1949) 319.

me Instrumente schuf. Das blieb vor allem auch deshalb für Deutschland nicht ohne Bedeutung, weil Papst Pius XI. mit der Enzyklika « Studiorum ducem »[162] im Jahre 1923 noch einmal die Bedeutung des Aquinaten herausstrich, nachdem fast ein Jahrzehnt lang über das Dekret der 24 thomistischen Thesen[163] und seine Verbindlichkeit gestritten war.

Um die Haltung der deutschsprachigen Jesuiten zu verstehen, sei die programmatische Erklärung herangezogen, die das « Innsbrucker Institut für scholastische Philosophie »[164] nach der Eingliederung in die Philosophische Fakultät der Universität seiner Publikationsreihe « Philosophie und Grenzwissenschaften » voranstellte. Man wollte eine aristotelisch-scholastische Richtung vertreten, für die Aristoteles und Albert der Große Vorbilder seien. Gemeint war die Verbindung von begrifflichem Denken und Sinneserfahrung. « Unverkürzte Synthese der Spekulation und Empirie ist ein Wesenszug der philosophia perennis », heißt es wörtlich. Thomas von Aquin gelte als Ideal des lautersten Wahrheitsstrebens, der das gesamte Wissen zu einem unübertroffenen Gedankenbau zusammenfügte. « Mit dieser Stellungnahme zur Methode ist auch schon unsere Stellung zur Lehre des doctor communis gegeben. Es ist jene, die der hochwürdigste Pater General Ledóchowski S.J.[165] in seinem vom Apostolischen Stuhle approbierten Schreiben: ' De doctrina sancti Thomae magis magisque in Societate fovenda '[166] auf Grund der Ordenskonstitutionen vorgezeichnet hat. Vor der Öffentlichkeit wurde diese Stellungnahme schriftlich und mündlich von Kardinal Ehrle S.J.[167] durch eine meisterhafte Rückschau auf die Geschichte der Scholastik gerechtfertigt. » Zitiert werden Ehrles Stellungnahmen[168], deren letzte eine programmatische Rede war, die der ' Osservatore Romano ' am 11. März 1924 abdruckte[169]. Darin wurde der Nachweis geführt, daß mit den päpstlichen Empfehlungen keine Ausschaltung der anderen Schulrichtungen intendiert war.

Die Valkenburger Tradition — das wurde schon deutlich —

---

[162] Vgl. DS 3665-3667.
[163] Vgl. DS 3601-3624 und zugehörige Einleitung.
[164] Vgl. Koch JL 874-877.
[165] (1866-1942); vgl. Koch JL 1085-1088.
[166] Acta Romana Soc. Jes. 3 (1918) 317-363.
[167] (1845-1934); vgl. NDB IV (1959) 360 f.
[168] Vgl. Grundsätzliches zur Charakteristik der neueren Scholastik (Erg. Hefte StdZ 1. Reihe Kulturfragen 6) Freiburg/Br. 1918; Die Scholastik und ihre Aufgaben in unserer Zeit, Freiburg/Br. ²1933.
[169] La figura e l'opera di S. Tommaso d'Aquino, 64 Jg.; n° 60, S. 2.

stützte sich zu einem guten Teil auch auf den Suarezianismus; Ehrle hatte einen Großteil seiner wissenschaftlichen Arbeiten der Franziskanerschule gewidmet. Darüber war der Aquinate nicht vergessen worden, aber er hatte eben auch nicht einen alles bestimmenden Einfluß erhalten. Das Ergebnis kam manchem als ein nicht gerade tiefgehender Eklektizismus mit rationalistischer Note vor. Jedenfalls wuchs in diesen Jahren merklich ein lebendiges Interesse an der Philosophie und Theologie des Thomas selbst. Besonders jene Professoren, die in Rom studiert hatten [170], neigten zu einem systematischen und umfassenden Studium der Werke des Aquinaten. Die ersten Ansätze dazu führten in den 30er Jahren zu einer Reihe deutscher Ausgaben [171], gleichsam erste Frucht jener Diskussion, die hier als eigene Strömung vorgestellt ist. Wichtige Voraussetzungen für dieses Gespräch boten im deutschen Raum eine Reihe historischer Untersuchungen, um die sich besonders Cl. Bäumker [172] und M. Grabman [173] verdient machten. Eigentlicher Gegenstand der Auseinandersetzung war allerdings die Metaphysik, oder — um es mit den Worten der Husserl-Schülerin und bekannten Vertreterin einer Hinwendung zu Thomas, Edith Stein [174] zu sagen: « Endliches und Ewiges Sein ». So betitelte sie Mitte der 30er Jahre ihren « Versuch eines Aufstiegs zum Sinn des Seins » [175].

Die Philosophin und Karmelitin E. Stein, die wie A. Delp Opfer des Nationalsozialismus werden sollte, hatte eine ganze Reihe von Beziehungen zu Jesuiten. Sie stellte ihr Hauptwerk ausdrücklich neben die « Analogia entis » von E. Przywara [176].

---

[170] Vgl. Naber, Willwoll, Rast und Maier; an der Pontificia Università Gregoriana wirkte die Richtung von Liberatore, Taparelli, Kleutgen nach.

[171] Vgl. Des Hl. Thomas von Aquino Untersuchungen über die Wahrheit (E. Stein) I/II, Breslau 1931/32; Die Deutsche Thomas-Ausgabe. Vollständige, ungekürzte deutsch-lat. Ausgabe der Summa Theologica, Salzburg/Heidelberg/Graz 1933 ff.; Thomas von Aquino, Summe der Theologie I/II (J. Bernhart), Leipzig 1934/35; Thomas von Aquino. Über das Sein und das Wesen (R. Allers), Wien 1936; Thomas von Aquin. Die Seele (A. Mager), Wien 1937; Thomas von Aquin. Die Summe wider die Heiden (H. Nachod/P. Stern/A. Brunner), Leipzig 1935-37.

[172] (1853-1924), vgl. NDB I (1953) 533 f.

[173] (1875-1949), vgl. NDB VI (1964) 699 f.

[174] (1891-1942/43), vgl. Philosophen-Lexikon II, 627 und LThK IX (^{2}1964) 1029 f.

[175] Veröffentlicht Löwen/Freiburg/Br. 1950 als Band II von « Edith Steins Werke ».

[176] (1889-1972), vgl. Koch JL 1483; Philosophen-Lexikon II, 313 f.; Diz. dei Filosofi, Florenz 1976, 977.

« Es handelt sich ja hier und dort um dieselbe Sache, und P. E.
Przywara hat in seinem Vorwort darauf hingewiesen, daß die
ersten Bemühungen der Verfasserin um eine Auseinandersetzung
zwischen Thomas und Husserl für ihn von Bedeutung gewesen
sind ... sie durfte die früheren Entwürfe der Analogia entis einsehen und hat überhaupt in den Jahren 1925-1931 in lebhaftem
Gedankenaustausch mit P. E. Przywara gestanden. » [177] Sachlich
nennt sie als Unterschied ihres Verfahrens von dem der ' Analogia entis ' des Jesuiten, daß bei ihr das « innergeschichtliche »
Denken gegenüber dem Streben nach « übergeschichtlicher Wahrheit » [178] zurücktrete, doch sei ihr Weg in dem gerechtfertigt,
was Przywara als « kreatürliches Denken » bezeichne. Die Ad-
jektive rücken die Geschichte in den Blickpunkt, obwohl das
bei der Ausrichtung auf die Metaphysik kaum zu erwarten stand.
Daß sich Przywara dem Aquinaten verpflichtet fühlte, erhellt
u.a. auch aus der Widmung, die er seinen beiden umfangreichen
Aufsatzbänden « Ringen der Gegenwart » [179] voranstellte: « S. Thomae Aquinati Magistro ». Im zweiten Band widmete er ihm eine
eigene Gruppe von Beiträgen [180]. Eine intensivere Beschäftigung
mit Thomas dürfte sich für ihn als Folge des Thomasjubiläums
ergeben haben [181]; die eigentliche Frucht des Bemühens war dann
die « Analogia entis », deren erster Teil 1932 erschien.

Auf diese Untersuchung kann nur verwiesen werden; jeder
Versuch, in der unvermeidlichen Knappheit darauf einzugehen,
würde der Arbeit nicht gerecht werden. Einige äußere Hinweise
aber mögen helfen, sie noch ein wenig in der Strömung zu si-
tuieren, von der hier gesprochen wird. Sie gehört in die Reihe
jener, nicht häufigen Studien, die aus der Begegnung mit einem
großen Denker eine eigenständige Sicht entwickeln. Ähnlich
selbständig, aber weder sprachlich noch philosophisch Przywara
gleichkommend, dürfen im Blick auf Thomas die Deutungen
J. Stuflers [182] in Innsbruck gewertet werden, die insofern in den
hier skizzierten Strom gehören als sie damals Aufsehen erregten.
Selbständige Interpretation war auch hier das Ziel. Im speziell

---

[177] E. Stein, Endliches und Ewiges Sein, Löwen/Freiburg/Br. 1950,
IX f. (Vorwort).
[178] Ebd. X f.
[179] Band I/II, Augsburg 1929.
[180] Ebd. II, 880-962.
[181] Vgl. dazu E. Przywara, Tragische Seele? Eine Betrachtung zum
Thomasjubiläum, in: StdZ 106 (1924) 33-45; es handelt sich um einen
Beitrag zum Gedenken an den 700. Geburtstag des Aquinaten.
[182] (1865-1952), vgl. Koch JL 1715 und LThK IX (²1964) 1123.

philosophischen Raum — dem Przywaras also — diente das Unternehmen der Antwort auf die Frage nach einer neuen Metaphysik, der sich von anderen Voraussetzungen aus und unter Einsatz anderer Mittel auch M. Heidegger damals verschrieb. [183]

Offensichtlich waren die an Thomas anknüpfenden Bemühungen noch in allerlei Richtungen entwicklungsfähig; erst eine jüngere Generation [184] gab ihr jene schärferen Konturen, die diese Kraft für die philosophische Diskussion nach dem letzten Weltkrieg voll wirksam und fruchtbar werden ließen. Immerhin war es schon zu Beginn — etwa bei Przywara — die Konfrontation mit dem werdenden Existentialismus [185], die zur Konzentration zwang und dabei dem Faktor Zeit und Geschichte ganz neues Gewicht einräumte. Ob das nun unter dem Stichwort « Endlichkeit », « Freiheit » o.ä. geschah, immer stand das Verhältnis von « Sein und Zeit » zur Debatte, anders gesagt: die metaphysische Begründung von Zeitlichkeit und Geschichtlichkeit. Die Verschiebung gegenüber früheren Konzeptionen ist nicht mehr zu verkennen. Das einfache Substanz-Akzidenz- und Akt-Potenz-Schema von früher konnte beim Versuch, Gegensätze zusammenzudenken oder metaphysisch zu konzipieren, nicht mehr genügen. Dialektische oder analogische Modelle gewannen an Boden.

Nichts natürlicher in solcher Situation als daß katholisches Denken danach frug, wo im eigenen Erbe eventuell Ansätze für ein solches Denken zu entdecken seien. Das Werk des Aquinaten bot sich zuerst an und erwies sich im Laufe der Zeit als durchaus fruchtbar. Doch diese Untersuchungen begannen um die Wende zu den 30er Jahren, so daß auf Delps philosophische Ausbildung nur ihre Vorläufer und Ansätze einwirkten. Immerhin stellte ihr Einfluß eine geistige Bewegung dar, die bei der Frage nach dem Geschichtsgedanken Delps nicht außer acht gelassen werden darf, selbst wenn man sich hüten muß, die spätere Eindeutigkeit dieser Kraft in ihre Anfänge zurückzuprojizieren.

---

[183] (1889-1976), vgl. Diz. dei Filosofi, Florenz 1976, 547-551.

[184] Genannt seien A. Hufnagel, Intuition und Erkenntnis bei Thomas von Aquin, Münster 1932; G. Siewerth, Die Metaphysik der Erkenntnis nach Thomas von Aquin, I. Der sinnliche Erkenntnisakt, München/Berlin 1933; ders., Der Thomismus als Identitätssystem (1939), Frankfurt/M. ^{2}1961; J.B. Lotz, Das Urteil und das Sein (2. Aufl. v. « Sein und Wert » I, (1938), Pullach 1957; M. Müller, Sein und Geist, Tübingen 1940.

[185] Vgl. E. Przywara, Christliche Existenz, Leipzig 1934.

Zusammenfassung

Die geistige Welt, in der A. Delp Philosophie studierte, war bestimmt von Vermittlungsversuchen zwischen Neuscholastik und Moderne. Jeweils unterschiedlich prägte das die neue Hochschule, ihr Professorenkollegium und die vorherrschenden geistigen Strömungen der Zeit, wenn es auch zutrifft, daß Fakultät und Lehrkörper im Gegensatz etwa zu der Periode, als K. Rahner seine Philosophie studierte, in diesen Jahren verhältnismäßig konsolidiert waren und daß die geistigen Strömungen das Leben in Pullach nur mittelbar von außen erreichten. Ihr Einfluß, soweit sie bisher dargestellt sind, konnte nur ein entfernter sein, was aber nicht bedeutet: ohne Gewicht.

Zu erinnern ist noch einmal an die Bemerkungen zur jeweiligen Idee von Zeit und Geschichte sowie zu den Entwicklungen, die zwischen den verschiedenen Aussagen und Positionen deutlich wurden. Wie weit sich das im einzelnen für Delp auswirkte, kann sich erst aus der Analyse seiner Schriften und seines Denkens ergeben, die in den folgenden Kapiteln unternommen wird. Eines dürfte aber schon jetzt feststehen: Zeit und Geschichte waren damals keine Randthemen mehr. Und je mehr Aufmerksamkeit sie auf sich zogen, desto intensiver suchte man ihnen philosophisch und metaphysisch beizukommen. Der wichtigste Entwurf liegt in Heideggers « Sein und Zeit » vor; er wirkte wie eine Herausforderung, deren Kraft zunächst die anderen verblüffte, deren Neuheit und Ungewohntheit rasche Stellungnahmen nicht zuließ. Die nötige Auseinandersetzung verlangte ein gutes Stück Arbeit; einer der ersten, der sie auf katholischer Seite anpackte, um sich ein fundiertes Urteil über Heideggers Werk zu bilden, war A. Delp.

2. TRAGISCHE EXISTENZ

Im Rückblick auf das Spannungsfeld zwischen Neuscholastik und Moderne muß der Faktor Zeit als wichtiges bewegendes Element gewertet werden. In den einzelnen Diszliplinen des klassisch philosophischen Programms, wie es in den 20er und 30er Jahren dem Pullacher Studium zugrundelag, trugen die Überlegungen zum Einfluß der Zeit deutlich die wirksame Tendenz zu einer Öffnung. Man wollte die Auseinandersetzung mit den modernen Strömungen in Naturwissenschaft und Naturphilosophie, in der Psychologie und der Ethik, aber auch in den neueren Bemühungen um das Religiöse und die Gottesfrage. Zeit und Geschichtlichkeit spielten in all diesen Konzeptionen eine unübersehbare Rolle. Der neuscholastische Rahmen Pullacher Philosophie erwies sich als elastisch genug, diesen neu gewerteten Faktor Zeit wirklich zu berücksichtigen und aufzunehmen. Allerdings wurde er nur als Element genommen und eingeordnet, als Aspekt und Umstand, nicht als eigenes Thema und Problem. Das gilt mindestens für jene Disziplinen und ihre Vertreter, die im ersten Kapitel näher vorgestellt wurden.

A. Delp aber hatte noch zwei akademische Lehrer, deren Namen schon genannt sind, deren Einfluß auf ihn jedoch eine besondere Betrachtung verlangt. Denn er selbst weiß sich ihnen besonders verpflichtet [1]. Nicht zuletzt dürften sie es gewesen sein, die dem jungen Studenten das Thema Zeit als entscheidende Aufgabe erschlossen, der eine mehr unter der Rücksicht lebendig-existentiellen Philosophierens, der andere mehr aus einer anregenden Sicht der Geschichte der Philosophie heraus. M. Heidegger hatte 1927 « Sein und Zeit » [2] veröffentlicht. Der Titel formulierte eine Anfrage an jede Seinsphilosophie, wie es auch die Neuscholastik sein wollte, indem Sein und Zeit unmittelbar verbunden wurden. Was gewöhnlich als Element behandelt worden war, stellte Heidegger in die Mitte und machte es zum zentralen Gegenstand seiner Untersuchung und der Philosophie überhaupt. Ausdrücklich sollte Delp dieser Fragestellung in den Vorlesungen zur Geschichte der Philosophie während des dritten Jahres seiner philosophischen Studien begegnen [3]. Daß sie dort aber für

---

[1] Al. Maier und B. Jansen dankte Delp namentlich im Vorwort zu seinem ersten Buch; vgl. Anm. 96 zum 1. Kapitel.

[2] Halle 1927 u.ö. (nach dem Krieg: Tübingen 1953), Gesamtausg. 1977.

[3] Von Delps eigener Hand existiert unter den Akten der Hochschule eine Übersicht seiner Vorlesungen und Übungen; sie verzeichnet für das

ihn ganz besondere Bedeutung gewann, liegt in den Anfängen seiner philosophischen Bemühungen begründet. Schon zu Beginn der Pullacher Jahre waren Vorzeichen gesetzt, unter denen die Auseinandersetzung mit Heidegger möglich wurde, die das Ergebnis Delps in wichtigen Zügen bestimmten und dazu beitrugen, daß er eine beachtenswerte Stellungnahme vorlegen konnte. Al. Maier[4] führte Delp in die Philosophie ein; B. Jansen stand gewissermaßen am Ende dieser Studien[5]; sein Einfluß erschloß Delp die Möglichkeit, seine Arbeit der philosophischen Öffentlichkeit vorzulegen. Die beiden Namen bezeichnen also gewissermaßen eine Klammer, in der Delps philosophische Ausbildung eingefaßt ist. Der wichtigste Sinn dieser Klammer scheint im Rückblick auf: dank dieser beiden Lehrer dürfte es Delp möglich gewesen sein, dem starken inneren Systemzwang des neuscholastischen Denkens nicht zu verfallen, damit für das wirkliche Gewicht neuer Fragen und Schwierigkeiten empfindlich zu bleiben und wenigstens im Ansatz ein Gespräch einzuleiten, in dem sich der Partner ernstgenommen und verstanden wissen konnte.

a. *Alois Maier* (*1895-1974*)

Der Böhme A. Maier, der vom Herbst 1928 bis zum Sommer 1932 an der Fakultät in Pullach Logik Kritik und allgemeine Metaphysik lehrte, hat selbst kaum etwas veröffentlicht[6]. Da er nur

---

3. Studienjahr: « anno III°: Ethik: 2 Semester 5 Vorl. 1 bzw. 2 Zirkel, 1 Sem. 1 Seminar. Theodizee: 2 Semester 4 Vorl. 1 bzw. 2 Zirkel Geschichte der Philosophie 2 Semester 2 Vorl. Rhetorik u. Sprechlehre: 2 Semester 1 Vorl. Pädagogik: 1 Semester 1 Vorl. Religionsphilosophie: 2 Semester 1 Vorl. Englisch: 2 Semester 1 Vorl. »

4 Vgl. dieselbe Übersicht Delps für das erste Studienjahr: « anno I°: Logik + Critik: 1 Semester 9 Vorl., 3 Zirkel Ontologie: 1 Semester 9 Vorl., 3 Zirkel Rhetorik: 2 Semester 3 Vorl., 1 Zirkel Emp. Psychologie: 2 Semester 2 Vorl. Biologie: 2 Semester 2 Vorl. Mathematik: 2 Semester 1 Vorl Englisch: 2 Semester 1 Vorl. Literatur: 1 Semester 1 Vorl. » — Deutlich läßt sich aus diesen Hinweisen die entscheidende Rolle der Erkenntnistheorie (Kritik) und der Ontologie entnehmen.

5 Das ist nicht nur zeitlich zu verstehen; die Vorlesung von B. Jansen bedeutete für Delp auch den Ansatz zu seiner ersten Veröffentlichung und damit den Übergang von den philosophischen Studien zu seinem philosophischen Beitrag. Dazu vgl. weiter unten.

6 Der einzige Titel, der uns bekannt wurde: A. Maier, Der Christ und die Gegenwart, Warnstorf (A. Opitz). Es handelt sich um den Text eines Vortrages, den A. Kindermann in eine Reihe von Broschüren aufnahm, hinzu kommen zwei Rezensionen in StdZ 125 (1933) 209 f. — Die römische Forschungsarbeit « Philosophia corpuscularis Rogerii Jos. Bosco-

verhältnismäßig wenige Jahre als Professor wirkte, blieb auch die Zahl seiner Schüler beschränkt. Diejenigen von ihnen jedoch, die noch leben, stellen ihm in aller Regel ein hervorragendes Zeugnis aus. So schreibt der Theologe Josef Neuner [7] zu einer Akademie über das « Apriori bei Maréchal », die er selbst am 27.XI.1930 in Pullach hielt: « Die Anregung zu dieser Arbeit ging von P. Alois Maier aus, der überhaupt der philosophische ' Erwecker ' für mich und wohl viele andere war. Er stand ziemlich allein. » [8] Oder Franz Prinz, früher Leiter des Sozialen Seminars in München [9], äußerte sich über seinen Lehrer: « P. Maier war ein sehr spekulativer Kopf ». [10] Und er erläutert sachlich: « Was die Beziehung von P. Maier zu Maréchal angeht, scheint mir meine Erinnerung zuverlässig zu sein, nachdem ich etwas im Metaphysikcodex geblättert habe. » [11] Fr. Prinz bewahrte nämlich die losen Blätter der Vorlesungsunterlagen von Al. Maier auf und griff bis in die jüngste Zeit noch auf sie zurück. [12] Schließlich ein dritter Mitstudent, der Österreicher Franz Bock-

---

vić S.J. proposita et examinata » vom 23.VI. 1928 (Archiv des Sekretariats der Pästl. Universität Gregoriana) wurde nicht veröffentlicht.

[7] Bekannt vor allem durch seine mit H. Roos veranstaltete Ausgabe kirchliche Lehrtexte in deutscher Sprache « Der Glaube der Kirche in den Urkunden der Lehrverkündigung », Regensburg 1938 ([8]1971), von der 2. Aufl. an (1949) von K. Rahner, von der 8. Aufl. an (1971) auch von K.-H. Weger herausgegeben. — Aus dem Vorwort zur Erstausgabe von 1938 ist auf das ausdrückliche Dankwort an P. Karl Rahner SJ und P. Alfred Delp SJ hinzuweisen. — Neuner lehrt seit der Zeit vor dem 2. Weltkrieg in Indien (Poona) Theologie, war Theologe des II. Vat. Konzils und hat sich vor allem um die Begegnung Indiens mit dem Christentum bemüht.

[8] In einem Brief an den Verf. dieser Untersuchung vom 20.IX.1979.

[9] Aus seiner Arbeit erwuchs: « Kirche und Arbeiterschaft gestern - heute - morgen », München - Wien 1974.

[10] In einem Brief an den Verf. dieser Untersuchung vom 3. VII. 1979.

[11] In einem Brief an den Verf. dieser Untersuchung vom 11.VII. 1979.

[12] Ebd. v. 3. VII. 1979; « Die beiden Codices habe ich noch. Die können Sie haben, wenn Sie glauben, das führe Sie weiter. Ich werde in meinem Leben kaum mehr Metaphysik oder Noetologie studieren, obwohl ich erst vor einiger Zeit wieder darauf zurückgreifen mußte ... P. Maier hat seine Codices nur in losen Blättern vervielfältigen lassen » und ebd. v. 11.VII. 1979: « Beiliegend übersende ich Ihnen die beiden Codices. Ich bitte, sie mir bei Gelegenheit wieder zu schicken. Möglicherweise brauche ich sie nochmals ... Aber ich kann veranlassen, daß die beiden Codices ... zu gegebener Zeit ins Provinzarchiv kommen ». — Schließlich aus einem Brief ebenfalls an den Verf. vom 7. IX. 1979: « Freundlichen Dank für die Rücksendung der Codices. Vielleicht tun sie mir noch einen Dienst. Das Gedicht, das Sie erwähnen ist sicher von Fr. Rambo, einem Brasilianer. Er hat die Codices geschrieben ... ».

mayer, weiß zu berichten: « P. Maier, den ich schon sehr früh kennengelernt hatte als Präfekt im Collegium Kalksburg ... ein spekulativer Typ — gründlich —, stark von Maréchal inspiriert — hat viel auf Intuition behalten — und er hielt es immer wieder mit Przywaras Analogia entis ... hatte auch etwas übrig für Augustins: ' Homo ad Deum ' ... und konsequent zum « Unruhig ist unser Herz ». ... Er war geachtet von seinen Kollegen, blieb aber mehr oder minder isoliert » [13] — Diese Hinweise werden noch etwas weiter gedeutet, wenn Bockmayer das Denken Maiers zusammenfassend charakterisiert als « echte Spekulation ... in einer Freiheit des Geistes, wie sie damals noch selten zu merken war » [14], und anschließend auf das Verhältnis von Maier zu Delp zu sprechen kommt: « Zwischen der Denkart des Pater Maier und des Pater Delp herrschte so etwas wie eine Wahlverwandtschaft ... beide ... strebten hinaus aus der Schulphilosophie — diskutierten gern —, beide lasen gern; ... beide interessierte Hegel ... » [15]. Im letzten Jahr seiner Pullacher Wirksamkeit sah A. Maier heute so bekannte Denker wie H. U. von Balthasar [16] oder den Frankfurter Spezialisten der alten Christologie A. Grillmeier [17] unter seinen Schülern. Doch da hatte sich für ihn die Lage schon deutlich gewandelt. Die erwähnten Urteile über Maiers Anfangsjahr hingegen beleuchten direkt die Situation, die Delp erlebt hat.

Übereinstimmend gilt A. Maier als der spekulative Anreger. Er hatte neue Ansätze aufgenommen und suchte sie in Pullach eigenständig weiter zu entfalten und weiter zu vermitteln. Seine

---

[13] In einem Brief an den Verf. vom 8. VII. 1979.

[14] Ebd.

[15] Ebd.

[16] Nach den Katalogen kam er im Herbst 1931 — also nach der Zeit Delps — an die Fakultät — und studierte dort in einem auf zwei Jahre verkürzten Kurs scholastische Philosophie. Da Al. Maier 1932 die Fakultät verließ, haben beide ein Jahr dort gemeinsam verlebt. Bekannt ist Balthasars allgemeines Urteil über diese Zeit: « Später, in München, wurde Peter Lippert ein Tröster des in der Wüste der Neuscholastik Schmachtenden, und Erich Przywara ein unvergeßlicher Wegweiser ... » (Rechenschaft 1965, Einsiedeln 1965, 34; aufgenommen von H. Vorgrimler in das Porträt: Hans Urs von Balthasar, in: Bilanz der Theologie im 20. Jahrhundert — Bahnbrechende Theologen, Freiburg/Br. 1970, 123).

[17] Der Frankfurter Dogmenhistoriker und Dogmatiker (geb. 1910) begann ebenfalls im Herbst 1931 seine philosophischen Studien in Pullach. Der Spezialist für die Geschichte der christologischen Dogmen war Theologe des II. Vat. Konzils; er faßt die Ergebnisse seiner Forschungen in dem Monumentalwerk « Jesus der Christus im Glauben der Kirche » zusammen, von dem er erste Band erschienen ist (Freiburg/Br. 1979).

Kollegen standen diesem Unternehmen etwas unverständig gegenüber, mochten sie ihn im übrigen auch achten. Das dürfte
nicht zuletzt durch die Herkunft und die Art Maiers bedingt
gewesen sein, die ihm das Sicheinfügen in einer so geprägten
Fakultät erschwerten. Geboren war er am 15. März 1895 in
Springenberg in der Diözese Leitmeritz — damals zum Öster-
reich-Ungarischen Kaiserreich gehörig —, heute in der Tschecho-
Slowakei [18]. In dieser bald versunkenen Welt wuchs er auf; seine
weitere Ausbildung erhielt er in Wien und Linz, bevor er 1916
in Innsbruck die philosophischen Studien beginnen durfte. 1919
wurde er im Internat Kalksburg als Erzieher eingesetzt — auf
diese Zeit geht die oben mitgeteilte Erinnerung von Fr. Bockmayer zurück. Nach Staatwerdung der Tschecho-Slowakei übernahm Maier in Mariaschein in Böhmen eine ähnliche Aufgabe.
1922 konnte er wieder in Innsbruck mit den theologischen Studien beginnen, an die sich ein weiteres Ausbildungsjahr in Wien
anschloß. Dort traf er mit M. Rast zusammen, mit dem er 1926-
1928 zu weiterführenden Studien in Rom weilte. So dürfte der
Zufall ein wenig mitgespielt haben, als dieser sudetendeutsche
Böhme mit österreichischem Hintergrund seinen ersten Einsatz
in Bayern fand. Wie schon erwähnt, wirkte er dort vier Jahre
lang. Danach kehrte er in seine Heimat zurück, ohne jedoch je
wieder wissenschaftlich tätig zu werden. Er versah verschiedene
Aufgaben als Priester, bis die Zerschlagung der Tschecho-Slowakei, die deutsche Besetzung und der Zweite Weltkrieg sich auf
sein weiteres Leben auswirkten. Nach Krieg und Vertreibung
wirkte er in der Erzdiözese Freiburg i.B. als Pfarrer. Gestorben
ist er am 11. September 1974 in Breisach; fünf Tage später be-
grub man ihn in Niedereschach. [19]

Der Lebensweg erklärt, warum A. Maier kein wissenschaft-
liches Werk hinterließ, auf das man sich unschwer beziehen
könnte, um die charakteristischen Züge seines Einflusses auf
A. Delp herauszuarbeiten. Die Tatsache selbst jedenfalls scheint
unabhängig vom ausdrücklichen Dank Delps am Ende des Vor-
worts zu seinem Werk « Tragische Eixstenz » dadurch bestätigt
zu sein, daß Delp auf dem gedruckten Thesenzettel für die öf-
fentliche Disputation am 7. Mai 1929 « Ex Ontologia » als Obji-

---

[18] Die Personalangaben wurden nach Katalogen, nach den Personal-
schematismen der Erzdiözese Freiburg/Br. sowie nach persönlichen Mitteilungen zusammengestellt.

[19] Mitteilung des Pfr. O. Weis in Oberrimsingen an den Verf. (Brief
v. 28. VI. 1979).

zient erscheint. Dazu mußte ihn P. Maier ausgewählt haben [20], was im Laufe des ersten Jahres — also vor einem Jahresexamen — einen persönlichen Eindruck von dem Studenten voraussetzte. Wenn Delp am 10. Dezember des gleichen Jahres bei gleicher Gelegenheit als Verteidiger der Thesen « Ex Psychologia » auftaucht oder am 26. Februar 1931 noch einmal als Objizient gegen die Thesen « Ex Theodicea », dann wußten eben die entsprechenden Professoren durch die vorliegenden Examensergebnisse, wer für eine Disputation in Frage kam. Maiers Eindruck von Delp dagegen beruhte offensichtlich auf persönlichem Austausch. Von diesen Gesprächen läßt sich heute leider nichts mehr in Erfahrung bringen. Es bleiben also nur Maiers Vorlesungsunterlagen [21] und seine Prüfungsthemen [22],nach denen er im

---

[20] Nach dem gedruckten Thesenzettel für die Disputation aus dem Archiv der Hochschule. Da der Text einige nicht unwichtige Schlußfolgerungen ermöglicht, sei er hier wörtlich wiedergegeben: « A.M.D.G. Theses Defendendae in disputatione Philosophorum 3a Die 7. Maii 1929 Hora 9a in Collegio S. Joannis Berchmans Pullacensi — Ex Ontologia — 1. Conceptus entis ut sic est unus, quo nullum ens determinatum ut tale comprehenditur, sed ca sola ratio, in qua omnia omnino entia realia inter se aliquo modo sunt similia sive inter se conveniunt.

2. Conceptus obiectivus entis ut sic ad inferiora contrahitur non compositione metaphysica, id est additione realitatis ad realitatem obiectivam, sed compositione logica, id est additione determinationis in conceptu entis ut sic actu non expressae, indeterminate tamen inclusae. —

3. Conceptus obiectivus entis ut sic, prout inferioribus applicatur, est metaphysice analogus et quidem quoad ens a se et ens ab alio, quoad substantiam et accidens analogia attributionis intrinsecae. — 4. Omnis mutatio in ente, quod mutatur, duplicem arguit rationem obiectivam, actum nempe potentiam. — 5. Non repugnat actus limitatus, qui suam limitationem non habeat ex potentia subiectiva. — 6. Essentia et existentia in ente a se sunt metaphysice unum idemque; in nullo ente ab alio actu existente realiter distinguuntur, sed solum ratione cum fundamento perfecto; et haec distinctio sufficit, ut explicentur finitudo entis eiusque discrimen essentiale a Deo. ——
Def.: Fr. Großer Jos. Obi: Fr. Delp Alfredus
Fr. Badalic Jos. »

[21] Vgl. die Anm. 12 genannten Codices des Studienjahres 1928/29, die wir dank P. Fr. Prinz studieren konnten; außerdem bewahrt die « Phil. Hochschule München » gleichfalls in losen, vervielfältigten Blättern ein Exemplar der « Criteriologia » von Al. Maier aus dem Studienjahr 1931/32 auf, das sich beträchtlich von der früheren Fassung unterscheidet. Das spätere Exemplar durften wir dank der freundlichen Hilfe von P. W. Brugger erarbeiten. P. Prinz und P. Brugger sei für ihre Mühe ausdrücklich gedankt.

[22] Den Zettel mit den Prüfungsthemen des Studienjahren 1928/29 hat Fr. Prinz aufbewahrt und uns zugänglich gemacht. Nach ihm bereitete A. Delp das erste Jahresexamen vor. Die vervielfältigte Liste sei hier wörtlich wiedergegeben:

Sommer 1929 die Studenten seines ersten Kurses examinierte.
Daraus gewinnt man im Blick auf den Fragepunkt Zeit und Ge-

« *Theses ex Philosophia* defendendae in examine anni primi in collegio S. Joannis Berchmans Pullacensi. 1929. — *Ex Criteriologia*. 1. Veritas
logica legitima definitione exhibetur tamquam conformitas intellectus cum
re. — 2. Veritas logica in simplici apprehensione inest, sed inchoative
tantum; perfecte autem in iudicio reperitur. — 3. Certitudo metaphysica
est certitudo absoluta in oppositione ad hypotheticam; certitudo physica
et moralis, etsi natura sua sunt hypotheticae, tamen vera certitudo sunt. —
4. Status certitudinis legitimae quandoque oritur necessario,, quandoque
vero dependenter a libera hominis voluntate. — 5. Scepticismus universalis, licet demonstratione proprie dicta confutari nequeat, tamen reiciendus est, utpote qui non probetur atque ut factum internum impos-
sibilis sit et ut doctrina contradictionem involvat. — 6. Reflexione concreta et concomitante status nostros psychologicos mens percipit immediate et intuitive suam aptitudinem ad verum; dogmatismus ita statutus
est dogmatismus moderatus. — 7. Nec caecus naturae instinctus nec idea
subiectiva clara et distincta ut universale veritatis criterium statui potest. — 8 Universale veritatis criterium et ultimum certitudinis moti-
vum est obiectiva evidentia. — 9. Quae conscientia refert, per se vera
sunt; hinc iudicia immediata, quibus homo affirmat realitatem sive suo-
rum statuum psychologicorum sive sui ego ut rei corporeae et viventis,
cum notionibus obiectivis, quae in hac tou ego perceptione includuntur,
obiective certa sunt. — 10. Sensus externi certo manifestant extra nos
existere res, quae sensationum causae sunt. — 11. Ratione habita legum
psychologicarum quoad sensuum educationem et crisi de eorum appli-
catione rite peracta in actibus sensitivis obiecta ita apparent, ut de
eorum qualitatibus primariis formaliter uti sunt, iudicia obiectiva fieri
possint. — 12. Cognitio intellectualis hominis valorem obiectivum habet. —
13. Praecisiones obiectivae inter gradus metaphysicos eiusdem individui
finiti admittendae sunt. — 14. Conceptualismus et realismus exaggeratus
sub omni forma reiciendus est. — 15. Ideo admittendus est realismus
moderatus, qui docet: Universale formaliter esse in solo intellectu, fun-
damentaliter autem in rebus. — 16. Certitudo omnis iudicii ultimatim
duabus veritatibus per se notis absolute certis innititur, quae sunt duo
principia prima identitatis et rationis sufficientis. — 17. Ratiocinia cum
deductiva tum inductiva certa esse et aliquid novi nos docere possunt.
   Ex Ontologia. 18. Conceptus entis ut sic est unus, quo nullum ens
determinatum ut tale comprehenditur, sed ea sola ratio, in qua omnia
entia realia inter se aliquo modo similia sunt. — 19. Conceptus obiectivus entis ut sic ad inferiora contrahitur non compositione metaphysica,
sed compositione logica, id est per modum expressioris conceptionis ali-
cuius entis contenti sub ente. — 20. Conceptus obiectivus entis ut sic,
prout inferioribus applicatur, est metaphysice analogus et quidem quoad
ens a se et ens ab alio, quoad substantiam et accidens analogia attributionis intrinseae. — 21. Praeter ea, quae actu existunt, dantur mere
possibilia, quae secundum rationes internas formales a deo distinguuntur, nec tamen realitatem actualem internam habent, nec sunt omnino
nihil, sed ens metaphysicum, id est constituuntur aliquo positivo intelli-
gibili. — 22. Possibilia fundamentum ultimum suae possibilitatis in deo
habent; et quidem non in potentia divina nec in voluntate dei libera,

schichte immerhin einige beachtenswerte Hinweise. Zunächst fällt auf, wie sehr Maier, namentlich in der Ontologie dem Lehrbuch seines Vorgängers K. Frick folgt [23]. Bis zur erwähnten Disputation war der Stoff der ersten fünf Thesen der Frickschen 'Ontologia' aufgearbeitet; denn die ersten drei Thesen auf dem Zettel entsprechen mit geringen Abweichungen in der Formulierung den Thesen 1, 3 und 4 des Lehrbuches, während die These 6 des Zettels der These 5 bei Frick, allerdings gegen Ende mit einer bezeichnenden Abwandlung entspricht. Aus dem Material der Nr. 59-71 « De potentia et actu in genere » seines Vorgängers hat Maier für den Disputationszettel die 4. These formuliert, während er für die 5. « Non repugnat actus limitatus, qui suam limitationem non habeat ex potentia subiectiva » wohl vornehmlich auf eigene Überlegungen zurückgriff.

Der Prüfungsstoff zum Jahresexamen erstreckt sich dann über den ganzen, von Frick vorgelegten Stoff. Die ersten drei

---

sed in sola essentia divina; in suo esse vero formali non constituuntur nisi per intellectum divinum. — 23. Principium contradictionis est principium absolute primum, quia a nullo alio deduci potest, omni iudicio supponitur et tam cognitionis quam realitatis universalis norma est; atque habendum est stricte analyticum. — 24. Principium rationis sufficientis est absolute universale et necessarium, immo et primum titulo proprio, atque syntheticum dici potest. — 25. Omne ens ea ratione, qua est ens est unum; atque omne quod existit vel existere potest, per totam suam realitatem singulare est. — 26. Bonum saepe idem est ac perfectum, id est bonum absolutum; praecipue vero significat rationem obiectivam entis, prout est appetentis perfectiva, id est bonum relativum; omne ens autem est bonum. — 27 Malum formaliter consideratum non est aliquid positivum nec mera negatio, sed consistit in privatione. — 28. Existunt verae substantiae, quae sub variis accidentibus eaedem permanent. — 29. In rebus creatis praeter substantias sunt etiam accidentia realia realiter a substantia distincta; nec ostenditur repugnare, quod accidens absolute sine subiecto existere possit. — 30. Existunt in rerum natura relationes vere reales non solum transcendentales, sed etiam praedicamentales — 31. Relatio a suo fundamento non distinguitur realiter, sed solum ratione. — 32. Conceptus efficientis causae obiective necessarium est. — 33. Principium causalitatis absolute necessarium est. — 34. Finis est vera et proprie dicta causa.»

[23] Vgl. Ontologia, Friburgi 1921 (5. Aufl., Vorwort aus Valkenburg vom 10. Okt. 1921) und 1929 (6. Aufl., Vorwort aus Feldkirch vom 4. Nov. 1928). Da Frick gerade eine neue Auflage des Lehrbuches vorbereitete, mag auch das Al. Maier gehindert haben, von der Vorlage abzuweichen. — Die 'Logica' erschien 1919 in 5. und 1925 in 6. und letzter Auflage; vgl. zu Frick die Notiz in: Philosophen-Lexikon I, Berlin 1949, 361 und den ausführlichen Nachruf von H. Krose in: Mitteilungen aus den Deutschen Provinzen der Gesellschaft Jesu Nr. 100 (1932) 438-444.

Nummern (18-20) entsprechen weitgehend der Vorlage des Vorgängers, die letzten sechs sind zum Teil wörtlich, zum Teil mit
kleinen Umformulierungen übernommen (29-34). In These 21 hat
Maier vor allem die These 8 von Frick unter Berücksichtigung
der voraufgehenden zusammengefaßt, aber auf seine Weise neu
formuliert; ähnlich auch in These 22, die den Stoff der Thesen
9-14 aus dem Lehrbuch enthält. Änderungen und Ausweitungen,
aber auch Vereinfachungen weisen Maiers Thesen 25 - 28 auf,
die jedoch grundsätzlich den Thesen 15 - 18 bei Frick entsprechen. Als eigene Zufügungen Maiers verglichen mit dem Buch
seines Vorgängers müssen die Themen des Examensstoffes unter Nr. 23 und 24 gelten: das Prinzip des Nichtwiderspruchs
und das Prinzip des zureichenden Grundes waren von Frick nicht
als eigene Thesen vorgelegt worden. [24] Man muß allerdings fragen, ob es sich hier nicht um Zusätze handelt, deren eigentlicher
Ort in der Erkenntnistheorie liegt. Ohne die Frage entscheiden
zu wollen, gibt sie einen Hinweis darauf, daß A. Maier seinen
eigenen Beitrag in diesem Moment vor allem von der Erkenntnistheorie her einzubringen suchte. Dem bleibt nachzugehen.

   Im ersten Semester seines Wirkens als Professor hatte A.
Maier ' Criteriologia '[25] zu lesen, erst im folgenden Semester
stand die Ontologie auf dem Programm. Diese Reihenfolge könnte mit einen Grund geboten haben, daß sich der junge Professor
viel stärker und eigenständiger um die Erkenntnislehre bemühte.
Aber auch auf diesem Feld schloß sich der Anfänger an die vorgegebene Tradition an. Der Vergleich mit K. Fricks ' Logica '[26]
läßt den Anschluß gerade noch erkennen, ist im übrigen jedoch
deutlicher Beweis für die Originalität Maiers. Das äußert sich
schon darin, daß der junge Professor der Disziplin einen neuen
Namen gibt. Was beim Vorgänger ' Critica ' hieß, das nennt
Maier ' Criteriologia '[27], damit die Absicht andeutend, einen an-

---

[24] Vgl. dazu weiter unten Anm. 29 ff. über G. Picard.
[25] Diesen Namen gab Maier der ' Kritik ' oder Erkenntnistheorie; er
setzte sich aber offensichtlich bei den Studenten nicht durch; zur Herkunft vgl. die Anm. 30 genannte Arbeit. — Aus den Anm. 4, 20 und 22
abgedruckten Dokumenten folgt die Verteilung ohne Zweifel.
[26] Vgl. Anm. 23; die ' Logica ' Fricks enthält zwei Teile: 1. Dialectica
und 2. Critica. Der Vergleich wird durch die vorangestellte Thesenüber-
sicht für den 2. Teil erleichtert. Maier übernahm nur eine These wörtlich von Frick (Frick 34 = Maier Prüfungsthemen 8), stellte den Aufbau
völlig um, ließ vieles fallen und nahm neue Thesen auf.
[27] Von Originalität Maiers ist cum grano salis vor allem im Vergleich
zu Frick zu sprechen; später wird deutlicher werden, von wo Maier seine
wichtigsten Anregungen bekam.

deren Weg zu gehen. Schon der Vergleich der Thesen macht
deshalb Schwierigkeiten. Vieles aus dem alten Lehrbuch ent-
fällt in dem Entwurf des Jüngeren, ja der ganze Aufbau ist
— abgesehen von den Eingangsthesen — in anderer Weise konzipiert. Den Vergleich jetzt im einzelnen durchzuführen, verspricht allerdings nicht viel; ergiebiger dürfte gleich die Konzentration auf das Eigene und Neue bei Maier sein. Entscheidend wirkt sich in dieser Hinsicht die These 6 des Examenszettels aus: ' Reflexione concreta et concomitante status nostros
psychologicos mens percipit immediate et intuitive suam aptitudinem ad verum; dogmatismus ita statutus est dogmatismus
moderatus ' [28]. Auch die darauf aufbauenden Thesen 9 - 11 sowie
die folgenden bringen Neues oder stellen sich in einer von Frick
ganz verschiedenen Art und Weise dar. Was soll damit erreicht
werden? Vor allem unterstreicht Maier gegenüber der einseitigen Betonung der Begriffe bei Frick die unmittelbare Erfahrung
des Menschen und die darin begründete Sicherheit des Erkennens.

Die Idee zu diesem Grundakzent hat Maier bei dem Franzosen G. Picard [29] gefunden, der 1923 seine Fragestellung und
seine Lösung in einer wichtigen Untersuchung vorgetragen hatte [30]. Seiner Auswirkungen wegen, die nicht nur in den Vorlesungsunterlagen Maiers zum Tragen kamen [31], verdient der Gedanke Picards auch heute noch Beachtung. Er läßt in einem
wichtigen Punkt die Fruchtbarkeit echter Begegnung zwischen
der modernen Philosophie und der Scholastik deutlich werden.
Der Autor selbst formuliert ihn so: « Dans tous nos états psy-
chologiques, nous saisissons à même et sans doute possible,
par la réflexion concrète concomitante, le moi existant et ses
faits de conscience présents; cette connaissance immédiate du
moi n'est pas de l'ordre purement empirique, mais absolu; c'est
une expérience qui nous révèle la réalité même du moi, et non

---

[28] Vgl. Anm. 22.

[29] G. Picard (1876-1959), Prof. der Phil. Fakultät SJ in Jersey, verbunden mit den ersten Herausgebern der « Archives de Philosophie »
und P. Descoqs (vgl. ArchP 18 (1949) 129-135); zu Picard vgl. W. Brugger,
Abriss der Geschichte der Philosophie, zum: Phil. Wörterbuch, Freiburg
[10]1963, Nr. 209; N. Picard, De valore specierum intentionalium in cogni-
tione sensibili iuxta principia P. Gabrielis Picard, S.I., Rom 1935 (Diss.
Antonianum); G. van Riet, L'epistémologie thomiste, Löwen 1946, 472-482.

[30] Le problème critique fondamental (Arch P, vol. I, cahier II), Paris
1923. Dazu später: Réflexions sur le problème critique fondamental (Arch P
XIII, cahier I), Paris 1937.

[31] Auf den Ansatz Picards bezog sich auch A. Brunner in Valkenburg.

pas seulement son apparence, et qui, en même temps, nous met
en possession de la véracité essentielle de notre esprit. » [32] —
Unverkennbar geht auf diese Formulierung die schon erwähnte
sechste These des Prüfungsstoffes zurück, den Maier seinen Studenten « Ex Criteriologia » für das Jahresexamen 1929 vorlegte.
Die weiteren eigenständigen Thesen erweisen sich als Entfaltung
des Gedankens. Gleichwohl spielt der Name Picards selbst in
den Vorlesungsunterlagen dieses Anfangsjahres noch keine besondere Rolle, während er später durchaus hervorgehoben wird [33].
Dabei hat Maier schon bald gewisse Bezeichnungen aufgegeben,
die er von dem Franzosen zunächst ebenfalls übernommen hatte,
so den des ' Dogmatismus ' für die eigene Position im Gegensatz
zum ' Idealismus ' [34]. Umso entschiedener aber hielt er dagegen
« le problème critique fondamental comme réel et comme insuf-
fisamment résolu théoriquement » [35] fest. Die Antwort mit ihrem
Hinweis auf die « évidence *concrète* qui attaint directement la
réalité elle-même » [36] markiert, wo Maier die Vorlage Fricks ein
für allemal überholt: « l'ordre abstrait spécule sur des *notions*,
l'ordre concret ... appréhende des *choses* » [37]. Zustimmend zitiert
Picard in diesem Zusammenhang einen Text von Fonsegrive zur
Philosophie Bergsons, der in eigentümlicher Weise den Gedanken der Dauer zur Geltung bringt: « Le réel, c'est tout le concret
concentré dans la durée pure, saisi par delà les symboles matériels
de l'espace et par delà même les images moins grossières de la
succession temporelle, à l'aide de la réflexion. » [38] Die Erfahrung,
um die es Picard zu tun ist, steht in innerem Zusammenhang
mit der reinen Dauer — bzw. mit Prinzipien, die einerseits den
statischen Charakter, andererseits den dynamischen Charakter

---

[32] In: Arch P I, 138.

[33] Allerdings bezieht sich Maier für die entscheidende These 13 seiner
Vorlesungsunterlagen, die der These 6 des Examenszettels entspricht (vgl.
Anm. 22) auf die Anm. 30 genannte Untersuchung. Offensichtlich stand
Maier aber später ein Exemplar der wohl vervielfältigten ' Criteriologia '
Picards sowie des ' Cours de philosophie ' I von Lahr-Picard zur Verfü-
gung. Darauf bezieht er sich in den Vorlesungsunterlagen von 1931/32
häufig, vgl. ebd. Th. 4, Th. 6, Th. 8, Th. 11, Th. 12, Th. 17, Th. 23, Th. 24,
Th. 25.

[34] Vgl. Picard, Le problème ... a.a.O., 97 f., 169.

[35] Ebd. 107.

[36] Ebd. 113.

[37] Ebd. 140.

[38] Ebd. 145, nach: Intuition - sentiment - valeur, in: Annales de Philos.
chrét. 162 (1911) 225-242; hier: 229 f.

der Wirklichkeit garantieren, ohne daß diese Prinzipien aufeinander zurückzuführen wären. Picard erläutert es folgendermaßen — und damit erklärt sich uns die Bedeutung der oben erwähnten Prinzipien der Identität und des zureichenden Grundes im Entwurf von Maier —: « nous découvrons en nous-mêmes ... l'être et les deux lois de l'être et de la pensée qui sont les deux principes premiers d'identité ou de *contradiction* et de raison suffisante » [39]. Die Rede ist auch von einem » dynamisme profond », den Picard unzweideutig mit dem Prinzip des zureichenden Grunder verknüpft. Aber näher geht er auf die Problematik nicht ein. Ihm genügt es für das Thema seiner Untersuchung, herauszustellen, was die betonte Erfahrung des eigenen Ich beinhaltet. Das wird so zusammengefaßt: « la donnée profonde du moi, nous verrons que cette donnée contient confusément dans son unité riche et dynamique non seulement l'être vague et indéterminé, mais la *substance* et ses *manières d'être*, l'*unité* et l'*identité*, la *durée*, puisque c'est dans le présent psychologique et non dans un instant mathématique, que nous nous saisissons, — la *cause* enfin ... » [40].

Der Hinweis auf den Grund erklärt einiges: die psychologische Gegenwart ist etwas anderes als ein mathematischer Augenblick, der keine Erfahrung von Dauer (durée) erlaubt. Diese erweist sich so als ursprünglich gegeben; sie ist nichts nachträglich oder zufällig Hinzugesetztes im Sinne eines bloßen Akzidenz. Diesen Gedanken und die mit ihm verbundenen Elemente übernahm A. Maier vollinhaltlich in die Einleitung zur Philosophie, und zwar zunächst in seine ' Criteriologia ', dann aber auch als Identitätsprinzig und als Prinzip vom zureichenden Grund in die ' Ontologia '. Da er letztere erst im zweiten Semester vortrug, also nachdem das kriteriologische Vorzeichen gesetzt war, versteht sich, daß trotz aller äußeren Übereinstimmung mit dem Lehrbuch Fricks, auch hier ein deutlicher Schritt über die Philosophie des Vorgängers [41] hinaus getan war.

Eine wichtige offene Frage muß jetzt noch eine wenigstens

---

[39] Picard, a.a.O. 151.
[40] Ebd. 181.
[41] Hier ist noch einmal daran zu erinnern, daß Maier nicht unmittelbar auf Frick folgte, sondern auf A. Naber, vgl. Kap 1 Anm. 15 und 30. Da Frick aber zugleich mit Naber an der Fakultät lehrte, blieben nicht nur die Lehrbücher, sondern auch die Lehrweise des Älteren im wesentlichen maßgebend. Maier hatte hier schon allein auf Grund der Tatsache größere Freiheit, daß Frick und Naber zu seiner Zeit nicht mehr an der Fakultät waren.

andeutende Antwort finden: wie nämlich G. Picard zu seinem neuen Ansatz gefunden haben könnte. Ein Hinweis steckt in der Neubearbeitung, die Picard nach dem Tod von Ch. Lahr[42] dessen zweibändigem « Cours de Philosophie »[43] angedeihen ließ. Dieses Werk war für den Kurs in Philosophie auf der Oberstufe der Gymnasien bestimmt und hatte deswegen einen Überblick zu bieten, der weit über ein neuscholastisches System hinausreichte. Der anhangweise beigegebene Überblick zur Geschichte der Philosophie reicht bis zum französischen Positivismus des vergangenen Jahrhunderts. So zentral auch für dieses Werk thomistisches Gedankengut war, dargestellt wurde es in ständiger Auseinandersetzung mit neueren Positionen. Offensichtlich stieß Picard bei der Überarbeitung auf die von Descartes an vorgegebene Problemstellung: « mon esprit est-il apte au vrai? »[44] Natürlich wirkte der Ursprung der Fragestellung auch auf die Lösung, die Picard herausarbeitete. Nicht zuletzt dank der Anregungen eines P. Rousselot, eines Aug. Valensin und eines J. Maréchal[45], die er schon 1923, allerdings nicht unkritisch heranzog, konnte er sie formulieren.

Mit diesen Namen, vor allem mit dem Maréchals, sind weitere Quellen für die von Maier in Pullach vorgetragene Philosophie angesprochen. In seinen Vorlesungsunterlagen jedoch finden sich ausdrückliche Hinweise sowohl am Beginn seiner Professorentätigkeit wie gegen deren Ende eher selten. Umso eindeutiger ist das schon in einigen Stimmen angeführte Urteil seiner ehemaligen Studenten. Maier war für sie vor allen anderen von Maréchal bestimmt[46].

Letztlich wird man sagen müssen, daß der junge Professor seinen Einfluß jener eigenständigen Art zu Philosophieren ver-

---

[42] Ch. Lahr (1841-1919).

[43] Cours de Philosophie I/II, Paris 1920 (23. Aufl.); der Anteil Picards an dieser Ausgabe ergibt sich aus seinem Vorwort zum 1. Band vom August 1920, vgl. ebd.

[44] Picard, a.a.O. 113.

[45] Vgl. ebd. 101, 108, 119, 123 ff., 150; P. Rousselot (1878-1915) vgl. Kap. 1 Anm. 131; Aug. Valensin (1879-1953) vgl. F. Weber, in: Encicl. Filosofica VI, Firenze ²1967, 805 f. sowie in: Diz. dei Filosofi, Firenze 1976, 1212 f.; J. Maréchal (1878-1944) vgl. Kap. 1 Anm. 98 und 125-127.

[46] Merkwürdig, daß alle Zeugnisse aus der Erinnerung diesen Namen anführen, während niemand Picard erwähnt. Maréchal spielte allerdings auch bei B. Jansen eine Rolle. Picard dagegen ist von Maier tw. wörtlich übernommen. Da er aber später in der allgemeinen philosophischen Diskussion nicht vorkommt, wo Maréchal nach und nach einen wichtigen Platz eroberte, mag die heutige Erinnerung der damaligen Studenten auch von den nachfolgenden Auseinandersetzungen mitbestimmt sein.

dankte, in der er verschiedene Traditionen aufgriff und weiter-
gab. Diese Art war geprägt von einer Freiheit des Geistes, die
im Rahmen der damaligen Fakultät etwas Ungewohntes war und
Mut gab zu selbständiger Auseinandersetzung. Fr. Prinz erinnert
sich im zweiten Studienjahr 1929/30 eigener Studien zur Analogie bei Cajetan; in der gleichen Zeit « hat P. Delp Heidegger
studiert » [47]. Das offizielle Programm dieser Semester lag schwer-
punktmäßig bei der Naturphilosophie und bei der Psychologie
und bot deswegen keinen Ansatz zu den oben genannten Studien.
B. Jansens Geschichte der Philosophie folgte erst im Programm
des dritten Studienjahres, so daß angenommen werden darf,
daß A. Maier der Anreger von Delps Heidegger-Lektüre und von
Fr. Prinz Beschäftigung mit Cajetan gewesen ist, wie er nach
dem Zeugnis von J. Neuner auch dessen Arbeit über Maréchal
initiierte [48]. Daß Maier sich mit Heidegger befaßt hat, geht aus
seiner Übersicht zur Phänomenologie hervor, die sich jedoch erst
in den Vorlesungsunterlagen von 1931/32 findet. Dort heißt es u.a.:
« Die Phaenomenologie mit ihrer betonten Wende zum Objekt
brachte teilweise wenigstens eine sich immer deutlicher und
stärker erhebende ' realistische ' Philosophie ... » Nach Bemerkungen zu Husserl und Scheler fährt Maier fort: « M. Heidegger
scheint ein klarer Realist zu sein. Indessen kommt er in bestimmten Formulierungen dem deutschen Idealismus recht nahe.
Für ihn ist die ' Welt ' stets die ' je meinige '. » [49] Das Urteil
muß im ganzen als durchaus positiv verstanden werden, wenn
es auch kaum einen Rückschluß darauf erlaubt, inwiefern hier
Heideggers Idee der Zeit fruchtbar werden könnte.

b. *Bernhard Jansen* (*1877-1942*)

Der Philosophiehistoriker Jansen erscheint schon auf einen
ersten flüchtigen Blick hin als das Gegenstück zu A. Maier. War
letzterer Anfänger, so hatte Jansen um die Wende zu den 30er
Jahren den Höhepunkt seines Schaffens hinter sich. Was folgte,
war die Ernte eines schon länger währenden wissenschaftlichen
Mühens. Hat Maier so gut wie nichts veröffentlicht, ist Jansen
gerade in den 20er Jahren einer der fruchtbarsten philosophischen Schriftsteller. War Maier auf der Suche nach einer eigen-

---

[47] In dem Brief vom 7. XI. 1979 an den Verf. dieser Untersuchung;
ein allgemeinerer gleichlautender Hinweis schon im Brief vom 3.VII. 1979.
[48] Vgl. Anm. 8.
[49] A. Maier, Criteriologia (1931/32), These 19 S. 4.

ständigen Position und prüfte darum neue Ansätze und Beiträge, so wandte sich Jansen der eigenen Sache sicher, neugierig-interessiert der aktuellen Diskussion zu. Sein Forschen wird dahin charakterisiert, daß er « die neuere, nicht-scholastische Philosophie, besonders die grundlegende von der Renaissance bis Kant quellenmäßig zu bearbeiten » suchte, « mehr ideen- als literargeschichtlich, und ihre Problematik der der aristotelisch-scholastischen Philosophie » gegenüberstellte, « mehr die Zusammenhänge erfassend, als die Einzelheiten analysierend. Er wollte dabei bewußt die Schwächen beider wertend miteinander vergleichen, um so einer Verständigung und Annäherung beider zu dienen, soweit die wesentliche Verschiedenheit zwischen ihnen es gestattet. » [50] Das Bild des Historikers zeichnet sich ab, der dem spekulativen Kopf Maier durchaus entgegensteht. Aber dieser Jansen kümmert sich um Geschichte und eröffnet damit einen anderen Zugang zur Frage nach Zeit und Geschichte. Sie ist hier im Sinne der wissenschaftlichen Betrachtung schematischer Gegenstand, nicht metaphysische Bedingung philosophischer Wahrheit.

Jansen stammte aus Westfalen; seine philosophischen und theologischen Studien machte er im Kolleg Valkenburg (Holland), der Hochschule der deutschen Jesuiten, die infolge der Kulturkampfgesetze aus Deutschland vertrieben waren. Schon früh wurde er selbst als Professor für die Geschichte der Philosophie eingesetzt, konnte aber 1908/09 an den Universitäten Straßburg — bei Cl. Bäumker [51] — und Bonn die eigene Ausbildung noch vertiefen. 1910 wurde er dann Professor der Geschichte der Philosophie in Valkenburg; die Vorlesungen versah er dort — mit Ausnahme während der Jahre des ersten Weltkriegs — bis zum Jahre 1932. Die Aufgabe verlangte jedoch nicht, daß er ständig in Valkenburg weilte. Seiner leicht erregbaren Nervosität wegen erwies sich ein Wechsel der Beschäftigung wie des Wohnorts häufiger als notwendig. So arbeitete er zeitweise in Breslau und in Bonn. Die Vorlesungen an der Fakultät in Pullach übernahm er ebenfalls nur semesterweise zwischen 1927 und 1933; später konnte er aus gesundheitlichen Gründen keine Lehrverpflich-

---

[50] Philosophen-Lexikon I, Berlin 1949, 589, (der Text geht auf eine Selbstdarstellung Jansens zurück).

[51] Cl. Baeumker (1853-1924), einer der Pioniere der geschichtl. Erforschung der Scholastik; vgl. « Die Philosophie der Gegenwart in Selbstdarstellungen » Bd. 2, Leipzig ²1923, 31-60.

tungen mehr wahrnehmen. Doch fuhr er fort zu publizieren, bis er im Frühjahr 1942 in Hochheim bei Frankfurt starb[52].

Die Vorlesungen galten vielfach als schwierig und zu hoch; das hatte Jansen vonseiten der Studenten den Spitznamen « Divus Bernardus » eingetragen. Vor allem mühte er sich, nicht einfach Alltägliches zu bieten, sondern große Zusammenhänge herzustellen und Geistesströmungen aufzudecken. Dafür scheint der Ausdruck « Gedankenflug » nicht unpassend. Wer der Jansenschen Gedankenfülle zu folgen vermochte, der konnte hier eine Fülle von Anregungen finden; für die übrigen dagegen wurde es nicht selten mühsam. Doch um die Breite seiner Interessen kennen zu lernen, steht hier ein reiches literarisches Werk zur Verfügung, das wenigstens kurz vorgestellt werden soll. Es charakterisiert die Arbeit Jansens deutlich.

Hauptwerk war die Edition der Quaestiones in Secundum Librum Sententiarum des Joh. Olivi, des Führers der Spiritualen im Franziskanerorden, « auf Wunsch des damaligen Präfekten der Vatikanischen Bibliothek, des späteren Kardinals Ehrle »[53]. Sie erschien nach jahrelangen, teilweise äußerst mühsamen Vorbereitungen in drei Bänden zwischen 1922 und 1926[54], doch dürfte die Idee, Jansen zu dieser Arbeit einzuladen, Fr. Ehrle schon im Zusammenhang mit Jansens erster Veröffentlichung gekommen sein. Noch während seiner Ausbildung stellte sich dieser nämlich mit einer Untersuchung über « Die Definition des Konzils von Vienne über die Seele »[55] vor, die wohl durch Vermittlung des Jansen schon aus seiner Heimat bekannten L. Fonck[56] in Innsbruck gedruckt wurde. Von dort ausgehend wurde für Jansen die franziskanisch geprägte Spätschola-

---

[52] Zu Jansen vgl. Kap 1 Anm. 11 und die Nachrufe in: Scholastik 17 (1942) 240-242 und von K. Kempf, P. Bernhard Jansen S.J., in: Mitteilungen aus den Deutschen Provinzen 16 (1943) 96-103.

[53] Vgl. Philosophen-Lexikon I, a.a.O. und die Arbeiten über Olivi: Die Erkenntnislehre Olivis, Berlin 1921 sowie die Beiträge: Die handschriftliche Grundlage der spekulativen Schriften Olivis, in: PhJB 31 (1918) 141-164; Ein neuzeitlicher Anwalt der menschlichen Freiheit aus dem 13. Jhdt.: Petrus Joh. Olivi, in: ebd. 230-238, 382-408; Die Lehre Olivis über das Verhältnis von Leib und Seele, in: FrSt 5 (1918) 153-175, 233-258; Petrus Johannis Olivi. Ein lange verschollener Denker, in: StdZ 96 (1918/19) 105-118 (= Wege der Weltweisheit, Freiburg/Br. 1924, 125-144); Die Seelenlehre Olivis ..., in: Schol 10 (1935) 241-244; Ein neues gewichtiges Zeugnis über die Verurteilung Olivis, in: ebd. 406-408.

[54] Quaracchi 1922-26.

[55] ZKTh 32 (1908) 289-306, 471-487; es dürfte sich um den ersten gedruckten Text von B. Jansen handeln.

[56] Vgl. NDB V (Berlin 1961) 289 (Notiz von R. Till).

stik zum eigentlichen Arbeitsgebiet seiner philosophiehistori-
schen Forschungen, allerdings wohl gleichzeitig auch zum Ansatzpunkt seiner Versuche einer Vermittlung zwischen mittelal-
terlichem und modernem Denken, weil letzteres ihm durchaus
nicht einfach alternativ dem ersteren entgegenzustehen schien.
Dieses Bemühen von Jansen anerkennend meint K. Rahner dennoch: « Bernhard Jansen, der damals in Pullach Geschichte der
Philosophie lehrte und junge Leute auf Kant, Maréchal, Heidegger usw. mit einem offenen Geist aufmerksam machte, war zwar
ein verdienter Herausgeber Olivis und ein Kenner der neuzeitlichen Philosophie, zu der er eine merkwürdige Haßliebe hatte,
konnte aber doch nicht die Kraft finden, die neuscholastische
Philosophie dieser ersten Zeit entscheidend um- oder mitzuprä-
gen. »[57] Die Einzelaussagen können dahingestellt bleiben, das Urteil insgesamt trifft zu. Vielleicht aber hat gerade das erwähnte
Aufmerksammachen der Jüngeren auf Kant, Maréchal, Heidegger und andere Entfaltungen gehabt, durch die Jansen indirekt
einen beachtlichen Beitrag zur entscheidenden Um- oder Mitprä-
gung der neuscholastischen Philosophie alten Pullacher Zu-
schnitts leistete. Daß er selbst in scholastischen Anschauungen
und Wertungen dachte, läßt sich gleichwohl nicht in Zweifel
ziehen.

Seiner eigenen Beteuerung, er habe sich um die Zusam-
menhäge zwischen der Scholastik und der neuzeitlichen Philosophie bemüht, muß allerdings ebenfalls Glauben geschenkt werden. So sehr Jansen vom Mittelalter ausging, so unverkennbar
treibt ihn ein lebendiges Interesse zum modernen Denken, d.h.
in erster Linie zur Barockscholastik, zur Aufklärung, zu Kant.
Der Idealismus dagegen wird von ihm beiseite gelassen, während
er dann wieder aufmerksam die neuesten Versuche einer Auseinandersetzung zwischen christlicher und kantischer Philosophie namentlich registriert. Wichtig sind in der Reihe seiner Untersuchungen die über Leibniz[58] und Kant[59], sachlich gesehen
seine Beiträge zur Religionsphilosophie und zum Naturgedan-

---

[57] K. Rahner, Tradition im Wandel (Jahresbericht 1975/76 der Philos.
Fakultät - Hochschule für Philosophie München) 6 f.
[58] Leibniz erkenntnistheoretischer Realist, Berlin 1920; Gottfried Wil-
helm von Leibniz, in: StdZ 92 (1917) 160-177 (= Wege der Weltweisheit,
Freiburg/Br. 1924, 169-190); Leibnizenz Weltbild, in: Wege der Weltweisheit, a.a.O. 191-223.
[59] Vor allem: Der Kritizismus Kants, München/Rom 1925; Die Religionsphilosophie Kants, Berlin 1929 (frz. Übersetzung: La philosophie
religieuse de Kant, übers. v. P. Chaillet, Paris 1934).

ken [60]. Die eigentlichen Anliegen Jansens geben sich in diesen Themen zu erkennen: Christentum angesichts eines durch die Naturwissenschaften völlig gewandelten Weltbildes, Religion im säkularisierten Horizont, um es mit heute gebräuchlichen Begriffen auszudrücken. Dieses Ergebnis mag verwundern. Einmal sucht man nach thematischer Behandlung des Problems der Geschichte vergebens. Dem Historiker Jansen kam offensichtlich die philosophische Anfrage im neueren historischen Denken nicht wirklich vor Augen, vielleicht auch wegen seiner Vernachlässigung des 19. Jahrhunderts. Das schließt aber einen Geschichtsbegriff bei diesem Philosophen ein, der als naiv bezeichnet werden muß, der allerdings dem historischen Positivismus der Jugendzeit Jansens weitgehend entspricht. Dann fällt die Art auf, in der in diesem Werk die erkenntnistheoretische Frage mit den gewandelten naturwissenschaftlichen Grundanschauungen verbunden wird. Auch darin macht sich starke Abhängigkeit von gängigen Ideen um die Jahrhundertwende bemerkbar, die sich im schwerlich zu bestreitenden apologetischen Zug der Beiträge Jansens äußert. Der Eindruck liegt nahe, daß Jansen selbst bisweilen über seinem Bemühen den Einfluß vergessen hat, den Gegenpositionen ausüben können.

Als dritte Eigentümlichkeit der Arbeit Jansens fällt die unbedingte Hochschätzung der Metaphysik auf. « Aufstiege zur Metaphysik » [61] hat der Professor den umfangreichsten Sammelband seiner Aufsätze betitelt; ein letztes Werk, das unveröffentlicht im Manuskript vorliegt, befaßt sich eingehend mit der Geschichte der Metaphysik in der Neuzeit [62]. Verglichen mit solcher Vorliebe nimmt sich Jansens Einschätzung seiner eigenen Disziplin, der Geschichte der Philosophie, merkwürdig abwertend aus; er betrachtet sie im eigentlichen Sinn als « Hilfswissenschaft », die allerdings für manches einen willkommenen Freiraum bietet, was in den systematischen Fächern zu jener Zeit kaum denkbar war.

---

[60] Vgl. Wege der Weltweisheit (Ges. Aufsätze), Freiburg/Br. 1924; Die Bedeutung der neuzeitlichen Naturauffassung bis Kant, und: Der geschichtliche Verlauf der neuzeitlichen Naturauffassung in: Schol 16 (1941) 1-10; 214-230.

[61] Freiburg/Br. 1933 (Ges. Aufsätze); leider hat der Vf. — wie schon in 'Wege der Weltweisheit' nicht den jeweils ursprünglichen Erscheinungsort der einzelnen Beiträge angegeben. Da z.T. auch die Titel geändert wurden, ist eine Übersicht über evtl. Änderungen und Korrekturen sehr erschwert.

[62] Titel: Geschichte der Metaphysik in der neueren Philosophie bis Kant (Ms. 674 Bibl. der Hochschule für Philosophie München); vgl. Hinweis in: Schol. 17 (1942) 242.

Möglicherweise hinderte ihn das eigene problematische Verhältnis zur Historie der Philosophie ebenfalls, den Faktor Zeit in
seiner umwälzenden Rolle zu erfassen und ernst zu nehmen. Die
Geringschätzung des eigenen Faches wurde von den Verantwortlichen ganz und gar nicht geteilt; das dürfte sich allein schon
an der Tatsache ablesen lassen, daß sie — als Jansen seine Lehrtätigkeit endgültig einstellen mußte — den jungen Karl Rahner zu weiterführenden Studien an die Universität Freiburg/Br.
schickten, damit er sich dort auf die Nachfolge Jansens als
Professor der Geschichte der Philosophie in Pullach vorbereite. [63]
    Wie Jansen mit der Geschichte umging, erhellt deutlich aus
den drei Aufgaben, denen er im Anschluß an die vorherrschende
historische Schule nachzukommen suchte: a) Rückgang auf die
Quellen, b) Klärung der Frage im historischen Kontext und
c) Anwendung der historischen Kritik bei diesem Vorgehen [64].
Dabei hatte er durchaus neuere Versuche einer tiefergehenden
denkerischen Auseinandersetzung wie den Diltheys [65] zur Kenntnis
genommen. Ob er jedoch bei allem Wissen um Schwächen und
Einwände gegen einen nur historischen Umgang mit Geschichte
in das Problem der Geschichte eingedrungen war, das muß nach
seinen Äußerungen offen bleiben. Erstaunlicherweise sah er sich
nämlich nie zu einer Überprüfung der eigenen scholastischen
Grundposition veranlaßt. Nicht einmal von Zweifeln ist etwas
zu spüren und das nicht nur im Fall des Themas Geschichte.
Aus einer völlig unangefochten scheinenden Selbstsicherheit
kann er sogar im Blick auf Kant sagen: « das würde doch theoretisch den größten Triumph und praktisch die sieghafteste Werbekraft der Scholastik bedeuten, wenn sie mit denselben Methoden, mit denen ihr bedeutendster Gegner sie vernichten will, ihn
selbst schlagen würde » [66]. Dieser Wunsch darf für Jansens ganzen Einsatz als bezeichnende Zusammenfassung gelten, aus der
sich seine positiven Absichten ebenso wie seine Grenzen ablesen
lassen. Nachträglich wird man wohl vor allem den Eindruck
nicht verwinden können, daß der Gegner ziemlich unterschätzt

---

    [63] Vgl. Einfache Klarstellung zum eigenen Werk, in: Schriften zur
Theologie XII, Zürich 1975, 599.
    [64] Vgl. dazu Die Bedeutung des Kritizismus, in: Wege der Weltweis-
heit, a.a.O. 224-253 (hier 233 f.), sowie: Zur geschichtlichen Darstellung
der neuesten Philosophie, ebd. 272-285 (= (StdZ 94 (1917) 291-301).
    [65] Vgl. die Erwähnungen in: Wege der Weltweisheit, a.a.O. 9, 150, 159 f.,
162, 299 sowie in: Aufstiege zur Metaphysik, a.a.O. 11, 44, 145, 266, 321,
335, 373.
    [66] Wege der Weltweisheit, a.a.O. 235.

wurde und daß dies nur möglich war, weil letztlich die Sicht
Jansens zu einfach blieb, weil sie wichtige Gegebenheiten nicht
erfaßte, weil sie eine Reihe selbstverständlicher Voraussetzungen
machte, die im Grunde schon fraglich geworden waren. Das neuer-
wachte Interesse an der « Philosophia perennis » nach dem ersten Weltkrieg unterstützte allerdings diese Sicht, während das
wenig übersichtliche Durcheinander der übrigen philosophischen
Anschauungen die Kraft der Anfrage, die sie für ein traditionell-
christliches Denken bereithielten, nur wenig spürbar werden ließ.
Jansen spricht sogar von der « Werbekraft des Neuthomismus
in unserer nach Metaphysik lechzenden Zeit »[67], eine Beurteilung
der Lage und eine Perspektive, die im Rückblick jedenfalls nur
als unzutreffend und verfehlt gewertet werden können.

    Als Delp seine Studien an der Pullacher Fakultät begann,
da veröffentlichte der Philosophiehistoriker seinen ersten Beitrag zur Diskussion um das Werk Maréchals unter dem Titel
« Transzendentale Methode und thomistische Erkenntnismetaphysik »[68]. Da der schon erwähnte Mitstudent Delps, Fr. Prinz, diesen Text exzerpierte, zu dem im Anhang ein Brief Maréchals
publiziert war, haben wir hier eines der Dokumente für die vielfach bezeugten Anregungen Jansens vor uns, durch die er Studenten mit neueren philosophischen Bemühungen vertraut machte[69]. Ohne Zweifel kannte und studierte auch Delp diesen Text,
mit dem der Dynamismus Maréchals nicht nur vorgestellt, sondern gleich auch kritisch in Frage gestellt wurde. Er scheint
von der Art der Behandlung Maréchals durch Jansen beeinflußt;
denn manche ihrer Züge lassen sich in der Art und Weise wie-
dererkennen, in der sich Delp mit Heidegger auseinandersetzte.
Diese Übereinstimmung erklärt sich in erster Linie wohl aus der
Bereitschaft des lernwilligen Schülers. Jansen jedenfalls dürfte
ihretwegen geneigt gewesen sein, die erste ausgearbeitete Fassung dieser Auseinandersetzung Delps mit Heidegger in den Band
seiner eigenen Aufsätze zum Problem der Metaphysik in der Moderne zu übernehmen. Dabei läßt eine genaue Lektüre erkennen,

------

    [67] Aufstiege zur Metaphysik, a.a.O. 120.
    [68] Veröffentlicht in: Schol 3 (1928) 341-368 (Brief Maréchals ebd. 365-
368), der Text ist übernommen in: Aufstiege zur Metaphysik, a.a.O. 82-109,
Brief ebd. 106-109.
    [69] Unter den Exzerpten von Fr. Prinz fand sich eines des Anm. 68
nachgewiesenen Textes von 1928 sowie eines vom Aufsatz Jansens « Aus
dem Bewußtsein zu den Dingen » (veröffentlicht 1929 im Phil. Jahrbuch
der Goerres-Gesellschaft), der die Auseinandersetzung mit Maréchal weiterführt; vgl. Aufstiege zur Metaphysik, a.a.O. 110-135 unter dem Titel:
« Bewußtsein und Realitätsbejahung ».

daß im Ergebnis, ja sogar im Stil der Diskussion der Delpsche
Text sich auch beträchtlich von den Beiträgen des Philosophie-
historikers unterscheidet. Ansätze eigenständiger Art lassen sich
nicht übersehen. Zum Teil gehen sie allerdings auch auf den
Einfluß der anderen Lehrer zurück. Im Anschluß an Maier zum
Beispiel stellt Delp den Dynamismus nicht in Frage [70]. Er stört
sich nur daran, daß dieser auf den innerweltlichen Bereich eingeschränkt werden soll; das schien ihm Heideggers Absicht zu
sein.

Die wichtigste Gemeinsamkeit mit Jansen betrifft eine grundsätzliche methodische Entscheidung. In Abweisung des Idealismus, der « Aus dem Bewußtsein zu den Dingen » [71] kommen
möchte, vertreten Maier, Jansen und ihnen folgend auch Delp
einen Realismus. Darunter verstehen sie eine Betrachtung, die
alles auf den *tatsächlichen* Charakter der Grunderfahrung stellt,
nicht jedoch auf deren bloß ideellen Charakter. Letztere Annahme scheint ihnen bei Descartes und in der Mathematik der
« deduktiven Methode » [72] zugrundezuliegen. Deshalb versuchen
sie — jeder auf seine Weise —, am ersten Anhaltspunkt ihres
Philosophierens den Zug direkt gegebener Wirklichkeit herauszustellen und von ihm aus auf « induktivem Weg » eine Erklärung zu gewinnen und zu bieten. So soll konstruierende Eigenmächtigkeit des Denkens vermieden werden, die immer nur soweit reicht wie die Möglichkeiten menschlichen Denkens. Der
Akzent wird kräftig auf die wahr-*nehmende* Fähigkeit menschlichen Erkennens gerückt, das von seiner Seite aus die erfaßte
Wirklichkeit gelten lassen will und bereit ist zuzugeben, daß
sie prinzipiell über die eigenen Möglichkeiten hinausreichen
könnte.

Natürlich ist nicht in Abrede zu stellen, daß dieses Vorgehen auch unter dem Einfluß von Methodenmodellen aus den
Naturwissenschaften gewählt wurde. Gleichwohl sind alle Genannten überzeugt, damit eigentlich dem ausgeklärten Denkweg
der Scholastik zu folgen, dessen Einheitlichkeit in Form und
Methode etwa Jansen ausdrücklich rühmt [73].

Um den Unterschied zwischen Lehrer und Schüler jetzt deutlich herauszustellen, muß auf die Beobachtung hingewiesen werden, daß Jansen selbst in der Auseinandersetzung mit der « Re-

---

[70] Das ist Ziel und Ergebnis Jansens, vgl. Aufstiege zur Metaphysik,
a.a.O. 102-105, 110. — Zu Delps Auffassung s. weiter unten.
[71] Vgl. Anm. 69.
[72] Vgl. dazu Aufstiege zur Metaphysik, a.a.O. 124.
[73] Vgl. dazu Wege der Weltweisheit, a.a.O. 4, 16 f.

ligionsphilosophie Kants » [74] keinen Versuch macht, im Anschluß
an Kants Idee des statutarischen Kirchenglaubens Bedeutung und
Sinn der geschichtlichen Erscheinung des Christentums zu vertiefen. Er begnügt sich mit der Aussage, selbst « die rationalistische Forschung der letzten Jahrzehnte » habe glänzend « die
uralte katholische Wahrheit bestätigt, daß der evangelische Christus eine neue Religion, eine neue Kirche, eine neue Verfassung,
kurz eine vollkommene, von der Staatsgewalt unabhängige Gesellschaft gestiftet hat ... Und alles das in wesentlich unverän-
derlicher Form für alle kommenden Zeiten und Geschlechter. » [75]
Gerade der Nachsatz ist hier aufschlußreich und entscheidend,
tut doch seine Aussage ein Problem der Geschichte zumindest
im Blick auf das Christentum als unwesentlich ab. Aus dem
Kontext geht darüber hinaus noch hervor, daß diese Beurteilung für Jansen auf die Philosophie überhaupt auszudehnen ist,
die er mithin als Beschäftigung mit immer gültigen Wahrheiten
ansieht. Auf dieser Linie sollte Delp — dank wohl vor allem
jener philosophischen Möglichkeiten, die ihm von Al. Maier erschlossen waren — ein gutes Stück über seinen Lehrer Jansen
hinausgehen.

Der Unterschied wurde beiden aber wohl kaum voll bewußt,
weil er gegenüber den Gemeinsamkeiten damals nicht besonders
hervortrat. Erst im Rückblick erweist sich Jansens Philosophiegeschichte als eine Art gegensätzlicher Hintergrund, von dem
sich die Ansätze Delps zu einer echten Philosophie der Geschichte — oder besser: zu einem verantwortlichen Aufarbeiten des
historischen Problems im Kontext christlichen Denkens umso
heller abheben. Jansen dürften über den großen Zusammenhängen, die er aufzuzeigen und vorzustellen versuchte, jene feinen
Anzeichen des Problems entgangen sein, jene Brüche und Risse
in der Wirklichkeit, die der Schüler ernstnahm und richtig diag-
nostizierte, je bedrängender ihn die historische Frage berührte
und je mehr er sich auf sie einließ. Vergessen werden darf allerdings nicht, daß er damit während seiner Studien auch bei
Jansen erst am Anfang stand. Immerhin war sein eigenes Philosophieren schon so wach, daß er den besseren Intuitionen
Maiers folgte, wo Jansen nicht über die altbewährten neuscholastischen Positionen hinauskam. Der Philosophiehistoriker richtet seinen Blick ziemlich ausschließlich in die Vergangenheit;

---

[74] Berlin 1929; vgl. vorher: Kant der Religionsphilosoph der Aufklärung, in: StdZ 104 (1923) 1-11 (= Wege der Weltweisheit, a.a.O. 254-271).
[75] B. Jansen, Die Religionsphilosophie Kants, Berlin 1929, 78 f.

dabei hatte er in der Tat manche vergessene Verbindung aufgespürt und wiederholt vermeintlich Neues um ein gutes Stück
zurück in der Geschichte schon nachweisen können. Wenn er
aber diese Linie auszog und etwa Petrus Olivi vorstellte: « Ein
neuzeitlicher Anwalt der menschlichen Freiheit aus dem 13. Jahrhundert » [76], dann war doch wohl eine entscheidende Grenze verletzt, die nämlich, an der in jedem Fall die Gegenwart von einem
Phänomen der Vergangenheit zu unterscheiden bleibt. Ob Jansen wirklich und konsequent die eigene Gegenwart nur in der
Vergangenheit sah, kann hier nicht untersucht, nachgewiesen
und zweifelsfrei festgestellt werden; daß bei ihm eine Tendenz
zu solcher Sicht wirksam war und daß er ihr wenigstens hier
und da erlag, ist hinreichend deutlich. Umso weniger wird man
sich wundern, daß Jansens Zukunftsvorstellungen, so solche überhaupt angedeutet werden, in einer Erneuerung der Metaphysik
sich erschöpfen, deren Kriterien der mittelalterlichen Scholastik
entnommen sind. Will man es noch treffender sagen: eine Metaphysik zeitenthobener Wahrheit, für die eine Unterscheidung
zwischen Vergangenheit, Gegenwart und Zukunft gar nicht in
Anschlag zu bringen ist. Man könnte solcher Konzeption 'Zeitvergessenheit' vorwerfen, die Heideggers Auffassung entsprechend nur in anderer Weise die bekannte 'Seinsvergessenheit'
ausdrückt, die Heidegger der ganzen abendländischen Philosophie zum Vorwurf macht.

Im Blick auf Delp nimmt sich also das Werk seines Lehrers Jansen doppeldeutig aus, denn der Schüler übernahm einerseits eine ganze Reihe von Gedanken und Begründungen und
widerstand zugleich anderen entscheidenden Elementen dieses
Denkens. Vielleicht empfand er nur gewisse Mängel und füllte
eigenständig die vermeintlichen Lücken, ohne sich ausdrücklich
und bewußt gegen den Lehrer stellen zu wollen. Wie erwähnt,
hat er diesem vielmehr seinen Dank ausgedrückt — möglicherweise für Einsichten und Ansätze, die gar nicht in Jansens Ge-
sichtskreis lagen. Vielleicht hat letzterer auch etwas von der
latenten Spannung gespürt, als er 1935 ein äußerst knappes Geleitwort zu Delps Buch über Heideggers Philosophie verfaßte.
Jedenfalls ist der Ton dieser wenigen Zeilen auffällig reserviert
und distanziert [77], wenn auch die vielfachen geistigen Bande er-

---

[76] Vgl. in: PhJB 31 (1918) 230-238, 382-408 sowie auf der gleichen Linie:
Augustinus ein moderner Denker, in: 98 (1920) 29-40 oder: Das Zeitgemäße
in Augustins Philosophie, in: StdZ ebd. 189-203 (= Wege der Weltweisheit,
a.a.O. 64-78 und 79-97).

[77] A. Delp, Tragische Existenz, Freiburg/Br. 1935: Zum Geleit, wo

wähnt sind, die beide verbinden. Von Begeisterung über die Veröffentlichung des Schülers läßt sich jedenfalls nichts merken; nicht einmal ein Wort persönlicher Anerkennung der Leistung findet sich. Doch dahinter kann gut noch der eine oder andere Grund stecken. Dazu wird der folgende Abschnitt, der die Geschichte dieses ersten Delp-Textes nachzeichnet, weitere Information bieten.

Umgekehrt finden sich auch in Delps weiterem Schaffen keine besonderen Zeichen für eine besondere Bindung an Jansen. Obwohl dazu wiederholt Gelegenheit gewesen wäre, hat er nur einmal ein Buch des Lehrers besprochen [78]. Der Text gehört einer späteren Phase seiner Arbeit an, kann aber hier schon einen Ausblick erlauben; denn Delp unterscheidet eingangs zwei Möglichkeiten, Geschichte der Philosophie zu verstehen: die historisch-kritische Erforschung und die « Darbietung des eigentlich geschichtlichen Geschehens als einer Aussprache und Selbstformulierung der betreffenden geschichtlichen Stunde. Diese zweite Art bedeutet den Versuch, das strömende Geschehen des geschichtlichen Geistes in seiner fließenden Lebendigkeit und Eigenart zu fassen. » [79] Jansen stelle sein Werk zwischen die beiden Arten, durchbreche aber gerade die zweite mehrfach. Hier meldet sich vornehm, aber klar Kritik. Neben dem Fehlen der Literaturangaben weist Delp auf die Einschränkung auf die Geschichte eines Problems, auf die Wertung vom Standpunkt der aristotelisch-scholastischen Philosophie sowie auf die starke Ausrichtung auf Kant hin. Das sachliche Referat läßt auch hier eher offen, ob und wieweit sich der Rezensent mit dem besprochenen Werk des Lehrers identifiziert, mag auch am Schluß eine Empfehlung stehen, deren wohlausgewogene Formulierung jedoch genau beachtet sein will.

Diese Bemerkungen führen weit über die Studienjahre Delps hinaus. Für sie ist entscheidend, daß in ihnen auch der Text entstand, um den es in diesem Kapitel geht und mit dessen endgültiger Publikation der Dank an Maier und Jansen verbunden ist.

---

gesagt ist, daß Delp den Text verfaßte, der von der Kritik allgemein anerkannt worden sei. Da das behandelte Thema aktuell sei, erkläre sich die getrennte Veröffentlichung. Diese habe die ursprüngliche Fassung weithin beibehalten und gehe in der Kritik von Heideggers Gedanken selbst aus.

[78] Vgl. StdZ 138 (1940/41) 171 zu B. Jansen, Die Geschichte der Erkenntnislehre in der neueren Philosophie bis Kant, Paderborn 1940.

[79] StdZ 138 (1940/41) 171.

c. *Zur Philosophie Martin Heideggers*

Der Untertitel zu « Tragische Existenz » gibt treffend das Thema dieses folgenden Abschnittes wieder. Und er wirft auch gleich ein erstes Problem auf. Wie wir wahrscheinlich machen konnten, dürfte Delp von Al. Maier zum Studium von Heideggers « Sein und Zeit » angeregt worden sein. Dennoch bleibt daran manches insofern merkwürdig, als dieses Buch gerade erst auf den Markt gekommen war und ebensowenig wie sein Autor zum Studienprogramm der Fakultät gehörte. Dieses Interesse entsprach zunächst der Suche Maiers, der es allerdings ohne Umstände den Studenten vermittelte, bei denen er eine entsprechende Aufgeschlossenheit fand. So ist denn für Delp das Jahr 1929/30 als die Zeit des Studiums von « Sein und Zeit » anzusetzen, eine Beschäftigung, die neben den Fächern dieses Jahres her betrieben werden mußte, aber die Anregungen aus dem ersten Studienjahr weiterzuführen erlaubte und vor allem wohl Grundlage für manches persönliche Gespräch mit Al. Maier bot. Wichtig ist, daß diese Kenntnis Heideggers noch unabhängig von den Vorlesungen in Geschichte der Philosophie bei Jansen gewonnen wurde.

Ein erstes greifbares Zeugnis von Delps Bemühen um Heidegger blieb aus dem Studienjahr 1930/31 erhalten: ein Akademiezettel[80], den es vorzustellen und zu analysieren gilt. Über die Einrichtung der Akademien im damaligen Pullach war nur wenig auszumachen. Sicher handelte es sich um interne Veranstaltungen, bei denen die Initiative und der Einsatz der Studenten eine weitaus größere Rolle spielten als bei den öffentlichen Disputationen. Hier trugen sie den Studienkollegen vor, was neben dem offiziellen Studium das eigene Interesse des Einzelnen ergeben hatte. Auf die erste Akademie des Jahres 1930/31 — sie fand am 27. November 1930 statt — wurde schon früher hingewiesen: J. Neuner berichtete über das « Apriori bei Maréchal »[81]. Eine dritte Akademie — die Ankündigung einer zweiten hat sich offensichtlich nicht erhalten — am 19. Februar 1931 galt dem « Prinzip des stoffgebundenen Lebens ». Ihr Referent

---

[80] Im Gegensatz zu den früher erwähnten und herangezogenen lateinischen Programmen für die öffentlichen Disputationen, die gedruckt vorliegen, handelt es sich hier um einfache vervielfältigte Blätter mit Übersichten in deutscher Sprache. Im Archiv der Phil. Hochschule sind sie lückenhaft gesammelt und aufbewahrt. Daß dieses Programm der Akademie Delps über Heidegger erhalten blieb, ist ein Glücksfall.

[81] Vgl. Anm. 7 und 8.

war der Brasilianer Fr. Rambo [82], von dem Fr. Prinz bemerkt, er sei schon damals ein großer Naturwissenschaftler gewesen [83]. Diese Veranstaltung erlaubt eine ungefähre Datierung von Delps Akademie « Sein als Zeit »; denn leider nennt der entsprechende Zettel selbst nicht den Tag, erwähnt aber, daß es sich um die vierte Akademie handelte. Demnach dürfte sie in die ersten Monate des Jahres 1931 — vermutlich für März — anzusetzen sein.

Die Ankündigung präzisiert den Titel: « Darlegung und Würdigung der Philosophie Heideggers » und erwähnt den Namen des Vortragenden. Darauf folgt die Übersicht über den Inhalt in drei großen Abschnitten. Der erste führt in den gedanklichen Inhalt der Philosophie Heideggers ein, will also die Fragestellung und die Hauptthemen des Philosophen klären. Im zweiten Abschnitt ist anschließend vom geschichtlichen Ort der Heideggerschen Philosophie die Rede. Damit versucht Delp die Einordnung des Werkes in den Rahmen der neueren Philosophiegeschichte. Schließlich gilt der dritte Abschnitt einer Würdigung: « Der innere Wert der Philosophie Heideggers », der vor allem kritisch herausgestellt wird. Doch diese Abschnitte verraten nur den Grundaufbau. Die Einzelpunkte erlauben einen noch genaueren Eindruck von dem, was Delp damals vortrug, worauf es ihm ankam und wie er diesen Inhalt vermittelte. Um den Vergleich und die Auswertung zu erleichtern, sei der Text wörtlich wiedergegeben.

Der erste Abschnitt zählt die folgenden fünf Punkte:

> « A. *Fragestellung* - Methode - Analytik des Daseins.
> B. *Sein als In-der-Welt-Sein* - Insein - Welterkenntnis - Welt - Raum.
> C. *Sein als Sorge* - Selbsterkenntnis - Befindlichkeit - Verstehen - Rede - Angst - Sorge.
> D. *Sein als Zeit* - Sein zum Tode - Zeitlichkeit des Seins - Sein als endliche Zukunft.
> E. *Der Grund des Seins* - Geworfenheit und Nichtigkeit des Daseins - ex niholo omne ens qua ens fit. »

Dieses Programm enthält eine ganze Reihe von Themen, die unmittelbar auch den Geschichtsgedanken Delps berühren. Darauf ist noch einzugehen. Schauen wir aber zunächst auf die Einzelpunkte des zweiten Abschnitts:

---

[82] Balduin Rambo (1905-1961); Verfasser von « A fisionomia do Rio Grande do Sul. Ensaio de monografia natural », Pôrto Alegre 1942.

[83] Vgl. Anm. 12; Brief vom 7. IX. 1979.

« A. *Reaktion* gegen den logizistischen *Idealismus* - Objektwil-
ligkeit - Ethischer Voluntarismus.
B. *Reaktion als Lebensphilosophie* - fließendes, gestaltloses
Leben - DILTHEY - Befindlichkeit - praktische Welterkennt-
nis - Zeit.
C. *Reaktion als Existenzphilosophie* - gestaltetes, geformtes
Leben - KIERKEGAARD - Existenz - Schuld - Angst - Immanenz.
D. *Stellung innerhalb der Phänomenologie* - Versuchte Syn-
these zwischen Husserl (Idealismus) und Scheler (Vitalis-
mus) zur Existenz. »

Auch hier tritt die Zeit mit ihren Eigentümlichkeiten recht deutlich in den Vordergrund. Dennoch stellt die Würdigung auf einen
anderen Aspekt ab, wie die folgenden Punkte des dritten Abschnitts zeigen:

« A. *Kritik des Ergebnisses*: Subjektivismus - Objektivismus -
Erkennbarkeit und Wirklichkeit des Unendlichen. (KANT)
B. *Kritik der Methode*: non intratur in veritatem nisi per
caritatem. (AUGUSTINUS)
C. *Kritik des Ganzen*: Philosophie des *Seins* - Sein als Idee -
Immanenz - Transcendenz. (THOMAS) »[84]

Was zunächst an dieser Übersicht ins Auge fällt, dürfte vor
allem die systematische Kraft der Zusammenstellung sein. Mag
der Aufbau des ersten Abschnitts auch nicht so deutlich sein,
er wird durchsichtig, wenn man die Stichworte ' Welt, Raum '
(B) und ' Zeit ', ' Zeitlichkeit ' (D) unterstreicht. Die Stichworte
' Reaktion ' und ' Kritik ' im zweiten und dritten Abschnitt lassen den Zusammenhang vollends hervortreten. Das wird durch
die genannten Namen bestätigt: zunächst der Philosophen, mit
deren Hilfe das Werk Heideggers eingeordnet wird, dann der
Gewährsleute, die die Würdigung erlauben. Dieser systematische
Zug läßt vor allem den Einfluß A. Maiers erkennen, aber auch
die Lösungsrichtung, der sich Delp in diesem Moment anschließt.
Aufschlußreich erweist sich vor allem die historische Einordnung, die Heidegger von vornherein im Gegensatz zu dem als
logizistisch gewerteten Idealismus vorstellt. Das entspricht der
erwähnten Bemerkung Maiers, für den Heidegger Realist ist.
Der zweite Gesichtspunkt, der die Einordnung bestimmt, liegt
im Dynamismus, auf den der Freiburger Philosoph aus zwei
Richtungen gestoßen sein soll: aus der geisteswissenschaftlichen
Diltheys einerseits, die als gestaltlos qualifiziert ist, und aus der

---

[84] Zitiert nach dem Original im Archiv der Phil. Hochschule München.

existenzphilosophischen Kierkegaards, die gerade gestalteten Dynamismus darstellt. Doch dieser Einordnung widersetzt sich Heideggers Bezug zur Phänomenologie. Delp muß darauf zu sprechen kommen und unterscheidet — wie Maier — zwischen der idealistischen Phänomenologie Husserls und dem Vitalismus Schelers, wobei sich Realismus und Dynamismus in eigentümlicher Weise verbinden. Im ganzen darf diese Einordnung durchaus noch als wohlwollende, gar zustimmende Darstellung gelten. Erst die Würdigung im dritten Abschnitt akzentuiert die Kritik und zwar in einer Richtung, die kaum angekündigt und zu erwarten war, nämlich als Ablehnung der als strikt immanent und innerweltlich aufgefaßten Existenzialphilosophie Heideggers.

Da Delps Ausführungen zu seinem Plan nicht mehr zu rekonstruieren sind, jedenfalls soweit es um die Akademie von 1931 geht, stünde eine weitere Analyse seiner Übersicht auf unsicherem Boden. Allerdings bleibt ein Blick auf Heideggers Hauptwerk möglich und erlaubt noch einige zusätzliche Bemerkungen. Es zeigt sich nämlich, daß Delp in seinem Referat ziemlich treu dem vorgegebenen Aufbau von « Sein und Zeit » folgt. Er berücksichtigt die Einleitungskapitel im ersten Punkt und widmet sowohl der vorbereitenden Fundamentalanalyse des Daseins wie dem Abschnitt « Dasein und Zeitlichkeit » jeweils zwei Punkte. Unter Punkt E berücksichtigt er auch noch den Vortrag « Was ist Metaphysik? ». Wie an den späteren Texten nachzuweisen ist, hat der Student das Denken Heideggers ziemlich zutreffend erfaßt und wiedergegeben, wenigstens im Rahmen, der ihm für seine Darlegung jeweils zur Verfügung stand. Deshalb hat die Annahme ihr Recht, daß schon die Akademie durchaus einen zutreffenden Eindruck der heideggerschen Philosophie vermittelte, wie sie zu Beginn der 30er Jahre vorlag. Delp dürfte sich in erster Linie an « Sein und Zeit » gehalten haben, wenn auch später Nachweise dafür gegeben sind, daß er sich auch mit anderen Veröffentlichungen des Meisters befaßt hatte.[85]

Hat B. Jansen diese Akademie kaum beeinflußt — dafür gibt es keine Anhaltspunkte —, so muß er doch von Delps Darlegungen angetan gewesen sein. Das erklärt am einfachsten, wa-

---

[85] Vgl. Sein als Existenz? (= SE): 463 und 475 Anm.: Vom Wesen des Grundes; Kant und das Problem der Metaphysik; Was ist Metaphysik? — Vgl. auch: Tragische Existenz (= TE): dort ist 'Kant und das Problem der Metaphysik' herangezogen in den Anmerkungen auf SS. 6, 45-48, 52, 68, 70-73, 78, 82, 98, 119 f. — 'Vom Wesen des Grundes' in den Anm. auf SS. 45, 68, 73, 120, 126 — 'Was ist Metaphysik?' in den Anm. auf S. 61 und 68.

rum, er den Studenten einlud, für den in Vorbereitung befindli-
chen Sammelband seiner eigenen Aufsätze — 1933 unter dem
Titel « Aufstiege zur Metaphysik heute und ehedem » erschienen[86] — das Kapitel über die Philosophie Heideggers beizu-
steuern. In diesem Werk wurde die Arbeit « Sein als Existenz?
Die Metaphysik von heute »[87] als wohl erster Text Delps veröffentlicht. Im Vergleich zu den Ausführungen der Akademie weist
dieser Beitrag deutliche Änderungen auf, die unzweifelhaft auf
B. Jansens Wünsche und Vorschläge zurückgehen. Es beginnt
schon beim Titel, der von « Sein als Zeit » in « Sein als Existenz » mit einem Fragezeichen abgewandelt wird. Aber auch
sonst weicht der gedruckte Beitrag in manchem vom Akamedie-
plan ab. Der wichtigste Unterschied zeigt sich darin, daß jetzt
die geschichtliche Einordnung an den Anfang gestellt ist und
vor dem Referat des Heideggerschen Denkens zu finden ist. Delp
erklärt hier ausdrücklich, es sei « unmöglich, sofort mit der Darlegung ... zu beginnen »[88]; denn diese Philosophie sei Ergebnis
vielfacher Entwicklung. So wollte er zuerst das geschichtliche
Werden dieses Denkens aufzeigen, dann auf sein Wesen zu sprechen kommen und schließlich ein bewertendes Schlußwort anfügen[89]. Der Aufbau in drei Abschnitten ist also beibehalten
ebenso wie der Inhalt dieser Abschnitte, aber sie gehorchen einer
neuen Reihenfolge, die erkennbar von einem historisch-historio-
graphischen Vorzeichen bestimmt wird. Hier den Einfluß Jansens anzunehmen, dürfte auf der Hand liegen.

Delp war durch diese Änderungen gezwungen, über die Rolle
der Geschichte bei der Ausbildung philosophischer Positionen
tiefer nachzudenken. Er stellte ja nicht nur den ersten und den
zweiten Teil um, sondern erweiterte ganz offenkundig die historische Einordnung. Im Akademieplan präsentierte sich der Beitrag Heideggers einfach alternativ im Gegensatz zum « logizistischen Idealismus » des vergangenen Jahrhunderts. Delp begnügte
sich, diesen Beitrag als Reaktion zu kennzeichnen — in Verbindung mit Dilthey, mit Kierkegaard sowie Husserl und Scheler —,
ohne nach weiteren sachlichen Verbindungen und Zusammenhän-

---

[86] Freiburg/Br. 1933: der Band enthält Aufsätze aus der Zeit 1926-
1933, die zum größten Teil in den ' StdZ ' erschienen waren, einzelne
auch in: PhJB, Schol und Greg.

[87] Aufstiege zur Metaphysik, a.a.O. 441-484. Zur Verfasserschaft vgl.
ebd. ' Zur Einführung ' VIII den letzten Satz: « Das Kapitel ' Sein als
Existenz ' hat Alfred Delp S.J. bearbeitet ». — Sonst enthält das Werk
keinerlei Hinweis auf Delps Mitarbeit.

[88] SE 442.

gen zu fragen. Der systematische Gesichtspunkt herrschte in dieser Betrachtung derart vor, daß eine tatsächlich geschichtliche Perspektive nicht deutlich wurde. Genau dies änderte sich, als Jansen den Beitrag aufnahm.

Zunächst bekommt das Gesamtfeld neue Grenzen: jetzt reicht es von « Renaissance - Humanismus - Reformation » bis zu « Aufklärung - Empirismus - Rationalismus - Logizismus » [90], stimmt also mit dem eigentlichen Forschungsbereich Jansens genau überein. Luther und Kant bekommen ihre Rolle für die ganze neuere Denkgeschichte zugewiesen. Neue Namen, die der Akademieplan nicht einmal erwähnt hatte, tauchen auf: Nietzsche, Bergson, Simmel. Das alles in dem Bestreben, eine echte historische Entwicklungslinie zu verdeutlichen und nicht nur einige Gegenpositionen. Damit wurde natürlich in erster Linie dem Sammelband selbst, seinem Thema, seiner Methode, seinem Aufbau Rechnung getragen. Aber Delp hat diese Anlage seiner Ausführungen später, als er wohl auch dazu die Möglichkeit gehabt hätte, nicht mehr rückgängig gemacht. Daraus darf wohl mit aller Behutsamkeit geschlossen werden, daß sich Delp entscheidende Elemente der Sichtweise Jansens zu eigen gemacht hat. Dazu gehört das für scholastisches Denken jener Zeit umwälzende Prinzip, eine Position genetisch-historisch zu entwickeln und darzustellen, d.h. sie wenigstens zunächst in ihrem eigenen Recht zu erfassen und gelten zu lassen und nicht von vornherein einer eigenen These ein- und unterzuordenen. Dazu gehört ebenfalls der Versuch, einen historischen Zusammenhang aufzudecken, Umstände zu berücksichtigen und das Denken im Kontext zu verstehen, d.h. sich nicht mit der inneren Kohärenz und Stringenz einer Theorie zufrieden zu geben.

Diese historische Sicht mit dem, was sie einschließt, wird von Delp noch durch eine weitere Änderung seines Textes im Vergleich zum Akademieprogramm betont. Er stellt nämlich Dilthey und Kierkegaard um. Hatte er in der Akademie zunächst von Dilthey, dann von Kierkegaard gesprochen — entsprechend der Reihenfolge, in der sie innerhalb der philosophischen Diskussion wirksam geworden waren —, so behandelt er jetzt den Dänen zuerst, wie es seinem historischen Platz entspricht. Vermutlich dürfen die genannten Änderungen dem Einfluß Jansens zugeschrieben werden; das umso mehr, als er offensichtlich in das Referat der Gedanken Heideggers — hier auf den Seiten 461 -

---

[89] Vgl. ebd.
[90] Ebd.

476 — nicht eingewirkt hat [91]. Das war Delps Domäne. Dagegen
scheint der Einfluß des Lehrers wieder in der abschließenden
Bewertung auf. Immerhin stützen sich die Gedanken dieser letzten Seiten der Abhandlung ebenso wie in der Akademie auf Kant,
Augustin und Thomas. Es darf durchaus angenommen werden,
daß es sich im wesentlichen um die gleichen Überlegungen handelt. Aber ihnen sind einige Bemerkungen und Hinweise vorangestellt, die auffallen. Delp gesteht, vor dem Denken Heideggers
werde der Betrachter unsicher, ob es sich hier überhaupt um
Philosophie handle. Doch sei vor allem zu sehen, daß dieses
Denken ein ungeheures Echo hervorgerufen habe und offensichtlich für die Gegenwart von besonderer Bedeutung sei. Einmal
liege das daran, daß es Ergebnis der jüngsten geschichtlichen
Entwicklung sei, sodann versuche es eine Sinndeutung der gegebenen Lage. Zu messen sei dieses Denken an den größten philosophischen Versuchen, aber ebenso auch an seiner ursprünglichen Aufgabe und Absicht. Daraus folge, daß der eigentliche
Gegensatz in der Immanenz-Transzendenzhaltung zu sehen sei.
Das Schlußurteil lautet ebenso klar wie entschieden: « diese
Philosophie bringt keine Rettung der bedrohten Existenz, sie
ist selbst eine starke Bedrohung dieser Existenz ... einmal, weil
sie Sein in Zeit auflöst ... dann, weil sie das menschliche Sein
gleich Existenz setzt » [92]. Delp erläutert abschließend diese Wertung genauer und deutet dabei an, wie er die eigene Aufgabe
bestimmt. Der Zeitfaktor spielt hier eine entscheidende Rolle;
darum sei der Text in voller Länge zitiert:

> « Diese Sein-Zeit-Setzung wirft den Menschen aus dem Extrem
> der Erstarrung in das der Bewegung. Das Sein bedarf zu seiner
> Sicherung der Ruhe und der Unruhe, der Bewegung und der
> Stabilität. Das Sein ist nicht Nur-Werden, es ist auch etwas,
> das wird. Dieser so notwendige " feste Punkt " scheidet bei
> der Auflösung des Seins in Zeit völlig aus, das Sein wird ganz
> der Unruhe überantwortet, das eine Extrem wird vom anderen
> abgelöst, eine ausgleichende Spannung kommt nicht zustande.
> Das aber deshalb, weil sie menschliches Sein gleich Existenz
> setzt. Wir sehen nunmehr den oben schon berührten Endlich-
> keitsstandpunkt von einer anderen Seite. » [93]

---

[91] Der Text ist in seinem Aufbau äußerlich nicht gegliedert — etwa
durch Untertitel. Aus der Lektüre läßt sich aber folgende Gliederung
entnehmen: Einleitung 441 f. — Historische Entwicklung der Fragestellung 442-461 — Heideggers Denken 461-476 — Wertung 476-484.

[92] SE 483.

[93] Ebd. 483 f. Der Text aus den Schlußüberlegungen des Aufsatzes
wurde nicht in die Buchausgabe übernommen. Es bleibt deswegen fraglich,

Die abschließende Bemerkung zeigt den Sinn auf und unterstreicht die innere Verbundenheit zwischen Zeit-Bewegung-Endlichkeit dort, wo sie einseitig übersteigert werden. Demgegenüber wäre es nach Delp « Aufgabe einer gesunden Philosophie des Konkret-Lebendigen ..., die verschütteten Wege zu dem Sein wieder frei zu machen, in dem die dichteste Konkretheit und das intensivste Leben gesammelt sind »[94], anders ausgedrückt: den Weg zu Gott. Für Delps eigene Auffassung von der Geschichte sind damit entscheidende Haftpunkte genannt und bestimmt. Indem er vom Extrem der Erstarrung spricht, schließt er ein verbreitetes Modell scholastischen Vorgehens aus und räumt grundsätzlich dem Thema Zeit und Geschichte einen Platz ein. Gleichzeitig wehrt er sich gegen das andere Extrem: die Auflösung des Seins in Zeit, wie er sie bei Heidegger zu entdecken glaubt. Er spricht vom notwendigen « festen Punkt » und der ausgleichenden Spannung, in der allein die Gegebenheiten der Wirklichkeit entsprechend gewahrt sind. Dieses etwas formelhafte Bild steckt nur einen Rahmen ab, der auf recht verschiedene Weise gefüllt werden kann. Er läßt auch das Verständnis Jansens zu, für den trotz aller neuzeitlichen Entwicklungen die großen Menschheitsfragen durch die Meister mittelalterlicher Scholastik im Anschluß an Platon und Aristoteles endgültig beantwortet sind. Delp zählt im Augenblick des Erscheinens dieses Textes 25 Jahre. Behutsam wird er in den folgenden Jahren die eigene Position weiter bestimmen und ausbauen. Daß er in diesem Kapitel durchaus auch eigene Akzente gesetzt hat, fällt vorerst allerdings gar nicht sonderlich auf.

Delps Text fügte sich dem Band Jansens recht gut ein. Das lag zum einen daran, daß der Lehrer offensichtlich die Abfassung des Textes seines Schülers anregend und ratend mitverfolgte. Der Einfluß Jansens dürfte nicht zu bestreiten sein. Zum anderen paßte der Beitrag deswegen gut in das Werk, weil dieses selbst als Sammlung von Aufsätzen, die nur geringfügig auf-

---

wie weit wir hier Gedanken Delps vor uns haben oder Ausführungen, die mehr oder minder die Auffassung von Jansen spiegeln. Gleichwohl dürfte Delp sachlich in der Setzung « Sein gleich Existenz » trotz später differenzierterer Behandlung den Grundfehler bei Heidegger gesehen haben. Er verstand diese Gleichsetzung als Verengung und Reduzierung des Seins auf den in sich geschlossenen Menschen. Damit schien ihm der Freiburger Philosoph eine Vorentscheidung getroffen zu haben, die der tatsächlichen Öffnung des Menschen nicht mehr Rechnung trägt und die Transzendenz ausschließt, so daß letztlich u.a. auch Theologie unmöglich wäre.

[94] Ebd. 484.

einander abgestimmt waren, nicht aus einem Guß war. Mochte
der Titel auch ein Thema ankündigen, mochten alle Abhandlungen auch in der einen oder anderen Weise mit diesem Thema
zu tun haben, so waren und blieben die « Aufstiege zur Metaphysik » ein Konzert von Stimmen, in dem nur schwer Delps
Eigenheit zu entdecken ist. So kann es nicht wundernehmen,
wenn die Mehrzahl der Rezensenten des Jansenschen Bandes die
Verfasserschaft Delps nicht erwähnen, weil sie ihnen nicht auf-
fiel[95]. Andererseits fanden gerade jene Kollegen, die Jansens
Schaffen verfolgten und kannten, in dem Delp-Kapitel etwas
Neues, wie etwa Fr. Muckermann, der diesen Beitrag besonders
lobte[96]. Einige Mitbrüder, die um Delps Anteil wußten, nannten
seinen Namen ausdrücklich[97], wenn auch z.T. verhältnismäßig spät.
Als erster hatte V. Rüfner ausdrücklich auf Delp hingewiesen[98],
doch im ganzen wurde er — von spärlichen Ausnahmen abgesehen[99] — bei der Würdigung des Bandes übersehen. Ein helles
Schlaglicht fällt auf diesen merkwürdigen Umstand durch die
französische Übersetzung von Delps Beitrag: « La philosophie
existentielle de Kant à Heidegger »[100], für die als Autoren B. Jansen und F. Lenoble angegeben sind; von der Verfasserschaft
Delps keine Spur. Dagegen verrät der redaktionelle Vorspann
ohne Zweifel[101], daß dieser Text einerseits als äußerst interessant

---

[95] Vgl. M. Schmaus, in: Beilage zum 'Münster. Anz.' vom 15. Okt.
1933; P. Wust, in: Germania Nr. 301 von 1933; A. Wurm, in: Seele (1933)
317; L. Glaser, in: Schönere Zukunft 8/II (1933) 1267; R. Selke-Heidelberg,
in: Theol. Literatenbl. 54 (1933) 364; E. Hartmann, in: PhJB 47 (1934)
118; R. Kremer, in: Rev néosc. de Philos. 37 (1934) 117 f.

[96] Vgl. Der Gral 28 (1933/34) 30 f.

[97] So J. de Vries, in: Schol 9 (1934) 147 f.; L. Fuetscher, in: ZKTh
58 (1934) 128; J. B. Lotz, in: Kant-Stud. 40 (1935) 363 f.

[98] Vgl. 'Köln. Volkszeitung' Nr. 323 vom 26. Nov. 1933.

[99] Etwa W. Müller, in: Zeitschr. f. den kath. Religions-Unterricht an
höheren Lehranstalten 11 (1934) 250 f.

[100] In: Archives de Philosophie 11 (1935) 329-377.

[101] Text im Wortlaut: « Dans le dernier chapitre de son ouvrage *Aufstiege zur Metaphysik*, le R. P. B. Jansen nous fait assister à l'évolution
historique de la philosophie existentielle en Allemagne. Sortie de la réac-
tion violente entreprise, contre Kant, par Kierkegaard et Nietzsche (sic!),
elle se développe, par l'élaboration des concepts de Vie, de Temps et
d'Existence, et traverse, comme un courant ininterrompu, la pensée de
Bergson, de Dilthey, Scheler et Simmel, pour finir par prendre la forme
qu'elle revêt chez Martin Heidegger. Il a semblé qu'une adaptation de
ces pages pourrait intéresser les lecteurs des *Archives*. » — Für die Adaptation zeichnet F. Lenoble verantwortlich. — Die Angaben wurden noch
einmal verifiziert von R. Brunet - Les Fontaines, Chantilly. Er gab zugleich
wertvolle weitere Hinweise und Anregungen, für die ihm hier ausdrücklich gedankt sei.

und wichtig empfunden wurde, daß man ihn aber andererseits ohne jede weitere Frage B. Jansen zuschrieb.

Dieses Mißverständnis dürfte mit dazu beigetragen haben, an eine eigenständige Veröffentlichung der Abhandlung denken zu lassen. J. B. Lotz berichtet, er habe damals — als Student in Freiburg — diese Anregung an den Verlag Herder weitergegeben [102]. Dort erschien dann — noch einmal kräftig überarbeitet — im Jahre 1935 Delps erstes Buch « Tragische Existenz — Zur Philosophie Martin Heideggers » [103] als Ergebnis jener Bemühung, die sich von der Akademie 1931 über den Beitrag zum Band Jansens 1933 verfolgen läßt. B. Jansen sagt in seinem Geleitwort: « Aus der Aktualität und Bedeutung der Existentialphilosophie ist es zu verstehen, daß wiederholt von maßgebender Seite der Wunsch geäußert wurde, die genannte Darstellung möchte getrennt herausgegeben werden. Die ursprüngliche Fassung ist dabei weithin beibehalten worden. » [104] Wir haben also in Delps erster eigenständiger Publikation ein Werk vor uns, das verschiedene Stadien durchlaufen hatte und nach und nach gewachsen war. Wie präsentiert es sich am Ende dieses Weges von mehr oder minder sechs Jahren dem Leser?

Zunächst steht es wieder unter einem neuen Titel: Tragische Existenz. Damit ist eine Aussage und ein Urteil angedeutet. Der erste Titel der Akademie: ' Sein als Zeit ' hatte Heideggers Buchtitel nur geringfügig abgewandelt und deutete vor allem auf ein getreues Referat, das ganz im Vordergrund stand. Mit der Frage ' Sein als Existenz? ' war dann der Beitrag zum Sammelwerk von Jansen überschrieben; er stellte die Philosophie Heideggers deutlich in Frage. Jetzt ' Tragische Existenz ' — das Urteil hat seine klare Form gefunden, obgleich der plakative Titel sofort zur Frage nach dem genauen Sinn und der Begründung zwingt. Immerhin liegt auf der Hand: der von Heidegger vorgetragene Gedanke der Existenz wird als tragisch beurteilt. Das in ihm ausgedrückte Sein des Menschen soll also — klassisch gesprochen — durch einen unvermeidlichen und unausgleichbaren Gegensatz bestimmt sein, der zum Untergang des Helden — hier des Menschen führt. Allerdings war die Auffassung des Tragischen nicht zu allen Zeiten gleich. War die Wirkung der Tragödie

---

[102] Nach einer persönlichen Mitteilung von J. B. Lotz.

[103] Freiburg/Br. 1935. — Das kirchliche Imprimatur für diese Veröffentlichung wurde am 20. Mai 1935 erteilt; das Manuskript muß demnach zu diesem Zeitpunkt abgeschlossen vorgelegen haben.

[104] TE - « Zum Geleit »; dieses Wort Jansens ist auf einer nicht gezählten Seite dem Inhaltsverzeichnis und dem Text vorangestellt.

vom Griechentum bis zu den großen Werken des vergangenen
Jahrhunderts noch von der paradoxen Vereinigung eines nieder-
schlagenden und doch auch erhebenden Eindrucks gekennzeichnet, gewannen die Worte ' Tragik ' und ' tragisch ' in der modernen Umgangssprache mehr und mehr die Bedeutung von
traurig, katastrophal im Sinne des Pessimismus und Nihilismus.
Dieser Gebrauch dürfte für Delps Ausdruck den Ausschlag gegeben haben. Das von Heidegger analysierte Sein gilt ihm als
in sich widersprüchlich und damit nichtig.

Diese These wird in der Abhandlung — einmal abgesehen
von der äußerst knappen Einleitung, die im Grunde nur ein eigenes Vorwort darstellt — in fünf Kapiteln entwickelt. Die ersten
drei entsprechen genau der Gedankenführung des Beitrags zu
dem Jansenschen Sammelwerk, von dem oben gesprochen ist.
Hier werden zunächst die « Geschichtlichen Zusammenhänge »
skizziert, dann ist « Der gedankliche Inhalt der Philosophie Heideggers » entwickelt und und schließlich « Der innere Sinn der
Philosophie Heideggers » erhoben. [105]

Angefügt sind noch zwei weitere Kapitel: « Der Mensch und
sein Denken » und « Tragisches Schicksal? » [106] Doch brauchen
wir uns hier nicht mit einem Vergleich des äußeren Aufbaus zufrieden zu geben; die beiden Texte selbst liegen vor und lassen
durch Vergleich erkennen, wie sich Delps Auseinandersetzung
mit Heidegger sowie mit der Frage nach Zeit und Geschichte
weiterentwickelte. Hier darf gleich festgehalten werden, daß sich
entsprechend dem oben schon Angedeuteten das Urteil über Heideggers Beitrag klärt und verfestigt. Delp hat mittlerweile auch
das neuere Werk « Kant und das Problem der Metaphysik » [107]
intensiv studiert und aus dieser Bemühung manches zusätzliche
Argument für seine Auffassung gewonnen. Von einer Kehre in
seine Beurteilung jedoch kann absolut nicht die Rede sein.

Anders scheint es sich mit dem Problem der Geschichte zu
verhalten. Offentlichlich hat diese Frage Delp inzwischen im-

---

[105] TE - « Inhalt »: Einleitung 1: I. *Geschichtliche Zusammenhänge* 3 —
Geschichtlichkeit jeder Philosophie. Luther - Kant - Kierkegaard - Nietzsche - Bergson - Dilthey - (Husserl -) Scheler - Simmel. II. *Der gedankliche Inhalt der Philosophie Heideggers* 40 1. Frage, « Objekt », Methode 40
2. Gang und Ergebnis der « Analytik des Daseins ». 48 III. *Der innere
Sinn der Philosophie Heideggers* 69 1. « Existenz » aus dem « Nichts » 69
2. « Sorge » 84 3. Philosophie oder Weltanschauung? 97 IV. *Der Mensch
und sein Denken* 104 V. *Tragisches Schicksal?* 123.

[106] TE 104-122 und 123-127.

[107] Bonn 1929; in: SE, zweimal nebenher erwähnt (463 und 475); in:
TE rund 20mal herangezogen, vgl. Anm. 85.

mer stärker beschäftigt. Sie hat sich deutlich vertieft und einen wichtigeren Platz erhalten. Dafür finden sich auch außerhalb des Textes selbst, der unter dieser Rücksicht noch eigens zu betrachten bleibt, wichtige Anhaltspunkte. Bekanntlich hatte Delp ja im Sommer 1931 sein philosophisches Grundstudium abgeschlossen [108]. In der nächsten Zeit wirkte er als Jugenderzieher in Feldkirch und St. Blasien, so daß sein Beitrag für den Sammelband Jansens neben diesem Einsatz her ausgearbeitet und für den Druck vorbereitet wurde. Im Herbst 1934 begann er dann an der Fakultät in Valkenburg (Holland) seine theologischen Studien. Um diese Zeit muß er die Buchveröffentlichung von « Tragische Existenz » besorgt haben, deren Manuskript — wie oben erwähnt — im Frühjahr 1935 in den Druck ging. Doch neben diesen vielfachen Aufgaben interessierte er sich offensichtlich auch noch intensiv für das Sachproblem ' Geschichte '. Unter seinen Papieren finden sich — gar nicht leicht einzuordnen — Arbeitsunterlagen und Aufzeichnungen eines Seminars an der Münchner Universität, in dem unter Leitung von Th. Steinbüchel « Übungen zur nachhegelschen Philosophie » angestellt wurden; das war im Sommer-Semester 1933. In diesem Rahmen hat ein Teilnehmer am 23. Mai 1933 das Thema « Der Mensch in der Geschichte » behandelt. Delp bewahrte die sechs Blätter auf. Im gleichen Paket belegen weitere Protokolle und Exzerpte Delps Interesse an einem Seminar zur « Philosophie der Geschichte », das im Winter-Semester 1934/35 und im Sommer-Semester 1935 stattfand. [109] Da sich nicht genau erkennen läßt, wie diese Aufzeichnungen von Delp aufgenommen und verarbeitet worden sind, soll hier der Hinweis auf die Tatsache genügen, sein andauerndes Bemühen um die Geschichtsproblematik auch in diesen Jahren praktischen Einsatzes zu belegen. Zu erwarten steht, daß es sich schon in ' Tragische Existenz ' ausgewirkt hat. Und dieser Text bleibt im Licht der Frage nach der Geschichte genauer zu untersuchen.

Einleitende Überlegungen kennzeichnen vor allem Delps Ab-

---

[108] Mit dem Titel eines « Dr. phil. » nach päpstlichem Recht, wie es vor der Veröffentlichung der Apostol. Konstitution « Deus scientiarum Dominus » (AAS 23 (1931) 241-262) in Kraft war. Nach Abschluss seiner Gesamtausbildung wurde ihm das entsprechende Diplom unter der Nr. 975 am 15.VIII. 1939 durch das Sekretariat der Pontificia Università Gregoriana zu Rom ausgestellt (nach den Unterlagen im Archiv des Sekretariats).

[109] Unter den Papieren Delps, die im A.-Delp-Haus zu München aufbewahrt werden.

sicht, die Heideggersche Philosophie an jenen Forderungen zu
messen, « die ein Denken, das der Ganzheit des Menschen und
der Ganzheit der zu lösenden Aufgaben entspricht » [110], heute auf-
stellen muß. Eine Gefahr sieht er mithin in der Möglichkeit,
nur Teilbereiche des menschlichen Lebens ins Auge zu fassen
und zu behandeln. Die « Not unserer Zeit » — so Delp — ist
« als Existenznot » in dem Sinn zu deuten, daß die feste Grundlage verloren ging, daß man in der Diskussion von letztlich halt-
losen und vordergründigen Elementen die tragende und orientierende Basis vergißt. Darum lebt der Zeitgenosse eine « Zeit
der großen Unsicherheit, eine Zeit der bedrohten Existenz jenseits einer festen, allgemeingültigen Mitte » [111]. Um dieses etwas
summarische Urteil über den Augenblick näher zu begründen,
läßt Delp die Analyse der geschichtlichen Situation der vorzu-
stellenden Philosophie folgen. Schon hier vertieft sich der Blick,
wenn Delp es anzumerken für nötig hält: « Über die notwendige
'Geschichtlichkeit' einer jeden Philosophie siehe die späteren
Teile, besonders das Kapitel: 'Der Mensch und sein Denken'.
Über die innere Unmöglichkeit 'übergeschichtlicher' Philosophie
siehe E. Przywara, Analogia entis (München 1932) 23 f. » [112] Damit ist die notwendige Geschichtlichkeit jeder Philosophie nicht
nur gesehen, sondern ausdrücklich als Thema erkannt und anerkannt.

Vorerst wirkt sich das dahin aus, daß die geschichtliche
Entwicklung bis zur Position Heideggers nicht nur statisch-
tatsächlich festgestellt und starr fixiert gewertet werden soll.
Delp will auf die « konkreten Situationen » eingehen und betont, das bedeute keinen Verfall in den gefürchteten Relativismus [113].

Diese Bemerkungen setzen einen neuen Akzent auf Darlegungen, die im wesentlichen dem früheren Text entsprechen.
Wieder führt der Weg über Kierkegaard zu Nietzsche, wobei
aber dem zweiten ein wesentlich überarbeiteter und erweiterter
Passus gewidmet ist. Hier zitiert Delp G. Simmel über Nietzsches
Idee des Lebens: « Das Leben ist sozusagen das empirische, das
geschichtliche Phänomen schlechthin » [114]. In der Gleichsetzung
von 'empirisch' und 'geschichtlich' erscheint eine bestimmte
Sicht des Historischen, mit der sich Delp auseinandersetzen

---

[110] TE 1.
[111] Ebd. 4.
[112] Ebd. 5.
[113] Vgl. ebd.
[114] TE 20 (vgl. Anm. 34).

wird. Ein erster Versuch dazu ist schon gemacht in der Wiederaufnahme der Darstellung des Zeitgedankens bei Bergson. Die
Formulierung lautete schon 1933: « Zeit als durée hat nichts
zu tun mit der vulgären Zeit des Nacheinander. Diese vulgäre
Zeit ist eine Funktion des Nebeneinander im Raum, der selbst
eine unwirkliche Fiktion des Intellekts ist. Durée bedeutet für
Bergson zunächst die Gesamtheit des psychischen Geschehens
als Entwicklung betrachtet. Mit der Ausbildung der Lehre vom
élan vital, der alles Sein, nicht nur den Menschen, beherrscht,
und durch den eigentlich alles gleich ist, wurde durée zur inneren Wirklichkeit gefaßt und meint die Zeit als innersten Wirk-
lichkeitskern des Seins. Zeit aber bedeutet werdende Dauer. » [115].

Delp geht vom Beitrag Bergsons zu dem Diltheys über mit
der Bemerkung: « Auf das Problem der Zeit stieß auch der
geniale Anreger Dilthey ... Sein eigentliches Thema ist die Geschichte » [116]. Doch muß er schließlich den endgültigen Standpunkt dieses Gelehrten in einem Zitat zusammenfassen, das
schon auf Heidegger vorausweist: « Die Endlichkeit jeder geschichtlichen Erscheinung ... ist das letzte Wort der historischen
Weltanschauung » [117]. Dieses negative Ergebnis darf jedoch nicht
vergessen lassen, daß Delp zuvor bei Dilthey wichtige Anregungen
gefunden hatte. Er billigt ihm zu, sich um ein Verstehen aus dem
Ganzen gemüht zu haben und eine Hermeneutik des menschlichen Bewußtseins eingeleitet zu haben. Nach ihr sei die Geschichte vielleicht *die* Quelle für das Verständnis eines Ganzen,
und sie zeige den Menschen als durch und durch geschichtlich [118].
Erst unter dieser Voraussetzung sei ein Philosoph des Menschlichen wie M. Scheler zu verstehen; auf ihn geht Delp dann genauer ein.

Im Vergleich zum Text Delps aus dem Sammelwerk Jansens
bietet sich hier das Referat der Heideggerschen Position bedeu-
tend erweitert dar. Gleich zu Anfang werden Frage, ' Objekt '
und Methode dieser Position viel breiter als zuvor geschildert.
Doch ist davon hier nicht zu berichten, weil der Faktor Zeit
erst bedeutsam wird, nachdem das Dasein als In-der-Welt-Sein
interpretiert ist. Delp folgert jetzt nicht anders als früher, wenn
er feststellt: « Diese Zurücknahme des Raumes auf das Dasein
bedeutet letztlich, da ja Dasein als Zeit erwiesen wird, die Zurücknahme des Raumes auf die Zeit, so daß von den kantischen

---

[115] TE 26 f (SE 453 f).
[116] TE 27 (SE 454).
[117] TE 31.
[118] Vgl. ebd. 30.

Formen der Anschauung a priori nur mehr die Zeit übrigbleibt »[119]. Natürlich hat sich damit auch die Rolle der Zeit grundlegend geändert. Außerdem wird im Licht dieser Aussage die Delpsche Festlegung zu Beginn seiner Untersuchung auf das Ganze menschlicher Wirklichkeit verständlich.

Heidegger zieht in seinem Denken mit Rücksicht auf die Zeit nur die Schlußfolgerung der neueren Entwicklung: « Damit ist die Philosophie Heideggers dahin gelangt, wohin seit Bergson die Lebensphilosophie immer wieder kam: der letzte Inhalt des Seins ist Zeit, Dauer, Werden. Zwar meinten alle Lebensphilosophen in etwa das gleiche, wenn sie Zeit als letzte Bestimmung des Seins ansetzten. Sie wollten das Sein von der rationalistischen Erstarrung retten und ihm den lebendigen Pulsschlag erhalten. Trotzdem sind die Zeitbegriffe wieder ganz verschieden und es lohnte sich der Mühe, Bedeutung und Bedeutungswandel des Begriffes Zeit in der neueren Philosophie, seit ihm Kant in seinem Schematismus zum ersten Male so zentrale Stellung zuwies, einmal zu verfolgen. Hier müssen ein paar kurze Hinweise genügen. Die Zeit Bergsons, die durée ist so bestimmt, daß sie sich eigentlich nur darauf beschränkt, die bewegte Dauer, das werdende Leben auszudrücken, so daß in Bergsons Philosophie der Zeitbegriff auch auf das göttliche Sein, das zu innerst ja mit dem übrigen Sein identisch zu sein scheint, angewandt werden kann. Der Zeitbegriff Simmels ist schon sehr stark auf den Menschen bezogen, obwohl eine Umdeutung wohl keine wesentliche Änderung bedingen würde, so daß er auch vom übermenschlichen Sein ausgesagt werden könnte. Der Zeitbegriff ist so wie Simmels ganze Lebensphilosophie: tatsächlich kennt sie nur den Menschen, prinzipiell läßt sie aber die Möglichkeit eines höheren Seins offen. Eindeutig bestimmt ist der Zeitbegriff Diltheys und von ihm beeinflußt der Zeitbegriff Heideggers. Diltheys Zeit war durch und durch endlich, vollständig auf den Menschen beschränkt. Heideggers Sein, das Zeit ist, ist zugleich Sein-zum Tode! Dieses Sein hat nirgends einen Blick über sich hinaus. Hinter ihm liegt das Nichts der Herkunft. Vor ihm liegt die Zukunft, die die Grenzen des Seins bestimmen soll. Diese Zukunft ist Untergang, Versinken, Verlöschen im Tode. »[120]

Diese gestraffte Darstellung der Entwicklung des Zeitbegriffs hat natürlich für unsere Untersuchung hier ganz beson-

---

[119] TE (SE 468).
[120] TE 65 f (SE 474).

dere Bedeutung. Sie illustriert vor allem Delps eigenes Problembewußtsein und deutet die Punkte an, denen er zustimmt, wie
auch jene, denen er kritisch begegnet. Wie schon früher angedeutet, befürwortet Delp eine ernsthafte Berücksichtigung des
Faktors Zeit, um jene traditionelle Erstarrung aufzubrechen, die
ihm falsch zu sein scheint und die sich auch noch anderswo
als im Rationalismus findet. Allerdings hatte Delp nach der ersten Veröffentlichung gemerkt, daß seine Zusammenfassung für
den Zeitbegriff Heideggers selbst etwas knapp geraten war. So
versuchte er, dessen Position in « Tragische Existenz » noch genauer zu erfassen. Diese aufschlußreiche Erklärung lautet folgendermaßen:

> « So sehr auch diese Zeitbestimmung genommen scheint aus
> dem innern Dauer- und Erinnerungsbewußtsein des Menschen:
> Heidegger, der Analytiker des Daseins, meint damit die onto-
> logische, letzte Bestimmtheit des Seins. Sein ist damit reines
> Werden, Dialektik der Dauer ... Die Zeitlichkeit des Daseins ist
> die letzte existentiale Bestimmung des Seins überhaupt. Und
> wie die Welt nur möglich ist, weil das Dasein " weltlich " ist ...,
> so ist jede andere Zeit, " objektive " Zeit, " subjektive " Zeit,
> " Welt "-zeit usw., nur möglich, weil das Dasein, die Spitze des
> Seins, " Zeitlichkeit " ist [121]. Dasein ist Zeitlichkeit, weil es als
> Abfolge: Vergangenheit Gegenwart, Zukunft geschieht. Aber
> nicht als Abfolge, die das " Abgefolgte " hinter sich läßt, son-
> dern immer als Ganzes und das Ganze bleibend bis zum dun-
> klen Ende: Vergangenes als Gegenwärtiges zu Zukünftigem.
> Zeitlichkeit so als Einheit geschehend und in Ganzheit, ist
> Geschichtlichkeit. Also daß Zeitlichkeit mehr das formale Durch-
> halten besagen würde, Geschichtlichkeit mehr das Durchgehal-
> tene. Das Dasein wird als Geschichtlichkeit und nur, weil das
> Dasein primär geschichtlich ist, ist so etwas wie " geschicht-
> liche Überlieferung ", " Weltgeschichte " usw. überhaupt mög-
> lich [122]. ... Im Sein des Menschen fundiert alles andere Sein.
> Grund und Höhepunkt alles andern Seins ist das Dasein als
> Zeitlichkeit-Geschichtlichkeit. Sein ist zeitlich-geschichtliches
> Werden, das mit dem Tode jäh abstürzt und somit in keiner
> Weise über sich selbst hinausragt. Sein ist wesentlich endlich-
> " innerweltlich ". » [123]

An dieser Stelle kann es nicht um eine Wertung dieser Wie-
dergabe gehen. Immerhin scheint Delp durchaus in Heideggers

---

[121] Nach *Sein und Zeit* 404 ff.
[122] Nach *Sein und Zeit* 380 ff.
[123] TE 66 f.

Denken eingedrungen zu sein, so wie es damals dem unvorbereiteten Beobachter zugänglich war. Offenbleiben muß hier die Frage, ob es wirklich eine Möglichkeit gab, zu einem anderen Urteil zu gelangen. Nach dem letzten Weltkrieg wurde ja namentlich von seiten katholischer Philosophen ein anderes Heidegger-Bild gezeichnet und der Versuch unternommen, seine Philosophie auch für die Theologie fruchtbar werden zu lassen. Aber möglicherweise setzt das Heideggers vieldiskutierte Kehre voraus, die ja auch den Hintergrund für manche kritische Äußerung bildet, die später über Delps Heidegger-Deutung fiel.

Aber Delp selbst ist durchaus aufmerksam auf eventuelle Weiterentwicklungen des Heideggerschen Denkens. Zu Beginn seines Referates nennt er die Grenzen: « Eine Darstellung dieser Philosophie ist natürlich nur insoweit möglich, als sie vorliegt. Seit Jahren wird mit Spannung der zweite Band des Heideggerschen Hauptwerkes ' Sein und Zeit ' erwartet, bis jetzt vergebens. » [124] Dennoch meint er, das bislang Veröffentlichte erlaube eine geschlossene Skizze als Grundlage einer Beurteilung. Dem scheint eine spätere Bemerkung auf den ersten Blick zu widersprechen; denn Delp fragt zu Beginn seiner Wertung, die für « Tragische Existenz » vollständig neu ausgearbeitet wurde, ob Heidegger mit seiner Behauptung ' ex nihilo omne ens qua ens fit ' wirklich das letzte Wort seiner Philosophie gesagt habe [125]. Und er weist darauf hin: « Im Kantbuch scheint Heidegger selbst vor den letzten Ergebnissen seiner Philosophie zurückzuschrecken. Es heißt dort auf einmal: ' Wie soll nach der Endlichkeit im Menschen gefragt werden? ' [126] Die Frage wird also gedreht: es soll nicht nach Sein gefragt werden, sondern nach ' endlichem ' Sein. » [127] Das Problem des Fragens und der Fragestellung rückt in den Vordergrund. Delp wagt keine definitive Antwort, sondern formuliert nur den starken Eindruck, « daß von vornherein Heideggers Fragestellung so verengt ist, daß nur dieses Ergebnis der positivistischen Endlichkeitsbeschränkung dabei herauskommen kann » [128], mag auch allgemein gesprochen diese Fragestellung in der heutigen geistesgeschichtlichen Lage jeder Philosophie aufgegeben sein. Aber in der Verbindung dieser Fragestellung mit der Methode der deskriptiven Hermeneu-

---

[124] TE 40 (vgl. SE 461 f).
[125] Vgl. TE 69.
[126] Nach *Kant* 210.
[127] TE 69 f.
[128] TE 71.

tik Diltheys « liegt das Ergebnis als Apriori bereits enthalten » [129].
Gelänge es demnach, das Berechtigte der Fragestellung wie das
Weiterführende an Diltheys methodischem Vorgehen ohne die
Einschränkung in Anschlag zu bringen, die Delp durch ihre Verbindung im Denken Heideggers gegeben sieht, dann ließe sich
hier wirksame Hilfe für die heutzutage anstehende Deutung der
wirklichen Welt erhoffen. Nicht zuletzt diese Möglichkeit hat schon
kurz nach Delp eine Reihe später bekannter katholischer Philosophen veranlaßt, in Heideggers Schule zu gehen, um sein Denken namentlich in der Konfrontation mit Thomas von Aquin
so auszuweiten, daß es sich als Instrumentarium einer Weltsicht
einsetzen ließ, die nicht von vornherein jede mögliche Transzendenz ausschließt [130].

Genau in diesem Sinne geht Delp in seinem dritten Kapitel
« Der innere Sinn der Philosophie Heideggers » [131], das im wesentlichen einen Zusatz zu den früheren Ausführungen darstellt,
das Werk des Meisters noch einmal durch. Allerdings spielt dabei unverkennbar auch Rücksichtnahme auf die Zeitsituation
mit, so daß diese Ausführungen sich wohl vollständig nur verstehen lassen, wenn man Heideggers damalige Einstellung zu
jenen Mächten in Rechnung stellt, die das politische und geistige Feld Deutschlands gerade beherrschten. « Tragische Existenz » will auch als ein erster Versuch der Auseinandersetzung
mit dem Nationalsozialismus gelesen werden. Darauf ist hier
nicht näher einzugehen. Es mag genügen, Delps zusammenfas-
sendes Urteil zu zitieren: « Die Tragik dieses Ethos unserer Tage
liegt darin, daß dieser Lebensmut letztlich doch nur eine große
Täuschung ist. Daß er ohne Grund und Inhalt ist. Und letztlich
auch ohne Sinn. » [132] Für das Problem von Zeit und Geschichte
erweist sich die Betrachtung und Wertung der aktuellen Lage
auch abgesehen von der damals gegebenen konkreten Konflikt-
situation als bedeutsam. Delp läßt in diesem Kapitel erkennen,
welche Absicht sein Bemühen um die Geschichte und um eine
Philosophie bzw. Theologie der Geschichte leitet: die sachent-
sprechende Interpretation menschlichen Seins.

Die sachliche Instanz solcher Deutung ist für Heidegger,
nachdem mögliche Transzendenz abgewiesen und ausgeklammert
ist, der Horizont der Welt. Darum untersucht Delp in einem

---

[129] TE 72.
[130] Vgl. G. Siewerth; J.-B. Lotz; K. Rahner; M. Müller; B. Welte.
[131] TE 69-103; der Text auf diesen Seiten stellt im wesentlichen einen
neu erarbeiteten Zusatz dar.
[132] TE 83.

zweiten Punkt das Weltbild dieser Philosophie [133], den Weg zur
Welt. Neben einem praktischen kommt hier « das sogenannte
subjektiv-' geschichtliche' Apriori der Erkenntnis » [134] ins Spiel,
nach dem der erkennende Mensch der Mensch je dieser Zeit
und dieses Ortes mit je dieser ' geschichtlichen' Lage: Umwelt,
Interessen, Bedürfnisse, Notwendigkeiten usw. ist. Delp untersucht darum « das konkrete Wie ... eingehender und systematisch » [135] mit dem Ergebnis, daß er einen guten und brauchba-
ren Ansatz in dieser Philosophie zu entdecken meint, den Heidegger selbst übersehen und nicht ausgewertet habe [136]. Vor allem bleibe der Philosoph blind gegenüber der Tatsache, daß der
für menschliches Erkennen vorliegende Phänomenkomplex in
sich vielfach gegliedert und gestuft sei [137]. Dem könne nur ein
Erfassen gerecht werden, das mit einer ' Anologia entis' rechne,
das also Sein feststelle, « Wirklichkeit, die ' wirklich ist', und
die trotzdem ' je immer anders wirklich ist' » [138]. Plädiert ist an
dieser Stelle für ein differenzierteres und nuancierteres Betrachten. Delp meint, der ganze Verlauf der Heideggerschen Analyse
zeige, daß diese im Gesamtphänomen nur das eine Moment der
Weltgegebenheit und damit der Weltbezogenheit des Daseins
beachte [139]. Und er wertet dann: « Dies Verfehlen des Gesamt-
phänomens ist um so tragischer, da Heidegger auch hier eigentlich vom richtigen Ausgangspunkt ausgeht, indem er das Dasein
letztlich als Insein charakterisiert und von diesem Insein aussagt, daß es nur im konkreten In-der-Weltsein sichtbar werde. » [140]
Nach einer eingehenderen Überlegung zieht Delp den Schluß,
es handle sich in Heideggers Denken um ein zweiseitiges, innerlich hohles und mittelpunktloses Beziehungssystem, weil alle
Selbständigkeitsmomente im Sein übersehen seien. So werde
es zur « Grundlage des Zeit-Ethos, das verbissen und bedrängt
nur noch an die zù lösenden Aufgaben und die zu leistenden

---

[133] TE 84-97. Das ist der Sinn des mit « Sorge » überschriebenen Kapitels.
[134] TE 85.
[135] TE 86.
[136] Vgl. TE 87.
[137] Vgl. TE 88, mit dem Hinweis auf A. Brunner, Grundfragen der
Philosophie (Freiburg 1933) 151 (Anm. 36).
[138] TE 89; zu beachten ist vor allem auch die weiterführende Anm. 37
zum Analogie-Begriff und zum Problem der Abstraktion, für das auf A.
Brunner, Die Struktur des objektiven Geistes und der Objektivation, in:
Scholastik 9 (1934) 229 ff. verwiesen wird.
[139] Vgl. TE 92.
[140] TE 93.

Arbeiten denkt und an nichts weiter. Hier ist dann wieder die Stelle, die den weiten und oft faszinierenden Einfluß Heideggers begründet. Daß er einer ratlosen und so oft auch tatlosen Zeit das Gesetz, die Verpflichtung des Handelns auferlegt. » [141]

Daß entsprechend die bekannten Stichworte Heideggerschen Denkens von damals: ' Sorge ' und ' Tod ' gedeutet werden, scheint nur folgerichtig. Damit werden aber direkt Themen ' tragischer Existenz ' angeschlagen, deren Tragik sich noch dadurch verschärft, daß sie auf einem richtigen Ausgangspunkt beruhen, dann aber durch Blickverengung so eingeschränkt werden, daß sie sich zerstörerisch gegen den eigenen Ansatz auswirken. Die verhängnisvolle Konsequenz scheint Delp durch das Mißverständnis von Zeit als unausweichlicher Endlichkeit verschuldet, durch die falsche Auffassung von Geschichte als in sich geschlossenes Beziehungssystem widersprüchlicher Gegebenheiten ohne tragende und orientierende Mitte. Diese Kritik enthält in Grundzügen wenigstens ein Gegenprogramm, mag dieses auch noch kaum durchgeführt sein. Seine Konzeption wird von Delp als notwendig empfunden nicht zuletzt, weil Heidegger mit dem Anspruch auftritt, eine reine ' ontisch-neutrale ' Philosophie vorzulegen, die mit ' Weltanschauung ' oder gar ' Theologie ' nichts zu tun habe [142]. Dieser Behauptung aber widerspricht schon das Delp bekannte Echo eines K. Löwith, H. Naumann, E. Brunner; ihr widerspricht vor allem die sachliche Betrachtung der Heideggerschen Position, die nach Delp « wenigstens einschlußweise ein bestimmtes und zwar falsches Menschenbild voraussetzt » [143]. Damit hat Delp einen für ihn ebenso entscheidenden Gesichtspunkt wie den Gedanken von Zeit und Geschichte in die Diskussion gebracht: die Sicht des Menschen. Ja der Mensch ist es, der ihm in all seinem Bemühen vor allem am Herzen liegt. Und den Menschen binden unabweisbare und unübersehbare Kräfte an das Problem von Zeit und Geschichte. Diese Frage steht nicht isoliert für sich da, gleichsam als freie theoretische Aufgabe, die ohne große Folgen so oder so angepackt werden könnte. Zeit und Geschichte als Zeit und Geschichte des Menschen bestimmen diesen immer mit bis in die letzten Äußerungen seines Seins. So ist es nur natürlich, daß Delp noch ein eigenes Kapitel « Der Mensch und sein Denken » [144] anfügt, um den unlösbaren Zusam-

---

[141] TE 93 f.

[142] Vgl. TE 98.

[143] TE 102.

[144] TE 104-122; auch der hier gebotene Text ist im wesentlichen ein neuer Zusatz zur ursprünglichen Fassung.

menhang von Mensch und Zeit zu illustrieren und das ganze
Gewicht der Heideggerschen Sicht zu verdeutlichen.

Noch einmal beginnt er damit, alle Fortschritte des neuen
Denkens aufzuzählen und zu loben. Delp möchte Heidegger nicht
Unrecht tun. Aber unter diesen positiven Punkten taucht die
Zeit nicht auf. Und ebensowenig ergeben sie ein Bild des Men-
schen, dem Delp zustimmen könnte. Vielmehr fördert dieses
Denken den allgemein verbreiteten « Mythos des modernen Menschen » [145], den vielleicht alle andern Berührungen mit Heidegger
unberührt ließen, « wenn nicht dieser eine gemeinsame Punkt
wäre: die prinzipielle und totale Endlichkeit » [146]. So scheint die
Situation klar: diese Philosophie ist 'Mythos der Zeit' [147] und
darin trifft sie sich mit jenen, für die Religion Opium für das
Volk ist, wie mit jenen anderen, die den germanischen Schick-
salsglauben teilen [148]. Der in dieser Übereinstimmung für Delp
deutlich werdende Grundfehler wird von ihm durch eine Besinnung zur Frage: « Was ist der Mensch? » genauer erläutert
und geklärt, wird in einer Besinnung auf die Möglichkeit des
Menschen zum echten Philosophieren noch einmal unerbittlich
denunziert.

Immerhin ist ja Heideggers Entwurf trotz aller tatsächlichen Bestimmtheit nicht notwendig innerlich auf die Entwicklungslinie des neuzeitlichen Denkens festgelegt, « die vor Jahrhunderten begann, die Luther und Kant groß werden ließ, die
Emanzipation des europäischen Menschen » [149]. Eine Entwicklung
zur Lösung des Menschen von Gott, die als solche schon vergessen, einfach den endlichen Menschen übrigließ. Und dieser
entrinnt nicht der Frage, die am Beginn jeder Philosophie steht:
der nach sich selbst. « Und alles hängt davon ab, daß er sich
richtig voraussetzt » [150], unterstreicht Delp, um gleich auf die damit gestellte Frage zu antworten: « Der Mensch setzt sich aber
richtig voraus, wenn er sich als endlich voraussetzt. Der Mensch
ist endlich und kann wissen, daß er endlich ist. Daß er bedingt
ist. Der Mensch kann das wissen, und der heutige Mensch kennt
dieses Bedingtsein sehr gut. » [151] Delp kann sich hier nicht allein
auf ein gemeinsames und sehr waches Bewußtsein berufen, in

---

[145] TE 107.
[146] Ebd.
[147] Vgl. Ebd.
[148] Vgl. TE 108.
[149] TE 109.
[150] TE 110.
[151] TE 111.

dem die Zeitgenossen eine wichtige Wahrheit christlicher Anthropologie unmittelbar verstehen, er rührt auch an den Ansatzpunkt des Heideggerschen Entwurfs. Genau diesem jedoch
spricht er einen zutreffenden Begriff ab; « der Mensch dieser
Existentialphilosophie (ist) nicht mehr ein bedingter, verwie-
sener Mensch, weil er nichts über sich und alles unter sich hat.
Dieser Mensch ist im Ansatz nicht mehr der endliche Mensch,
wie er tatsächlich in uns lebt und sich uns gibt. » [152]

Der endliche Mensch also dient als das letzte und entscheidende Kriterium, d.h. der Mensch vor Gott. Doch diese Wirklichkeit ist nach Delp im Denken nicht mehr akzeptiert, denn das
Denken will weithin Wirklichkeit nicht mehr gelten lassen. Das
bedeutet den Zusammenbruch auch der « reinen » Philosophie,
weil diese ohne ein Bild vom Menschen im Sinne einer Weltanschauung gar nicht sein kann. « Es ist ... kein Vorwurf für eine
Philosophie, wenn sie von einer ' Weltanschauung ' ausgeht » [153],
vorausgesetzt es ist die richtige. Denn Denken nimmt hin. « Wer
also den Denkakt absolut schöpferisch setzt, verfälscht seine Natur und damit die Natur des denkenden Menschen und damit
seine Welt. » [154]. Der Gedanke will nicht die Abhängigkeit des
Menschen an eine Weltanschauung knüpfen; Delp ist es einfach
um das von jedem verlangte Geltenlassen der Wirklichkeit zu
tun, um den richtigen Ausgangspunkt des Denkens, der prinzipiell jedem zugänglich ist. Bedauernd vermerkt Delp, die Philosophie der letzten Zeiten sei nicht viel anderes als ein großes
Spiel mit freien Möglichkeiten gewesen, Konstruktion auf der
Basis freier Annahmen. Auch die Spielform des « endlichen Menschen » falle unter diese Möglichkeiten, weil die Endlichkeit hier
gerade nicht so bestimmt sei, wie sie sich ihrem Wesen nach
darstelle: als bedingt, auf anderes verweisend, gesetzt.

Und das Denken dieser Bedingung, das Denken eines bedingten Wesens ist ebenfalls niemals ' unbedingt '. « Endliches
Denken unterliegt all den Bindungen, von denen im Laufe der
Darstellung gesprochen wurde. Es ist ' geschichtlich ', weil es
Denken des hic-et-nunc Menschen ist, aus seiner konkreten Lage
heraus » [155]. Geschichtlich stellt sich demnach der Mensch dar,
geschichtlich aber auch das Denken über ihn. In dieser Hinsicht
sind beide untrennbar verbunden. Nach Delp wäre es nur ein
neuer Versuch, der Endlichkeit zu entrinnen, wollte man hier

---

[152] TE 111 f.
[153] TE 113.
[154] Ebd.
[155] TE 115.

einen Unterschied machen. Daraus folgt: « Existentialphilosophie hat ... einen großen und hohen Sinn: sie soll den Leitfaden
auf jeden Fall da anbinden, wo er entspringt und wohin er zu-
rückschlägt: in der menschlichen Existenz. Aber in der ganzen,
unverbogenen Menschenexistenz. » [156] Dem Versuch Heideggers
ist prinzipiell eine bedeutsame Möglichkeit und hoher Wert zu-
erkannt; das Anliegen kann sich — auch aus christlicher Perspektive — als fruchtbar erweisen. Alles hängt am Ausgangspunkt. « Von diesen Voraussetzungen aus soll ... versucht werden, die Philosophie Heideggers kurz in einen Blick zu zwingen,
um aufzuzeigen, wo sie die Grundlage der ganzen Existenz ver-
läßt ... » [157]. Bei aller Anerkennung des Vorzugs dieser Philosophie, daß sie nämlich nach dem Sein fragt, wo der Mensch ihm
zuerst begegnet — in der eigenen Existenz, bemängelt Delp, sie
werde schon durch ihre Methode dazu gedrängt, « die herme-
neutische Deskription des Bewußtseinsinhaltes als einzige Quelle
letztgültiger Seinsaussagen anzuerkennen. Schon durch die Mo-
nopolstellung dieser Methode beschränkt sich diese Philosophie
von vornherein auf die Horizontale. » [158] Außerdem wirkt sich
die Einschränkung auch auf die Sache aus, so daß Delp erklärt:
« Die Analyse Heideggers beengt das Dasein ausschließlich auf
die Untersuchung des Phänomenkomplexes, der gegeben ist mit
dem Subjekt-Objekt-Verhältnis, also auf die aktuelle Bezogenheit auf ein anderes. Das Bezogene in sich kommt gar nicht in
den Blick. » [159] Die Folge ist für den Betrachter die Auffassung
von Sein als ausschließliches und erschöpfendes In-der-Welt-
sein, eine Feststellung, die er ebenfalls für Heideggers Aussagen
zum Sein der « Welt » glaubt treffen zu müssen.

Damit steht diese Philosophie idealistischen Deutungen offen, kann aber nicht mehr zu Klärungen der vollen Wirklichkeit
finden. Sie bleibt ihrem eigenen Programm — zu den Sachen
selbst vorzustoßen — nicht treu. Im Grunde deutet sich so das
Problem an, das mit der Frage nach dem Woher und Wohin
von Endlichkeit aufgeworfen ist. Heidegger will sich auf die
Tatsächlichkeit der Endlichkeit beschränken und erklärt sie dadurch, daß « das Dasein sich in das Nichts hinaushält » [160]. Für
Delp kann diese Antwort jedoch dem vorliegenden Phänomen-
befund nicht gerecht werden, weil notwendig darüber hinaus

---

[156] TE 115 f.
[157] TE 116.
[158] Ebd.
[159] TE 116 f.
[160] TE 118 und 119; vgl. Heidegger, Kant 226.

zu fragen ist. Man kann sich zwar auf die Beachtung der End-
lichkeitsmomente im Dasein beschränken, doch schließt das eine
Aussage über das Sein des Daseins ein. Schon im Befund machen
sich Elemente bemerkbar, die « über die Endlichkeit hinaus-
weisen und das Nichts im Dasein überwinden » [161]. Delp nennt
vor allem das Seinsverständnis und die Heideggerschen Phänomene der « Geworfenheit », « Verwiesenheit », « Überantwor-
tung » des Daseins als Anhaltspunkte dafür, daß der Philosoph
mehr sagt als nur reine Tatsächlichkeit. Und Delp zieht die Folgerung: « Eine durchsichtige Beachtung dieser Phänomene hätte
diese Existentialphilosophie davor bewahrt, an der Stelle, an
der wie an keiner anderen über die Existenz entschieden werden
muß, die skeptische Frage zu stellen, ' ob *endliches Sein* so etwas
wie *unendliches Sein* voraussetzte und was damit eigentlich gemeint sei ' ». [162]

Ob diese Beurteilung des Denkens bei Heidegger zutrifft,
wird heute anders als zur Zeit von Delps Auseinandersetzung
zu beantworten sein. Gerade darum wird man aber achtgeben
müssen, im Blick auf Heideggers späteres Werk nicht seinem
frühen Kritiker Unrecht zu tun. Wenn dieser zu dem Schluß
kommt, das vorliegende Werk sei nur Teil und scheitere in seiner eigenen Absicht sowohl horizontal wie vertikal, dann hat
er eine Lücke in der nötigen Voraussetzung aufgespürt und konsequent geprüft. Als Mißverständnis läßt sich dieses Resultat
umso weniger abtun, als das Schicksal des Heideggerschen Werkes — gemeint ist sowohl die Tatsache, daß « Sein und Zeit »
als solches unvollendet blieb wie auch die vieldiskutierte spätere « Kehre » Heideggers — dem Befund eine gewisse Bestätigung gibt. Hatte Delp mit seinem Urteil damals also Unrecht:
« Der endliche Mensch wird in dieser Philosophie verfälscht,
weil die Endlichkeit übersteigert wird » [163]? Das richtige Menschenbild, so zeigt sich, ist hier wegen einer unzutreffenden Bestimmung von Endlichkeit verfehlt, also wegen eines Mangels,
der unmittelbar das Zeit- und Geschichtsproblem berührt.

Da Delp die Fragestellung als solche für zutreffend ansieht,
muß er nach der seines Erachtens verfehlten Durchführung bei
Heidegger fordern: « So bliebe jetzt nur noch übrig, eine neue
« Analytik des Daseins » zu unternehmen, eine Analytik des gesund endlichen Daseins und dann auch eine Analytik des gläubigen Daseins. All die Phänomene, die Heidegger gesichtet hat,

---

[161] TE 119.
[162] 120.
[163] TE 121.

tauchen dann wieder auf: Schuld und Verfall, Geworfenheit und Einsamkeit und Angst, aber daneben Sicherung und Erhebung und Aufnahme in das Absolute und Ewige. » [164] Das Programm bleibt in dieser Untersuchung des jungen Philosophen Postulat; es führt ja auch über Betrachtungen « Zur Philosophie Martin Heideggers » entschieden hinaus. Fragen läßt sich allerdings, ob und wie weit Delp hier nicht schon vorgreifend eine Skizze seines eigenen Bemühens versucht. Der Entwurf bleibt insgesamt allgemein, weist aber dennoch Richtungen und Konturen auf, die hilfreich sein können, Delps weitere Arbeit zu präzisieren und zu erhellen. Er fühlt sich an die Aufgabe seiner Zeit gebunden, nach dem wahren Menschen zu suchen. Und für diese Suche ist er davon überzeugt, daß sie zugleich Suche nach Gott zu sein hat. « Und das ist ihre Tragik », bemerkt er zur eigenen Zeit, « daß sie den Menschen nicht findet, weil sie Gott nicht sucht, und daß sie Gott nicht sucht, weil sie keine Menschen hat » [165]. Das Pathos dieser Behauptung ist uns fremd geworden, an ihre einfache Sicherheit wären heute Fragen zu stellen. Gleichwohl beeindruckt die Klarheit und die Offenheit, kurzum die eindeutige Entscheidung der Position Delps.

Von hier aus kann er in einem knappen Schlußkapitel das Ergebnis seiner Untersuchung als « Tragisches Schicksal? » zusammenfassen. Sein Blick weitet sich hier auf die deutsche Geistesgeschichte der Neuzeit, deren Tragik ihm mit der unheilvollen Entfremdung zwischen Kirche und Reich angelegt zu sein scheint und die sich in einer Selbstauflösung der alten Lebensordnungen verheerend auswirkte. Ihr Geheimnis ist nach Delp das « Geheimnis der fehlenden Mitte » [166]. Und er fährt fort: « All die neuen Aufbrüche waren nicht Versuche, zur notwendigen Mitte vorzudringen » [167], weil man sich dem Zeitgefühl einer bangen und verfallenden Welt überläßt und nicht über dieses Zeitgefühl hinausfindet. Mit anderen Worten: die endliche Geschichte wird zum Gefängnis, wo nicht nach ihrem tragenden Grund und nach dem sie orientierenden Prinzip gefragt ist. Die damit verbundene Tragik dreht sich wie jede Tragik im Kreis. Für Delp gibt es eine Lösung nur in der Suche nach jener Mitte, « wo alle Untergänge und Ängste und Mühsalen und Entschlossenheiten einen neuen Sinn finden. Wo die

---

[164] TE 122.
[165] Ebd.
[166] TE 125.
[167] Ebd.

Existenz aus aller Tragik entbunden wird, weil dort, wer sein Leben verliert, es übervoll wiederfindet » [168].

d. *Quellen der Beurteilung*

Delps Auseinandersetzung mit Heidegger gehört zu den frühesten Stellungnahmen überhaupt, die von katholischer Seite abgegeben wurden. Gleichwohl hat Delp seine Meinung unter Berufung auf eine Reihe von Autoren herausgebildet, die ihm über jene großen Klassiker philosophischen Denkens hinaus, die er in seiner Darstellung selbst berücksichtigte, halfen, die eigene Position zu klären. Als Anhaltspunkt zu einer Übersicht dieses Einflusses seien die Anmerkungen zu Delps Beitrag im Band von Jansen mit denen verglichen, die er in der eigenen Buchveröffentlichung hinzufügte. Der Artikel « Sein als Existenz? » hat im ganzen 60 Fußnoten, während die Buchveröffentlichung über 200 zählt. Viele beziehen sich naturgemäß auf Heideggers Werk und stimmen hier wie dort überein; so finden sich 50 Anmerkungen aus dem früheren Artikel in genau der gleichen Form im späteren Buch wieder. Drei Noten wurden an anderer Stelle und in anderer Form, der Sache nach jedoch inhaltlich gleich übernommen. Die wenigen Verweise, die Delp für sein Buch hat fallen lassen, sind folgende: Rickert, Die Philosophie des Lebens [2]1922, 20; Schrempf, Kierkegaard, 1927; Bultmann, aus Zw. den Zeiten 1924; Siewert, aus: Freib. Tagepost 1930; Gurvitsch, Les tendances actuelles ... 1930, 200 sowie einige Erläuterungen. Es liegt nahe, in den aufgeführten Literaturverweisen, die allesamt zufällig sind, Hinzufügungen von B. Jansen zu sehen.

Offensichtlich legte Delp aus diesem oder aus anderen Gründen keinen Wert darauf, die Verweise noch einmal zu wiederholen. Die Autoren dürften für seine Konzeption ohne Bedeutung sein. Beibehalten und teilweise vertieft und ausgebaut haben dagegen Ausführungen über Kierkegaard, Bergson und Scheler besonderes Gewicht; das gilt auch für A. Brunner [169] und natürlich selbstredend in dieser Untersuchung für Heidegger, von dem schon im ersten Artikel neben « Sein und Zeit » auch « Kant und das Problem der Metaphysik », « Vom Wesen des Grundes » und « Was ist Metaphysik? » [170] wenigstens erwähnt

---

[168] TE 127.

[169] Erwähnt schon SE 479 = TE 83; doch spielt er für die Buchveröffentlichung eine weitaus größere Rolle, so TE 88 f. Anm. 36 und 37 sowie Anm. 44.

[170] Erschienen: Halle 1927 ([3]1931); Bonn 1929; Halle 1929; Bonn

sind. Ohne weitere Äußerungen Heideggers in dem späteren Buch
berücksichtigen zu können, wertet Delp dort die genannten Beiträge in durchaus neuer und intensiver Weise aus. Sein Urteil
über Heideggers Denken wird aber dadurch nicht besonders
berührt. In dieser Hinsicht hat ihm offensichtlich die Beschäftigung mit den Schülern und Kritikern Heideggers, aber ebenso
auch die eingehendere Kenntnis mit den unmittelbaren Meistern
Heideggers geholfen. So bietet die Buchveröffentlichung über
den Artikel hinaus wichtige neue Passagen zum Werk W. Diltheys [171] und E. Husserls [172].

Den letzteren allerdings hat er weniger in seinen eigenen
Schriften als aus der Sekundärliteratur [173] kennengelernt. Dabei
dürften die verschiedenen Beiträge E. Przywaras [174], die jetzt
ebenfalls neu hinzutreten, nicht nur für die Erfassung, sondern
vor allem auch für die Beurteilung der Positionen eine nicht zu
übersehende Rolle gespielt haben. Aus der beginnenden Auseinandersetzung mit dem Freiburger Philosophen wählte Delp die
Stimmen K. Löwiths [175], G. Kuhlmanns [176] und E. Brunners [177] aus.
Im einzelnen sind diese Stellungnahmen hier nicht zu referie-
ren, geschweige denn auszuwerten. Delp selbst zieht sie vornehmlich zur Bestätigung seiner Beobachtungen heran. Demgegenüber
fällt für ihn entscheidender ins Gewicht, was ihm zur Klärung
der eigenen Grundanschauung verhilft, Beiträge des katholischen
Denkens der Zeit, aus denen er eine bezeichnende Auswahl für

1929. — Für die dritte Aufl. von « Sein und Zeit » hat sich Delp wohl
geirrt sie erschien schon 1929. In den folgenden Jahren bis 1933 weist
Heideggers Bibliographie — von einem Vortrag 1930 abgesehen — eine
Lücke auf; seine Beiträge 1933 und 1934 sind politische Stellungnahmen.
Delp konnte sich also gar nicht auf neuere Arbeiten Heideggers beziehen;
daß er die politischen Stellungnahmen nicht berücksichtigte, wird man
ihm zur Ehre anrechnen müssen.

[171] Vgl. TE 27-29 und 30-32.

[172] Vgl. TE 29, 75.

[173] TE 75 f. — Nach G. Misch, Phänomenologie und Lebensphilosophie,
Leipzig 1921, d.h. in der Gegenposition des Dilthey-Kreises.

[174] Analogia entis, München 1932 (erwähnt TE 1, 89, 101); Das Geheimnis Kierkegaards, München 1929 (TE 14); Drei Richtungen der Phänomenologie, in: StdZ 115 (1928) 252 f. (TE 76, 79); Christliche Existenz,
Leipzig 1934 (TE 122).

[175] Das Individuum in der Rolle des Mitmenschen, München 1928
(TE 11, 95, 99); Ontologische Phänomenologie und protestantische Theologie; in: ZThK 11 (1930) 367 ff. (TE 47, 99, 102 f.).

[176] Zum theologischen Problem der Existenz, in: ZThK 10 (1929) 35 ff.
(TE 14 f., 80, 95) (gegen die hier vorgetragene Kritik nimmt Delp Heidegger teilweise in Schutz); Krisis der Theologie, in: ZThK 12 (1931) 142 ff.

[177] Theologie und Ontologie, in: ZThK 12 (1931) 114 ff. (TE 72, 99 f.).

die Ausrichtung seiner eigenen Bemühungn trifft. Zu nennen ist hier noch einmal und vor den anderen E. Przywara [178], dann A. Brunner und R. Guardini [179]. Gelegentlich kommen auch K. Jaspers [180], die Nietzsche-Untersuchungen von A. Vetter und E. F. Podach [181], aber auch von G. Simmel [182] vor. Überhaupt erfahren die Gedanken zu Nietzsche eine ganz neue Fassung, was unverkennbar mit den stärker werdenden nationalsozialistischen Anschauungen zusammenhängt. Diese selbst kritisiert Delp an Hand von H. Naumann, « Germanischer Schicksalsglaube » [183]. Der Gegensatz tritt deutlich heraus; er wird auf der Ebene der Prinzipien angegangen.

Für die eigene Position zieht Delp schließlich noch eine Reihe neuerer Beiträge heran, deren Autoren hier wenigstens kurz genannt sein sollen. B. Schwarz, J. Hommes und G. Feuerer [184] finden sich und auch J. B. Lotz [185], dem durch diese Zitationen vielleicht ein Dank für seine Vermittlung bei der Vorbereitung der Buchveröffentlichung ausgedrückt sein soll. [186] Die entsprechenden Arbeiten wertet er erst für sein Buch aus; im wesentlichen dürfte deshalb ihr Studium in die Zeit zwischen 1932 und 1935, d.h. in die Periode nach den philosophischen Semestern fallen. Sie sind ein zusätzlicher Nachweis dafür, daß Delp sich weiterhin mit philosophischen Problemen auseinandersetzte. Zugleich zeigen sie, daß Delps Interesse dabei einem breitem Spektrum galt. In ihm spielt zwar die Frage nach Zeit und Geschichte

[178] Vgl. Anm. 174 sowie Kap. 1 Anm. 85 ff. und die zugehörigen Ausführungen über die Rolle Przywaras. Auffällig ist, daß Przywara in der ersten Veröffentlichung des Textes von Delp nicht einmal genannt ist, im Buch dann aber entsprechend der Bedeutung, die er hatte, aufscheint.

[179] In der ersten Fassung seiner Untersuchung hatte Delp nur gelegentlich Brunners Aufsatz: Existentialphilosophie als Ausdruck der geistigen Lage unserer Zeit (SE 479) erwähnt. Im Buch zieht er ihn zweimal heran (TE 83, 95), hat dort aber auch berücksichtigt: Grundfragen der Philosophie, Freiburg 1933 (TE 88 f.) und: Die Struktur des objektiven Geistes und der Objektivationen, in: Schol 9 (1934) 229 ff. (TE 89). — R. Guardini kommt in der Schlußwertung mit « Der Mensch und der Glaube », Leipzig 1934 zu Wort (TE 108, 110).

[180] Die geistige Situation der Zeit, Berlin 1931 (TE 39).

[181] Nietzsche, München 1926 und: Zusammenbruch, Heidelberg 1930 (TE 23).

[182] Schopenhauer und Nietzsche, München 1920 (TE 18, 20, 22).

[183] TE 99 Anm. 53; 108 f. Anm. 4 und 5.

[184] TE 86 Anm. 30 (B. Schwarz); 86 Anm. 31/88 Anm. 35/92 Anm. 39 (J. Hommes); 122 Anm. 14 (G. Feuerer).

[185] TE 101 Anm. 57/110 Anm. 1: J. B. Lotz, Der Kampf um Gott. Bericht über den Prager Philosophenkongreß, in: StdZ 128 (1934) 197 f.

[186] Vgl. S. 109.

schon eine entscheidende Rolle, hat aber noch nicht die Konturen und das Gewicht wie in späteren Beiträgen. Hier hatte Delp offensichtlich noch Entdeckungen zu machen und Präzisierungen vorzunehmen. Sie gingen nicht auf Kosten seiner weiteren Fragestellung, die nach wie vor dem Menschen galt. Vielmehr erhielt gerade dieses Anliegen im Denken Delps durch die Herausarbeitung des Aspekts von Zeit und Geschichte seinen eigentümlichen Charakter. Darauf deuten die verschiedenen Autoren hin, die Delp studierte und zitierte, ein Hinweis, der für die Zwecke dieser Untersuchung hinreicht; eine genauere Analyse dagegen müßte notwendig den Rahmen der gestellten Aufgabe sprengen und überdies zu mancher Hypothese Zuflucht nehmen, weil die Zitate selbst vielfach nicht mehr belegen, als daß Delp die genannten Autoren kannte. Deutlicher wird die Abhängigkeit, beschränkt man sich auf den Konsens der herangezogenen Beiträge. Dann erkennt man, wo Delp sich selbst einzuordnen suchte, welche Voraussetzungen er mit anderen teilte, wo er sich abzusetzen und zu unterscheiden suchte. Entscheidend fällt dafür ins Gewicht, daß er sich nicht mit der in Pullach studierten Philosophie zufrieden gab, sondern durch eine verhältnismäßig breit angelegte Lektüre und wohl auch durch zahlreiche persönliche Kontakte und Gespräche das aufgebrochene philosophische Interesse weiter und beständig lebendig hielt. Gleichzeitig tritt als sachliches Problem der Mensch in der modernen Welt immer deutlicher in den Vordergrund dieses Denkens. Zeit und Geschichte aber werden als bestimmende Komponenten für diese Frage wichtiger und wichtiger.

Im wesentlichen betrifft der bislang vorliegende Befund Delps persönliche und denkerische Einordnung in einen wissenschaftlichen Kontext. Das philosophische Bemühen in der Auseinandersetzung mit Heidegger trägt alle Züge der fachlich-theoretischen Beschäftigung an sich. Erst später ergibt sich für Delp ein persönlich-existentielles Moment, das ihm auch von dieser Seite praktischer Lebenserfahrung her das Problem erschließt und seine Lösung als ihn persönlich angehende Aufgabe verlangt. Doch ist damit über die Periode von « Tragische Existenz » hinausgegriffen, die als solche noch eine weitere Betrachtung verlangt, die nämlich der Reaktion, die das Buch auslöste. Zwar bedeutet die Aufnahme der Veröffentlichung unmittelbar für den Autor nicht viel; mittelbar lassen sich aber Rückwirkungen wenigstens vermuten, so daß es nötig ist, auch über diese Stimmen wenigstens einen kurzen Überblick zu bieten. Eine regelrechte

Auswertung mag dann in einem anderen Rahmen vorgenommen werden.

e. *Stimmen zur Untersuchung Delps*

Um einen zutreffenden Eindruck von den Stellungnahmen zu gewinnen, die « Tragische Existenz » hervorrief, muß gleich von vornherein auf die Umstände des Erscheinens und der unmittelbar folgenden Geschichte geachtet werden. Das Bändchen kam 1935 auf den Markt, nur wenige Jahre vor dem II. Weltkrieg und schon in einem Deutschland, das vom Nationalsozialismus beherrscht war. Der Krieg und der Zusammenbruch bedeuten auch für das Buch von Delp eine Wende. Die ersten Stimmen und Reaktionen sind deutlich von jenen zu unterscheiden, die nach 1945 geäußert wurden; und das nicht nur wegen des Schicksals von Delp. Allerdings ist nicht zu übersehen, daß seine Verurteilung und Hinrichtung sich auf seine persönliche Beurteilung und auf die Kritik an seinem Werk ausgewirkt haben. Entscheidender noch für die Wende dürfte aber Heideggers berühmte und vieldiskutierte « Kehre » in Anschlag zu bringen sein, mit der Möglichkeiten erkennbar wurden, die Delp glaubte ausschließen zu müssen. Jedenfalls kann kein Zweifel sein, daß Heideggers Denken nach dem Kriege gerade auch für die katholische Seite akzeptabel wurde in einem Sinn, daß sich geradezu eine katholische Heideggerschule herausbildete, die in seinem Denken Anregungen und Instrumentar fand für die Aufgabe einer Neudarstellung katholischer Wahrheit [187]. Daß in solch verändertem Klima der Beitrag Delps anders gewertet wurde, steht von selbst zu erwarten. Leider läßt sich diese Wertung nur in Nebenbemerkungen erfassen; zu einer wirklichen Aufarbeitung der Position Delps kam es m.W. nicht. Die Gründe dafür lassen sich ahnen — vermeintliche Rücksicht auf das Opfer des Nationalsozialismus, Verständnis für die Jugend des Verfassers, für seine Einbindung in ein als starr geltendes Ausbildungssystem und andere ähnliche Entschuldigungen. Man kann aber der Meinung sein, daß solche Nachsicht mit ihrer stillschweigenden Voraussetzung — daß nämlich Delps Untersuchung mehr oder weniger ihr Thema verfehlt habe und Heidegger nicht gerecht geworden sei — ihrerseits den sachlichen Wert der Arbeit

---

[187] Der Ausdruck dürfte auf E. Przywara zurückgehen; vgl. seinen Aufsatz « Die Reichweite der Analogie als katholischer Grundform », in: Schol 15 (1940) 339-362; 508-532. In der Einleitung ebd. 340 kommt der Ausdruck vor; zu dieser Schule werden gerechnet M. Müller, J. B. Lotz, K. Rahner und G. Siewerth.

verkennt, ja sich selbst nicht eingesteht, daß sie selbst nur möglich wurde, weil es Stimmen wie die Delps gegeben hatte.

Nicht einzugehen ist jetzt allerdings auf jene Stimmen, die
den Beitrag schon nach Erscheinen von Jansens « Aufstiege zur
Metaphysik » gewürdigt hatten. Sie dürften mit dazu beigetragen haben, daß die Buchveröffentlichung in der erweiterten und
überarbeiteten Fassung möglich wurde, sie dürften Delp ermu-
tigt haben. Aber das Ergebnis der neuen Bemühung unterscheidet sich — wie oben gezeigt — doch beträchtlich von dem früheren Versuch, so daß auch seine Wertung in Rezensionen und
Artikeln durchaus eigenständig zu betrachten ist. Allerdings
spielte Heidegger in den Jahren um 1933/34 eine auch politisch
hervorstechende Rolle, die in mehr als einem Fall eine unbefangene Würdigung des kritischen Beitrags eines jungen Jesuiten
erschwert haben dürfte. In der Tat ist die Zahl der nachweis-
baren Besprechungen klein; von einem durchschlagenden Erfolg kann für das Büchlein nicht die Rede sein. Trotz seines
geringen Umfanges hat es wohl bis heute nur wenig wirklich
aufmerksame Leser gefunden, dafür umso mehr Beurteiler, die
von außen und nebenher mehr aus gewissen vorherrschenden
Meinungen heraus zu erklärende Behauptungen mit dieser Veröffentlichung verbanden.

Noch 1935 erschien — soweit zu sehen — eine erste Besprechung in der Freiburger Zeitschrift « Divus Thomas » [188]; es
folgte Fr. Muckermanns ausführlicher Hinweis im « Gral » [189]
und M. Rasts Anzeige in der « Scholastik » [190]. Im Herbst 1935
bekam Delp die Gelegenheit, sein Büchlein in den « Stimmen
der Zeit » [191] selbst vorzustellen; es war gleichsam der Auftakt
zu jener Mitarbeit an dieser Zeitschrift, die seinen eigentlichen
Einsatz ausmachen sollte. Im französischsprachigen Belgien wurde die Veröffentlichung Anlaß zu einem informativen Artikel [192],
der ebenso wie die frühere französische Übertragung des Kapitels aus dem Sammelband von Jansen das Interesse an der
neuen Strömung und an der katholischen Auseinandersetzung
mit ihr in den westlichen Nachbarländern belegt. Bekanntlich

---

[188] M. de Munnynck, a.a.O. 13 (1935) 346 f.
[189] 30 (1935/36) 164-167 (vgl. ebd. 28 (1933/34) 30 f.).
[190] 11 (1936) 123 f.
[191] 130 (1935/36) 277. — Eine solche Selbstvorstellung eines Werkes
wird nach alter Gepflogenheit nur ständigen Mitarbeitern der Herausgebergruppe ermöglicht. Sie ist hier ein Hinweis auf die spätere Mitarbeit
Delps.
[192] Vgl. H. Thielemanns, Existence tragique, in: NRTh 63 (1936) 561-579.

bekam dort der ' Existentialismus ' während des Krieges eine
eigene, einflußreiche Gestalt. Zustimmung zu Delps Kritik brachte aber vorher noch die ausführliche Würdigung durch H. J.
Schoeps [193]; Aufmerksamkeit fand sie auch im ' Hochland ' [194] und
durch den damals einflußreichen katholischen Philosophen D.
Feuling [195] in der « Theologischen Revue. » Allerdings wählten all
diese Autoren nicht die Form einer Rezension, sondern bezogen
sich auf Delp im Zusammenhang mit einer Darstellung und Auseinandersetzung zur Philosophie Heideggers oder zu den anste-
henden philosophischen Grundthemen. Das gilt auch für die
kritische Würdigung F. Hohmanns [196]. Was hier an Interesse zutage trat, konnte sich dann aber nicht mehr weiter auswirken,
als der Krieg die Diskussion im wesentlichen unmöglich machte.
Später ergab sich dann — nicht zuletzt wegen der Entwicklungen
in Frankreich, die an die Namen G. Marcel, A. Camus und J. P.
Sartre [197] gebunden sind — in der Auseinendersetzung mit dem
Existentialismus und mit Heidegger eine ganz neue Konstel-
lation.

In diesem Kontext wurde Delp zwar nicht ganz übersehen,
aber unter der Hand machten sich neue Beurteilungskriterien,
geänderte Sichtweisen und zuvor undenkbare Einordnungsver-
suche geltend. Die lebendige Diskussion zu Ende der 40er und
während der 50er Jahre um die heideggersche Philosophie sah
sich anderen Aufgaben und Möglichkeiten gegenüber. So versteht sich, daß der Versuch Delps an den Rand der Aufmerksamkeit geriet und daß man sich allseits bemühte, durch einen unbefangenen Rückgriff auf Heideggers Texte zu einer Darstellung
zu kommen, die für die gegebene geistige Lage fruchtbarer zu
sein versprach. Zwar hatte 1942 A. de Waelhens [198] in seinem für

---

[193] Vgl. H. J. Schoeps, Tragische Existenz, in: Philosophia 2 (Belgrad
1937) 142-145.

[194] Vgl. H. Getzeny, Vom Wesen zum Sein, in: Hochland 34/II (1937)
46-62 (ebd. 50).

[195] Vgl. D. Feuling, Zur Existenzphilosophie, in: ThRv 37 (1938) 479-482.

[196] Vgl. F. Hohmann, Der Mensch im Leben und Denken, in: WiWei 3
(1936) 42-50 (ebd. 47-49).

[197] Der französische Existentialismus wurde vor allem als literarisch-
denkerische Kulturerscheinung während des letzten Weltkriegs zu einem
Faktor mit ungeheurer Breitenwirkung. Er erreichte anders als die deutsche Existentialphilosophie weite Volksschichten, bekam ein ganz eigenes
Gesicht und wirkte so auf die deutsche philosophische Strömung zurück.

[198] A. de Waelhens, La philosophie de Martin Heidegger, Louvain 1942
(und öfter). — Nach dem Urteil M. Müllers « Eine der ersten großen,
kritischen Gesamtdarstellungen, die aber in erster Linie noch an " Sein
und Zeit " orientiert ist und beim späten Heidegger einen " Bruch "

die französischsprachige Auseinandersetzung wichtigen Bericht
noch Delps Beiträge in der Bibliographie verzeichnet; für seine
Ausführungen aber haben sie keinen erkennbaren Einfluß gehabt. Die sich damit andeutende Tendenz wurde immer stärker,
so daß es nicht wundert, wenn die meisten Beiträge zur Existentialphilosophie die frühe Untersuchung Delps nicht einmal mehr
nennen. [199]

Gleichzeitig aber bildete sich unter den Vertretern einer
sogenannten katholischen Heideggerschule ein vager Konsens aus,
Delp habe Heidegger mißverstanden und sei seinem Werk nicht
gerecht geworden. Als erster dürfte M. Müller 1949 von der psy-
chologisch-anthropologischen Verkennung dieser Philosophie in
einer Veröffentlichung gesprochen haben [200]. Als Zeugnis für sol-

---

sieht. » Vgl. « Existenzphilosophie im geistigen Leben der Gegenwart »,
Heidelberg [3]1964, 280; ebd. zu Delps « Tragische Existenz » das Urteil:
Beispiel einer niveauvollen, ersten, primär noch auf der existenzphilosophisch-anthropologischen Ebene der Auslegung von « Sein und Zeit » bleibenden Auseinandersetzung mit Heidegger. — Dieser Anhang II ist vom
Verfasser selbst zusammengestellt, während die folgenden Register — nach
einer Bemerkung ebd. 290 — von seinen Assistenten erarbeitet wurden.

[199] Vgl. z.B. O. F. Bollnow, Existenzphilosophie, Stuttgart 1949; J. Lenz,
Der moderne deutsche und französische Existenzialismus, Trier 1951;
J. Möller, Existenzialphilosophie und katholische Theologie, Baden-Baden
1952. — Merkwürdiger und weitaus auffälliger jedoch bleibt die Tatsache,
daß die Arbeit Delps in den nachfolgenden Beiträgen von Mitbrüdern
zur Auseinandersetzung mit Heidegger weder berücksichtigt noch erwähnt
wird: H. U. von Balthasar, Apokalypse der deutschen Seele III, Salzburg
1939, 193-315 (wo Heidegger allerdings zusammen mit Rilke recht eigen-
willig in eine rein literarische Perspektive gerückt ist); ders., Heideggers
Philosophie vom Standpunkt des Katholizismus, in: StdZ 137 (1939/40)
1-8; A. Brunner, Ursprung und Grundzüge der Existenzialphilosophie, in:
Schol 13 (1938) 173-205; A. Naber, De existentialismo M. Heidegger, in:
Greg 25 (1944) 335-356; ders., Von der Philosophie des « Nichts » zur Philosophie des « Seins-selbst ». Zur großen « Wende » im Philosophieren
M. Heideggers, in: Greg 28 (1947) 357-378 (die angekündigte Fortsetzung
ist offenbar nicht erschienen).

[200] M. Müller, Existenzphilosophie im geistigen Leben der Gegenwart,
Heidelberg 1949, 59. Im Literaturverzeichnis zur 3. Auflage (Heidelberg
1964) 280 findet sich unter: « B. Wichtigere Literatur … die für die Auseinandersetzung von unmittelbarer Bedeutung war … 1. Delp, Alfred, « Tragische Existenz », Freiburg/Brsg. (Herder) 1935 (Beispiel einer niveauvollen, ersten, primär noch auf der existenzphilosophisch-anthropologischen
Ebene der Auslegung von « Sein und Zeit » bleibenden Auseinandersetz-
zung mit Heidegger)» — Der wertende Zusatz rückt das ältere Urteil
in ein etwas anderes Licht. Doch war dieses Urteil 1949 ohnehin nur als
Klammerbemerkung zugefügt worden; irgendein Nachweis oder eine Begründung sind nicht gegeben. Der Autor ließ das Urteil in seiner ursprünglichen Form auch in der 3. Auflage seines Büchleins stehen. Das

che Verkennung nennt er ohne nähere Begründung das Büchlein Delps neben einer Arbeit O. Fr. Bollnows. Eine zu psychologische Sicht Heideggers hatte 1936 schon F. Hohmann zu bemängeln gehabt. Im Blick auf Heidegger selbst hat nur F. J. von Rintelen 1951 Delp gegen Müllers Vorwurf zu verteidigen gesucht [201]; Erfolg hatte er damit nicht. J. B. Lotz, der sich im Jahre 1938 noch sehr weitgehend an Delps Darstellung angeschlossen hatte [202] — allerdings schon damals äußerte, bei vor-

---

Urteil wurde von anderen übernommen; deshalb ist nachdrücklich auf seinen summarischen Charakter hinzuweisen, der noch nach Prüfung und Nachweis verlangt.

[201] F. J. von Rintelen, Philosophie der Endlichkeit als Spiegel der Gegenwart, Meisenheim 1951, 73: « Die Ablehnung der transzendental-idealistisch-rationalen Ansicht hat nun zur Folge, daß Heidegger sich zur praktisch *vorrationalen Ebene* des Daseins im Menschen wendet, um seine Ontologie zu gewinnen. Damit bekommt aber, wie es scheint, das *subjektive* Moment einen *noch stärker* auf den Menschen bezogenen überspitzten Charakter, wogegen sich bereits Husserl wandte. Ob dieser Einwand berechtigt ist, darin liegt eine der Grundfragen der Philosophie Heideggers und der Zeit. Delp sah nicht unrichtig, wenn er hier eine Wendung zu einem irrational-voluntaristisch-dynamischen Idealismus, sagen wir vorsichtiger, Weltverstehen, erblickte. + » — + « A. Delp, Tragische Existenz S. 91 (1935), auf dessen gehaltvolle Arbeit seines Schülers der Verfasser besonders hinweisen möchte. Seine Heideggerinterpretation wird allerdings von Max Müller bestritten. » — Rintelens Hinweis ist interessant, dürfte jedoch in der Behauptung, Delp sei Schüler Rintelens gewesen, einen mindestens mißverständlichen Hinweis bieten. In der italienischen Übersetzung des Werkes von 1977 findet sich in der Anmerkung auch nur noch der Verweis, nicht mehr der weitere Zusatz.

[202] J. B. Lotz, Immanenz und Transzendenz, in: Schol 13 (1938) 1-21; 161-172. Vgl. ebd. 16 Anm. 3: « Für die folgenden Abschnitte gab wertvolle Anregungen A. Delp, Tragische Existenz, Freiburg 1935 ». Tatsächlich folgt L für die allgemeine Einordnung ziemlich genau den Darlegungen Delps. Erst bei der Wertung möchte er vorsichtig eine positivere Sicht Heideggers ins Auge fassen; vgl. ebd. 164 Anm. 2. — In den Sammelband « Sein und Existenz », Freiburg 1965 hat L den o.e. Text nicht aufgenommen und bemerkt dazu S. 10: « Diese Darlegungen werden Heidegger nicht in allem gerecht, wie Wiplinger mit Recht anmerkt (F. Wiplinger, Wahrheit und Geschichtlichkeit /Freiburg-München 1961/ 56, 150, 234); doch gibt er dadurch Anlaß zu einem falschen Bild, daß er von meinen späteren Äußerungen zu Heidegger nichts anführt. » — Im gleichen Sammelband findet sich S. 193 die Bemerkung: « kann man bei Heidegger auch nicht von einem im Hoffnungslosen ausharrenden heroischen Tragizismus reden, obwohl diese Fehldeutung früher nicht so eindeutig wie heute ausgeschlossen war + ; denn die Tapferkeit meistert den Schrecken kraft ihrer anhebenden Begegnung mit dem Sein ». — + « In dieser Richtung bewegt sich die Heideggerinterpretation von A. Delp, Tragische Existenz (Freiburg 1935). » Der ganze Hinweis findet sich noch nicht in der ursprünglichen Fassung des entsprechenden Beitrags (= Schol 20/24 (1949) 92-96).

sichtiger Deutung, lasse sich Heidegger vielleicht doch positiver sehen [203] —, übernahm Müllers Vorbehalt [204]. Im übrigen hielt man sich aus Pietät gegenüber dem Schicksal des Widerstandskämpfers zurück. Eine wirkliche Klärung unterblieb. L. Gabriel übernahm von Delp ein Stichwort [205]; K. Rahner führte ihn unter der Bibliographie eines einschlägigen Beitrags an [206]. Ein merkwürdig anmutendes Übersehen und Vergessen war die Folge, als sei die Erinnerung an Delps Auseinandersetzung fehl am Platz, als wirke sie peinlich.

Erst in jüngster Zeit hat R. Schaeffler [207] Delps Versuch im Rahmen einer Untersuchung über das Verhältnis zwischen Heidegger und der katholischen Theologie zu würdigen versucht. Der Text wird zutreffend zusammengefaßt und seinem Autor bescheinigt, daß er Heideggers Anliegen, nicht Anthropologie, sondern die Seinsfrage zu erneuern, im Gegensatz zu anderen durchaus erkannt habe [208], daß er für die gefährliche Affinität des tragischen Heroismus, damals Ausdruck des Germanischen, und der Philosophie Heideggers einen scharfen Blick besessen habe [209], ohne doch « notwendig in die Absurdität einer Restauration des germanischen Mythos führen » [210] zu müssen. Schaeffler spricht von scharfsichtiger Erkenntnis Delps. Seine Monographie könne als repräsentativ für die katholischen Stellungnahmen gelten, die in den ersten Jahren nach Erscheinen von « Sein und Zeit » veröffentlicht wurden [211]. Als Nachweis werden kurz einige Stimmen angeführt, deren übereinstimmender Ertrag das Urteil Schaefflers bestätigt. Entscheidender jedoch dürfte sich in diesem Büchlein die Charakterisierung der Philosophie des Heidegger nach der « Kehre » zugunsten von Delps Interpretation aus-

---

[203] Vgl. Schol 13 (1938) 164 Anm. 2.

[204] Vgl. J. B. Lotz, Sein und Existenz, Freiburg 1965, 193 Anm. 20. — Die Aussage wird ganz allgemein gemacht und trifft sich inhaltlich mit Müllers Vorwurf.

[205] Vgl. L. Gabriel, Existenzphilosophie, Wien 1951, 97, 279, 282. Der Literaturnachweis S. 326 ist aber so ungenau und fehlerhaft, daß hier eine Kenntnis Delps auszuschließen ist.

[206] Vgl. Introduction au concept de Philosophie existentiale chez Heidegger, in: RSR 30 (1940) 152-171. Unter der anhangweise angeführten Literatur (S. 171) findet sich auch A. Delp, Tragische Existenz.

[207] R. Schaeffler, Frömmigkeit des Denkens? Martin Heidegger und die katholische Theologie, Darmstadt 1978, 48-53.

[208] Vgl. ebd. 50. Der Hinweis ist bedeutsam gegen den gängigen Vorwurf, Delp habe Heidegger zu psychologisch gedeutet.

[209] Vgl. ebd. 52.

[210] Ebd.

[211] Vgl. ebd. 53.

weisen: zwar sei die Ontologie Heideggers von « Sein und Zeit »
an überbietungsbedürftig. « Dennoch aber werden alle diejenigen Interpreten enttäuscht, die von dem ' Weg zum Sein ' eine
Befreiung der Ontologie aus dem Horizont der Zeit erwartet
haben: Nicht die Zeit und die Ereignisse in ihr sind das Fun-
dierte, und ein überzeitliches Sein das Fundierende; vielmehr
hat das Sein, das ' es gibt ', seinen gewährenden Ursprung in
jedem Ereignis, durch das es ' gegeben wird '. » [212] Damit aber
ist implizit die Frage neu gestellt, wer Heidegger verkannt hat?
Delp, der gerade den Zeitfaktor im frühen Philosophieren Heideggers so stark in Anschlag brachte, oder die Späteren, die
ihm den Vorwurf machten, das Denken des Meisters nicht recht
erfaßt zu haben.

Hier kann es nicht Aufgabe sein, über den Hinweis hinaus,
die Aufgabe selbst eingehender zu betrachten. Nur soviel soll
der Überblick deutlich werden lassen, daß über Delps « Tragische
Existenz » durch das Verdikt des Überholtseins doch wohl das
letzte Wort noch nicht gesprochen ist.

Einen Ansatz, die verhandelte Sache neu zur Diskussion zu
stellen, könnte die 1962 erschienene Auseinandersetzung der später ebenfalls als Opfer des Nationalsozialismus umgekommenen
E. Stein mit « Martin Heideggers Existentialphilosophie » [213] bieten. In diesem Text aus dem Jahre 1936 wird Delp gelegentlich
in zwei kritischen Bemerkungen behandelt, von denen die erste
die wichtigere ist. E. Stein wirft Delp vor, er habe « in einigen
wesentlichen Punkten der Darstellung durchaus unzutreffend »
den Sinn des Heideggerschen Denkens in « Sein und Zeit » referiert. Glücklicherweise hat die Autorin ihre Aussage nachgewiesen. Sie sagt: « So wird (S. 53) behauptet, daß Dasein = res
sei, während Heidegger mit allem Nachdruck betont, daß Dasein
nicht etwa als res aufzufassen sei. S. 54 wird behauptet, das
Sein der Außendinge sei ganz auf das Zeugsein beschränkt. Daß
Heidegger das *Vorhandensein* der Dinge vom *Zuhandensein* des
Zeugs als eine eigene Seinsweise unterscheidet, wenn auch nicht
zur Klarheit bringt, scheint vollständig übersehen worden zu
sein. » [214] Bezieht sich dieser Vorbehalt auf Erfassung und Darstellung, so trifft der zweite die genetische Deutung des Heideggerschen Denkens. « Die Kritiker von *Sein und Zeit* », bemerkt

---

[212] Ebd. 106.
[213] Edith Steins Werke VI — Welt und Person, Hg. L. Gelber — R.
Leuven, Louvain - Freiburg 1962, 69-135. — Zum Manuskript vgl. ebd. XXV f.
[214] Ebd. 90 Anm. 51.

E. Stein, « haben es meist als ihre Aufgabe angesehen, die Wurzeln dieser Philosophie bei den führenden Geistern des letzten Jahrhunderts nachzuweisen (Kierkegaard, Nietzsche, Karl Marx, Bergson, Dilthey, Simmel, Husserl, Scheler u.a.) [+]. Es scheint ihnen entgangen zu sein, wie stark das Ringen mit *Kant* bestimmend gewesen ist. (Das Kant-Buch hat es offenbar gemacht.) Und kaum weniger bedeutsam ist der ständige Hinblick auf die ursprünglichen Fragestellungen der Griechen und deren Abwandlung in der späteren Philosophie. » Die Anmerkung ([+]) zur Stelle nennt u.a. auch Delps « Tragische Existenz » [215]. Beachtenswert bleibt, daß diese Einwände anderer Art sind als die später vorgetragenen und daß sie sich nicht eigentlich auf Zeit und Geschichte erstrecken. Zum letzten Punkt bemerkt auch E. Stein: « Der Leser von Heideggers Schriften kann kaum zu einem anderen Eindruck gelangen als daß seine Existentialphilosophie darauf abziele, die ' wesenhafte und notwendige Endlichkeit des Seins und alles Seienden ' herauszustellen. » [216] Sie selbst allerdings möchte diesem naheliegenden Eindruck nicht einfach nachgeben. Wie die Vertreter der sogenannten katholischen Heideggerschule suchte sie schon damals eine Möglichkeit, in der Heideggerschen Konzeption eine Offenheit über bloße Endlichkeit hinaus zu entdecken. Eine mündliche Äußerung Heideggers, in der scharf zwischen Sein und Seinsverständnis geschieden wird, wobei die Endlichkeit nur dem Seinsverständnis zukäme, läßt nach E. Steins Meinung « die Möglichkeit eines ewigen Seins offen » [217]. Heute wird man jedoch diese Aussage im Licht der Situation neu überprüfen müssen, die sich durch Heideggers späteres Werk und durch die Diskussion darüber ergeben hat. Nach dem Urteil von Schaeffler steht die Begegnung des Heideggerschen Denkens mit katholischer Theologie bis heute noch aus [218].

Abschließend sei der Vollständigkeit halber wenigstens erwähnt, daß Delps Büchlein im Jahre 1942 mit ausführlicher Einleitung in spanischer Übersetzung erschien [219]. Es fand auch trotz aller Ungunst der Zeiten so noch ein Echo. [220] — All diese Stim-

---

[215] Ebd. 155 und Anm. 75.
[216] Ebd. 134 Anm. 145.
[217] Ebd. 135 noch Anm. 145.
[218] Vgl. Anm. 207, ebd. 152.
[219] Existencia trágica. Notas sobre la filosofia de Martin Heidegger. Prólogo, traducción y notas de Jesús Iturrioz S.J., Madrid 1942.
[220] Vgl. G. Fraile, in: « La Ciencia Tomista 65 (1943) 206 f.; 335 f.

men hatten nur geringe Rückwirkung auf Delp selbst; die meisten dürften ihm gar nicht zur Kenntnis gekommen sein. Deshalb kann dieser Schlußabschnitt nur als Ausblick gelten, von dem wir jetzt auf den weiteren Weg des jungen Autors selbst zurücklenken müssen.

3. Geschichte als Auftrag

Delp entwickelt seinen Geschichtsgedanken nicht unabhängig von der zeitlichen Abfolge der verschiedenen Phasen und Erfahrungen seines eigenen Lebens. Mögen einzelne Zeiten entscheidender und intensiver einwirken, mögen bestimmte Momente und Begegnungen besondere Förderung für diese Entwicklung bringen, während andere Phasen einen kaum näher zu greifenden und zu bestimmenden Einfluß hatten, es gibt einen echten Entfaltungsprozeß, der Delps Lebenslauf verhaftet bleibt. Ein eigener Nachweis dafür erübrigt sich, weil diese Darstellung gewissermaßen unvermeidlich diese Tatsache belegt, auch ohne sie eigens zum Thema zu machen. Dennoch muß darauf hingewiesen werden, weil sie andererseits nicht einfach auf der Hand liegt und sich erst erkennen läßt, wo in eigener Aufmerksamkeit die mehr mittelbaren Hinweise berücksichtigt werden. Sie erhellt aber auch aus bisher nicht ausgewerteten Zeugnissen der weniger bekannten Jahre Delps. Die Zeit seiner philosophischen Ausbildung fand schließlich in der öffentlichen Auseinandersetzung mit Heidegger ihren unübersehbaren Niederschlag. Die folgenden Jahre dagegen liegen literarisch mehr im Dunkeln. Ein zweites Buch Delps erscheint sogar erst kurz vor seiner Verhaftung, dem Prozess und der Hinrichtung. « Der Mensch und die Geschichte »[1] liegt also annähernd ein Jahrzehnt nach dem Beginn seiner literarischen Anfänge in der Öffentlichkeit. Aber die Zwischenzeit über blieb er nicht untätig; zu denken ist vor allem an eine Analyse und Auswertung seiner Beiträge zu den « Stimmen der Zeit »[2] und zu anderen Zeitschriften.

Durch die Konfrontation mit Heidegger kam er ja schließlich in die publizistische Arbeit hinein, die fast unmittelbar nach der Veröffentlichung von « Tragische Existenz » einsetzt, noch ehe Delp seine theologischen Studien abgeschlossen hatte. Diese absolvierte er von 1934 bis 1938 an der Ordenshochschule Valkenburg[3] und in St. Georgen zu Frankfurt[4]. Im Jahre 1939 trat er endgültig in die Herausgebergruppe der « Stimmen der Zeit » ein. Da diese Zeitschrift jedoch im Frühjahr 1941 nach

---

[1] Kolmar o.J. (1943); vgl. dazu ausführlich Kapitel 5 dieser Untersuchung.
[2] Vgl. dazu O. Simmel, in: Staatslexikon VII (⁶1962) 727 f.
[3] Vgl. LThK X (²1965) 606.
[4] Vgl. LThK IV (²1960) 258.

Eingreifen der Gestapo [5] ihr Erscheinen einstellen und die Gruppe aufgelöst werden mußte, war Delp nur eine knapp zweijährige Spanne in dieser Arbeit gegeben.

Seine Beiträge zur Zeitschrift, obwohl leicht zu greifen, machen deshalb nur einen Teil der Zeugnisse aus, an denen sich die Entwicklung von Delps Geschichtsgedanken zwischen seinen beiden Buchveröffentlichungen untersuchen läßt. Außerdem sind sie nicht Teile eines zusammenhängenden Planes, sondern vielfach von Umständen und aktuellen Gelegenheiten bedingt, so daß ihre Behandlung nur unter Voraussetzung einer eigenen Anordnung und umsichtiger Berücksichtigung anderer möglicher Informationen ein für unser Thema weiterführendes Ergebnis verspricht.

Deshalb soll zunächst ein bisher unbeachteter Briefwechsel ausgewertet werden, eine Kontroverse, zu der Delp als junger Theologiestudent die Initiative ergriff. Erst im folgenden Kapitel soll dann seine Mitarbeitertätigkeit für die « Stimmen der Zeit » und andere Zeitschriften betrachtet werden, wobei natürlich jene Beiträge besondere Aufmerksamkeit finden müssen, die ausdrücklich dem Problem der Geschichte gewidmet sind.

a. *Karl Thieme, Briefpartner Delps*

Als Anhang ist dieser Arbeit die kritisch erschlossene Korrespondenz zwischen K. Thieme und A. Delp beigegeben. Thematisch dreht sich diese Auseinandersetzung um die « Geschichte als Auftrag », anders gesagt: um die Bedeutung von Geschichte für die konkrete Existenz des Jesuiten. Das Gespräch betrifft kein abstraktes und neutrales Verhältnis; der Jesuit Delp diskutiert hier als existentiell Betroffener. Der Meinungsaustausch darüber zog sich von April 1935 bis zum Februar 1936 hin, dauerte also nicht ganz ein Jahr. Gesprächspartner Delps war der schon genannte Prof. Dr. Karl Thieme [6], der mit einem damals beachteten und umstrittenen Büchlein « Das alte Wahre » [7] auch die Reaktion Delps und damit den nachfolgenden Briefwechsel auslöste. Nötige historische Informationen, die für unser Thema nichts erbringen, zum vollen Verständnis des Disputs aber nötig sind, wurden in Anmerkungen zu dem beigefügten Briefwechsel am Ende mitgeteilt. Die ganze Korrespondenz wurde von Delp

---

[5] Dazu A. Koch, Die « Stimmen der Zeit » im Dritten Reich, in: StdZ 196 (1978) 855-57.

[6] Vgl. Anhang Anm. 1, aber auch: K. Thieme, Deutscher unter Deutschen, in: Hochland 60 (1967/68) 609-623; 715-725.

[7] Leipzig 1934 (²1935).

gesammelt. Die Schreiben Thiemes liegen im Original, die Delps in Durchschlägen vor[8]. Daß sich die Korrespondenz erhalten hat, ist ein wichtiger Hinweis, daß Delp ihr Bedeutung beimaß. Dennoch blieb sie unbeachtet, weil ihr Streitpunkt auf den ersten Blick sehr speziell anmuten muß: die historische Rolle der Gesellschaft Jesu und ihrer Mitglieder. Ganz offenkundig wertete Delp aber die hier belegten Positionen grundsätzlicher; zu Recht, wie sich zeigen soll.

Thieme hatte in seinem erwähnten Büchlein eine These über den « Jesuitismus » aufgestellt, die den Sinn der Gesellschaft Jesu ganz und gar aus der faktischen Lage der katholischen Kirche im Reformationszeitalter zu erklären suchte und ihr eine über die damit genannten zeitlichen Grenzen hinausreichende eigenständige Bedeutung absprach. Die Kirche habe sich im 16. Jahrhundert in tödlicher Gefahr befunden und sei deshalb auf außergewöhnliche Mittel angewiesen gewesen, um den eigenen Auftrag in der Welt weiterführen zu können. Sie sei sozusagen lebensgefährlich verwundet gewesen. Die Gesellschaft Jesu sei als der « Wundverband » anzusehen, der zum Schutz und zur Heilung der geschlagenen Wunde für eine Zeit von außen auf den Leib der Kirche gelegt worden sei. Er habe dem geschwächten Organismus Halt geboten, ihn notwendig aber auch eingeschnürt. Bei diesem Bild lag Thieme vor allem daran, daß es die Hilfe als äußerliche kenntlich macht, die mit dem lebendigen Körper des Christentums selbst nichts zu tun habe. Der « Wundverband » schützt mit fremden Mitteln, ein innerer Lebenszusammenhang zwischen dem verletzten Gewebe und ihm besteht nicht. Das einfache Bild gab mit derlei Folgerungen zu einer ganzen Reihe von Mißverständnissen Anlaß. Auf den geschichtlichen Auftrag bezogen schloß es in erster Linie die Behauptung ein, der Jesuitenorden habe eine streng zeitgebundene, damit leztlich vorübergehende Funktion gehabt, von der im übrigen zu wünschen sei, daß sie möglichst rasch und vollständig überflüssig werde. Anders gesagt: daß der angeschlagene Kirchenkörper selbst die nötigen Heilkräfte aus seinem Innern bereitstellen könne, daß seine Wunde sich schließe und vernarbe, daß ein äußerer Verband, wie es nach Thieme die Gesellschaft Jesu war, bald abgelegt werden könne.

Diese Darstellung weckte namentlich bei Jesuiten selbst entschiedenen Widerspruch; sie sahen Sinn und Wesen ihrer Gemeinschaft von Thieme umso stärker verzeichnet als seit gerau-

---

[8] Der Briefwechsel ist als Anhang abgedruckt.

mer Zeit eine tiefgehende Besinnung auf die eigenen Ursprünge eingeleitet war. Man war sich dabei des ganz in der eigentümlichen Sendung der Kirche verankerten providentiellen Auftrags der Societas Iesu neu bewußt geworden. Durch Männer wie P. Lippert[9], E. Przywara[10], G. Gundlach[11] u.a. war davon in den 20er Jahren Wichtiges auch in weitere Kreise gedrungen[12]. Daraus hatte sich gegen die damals vorherrschende Strömung der vom Mönchischen herkommenden « Liturgischen Bewegung »[13] mit ihren vielfach antikisierenden Tendenzen ein anderes Bild des Katholizismus verbreitet. Es wäre allerdings verfehlt, hier nur an einen simplen Gegensatz zu denken; in der Praxis liefen nämlich Elemente der einen wie der anderen Konzeption durchaus zusammen — zum Horror der Puristen hier wie dort. Exklusiv wurden die beiden Deutungen kaum vertreten, wohl aber waren ihre Vertreter bestrebt, für die eigene Sicht die Führungsrolle und die größere Aktualität zu beanspruchen, während der anderen Konzeption mehr oder minder konziliant eine Hilfsfunktion zugestanden wurde.

Historisch gesehen bezogen sich diese Sichtweisen auf recht unterschiedliche Erscheinungen. Spielte im ersten Fall die alte Kirche, das alte Mönchtum, « Das alte Wahre » — mit Thieme gesprochen — die normative Rolle, so suchte man sich im zweiten Fall am epochalen Wandel, den die Neuzeit gebracht hatte, d.h. an deren positiven Aspekten zu orientieren. Ganz gleich, wo man konkret das Ende des Mittelalters annahm, die Neuzeit drängte sich als eigenständige Größe unumgänglich auf. Die Frage war nun, wie diese Erscheinung zu werten sei. Vereinfacht gesagt: muß die Moderne kritisch negativ betrachtet werden oder hat sie — auch in den Augen des Christen — positiven Wert und sei es nur als Ansatz noch zu entwickelnder Möglichkeiten?

---

[9] P. Lippert (1879-1936) vgl. J. Kreitmaier, Peter Lippert, Freiburg ²1939; Fr. Boesmiller, Pater Peter Lippert SJ. der tiefe Denker und große Liebende, Regensburg o.J. (1962); O. Köhler, Homo patiens - Deus patiens, in: StdZ 197 (1979) 519-531.

[10] E. Przywara (1889-1972), vgl. J.B. Lotz, Erich Przywara zum Gedächtnis, in: StdZ 190 (1972) 289 f.; L. Zimny, Erich Przywara. Sein Schrifttum 1912-1962, Einsiedeln 1963; Erich Przywara 1889-1969. Eine Festgabe, Düsseldorf 1969.

[11] Vgl. J. Schwarte, Gustav Gundlach S.J. (1892-1963). Maßgeblicher Repräsentant der Katholischen Soziallehre ..., München 1975.

[12] Vornehmlich durch die Arbeit mit Studenten und Schülern, vgl. z.B. den von Jesuiten geleiteten « Bund Neudeutschland » dazu: LThK VII (²1962) 894.

[13] Dazu: LThK VI (²1961) 1097-1099.

Sind alle großen Menschenfragen im Grunde schon im Mittelalter gesehen und gelöst — allenfalls eine konkrete Anwendung auf neue Verhältnisse ausgenommen — oder wirft die geistige und technische Welt der Neuzeit Probleme auf, stellt sie Mittel zur Verfügung, zwingt sie zu Lösungsversuchen, die über das klassische Weltbild der Alten weit hinausliegen? Angesichts solcher Alternative bietet die Idee des « alten Wahren » einen eindeutig gültigen Maßstab, dem gegenüber die Neuzeit sich vielfach verirrt hat. Wertet man hier aber anders, dann optiert man in der Regel für das Modell einer Entwicklung im positiven Sinn; danach wird die Geschichte interpretiert. Das erlaubt auch, mit Anfangsschwierigkeiten und Kinderkrankheiten zu rechnen, die den vollen Sinn des Geschehens noch verdunkeln. Tragend ist hier die Hoffnung auf einen im ganzen guten Fortgang.

Die genaue Stellung Thiemes und Delps wird sich aus der Zusammenfassung ihrer Korrespondenz unschwer erkennen lassen. Soviel aber läßt sich jetzt schon sagen, ihre beiden Sichtweisen ruhen auf einer unterschiedlichen Konzeption der Geschichte selbst, die herauszuarbeiten das vornehmliche Anliegen dieser Ausführungen sein wird. Der Unterschied — so soll deutlich werden — ergibt sich aus einem jeweils anderen existentiellen Zugang; die Dialogpartner identifizieren sich auch persönlich mit der je eigenen Auffassung. Deshalb bietet ihr Briefwechsel alles andere als eine nüchtern distanzierte, theoretisch wissenschaftliche Erörterung eines allgemeinen Problems. Vielmehr wird der Ton nicht selten lebhaft, und es geht bis hin zu sehr engagierten Vorwürfen an den anderen. Doch ganz ersichtlich möchte es keiner von beiden zum Bruch kommen lassen, die Frage selbst scheint dafür zu gewichtig. Der Briefwechsel endet mit dem Ausblick auf eine dann doch nicht verwirklichte Möglichkeit zu weiterer Klärung in persönlicher Begegnung und unmittelbarem Gespräch. Ob sich Thieme und Delp später trafen, ist nicht mehr sicher auszumachen. Einige persönliche Erinnerungen von S. Thieme lassen ein Treffen nicht unwahrscheinlich sein. Ob es aber überhaupt für die hier behandelte Frage viel erbringen konnte, darf mehr als fraglich erscheinen, bringt man die aus der Korrespondenz deutliche Spontaneität der Partner in Anschlag. Für den Streitpunkt « Geschichte als Auftrag » jedenfalls hat man sich an die vorliegenden schriftlichen Zeugnisse des Gesprächs zu halten, mag der Austausch noch weiter gegangen sein oder nicht. Mindestens für uns hat er weiterzugehen.

b. *Delps Anfrage und Gegenposition*

Anfang April 1935 — Delp stand am Beginn seiner theologischen Studien — unter dem Eindruck der Lektüre von Thiemes Buch, fühlt der Jesuit sich veranlaßt, dem Autor ausführlich den eigenen, ganz anderen Standpunkt zu den angeschnittenen Fragen darzulegen und zu begründen. In vielem weiß er sich, wie er gleich eingangs in seinem ersten Brief betont, dem Konvertiten Thieme verbunden. Ohne Umschweife geht er dann aber auf sein Hauptanliegen los. Gottes gütige Fügung habe ihn, A. Delp, vom Protestantismus zur katholischen Kirche « und zwar zur Kirche in der Form der Gesellschaft Jesu » geführt. Die Form dieser « Kirchlichkeit » jedoch, der « Jesuitismus » nämlich, habe Thieme zu Gedanken angeregt, die jeden Jesuiten, « der den Weg zu einer lebendigen Eingliederung in die Kirche mit wachem Bewußtsein und unter steter innerer Auseinandersetzung ging » [14] unweigerlich berühren müssen.

Der Ton des Briefes verrät schon, daß sich der Schreiber existentiell betroffen und getroffen weiß. Wenn er versichert, er schreibe aus eigenem Antrieb, so unterstreicht das nur, wie sehr er sich persönlich angegangen erfährt. Mit Delps eigenen Worten: « weil mein eigener Weg zur Kirche und die Art meiner Zugehörigkeit zur Kirche durch Ihre Darstellung irgendwie in Frage gestellt wird » [15]. Ein persönlicher Ernst bricht hier durch, wie er während der philosophischen Studien und in der Auseinandersetzung mit Heidegger noch nicht zu spüren war. Ein neuer Zug taucht auf, der in der weiteren Ausbildung der Geschichtsauffassung Delps noch eine wichtige Rolle spielt. Der Jesuit erfährt sich ausgerechnet an dem Punkt in Frage gestellt, auf den er seine Existenz gebaut hat: sein Verständnis von Kirche. Das zwingt zum Widerstand. So meldet sich jene Einstellung schon 1935, die in letzter Konsequenz zu seiner Hinrichtung zehn Jahre später führte. In der Auseinandersetzung mit Thieme geht es dem Jesuiten um Sinn und Recht der eigenen Lebensentscheidung, nicht um irgendwelche Meinungen, um wissenschaftlichen Eros oder Freude am Kreuzen geistiger Waffen. Für ihn steht und fällt sein Weg zur Kirche und in den Orden mit der Antwort auf die Frage, ob die Rolle, in der er beide sieht, genuin christlich ist oder nicht.

Delp nimmt Anstoß zunächst an der Art, in der Thieme vom « Jesuitismus » spricht. Läßt sich diese Erscheinung wirk-

---

[14] Anhang I (7/IV/35).
[15] Ebd.

lich — wie hier geschehen — mit dem Rationalismus, dem Materialismus oder auch dem Calvinismus und Protestantismus
auf gleicher Ebene vorstellen und behandeln? In dieser Frage
Delps ist seine eigene Antwort schon entschieden mitgegeben.
Thieme hatte solche Gleichsetzung schon im Titel des entsprechenden Abschnitts[16] vorgenommen und damit den eigentlichen
Protest Delps herausgefordert. Für den Jesuiten spielt nämlich
das Bild vom « Notverband » erst in zweiter Linie eine Rolle;
es würde sich von selbst erledigen, wäre die erwähnte Gleichsetzung überwunden.

In diesem Zusammenhang erhält das Problem der Zeit sein
besonderes Gewicht; einschlußweise ist es überdies auch dort
angesprochen, wo die geistigen Strömungen der Moderne in den
Blick rückten. Und so fragt Delp: « Ist der Jesuitenorden wirklich nur ein Notbehelf der Kirche für eine Zeit äußerster Bedrängnis ... eine Art Zugeständnis der Kirche an eine dekadente
Periode der Geschichte? »[17] Zeit äußerster Bedrängnis und deren Erfordernisse, dekadente Periode der Geschichte: diese Formulierungen bringen das Thema Zeit, das Problem ihrer Wertung und ihrer Konsequenzen ins Spiel. Delp faßt in dieser
Frage den Grundgedanken seines Gesprächspartners zusammen,
nicht ohne ihn zugleich zu verneinen. Thieme sah sich mindestens im wesentlichen in dieser Formulierung auch nicht mißverstanden. Doch darauf bleibt später noch einzugehen. Der Jesuit begründet seine eigene Sicht von Zeit und Geschichte zunächst in zwei Schritten, einem positiven und einem kritischen
gegenüber der Darstellung Thiemes. In zurückhaltender Weise
folgt der zweite auf den ersten; dann geht die Betrachtung ziemlich rasch auf das Problem der Geschichte zeitlich-überzeitlicher
Institutionen über. Das Urteil beider hängt in der Tat an ihrer
Konzeption von Geschichte. Insofern enthält die hier benutzte
Korrespondenz das Zeugnis eines wichtigen Schrittes in der Ausbildung des Delpschen Geschichtsgedankens. Er selbst wird sich
durch die Auseinandersetzung bewußt, daß er existentiell in ein
historisches Geschehen einbezogen ist — als Mitglied der Gesellschaft Jesu — und daß er damit einer Beurteilung von außen
unterliegt, gegen die sich sein Selbstbewußtsein und sein Verständnis des Jesuitseins zur Wehr setzt. Von Anfang an wird
sein entsprechendes Engagement deutlich, auch wenn Thieme
und seiner Auffassung gegenüber nicht nur ein höflicher Respekt,

---

[16] Anhang Anm. 6.
[17] Anhang I (7/IV/35).

sondern der volle Raum für einen echten Austausch gewahrt bleibt. Bewußt läßt Delp es offen, daß sein Partner recht haben könnte, obgleich er selbst ganz anderer Überzeugung ist und damit nicht hinter dem Berg hält. Delp gibt sich allerdings keiner Täuschung hin, daß, wenn Thieme recht hätte, er selbst zu einem radikalen Überdenken der getroffenen Berufswahl und möglicherweise zu Konsequenzen gezwungen sein würde. Für den jungen Jesuiten ergibt sich deshalb mit diesem Gespräch eine Möglichkeit letzten Ernstes.

Indem er versucht, das Thieme zu verstehen zu geben, eröffnet er diesem zugleich einen Weg möglichen Rückzugs in dem Sinn, daß dieser vielleicht eingestehen könnte, die vorgetragene Sicht des « Jesuitismus » zu rasch skizziert zu haben als Teil seiner knappen systematisierenden Betrachtung der Bildungsgeschichte des Abendlandes. Darauf könnte sich die Gesamtkonzeption ausgewirkt haben, in deren Dienst auch das entsprechende Kapitel steht, unter Vernachlässigung der tatsächlichen Geschichte der Societas Iesu. Die eigene Konstruktion hätte in einem solchen Fall die historische Wirklichkeit nur unzureichend und einseitig deutlich werden lassen.

Welche Rolle ist dem Jesuitenorden in der Geschichte zuzubilligen? Um Thieme in dieser Frage zu einer Übereinstimmung mit der eigenen Auffassung zu bewegen, entfaltet Delp sein Bild vom historischen Stellenwert einer Gemeinschaft im Rahmen christlicher Offenbarung. Der entscheidende Grundsatz dafür lautet: « Wenn es Institutionen gibt — durch die Tatsache der Kirche sogar göttliche Institutionen gibt, die in jeder Geschichtsepoche sich neu gestalten und mit der heranwachsenden Zeit zusammen eine jeweils neue, lebensvolle Einheit bilden: dann ist es nicht mehr möglich, in irgendeiner Periode der Geschichte die Höchstleistung geschichtlicher Entwicklung zu sehen und von ihr her Maß und Grundlage zur Beurteilung der folgenden oder der früheren Perioden zu nehmen » [18]. Dieses Axiom will auf dem Hintergrund von Thiemes These vom « alten Wahren » gelesen sein, deren tragende Vorstellung damit direkt angegriffen ist. Indem Delp seine Gegenbehauptung riskiert, setzt er sich allerdings ebenso leicht Mißverständnissen und Vorwürfen aus. Im Blick auf sein damals gerade erschienenes Heideggerbuch lassen sich aber einige dieser Einwände gleich ausschließen. Ganz sicher ging es ihm nicht um irgendeinen Relativismus oder irgendeinen Historismus, als er seine Mei-

---

[18] Ebd.

nung formulierte. Alle Bedenken aus dieser Richtung laufen darum sofort ins Leere. Gegenüber Heidegger hatte er deutlich genug auf die unerläßliche tragende Mitte, auf den unverzichtbaren Bezug für alles Sich-Wandeln, für alles Sich-Wandelnde aufmerksam gemacht. In Thieme — so empfindet es Delp offenbar — begegnet der gerade Gegenpol zu Heidegger, ein Gegenpol, der umso größere Schwierigkeiten bereitet, als er sich auch noch im Namen christlicher Offenbarung und des christlichen Abendlandes zu rechtfertigen sucht.

Delp unternimmt es angesichts dieser existentiellen Herausforderung, den eigenen Grundsatz aus der Wahrheit des Christentums zu begründen. In einem ersten Gedankengang entfaltet er die Urtatsache, daß Gott den Menschen nach seinem eigenen göttlichen Bild schuf. Darin steckt der Auftrag an diesen Menschen, Gott sichtbar werden zu lassen, was jedoch der menschlichen Begrenztheit wegen nicht ein für allemal, sondern nur in der Vielfalt des zeitlichen und räumlichen Neben- und Nacheinander dieser Welt möglich ist. Insofern tatsächlich Aspekte und Momente der Fülle der 'imago Dei' aufleuchten, « ist jede geschichtliche Perspektive, d.h. die Wirklichkeitsdeutung jeder geschichtlichen Periode im Kern richtig ... Falsch wird sie, indem sie sich absolut setzt ... » [19]. Was er damit sagen möchte, faßt Delp in der allgemeinen Aussage noch einmal zusammen: « Geschichte ist so in ihrem inneren Sinn fortgesetzte Entfaltung der Schöpfung; fortschreitende Entwicklung der imago Dei ... » [20]. Ohne weiter auf Einzelheiten einzugehen, fügt er noch hinzu: « eine Entwicklung sinkt niemals auf ein früheres Stadium zurück, ein früheres Stadium kann nicht den Maßstab zur Beurteilung und Ausrichtung der späteren Entwicklung geben » [21]. Gerade die letzte Bemerkung ist äußerst ungeschützt formuliert und verlangt zu ihrem rechten Verständnis verschärfte Aufmerksamkeit auf die tragende Aussageabsicht. Delp illustriert hier mit der konkreten Idee des Menschen in der abendländischen Tradition; sie soll in ihrer faktischen Auswirkung seine allgemeine theoretische Ansicht erhärten.

Die weitgreifende Begründung soll nur dartun, daß die Wahrheit einer historischen Erscheinung — und so auch die eines Ordens — vom Maß des Bemühens abhängt, « der Wirk-

---

[19] Ebd. — Daß hier eine Absolutsetzung entschieden zurückgewiesen ist, bleibt für den weiteren Verlauf der Auseinandersetzung und für spätere Mißverständnisse zu beachten.

[20] Anhang I (7/VI/35).

[21] Ebd.

lichkeit gemäß zu sein ». Damit — so ist Delp überzeugt — sei
der passende Schlüssel für das Verständnis von Institutionen
zur Hand, « die ihrer inneren Anlage und Intention nach über
die jeweilige geschichtliche Stufe hinauslangen und trotzdem
die jeder Stufe je-eigenen Haltungen ehrlich und aufrichtig vollziehen können » [22]. Offensichtlich soll mit der Formel ' übergeschichtlich — je-geschichtlich' die prinzipielle Rolle von Institutionen als Wertträgern und zugleich deren eigentümliche
Existenzweise erfaßt sein. Das heißt nicht, daß dies auch tatsächlich und immer gelingen müßte, aber das Sich-Verfehlen
einer solchen Institution stellt weder deren Möglichkeit noch
deren grundsätzlichen Sinn in Frage.

Eine entsprechende Struktur schließt vielmehr als eine
' ad-hoc '-Reaktion, ein Notprogramm für einen bestimmten Moment ein, rein äußerliche Abstützungen, die immer nur einem
Übergansanliegen dienen. Konkret ausgedrückt ist Delp der Überzeugung: die Gründung der Gesellschaft Jesu erwies sich deshalb als erfolgreich und in dem ihr eigenen Maße erfolgreich,
weil sie einer neuen Entfaltungsstufe des Christlichen und seiner
kirchlichen Form entsprach. « Die Jesuiten vergangener Zeiten
waren Männer dieser Zeiten und gingen mit diesen Zeiten unter.
Ihr Geist, ihr Orden ist über ihnen und geht weiter, formt neue
Menschen und schickt sie in neue Zeiten » [23]. Damit ist vor allem
das Ideal des Klassischen in seiner undifferenzierten Fassung
beiseite gestellt. Aber auch Delps Sicht nimmt sich auf den ersten Blick etwas schematisch aus, nur möchte er mit dieser
Unterscheidung zugleich auch Thiemes Anliegen Rechnung tragen, d.h. eine gewisse Zeitgebundenheit zugeben und erklären
sowie zugleich die (relative) Überzeitlichkeit der Gemeinschaft
herausstreichen und einsichtig werden lassen.

Noch einmal wird der Ton des Jesuiten ganz persönlich.
Von sich selbst sagt er nämlich, er habe « aus der Einöde der
modernen Verlaufenheit und Versandung heimfinden » dürfen
« in die große Freiheit und Fülle der Kirche ». Sein Bild von
der Kirche aber habe er rein und klar und hell verwirklicht
gefunden « in diesem Orden geistlicher Männer »; so fühle er
« sich ehrlich und dankbar wohl ... in einer Gemeinschaft, deren
Bewußtsein weiß, daß ihr einziger Sinn immer Dienst für diese
Kirche war, deren innere Haltung sich bemüht, immer bereiter

---

[22] Ebd.
[23] Ebd.

und freier zu sein für den Einsatz, wann und wo immer die Kirche ihn befehlen mag »[24].

Der Orden als Form der Kirche, weil er in ganz eigentümlicher Weise in deren Dienst genommen ist und sich und seine Existenz mit diesem Dienst identifiziert. So fragt er seinen Gesprächspartner, ob er sich denn bewußt sei, was es bedeute, wenn « all das mit einer ' dankbaren ' Handbewegung » weggewischt werden solle « vom Tisch der Gegenwart »[25]. Nach Delps Überzeugung muß nämlich auch Thieme bei einer echten Begegnung mit der existierenden Gesellschaft Jesu zugeben, daß hier nichts anderes geschieht als Vollzug, Ermöglichung und Garantie von kirchlicher Existenz im Heute. Anders gesagt: daß die These vom nur zeitbedingten, inzwischen überflüssig und gefährlich gewordenen Notverband angesichts der konkreten Gegebenheit in sich selbst zusammenfällt.

Als Delp sich an Thieme wandte, hat er sich von seiner Initiative wohl einiges versprochen. Ob die nachfolgende Korrespondenz dem entsprach, wird man in Zweifel ziehen dürfen. Dennoch war mit Delps Initiative das Vorzeichen für das ganze Gespräch gesetzt. Zusammenfassend sind vor allem zwei Aspekte der von ihm gleich in den Vordergrund gerückten Problematik der Geschichte herauszustellen. Denn sie wurden für seine Konzeption und Idee der Geschichte überhaupt bedeutsam. Einmal tritt hier in ganz neuer Weise die unmittelbare Betroffenheit von einer Sicht der Geschichte ins Blickfeld. Begründet ist das in Delps existentieller Verpflichtung auf die geschichtliche Institution Gesellschaft Jesu, d.h. in einer gewissen Identifikation mit einem Selbstverständnis des Ordens. Das eigene Leben, das persönliche Engagement hatte er in diese konkrete Form des Christentums hineingefügt. — Der zweite Aspekt fällt dann angesichts der Behandlung von Heideggers Philosophie auf: der Entwicklungs- bzw. Entfaltungsgedanke auf Grund der Bild-Gottes-Idee des Menschen als Prinzip der Schöpfung. Natürlich übersteigt diese Perspektive die Ebene philosophischer Diskussion, auf der im wesentlichen Heidegger kritisiert worden war. Mit Thieme teilt Delp ja nicht nur den Glauben, sondern ein Stück des Weges, der zu diesem bewußten Glauben führte.

Darauf ist zu Beginn des Briefes von Delp ausdrücklich angespielt, ohne daß diese Gemeinsamkeit die Argumentation für die eigene Auffassung beeinträchtigte. Der Jesuit tritt viel-

---

[24] Ebd.
[25] Ebd.

mehr in den Disput ein, um seinen Partner zu überzeugen, indem er mit dem Mittel vernünftiger Rede die Gegebenheiten und Voraussetzungen klarlegt und dann darauf aufbauend die eigene Deutung entwickelt. Zugleich soll Thiemes Interpretation so als nicht den Tatsachen und einer vernünftigen Betrachtung entsprechend nachgewiesen werden. In diesem Sinn stellt Delps Initiative den Auftakt zu einer Klärung mit philosophischen Mitteln dar, unbeschadet der existentiellen Gemeinsamkeit, die beide verbindet und von der aus der Jesuit bei Thieme Verständnis für die andere Sicht zu wecken sucht. — Der philosophische Charakter der Auseinandersetzung, die Delp einleiten möchte, wird noch deutlicher, berücksichtigt man das Problem der Geschichte im Denken Delps. Die weitere Analyse der Diskussion mit Thieme wird zeigen, wie hier nach und nach Elemente hervortreten, die sowohl für das Verständnis des später von Delp thematisch behandelten Geschichtsbegriffs [26] wie auch für die Konzeption von Geschichte allgemein unverzichtbar sind.

c. *Thiemes erste Reaktion* [27]

Schon zwei Tage, nachdem Delp die Initiative ergriffen hatte, gab Thieme am 9. April 1935 seine erste Antwort auf die alternative Bestimmung der geschichtlichen Rolle der Gesellschaft Jesu, die ihm vorgelegt worden war. Er setzt mit dem Ausdruck des Dankes ein, weil ihm diese Stimme es erlaube, sich seinsmäßig mit ihr auseinanderzusetzen und aus ihr zu lernen, « wie ich es mir immer wieder von der Kritik gewünscht habe » [28]. Das gesuchte Gespräch wird also angenommen und für fruchtbar gehalten.

Sachlich greift Thieme dann zuerst die Frage auf, ob sich von « Jesuitismus » ebenso reden lasse wie von Calvinismus oder Rationalismus. Er antwortet sibyllinisch unterscheidend: Nein und Ja! Das Nein wird damit erläutert, daß es gemeinsame Überzeugung katholischer Christen sei, daß von der Kirche Gutgeheißenes, wie etwa ein Orden, natürlich nicht mit Bewegungen auf die gleiche Stufe zu stellen sei, die von der Kirche zurückgewiesen seien. Sein Ja dagegen sucht Thieme mit dem Hinweis auf unterschiedliche geistliche Schulen und Strömungen innerhalb des Katholizismus selbst zu begründen. Er ist der Meinung,

---

[26] Vgl. Kap. 5 zu « Der Mensch und die Geschichte » sowie Kap. 4 die vorhergehenden Schritte in Beiträgen zu den « StdZ ».

[27] Dieser Brief ist wie die übrigen Schreiben Thiemes im Original erhalten.

[28] Anhang II (9/IV/35).

Tendenzen und Traditionen verschiedener Färbung ließen sich durchaus auch mit Erscheinungen außerhalb von Kirche und Christentum vergleichen; sie würden dadurch in ihrer Eigentümlichkeit begreifbar, sofern nur der allen gemeinsame Anteil an der providentiellen Mission der Kirche berücksichtigt werde, in dem sie sich selbstredend von außerchristlichen Erscheinungen unterschieden.

« In diesem Sinne sehe ich die Mission des Jesuitismus wirklich nicht nur als ein minus malum ... mein Bild vom Verband spricht zwar auch von Beengung, aber zunächst ganz positiv von Linderung, Beruhigung, Stütze » [29], beteuert Thieme; doch fügt er gleich hinzu: « Freilich von einer als vorübergehend denkbaren Erscheinung » [30]. Er bemerkt die Gefahr des Mißverständnisses in dieser Aussage und versucht ihr durch eine allgemeine Erläuterung über das kontemplative Mönchtum zu begegnen. Auch dies — dem unverkennbar Thiemes Sympathien gelten — sei ja jünger als die Kirche und brauche nicht notwendigerweise so alt zu werden wie sie, wenngleich es in der Kirche um der ' vita contemplativa ' willen immer Jungfräulichkeit geben werde. Die Heiligkeit des aktiven Lebens stehe schließlich auch Verheirateten offen, « so daß eine Ordensgesellschaft von ' Aktivisten ' (dies Wort hier ganz ohne abschätzigen Beiklang gesagt) nicht notwendig zum zeitüberdauernden Gliederbestand des Leibes Christi gehört » [31].

Nach dieser Möglichkeitsbetrachtung macht Thieme einen Absatz und fragt, ob er die von ihm dargestellte Wirklichkeit auch tatsächlich erfaßt habe. Aber er scheint das Anliegen Delps an dieser Stelle nur rhetorisch aufzunehmen; denn eine Reihe von Schwierigkeiten sind übergangen und der entsprechende Einwand Delps wird nicht so genommen, wie er vorgetragen war.

Vor allem bleibt die Wertung von « vita contemplativa » und « vita activa » bei Thieme unklar, ganz zu schweigen davon, daß

---

[29] Ebd. Vgl. aber « Das Alte Wahre », a.a.O. 148, wo der Wortlaut des entsprechenden Abschnitts doch einen etwas anderen Akzent verrät: « Nur eine solche Betrachtungsweise scheint uns der providentiellen Mission gerecht werden zu können, die diesem Orden trotz allem beschieden war, was den Christen, der von der Herrlichkeit der alten Kirche und des Mittelalters herkommt, an ihm befremdet und ihn hoffen läßt, daß der Leib bald wieder gesund genug sein wird, um jenen Verband entbehren zu können und im Gedenken an ihn nur noch danken zu dürfen für das Wunder der Errettung aus einer Not, die so ungeheuer war, daß sie solcher Gegenmittel bedurfte. »
[30] Anhang II (9/IV/35).
[31] Ebd.

die Art ihrer Unterscheidung hier viel zu simpel bleibt. Für unsere Untersuchung hat allerdings die Tatsache Gewicht, daß Thieme überhaupt die Frage akzeptiert, ob er selbst die Erscheinung des ' Jesuitismus ' richtig erfaßt habe.

Er macht sich Delps Hinweis auf die Schöpfung des Menschen nach dem Bild Gottes dankbar zu eigen und unterstreicht die darauf beruhende Unmittelbarkeit jedes Menschen zu Gott. Gleich anschließend hebt er dann die notwendige Ergänzung hervor, daß nämlich « in der Fülle der Zeiten nun *ein* wahrer Mensch und *nur* einer die Gottebenbildlichkeit *ganz* dargelebt hat, der Menschen- und Gottessohn. Nur Er war in jeder Hinsicht unmittelbar zum Vater; wir alle aber bedürfen der Vermittlung Seines mystischen Leibes, Seiner Kirche. Diese aber findet nicht ' jede geschichtliche Perspektive, d.h. die Wirklichkeitsdeutung jeder geschichtlichen Periode im Kern richtig ', wie Sie schreiben, sondern nur die Wirklichkeitsdeutung ihres Herrn und Meisters. Und diese wird keineswegs falsch, ' indem sie sich absolut setzt, sich als *die* Sicht, als Maß und Form der früheren und folgenden Perioden setzt ', sondern alle Wirklichkeitsdeutungen, die ihr widersprechen, sind falsch, auch — verzeihen Sie! — die Ihre. » [32] — Der Abschnitt ist äußerst aufschlußreich, zeigt er doch sehr klar, auf welcher Ebene Thieme die aufgeworfene Frage zu erörtern gedenkt: auf rein theologischer nämlich. Nur indem er die Einwände Delps zunächst auf seine eigene Ebene der Betrachtung transponiert, kann er zu der apodiktischen Schlußfolgerung kommen, die durch ihre Form verrät, daß grundlegende Gesprächsvoraussetzungen in der Delpschen Initiative gar nicht realisiert sind.

An Klarheit lassen Thiemes starke Worte zunächst nichts zu wünschen übrig. Aber treffen sie die Ausführungen Delps? Ein wenig verwundert liest man den Vorwurf an die Adresse des Jesuiten, er verkenne, « daß uns Jesus Christus und Seine Kirche nichts weniger als die ' fortschreitende Entwicklung der imago Dei, die in jeder ihrer Stufen das Imprimatur des Schöpfungsberichtes besitzt ', sondern ganz im Gegenteil die fortschreitende Annäherung des jüngsten Gerichts (über unsern Gottähnlichkeitswahn) und der ' neuen Schöpfung ' gelehrt hat » [33]. Die Vermutung sollte doch dafür sprechen, daß auch Delp um diese Lehren weiß und daß ihre Nichterwähnung im Kontext seiner Überlegungen ein Hinweis darauf sein könnte, daß diese keineswegs so zu verstehen sind, wie Thieme es will.

---

[32] Ebd.
[33] Ebd.

Jesus Christus als Maßstab in einer apokalyptischen Perspektive der Weltgeschichte — man muß an Delps Heidegger-Kritik erinnern, soll entschieden werden, wer von beiden von falschen Vorstellungen ausgeht. Die Prophetentöne Thiemes passen hier nicht zum gegebenen Hintergrund. Denn die nötige Umkehr zu Gott, das der von Ihm geschaffenen wahren Wirklichkeit Gemäßwerden hatte Delp nicht unerwähnt gelassen, weil es für ihn zweifelhaft war. Wenn Thieme dem nun die Unvereinbarkeit mit der ' auf keine Sachüberzeugung ' eingeschworenen Anpassung an die von Menschen geschaffene jeweilige Scheinwirklichkeit entgegensetzt, damit in erneut herausfordernder Weise Haltung und Vorgehen des ' Jesuitismus ' charakterisieren wollend, dann läßt sich die gegebene Unvereinbarkeit der Standpunkte nicht mehr leugnen. Man hat für das Gespräch zu fürchten. Zur Sache der Geschichte aber bietet der Abschnitt das wertende Stichwort « Scheinwirklichkeit », in der ' Militarismus, Kapitalismus und Absolutismus in wechselnden Konstellationen miteinander und ihren ebenso verkehrten Gegensätzen die natürlichen Voraussetzungen der Gnade immer mehr unterwühlten und aushöhlten '. « Sobald Sie das einsehen, werden Sie meine Gesamtanalyse verstehen » [34], schließt Thieme selbstsicher.

Die theologischen Implikationen dieser Ausführungen bedürfen an dieser Stelle keiner weiteren Darlegung und Analyse, weil Delp in den Grunddaten mit Thieme übereinstimmt und sich nur gewundert haben mag, daß sie ihm entgegengehalten wurden. Zum sachlichen Anliegen Delps findet sich lediglich ein kleiner Hinweis nebenher; dort nämlich, wo Thieme erwähnt, daß es ' natürliche Voraussetzungen ' der Gnade gebe. Leider läßt er sich nicht ausdrücklich auf eine inhaltliche Bestimmung dieser natürlichen Voraussetzungen ein. Genau darin hätte in der Perspektive Delps der Streitpunkt gelegen. Im Rahmen der Konzeption Thiemes wird man sagen müssen, daß für ihn diese Voraussetzungen mit dem ' alten Wahren ' zusammenfallen, das er durch die Strömungen der Moderne ausgehöhlt sieht; er beschreibt diese als Militarismus, Kapitalismus und Absolutismus. Anders gesagt: Thieme unterscheidet trotz seiner theologisch bedingten pessimistischen Beurteilung der Gesamtwirklichkeit als Scheinwirklichkeit innerhalb dieser ' natürliche Voraussetzungen der Gnade ' und Gegebenheiten, die Gnade hindern oder gar unmöglich machen. Und diese Unterscheidung — das ist vor allem zu beachten — wird zu bestimmten Epochen in Beziehung

---

[34] Ebd.

gesetzt. Seine rhetorische Kraft mag die Spannungen überspielen, die sich innerhalb seiner so gezeichneten Position finden und die teilweise bis zum Widerspruch zu gehen scheinen. Die Sachfrage bleibt, ob die Zuordnung der natürlichen Voraussetzungen der Gnade zu bestimmten historischen Epochen zu Recht erfolgt und ob die Berufung auf die historische Erscheinung Jesu solche unterschiedliche Wertungen geschichtlicher Perioden rechtfertigt. [35]

Daneben dürfen aus der ersten Antwort Thiemes zwei Vorwürfe an die Adresse Delps nicht vergessen werden. Einmal bezeichnet das Stichwort ' Anpassung ' ein Vorgehen und Verhalten ohne Fundament in echter Sachüberzeugung, die Bereitschaft, jeweiligen menschlichen Scheinwirklichkeiten nachzulaufen. Dem ist dann als zweiter Vorwurf ausdrücklich der Mangel an Einsicht hinzugefügt. Im Grunde läuft er auf die Forderung hinaus, die Thiemesche Gesamtschau als erste Gesprächsgrundlage zu akzeptieren. Gegen Ende des Briefes ist das ziemlich ungeniert formuliert, wenn von der weiteren Korrespondenz und einem verbreiterten gemeinsamen Boden gesprochen wird, auf dem sich eine abgerundete Antwort « auf alle Ihre Fragen » finden könnte, « wozu ich zunächst erst einmal die Voraussetzungen schaffen wollte » [36].

Vor diesem Schluß enthält Thiemes Reaktion noch eine persönliche Wertung der Delpschen Initiative, deren innere Spannung zu den Bemerkungen am Anfang des Briefes nicht übersehen werden darf. Nachdem auf die nötige Einsicht und das Verständnis der Gesamtanalyse im Sinne Thiemes hingewiesen ist, heißt es weiter: « Dann werden Sie auch begreifen, daß ich Ihren Brief als ein — angesichts seiner menschlichen Echtheit geradezu erschütterndes — Dokument des Jesuitismus empfinde, dessen Verteidiger ... gerade die Züge, die mir gefährlich scheinen, so unbefangen und ungedeckt zur Schau tragen, daß man den Eindruck hat, sie wüßten überhaupt nicht, worin die wirklichen ... Bedenken gegen ihre Haltung bestehn » [37].

---

[35] Im Grunde stehen hinter dieser Gegenüberstellung auf der einen Seite ein bestimmender Prädestinationsgedanke und auf der anderen die Idee des allgemeinen Heilswillens Gottes.

[36] Anhang II (9/IV/35). Der Anspruch, zu einem Gespräch erst einmal die Voraussetzungen schaffen zu wollen, muß gegenüber dem Partner mindestens grob wirken. Die Einstellung, die sich hier äußert, weckt jedenfalls eher Reserven.

[37] Anhang II (9/IV/35). Zu beachten bleibt, wie Thieme den Brief Delps als Bestätigung seiner These liest, weil diese Tatsache darauf ver-

Zusammengenommen läßt sich darin — trotz einigen Zurücknahmen früherer Formulierungen — nur eine Verschärfung von Thiemes Urteil sehen, das aber so auf den Jesuitismus fixiert ist, daß es den auf die Geschichte zielenden Vorstoß in Delps Initiative gar nicht berücksichtigt. Daß und an welcher genauen Stelle seine Sicht der Geschichte in Frage gestellt war, scheint Thieme entgangen zu sein.

Seine knapp freundlichen Schlußworte nehmen seiner Reaktion nichts mehr von ihrem massiven Eindruck. Daß die Korrespondenz nach dieser Epistel überhaupt weiterging, kann nur verwundern. Zu Delps zentraler Anfrage ist kaum sachlich Zutreffendes gesagt. Das Problem der Betrachtung der Geschichte und geschichtlicher Institutionen mit überzeitlichem Sinn und Auftrag wird nicht nur auf eine andere, nämlich die ausschließlich theologische Ebene hinübergespielt, sondern überdies noch als definitiv gelöst hingestellt. Und von der Annahme dieser Lösung wird das weitere Gespräch über Einzelfragen abhängig gemacht. So mußte die Situation wenig aussichtsreich scheinen, das von Delp aufgeworfene Grundthema fruchtbar weiter zu verfolgen.

d. Weitere Korrespondenz

Delp schreibt seine Antwort am 16. April. Thieme äußert sich darauf am 23. Mai. Am 12. Juli setzt Delp den Briefwechsel fort, allerdings hat sich dieses Schreiben nicht erhalten. Dagegen ist Thiemes Rückantwort vom 18. Juli noch vorhanden. In der Zwischenzeit hatte Thieme einen anderen Jesuiten, P. R. W. von Moos in Basel, mit der Korrespondenz bekannt gemacht. Dieser äußerte sich seinerseits am 15. Juli zu dem Meinungsaustausch. Thieme gab diesen Brief zusammen mit einer Kopie seiner erneuten Antwort an Moos auch A. Delp zur Einsichtnahme. Mitte August nimmt Delp mit einer umfangreichen Darlegung zu den Gedanken Thiemes Stellung. Darauf antwortet Thieme einen Monat später von Basel aus [38]. Unverzüglich kommt von Delp ein Gegenbrief, d.h. Delp schreibt ihn, schickt ihn jedoch nicht ab. Thieme ergänzt seinerseits einen Tag später die eigenen Ausführungen durch ein weiteres Schreiben. Zwei Tage später entgegnet Delp und fügt jetzt auch sein erstes Schreiben hinzu. Drei Tage danach nimmt Thieme von neuem Stellung.

---

weist, daß er von vornherein in ganz bestimmter Weise an die Stellungnahme seines Korrespondenzpartners herangegangen ist.

[38] Anhang IX (17/IX/35).

In der Zwischenzeit hat Delp einen Vertrauten, P. Theo Hoffmann in Berlin, in den Briefwechsel eingeweiht und um sein
Urteil gebeten. Ein Schreiben von P. Hoffmann gehört zur Sammlung der Korrespondenz. Darin befindet sich dann auch die besorgte Anfrage Thiemes von Anfang Oktober 1935 sowie eine
knappe Bestätigung Delps. Letztes Zeugnis des Meinungswech-
sels ist eine Postkarte Thiemes vom Februar 1936.

Äußerlich fällt an dieser Übersicht auf, daß sowohl Thieme
wie dann auch Delp in einem bestimmten Moment ihres Gesprächs andere mit dem Dialog bekannt machen.

Die Einschaltung von Dritten scheint nicht von ungefähr
erfolgt. Vielmehr versuchen beide damit, ein Gespräch, das sich
festzufahren droht, aus der Polarisierung herauszubringen. Diese
Gefahr ist schon seit Thiemes erster Reaktion deutlich geworden,
ebenso aber auch das Bestreben, es nicht zum Bruch kommen
zu lassen. Den Kontrahenten lag merkwürdigerweise an der Fortsetzung ihres Austausches. In dessen Verlauf bleibt nun eine
auffällige Vertauschung in der Einstellung der Partner festzuhalten. War Delp anfänglich von einer existentiell persönlichen Frage zum Schreiben veranlaßt worden, so reagierte Thieme darauf
wie auf eine, wenn auch hochstehende literarisch theoretische
Kritik seiner Veröffentlichung. Er verteidigt eine These. Dieser
Aspekt gewann für Delp gerade im Blick auf das Problem der
Geschichte dann immer stärker an Gewicht, während sich Thieme der existentielle Aspekt der Auseinandersetzung ganz neu
erschloß. Soweit diese Beobachtung zutrifft, muß es in dem Dialog einen Punkt größter Nähe trotz aller sonstigen Differenzen
geben. Ihn könnte man — und Thieme tat es wohl auch — als
das ideale Moment des Austausches bezeichnen. Das Zeugnis dafür liegt in dem längsten Brief vor, den Thieme am 23. Mai 1935
an Delp richtete. Nähe meint hier Übereinstimmung, zugleich
aber auch Deutlichwerden des tatsächlichen und eigentlichen
Gegensatzes. Darum ist es keineswegs verwunderlich, wenn Delps
überlegte und bedachte Antwort darauf — er nahm sich mit ihr
bis zum 15. August Zeit [39] — die größte Entfremdung zu markie-
ren scheint. Thieme sieht sich zu scharfer Reaktion provoziert:
von einer Fortführung des Briefwechsels sei nichts mehr zu erwarten; wenn überhaupt noch etwas helfen könne, dann persönliche Begegnung und Aussprache [40].

---

[39] Anhang VIII (15/VIII/35). In die unmittelbar voraufgehende Zeit
fiel für Delp der Abschluß des Studienjahres, die Examina, die Ferien
und die Zeit der Exerzitien in St. Blasien/Schww.

[40] Vgl. Anhang IX (17/IX/35).

Ermöglicht hatte diese größte Annäherung Delps Eingehen auf Thiemes erste Antwort. Der Jesuit ließ sich einige Tage Zeit — bis zum 16. April. Dann erinnert er zu Anfang an die Karwoche, die gerade gefeiert wurde, und greift bereitwillig den Gedanken seines Partners auf, der an Erlöser und Erlösung erinnert hatte. Obwohl Delp damit nicht den Boden verlassen wollte, auf dem er selbst seine Bemerkungen vorgetragen hatte, geht er Thieme entgegen und gibt ihm ohne Umschweife zu: « Dieser Christus am Kreuze ist wirklich die Erschütterung all unseres Selbst-Standes und aller Eigenherrlichkeit. Wir können jetzt nichts mehr besitzen, was uns nicht durch Christus über die erste Schöpfung hinaus neu vermittelt wäre » [41]. Dies zeigt, daß für Delp kein Gegensatz zwischen der theologischen und der philosophischen Betrachtung der Geschichtsproblematik gegeben war; gleichwohl möchte er sie auf ihrem eigenen Felde und auf dem philosophischer Überlegung angehen.

Aber seine Einleitung im Brief an Thieme klärt auch das Mißverständnis, als habe seine Betonung des Schöpfungsgedankens den Wert des Christusereignisses zurücktreten lassen oder gar überspielen wollen. Er nimmt Thiemes Hinweis als Beweis gemeinsamer Christlichkeit dankbar an, übersieht aber, daß der Partner damit mehr und anderes im Sinn gehabt hatte. Delp versteht unter dem Sachgespräch, das er anstrebt, eine philosophische Erörterung des Problems der Geschichte, wie er sie schon in der Kritik an Heidegger eingeübt hatte. Wenn er jetzt unbefangen auf Thiemes Ideen eingeht wenn er dessen Anregungen aufgreift, dann deswegen, weil er einerseits deren vollen Anspruch nicht realisiert und weil er andererseits glaubt, sich in der Sache selbstverständlich mit Thieme auf gleichem Boden zu befinden. Es ist also Freundlichkeit, wenn er Thiemes Stil und seine Perspektive gelten läßt. Das zwingt ihn allerdings, sich zu Fragen zu äußern, die ihm selbst nicht sehr wichtig scheinen, die er auch für teilweise gar nicht entscheidbar hält und deren Lösung in seiner eigenen Sicht der Aufgabe überdies nicht viel erbringt. Die Fragen liegen in der Tat für die Problematik der Geschichte am Rande, gleichwohl sind sie nicht bedeutungslos. Gibt es eine einheitliche jesuitische Verhaltensweise? Gar einen engen, uniformen Typus dieser Männer? Oder gestattet diese Gemeinschaft ihren Mitgliedern persönliche Art und je eigene Gnadenführung? Delp will darauf nur eines herausstellen: daß der Orden in der Geschichte tatsächlich fähig war

---

[41] Anhang III (16/IV/35).

und seiner Natur nach fähig ist, den Einzelnen als solchen gelten zu lassen und zu fördern und ihn doch zugleich in eine übergeschichtliche Aufgabe hineinzubinden.

Unverzüglich räumt er eine weitere Fehldeutung aus: « Selbstverständlich leben wir nicht in der Anmaßung, uns als lebensnotwendiges, unentbehrliches Glied der Kirche, das ihre Unvergänglichkeit für sich beanspruchen möchte, zu wissen. Nur die Kirche als diese einzige ist auf den Fels gebaut, aber keine ihrer Erscheinungen » [42]. Anders gesagt: Die für das Jesuitische behauptete Überzeitlichkeit und Übergeschichtlichkeit ist trotz einer engen Einbindung in die Kirche nicht mit deren Überzeitlichkeit und Übergeschichtlichkeit identisch. Vielmehr bestimmt Delp das Verhältnis seines Ordens zur Geschichte negativ im Blick auf die Zeit seiner Gründung und seines diesem Moment entsprechenden Wirkens: seine Aufgabe reicht weiter als diese Periode und endet nicht einfach mit ihr. In diesem Sinn ist für ihn eine Erscheinung wie ein Orden nicht schlechthin zeitgebunden.

Die zitierte Bemerkung präzisiert in lapidarer Weise, in welchem Sinn Delp von der zeitlich-überzeitlichen Rolle der Gesellschaft Jesu sprechen will. Nicht im geschichtstheologischen oder heilsgeschichtlichen Sinn, wie es der Rolle der Kirche entspricht. Andererseits soll auch nicht einfach über ein profan geschichtsphilosophisches Problem der Dialog geführt werden. Er ist selbst bewußt und entschieden Jesuit, insofern existentiell engagiert; und gerade so will er Christ und Glied der Kirche sein. Daraus ergibt sich, daß für Delp das Interesse in diesem Gespräch entscheidend mitspricht. Die Klärung der historischen Rolle seines Ordens entscheidet eben auch über den Sinn seines eigenen Einsatzes, ja tiefer: über den Sinn seines Lebens und das Heil. Darum wendet er gegen Thieme ein, solche konkrete Form christlichen und kirchlichen Lebens lasse sich nicht einfach relativieren und für überflüssig erklären, solange — und das ist ja auch Thiemes Meinung — in der Kirche immer ein Stand der um der vita contemplativa willen Jungfräulichen gegeben sein werde. Der gleiche Grund gelte allerdings auch für den Stand der vita activa, wie er vor allem vom Typ der Gesellschaft Jesu präsentiert werde.

Jedoch sei mit dieser Bestimmung durchaus « nicht alles gesagt, was das Phänomen ' Gesellschaft Jesu ' ... darstellen

---

[42] Ebd.

will » [43]. Statt hier Formen und Typen isoliert und statisch einander entgegenzustellen, sei auch für die Orden das Gesetz der Entwicklung und der geschichtlichen Stufen zu berücksichtigen. Dieser Hinweis verrät bei Delp ein waches Gespür für Lebensprozesse, mit dem er sich instinktiv — wenn auch etwas ungeschützt — gegen eine antithetisch-systematische Betrachtung der Wirklichkeit wehrt. Seines historischen Gewissens wegen kann er die vorgeschlagene Bestimmung der Jesuiten als einer Gruppe bloßer ' Aktivisten ' nicht einfach gelten lassen. Diese Form christlichen Lebens bildete sich ja am Ende eines langen Weges heraus und wollte die Werte dieses Weges nicht beiseitelassen, sondern in sich aufheben und neu zur Geltung kommen lassen. Ignatius verlangt — so Delp —, « was wir die vita activa superior nennen: contemplatio in actione » [44]. Das Ideal werde zwar vielfach verharmlost und nicht richtig verstanden, doch besage es im Grunde nichts anderes als « eine neue Form der contemplatio », was natürlich auch dem Begriff des Aktivseins einen eigentümlichen Sinn geben muß. Daß man ihn mit beliebiger Tätigkeit innerhalb, ja im Namen der Kirche einfach gleichsetzt und verwechselt, soll bewußt ausgeschlossen werden.

Gern gibt Delp Thieme zu, daß auch Jesuiten von der vollen Erfüllung ihres Ideals oft weit entfernt bleiben. Das sei eine reale Seite solcher Gemeinschaft; andererseits gebe es die große Zahl jener, die durch ihr Leben dieses Ideal bezeugt haben und für die mögliche Verwirklichung dieser Lebensform einstehen. Mit all diesen Bemerkungen versuchte Delp, die Gedanken Thiemes aufzugreifen und zu klären. Jetzt aber erklärt er bezeichnenderweise: « Doch dies alles sind ja eigentlich doch nur Vorfragen. *Eine* Frage ist es vor allen anderen, die am meisten ungelöst zwischen uns steht: die Frage nach dem Verhältnis zwischen Kirche und geschichtlichem Geschehen ... Mit der Geschichtsauffassung, die ich Ihnen neulich kurz andeutete, ist die Tatsache gar nicht unvereinbar, daß nur einer — Christus — der wahre Mensch ist und so nur dieser Christus Maß und Norm aller Menschen und allen Menschentums und Urteil aller Geschichte ist » [45]. Damit kommt Delp nicht nur zu dem ihn selbst bewegenden Anliegen zurück, sondern möchte — in seiner Deutung — zugleich zeigen, daß der von Thieme auf theologischer

---

[43] Ebd.

[44] Ebd. — Über diesen Ausdruck sollte sich die weitere Auseinandersetzung festlaufen; das Verständnis Thiemes und sein Urteil sind in diesem Punkt mehr als merkwürdig.

[45] Anhang II (16/IV/35).

Ebene vorgetragene Hauptgedanke von der einzigen Normativität Christi für alle Geschichte durchaus mit jener Betrachtung zu harmonisieren ist, die Delp vorgelegt hatte.

Er gibt jedoch zu, daß durch Thiemes Hinweis auf das Christusereignis eine theologische Komponente ins Spiel gebracht ist, die zwar auch bei ihm nicht ausgeschlossen, wohl aber im Hintergrund geblieben war. Auf welcher Ebene Delp die Frage sah und anzugehen suchte, ist ja schon zuvor an der Auseinandersetzung mit Heidegger illustriert worden.

Im Gespräch mit Thieme sieht sich Delp nun von theologischer Seite gezwungen, sein Verhältnis zur Geschichte zu vertiefen. Sein erstes Argument in diesem Zusammenhang: « Die Wirklichkeitsdeutung Christi ... ist zunächst nicht eine Deutung ... zu dem materialen Gehalt einer jeden neuen Geschichtsstufe, sondern zur inneren Haltung ... »[46]; mit anderen Worten: die geschichtsbestimmende Rolle Jesu Christi hängt nicht an einem äußeren Eingriff, sondern an einer neuen Einstellung. Das erläutert Delp näher, wenn er sagt, Sünde sei immer möglich, der Mensch könne sich unter gegebenen historischen Umständen immer verfehlen oder aber sich selbst — dank der Gnade Gottes — ebenso auch gewinnen. « Hier ist die Stelle, wo der Richter Christus vor jede Zeit und jedes Geschlecht tritt und unerbittlich jeder Zeit die ernüchternde Wahrheit vor die Seele stellt »[47]. Unüberhörbar liegt der ganze Nachdruck auf dem Ausdruck « jede Zeit ». Kritisiert wird damit jene Annahme, die Delp nicht zu Unrecht bei Thieme vermutete, die nämlich einer unterschiedlichen Wertung von Zeiten und Perioden in ihren Möglichkeiten für das Gottesverhältnis des Menschen. Da soll eine Zeit maßgebend sein, weil sie in absoluter Privilegierung vor anderen religiös und kulturell ein « non plus ultra » darstellt. Thieme hatte für seine « Bildungsgeschichte des Abendlandes » nicht zufällig beim « Alten Wahren » anzusetzen versucht. Delp dagegen lehnt einen Kanon des Klassischen im greifbaren Ablauf von Geschichte im Interesse des Rechtes jeder Periode auch und gerade vor Gott ab. Dennoch ist diese Auffassung nicht zu pressen und nicht einseitig zu sehen. Wichtig ist die Einstellung,

---

[46] Ebd. Der Gedanke ist Delp sehr wichtig. Seine Unterscheidung zwischen materialem Gehalt und formaler Haltung ist allerdings nicht glücklich.

[47] Ebd. — Delp äußert offene Bereitschaft, die theologische Sicht Thiemes zu berücksichtigen und in die eigene Anschauung hineinzunehmen, doch wehrt er sich gegen eine exklusive Rolle dieser Sicht.

den positiven Wert einer jeden historischen Epoche erst einmal zu bestimmen und gelten zu lassen.

Vermutlich dachte Thieme in diesem Punkt ganz anders; er ist mit Werturteilen erstaunlich rasch bei der Hand, während sich Delp Zeit nimmt, solche Urteile zu bilden. Diese unterschiedliche Voraussetzung dürfte letztlich auch entscheiden, ob überhaupt eine philosophische Reflexion über Geschichte — wie es Delp meinte und wollte — möglich ist oder nicht. Sollte — wie es Thieme vertritt — nur eine Geschichtstheologie gelten?[48] Dabei verhält sich das Entweder-oder nicht ganz symmetrisch. Wie zu sehen war, ist nämlich Delp der Auffassung, das geschichtstheologische Anliegen grundsätzlich in seiner Betrachtung berücksichtigen zu können — er versucht es sogar gegenüber den Anregungen Thiemes. Der letztere dagegen denkt alternativ und schließt die philosophische Betrachtung aus. Es stehen also nicht einfach Geschichtsphilosophie und Geschichtstheologie einander gegenüber. Für Delp wie für Thieme ist Gott unbestritten Herr der Geschichte; ihre letzte Deutung kommt ohne Bezug auf ihn nicht aus. Wird darum aber jede philosophische Reflexion und jedes Gespräch mit Nichtchristen, mit Ungläubigen über die Geschichte unmöglich?

Demgegenüber unterstreicht Delp: « Jede Zeit hat über alle ihre Träger hinaus einen Sinn in sich, eben den, den sie am Schöpfungsmorgen bekam »[49]. Wichtig ist hier, daß die Zeit den Sinn in sich trägt; denn dann erlaubt das eine philosophische

---

[48] Das Problem steht immer noch offen, auch weil sich nach K. Löwith, Weltgeschichte und Heilsgeschehen. Die theologischen Voraussetzungen der Geschichtsphilosophie, Stuttgart 1953 in manchen theologischen Kreisen die Überzeugung verbreitete, die Sache sei im Sinne Thiemes entschieden. Man übersah dabei, daß auch eine Geschichtstheologie mit Elementen arbeiten muß, die nicht aus dem Glauben und seiner Botschaft stammen, z.B. Vorstellungen, sprachliche Vorgegebenheiten, Methoden des Denkens usw., deren Überprüfung und Rechtfertigung zunächst eine philosophische Bemühung verlangt. Aber entscheidender ist, daß auch der Ideologievorwurf nicht wahrgenommen wurde, den Löwith mit seiner Sicht der Geschichte erhob. Sie ist nach ihm überhaupt eine unablösbar von theologischen Voraussetzungen abhängige Konzeption. Diese Voraussetzungen jedoch betreffen nur einen Teilbereich, der in seinem objektiven Wirklichkeitsgehalt nicht überzeugend nachweisbar ist. Wegen dieses Mangels hält er Geschichtsphilosophie als solche für unmöglich und beurteilt geschichtstheologische Versuche als Bemühungen, die voraussetzen, was sie nachweisen wollen. Vg. auch K. Löwith, Mensch und Menschenwelt. Sämtliche Schriften. Bd. 1., Stuttgart 1981.

[49] Anhang III (16/IV/35). Im Verständnis Delps schließt der Schöpfungsgedanke nicht nur eine theologische, sondern eben auch eine philosophische Deutungsmöglichkeit ein.

Betrachtung. Die Eigenständigkeit bleibt zwar relativ auf ein theologisches Datum — hier die Schöpfung — bezogen, ist aber nichtsdestoweniger eine Gegebenheit, die allen zugänglich ist. Delp illustriert die Eigenständigkeit am Beispiel der Kirche: « Sie geht doch alle Stufen der Geschichte mit, versteht sich in jeder Zeit aus einer anderen Sicht und ist trotzdem die ewige Gotteskirche » [50], anders gesagt: sie läßt trotz ihrer theologischen Natur eine Betrachtung von außen zu, ja fordert eine solche geradezu heraus. Gerade weil sie Teil der Geschichte ist und in ihr mit Gott in besonderer Weise verknüpft ist, kann sie über die Zeit urteilen und richten. Hier trägt der Schwung der eigenen Rede Delp soweit, daß die Fülle und Vielfalt der Aspekte der zu wünschenden Klarheit abträglich wird. Gewiß überschätzt er die Überzeugungskraft seines Gedankens, wenn er Thieme gegenüber formuliert: « Ich glaube, so ist Ihnen vielleicht diese Auffassung von Geschichte und Kirche und Leben in der Kirche doch nicht so unbegreiflich und kommt Ihnen vielleicht doch nicht so verhängnisvoll vor wie es zunächst den Anschein hat » [51]. Die kleinen Einschränkungen verraten, daß sich der Schreiber seiner Hoffnung doch nicht ganz so sicher ist. Seine Erwartung verkennt gleichwohl die Tiefe des bestehenden Unterschieds über das Problem philosophischer Betrachtung der Geschichte. Immerhin weiß Delp um die einzuschlagende Richtung für die nötige Klärung, wenn er die Frage nach dem rechten Verständnis der « Analogia entis » [52] als Schlüsselstreitpunkt der Auseinandersetzung erwähnt. Doch geht er dieser Andeutung nicht weiter nach, sondern spricht zum Schluß nur noch einmal vom Selbstverständnis der Gesellschaft Jesu. Vor allem hebt er da gegen jene Katholiken, die « diese Form des religiösen Lebens nicht nur ablehnen ..., sondern gleichsam als unkirchlich bekämpfen und anfeinden » [53], auf das Urteil der letzten Päpste über den Orden ab, « daß wir kirchliches Leben in genuiner Form vollziehen » [54]. Mit diesem Rückgriff auf Autorität soll jedoch die argumentative Entscheidung nicht über-

---

[50] Anhang III (16/IV/35).

[51] Ebd. Delp sieht aber wohl noch nicht die volle Dimension des Unterschieds, so daß er zu optimistisch bleibt.

[52] Vgl. E. Przywara, Analogia entis I, München 1932 und zur Bedeutung dieser Arbeit R. Schaeffler, Die Wechselbeziehungen zwischen Philosophie und katholischer Theologie, Darmstadt 1980, 42-59: Erich Przywara und die « Analogie als katholische Grundform ».

[53] Anhang III (16/IV/35).

[54] Ebd.

sprungen, sondern für sie die nötige Voraussetzung an sachlichem Wohlwollen geschaffen werden.

Delp griff Thieme nicht nur an; er gab ihm auch eine Reihe wichtiger Aussagen zu und ging vor allem auf seine theologisch bestimmte Fassung des Dialogs ein. Vieles, was Thieme ihm entgegengehalten hatte, hatte Delp ohnehin gar nicht bestritten. Das sich damit verdeutlichende Mißverständnis soll Thieme einsichtig werden: entscheidende Argumente der Delpschen Initiative hatte er nur unzureichend, wenn überhaupt erfaßt und berücksichtigt. Delp unterstreicht in diesem Zusammenhang nachdrücklich das jeweils der Gesprächssituation zugrundeliegende verschiedene Verständnis von Geschichte. Seiner Vermutung nach führt die unterschiedliche Bewertung der philosophischen Möglichkeiten letztlich auf das Problem der « Analogia entis », das jedoch nur nebenher erwähnt wird. Für die Fortsetzung des Gesprächs ist Thiemes Antwort auf diesen Hinweis von Bedeutung. In der Auffassung von der Gesellschaft Jesu dagegen hatte Delp eine Reihe von Zugeständnissen eingeräumt, vornehmlich für den Bereich des konkreten Lebens, offensichtlich in dem Bestreben, den Gesprächspartner bereitwilliger zu stimmen, in die grundlegende Auseinandersetzung einzutreten.

Thieme ließ sich mit der Antwort bis Ende Mai Zeit. Von seiner Seite aus — oben wurde schon darauf hingewiesen — sollte dieses Schreiben nicht nur das umfangreichste, sondern auch eines der bedeutsamsten im Meinungswechsel mit Delp werden. Es setzt mit der Erwähnung von G. M. Hopkins [55] ein, in dem Thieme ein ausgezeichnetes Beispiel für Behauptungen Delps zum Wesen des Jesuitenordens, aber auch einen klaren Beleg für seine eigene Auffassung erblickt. Diese präzisiert sich hier durch das neue Stichwort « Disziplin ». Was ist damit gemeint? Hopkins veranschauliche — so Thieme —, « wie sich die Disziplin der Gesellschaft gewissermaßen von außen über eine gewaltige Seele legt, ihre Energien aufstaut, fast bis zum Überfluten — und ihnen dann doch mit elastischer Klugheit, eh' es zu spät ist, freie Bahn zu geben vermag — in der sie sich nun — unerhört intensiviert — aufs eigenartigste entfalten und betätigen. Nichts unsinniger als sagen zu wollen, Hopkin's Gedichte seien irgendwie ' typisch jesuitisch ' ... » [56]. Im Grunde stehen wir hier vor dem gleichen Gedanken, den Thieme zuvor

[55] G. M. Hopkins S.J. (1844-1889), vgl. dazu G. M. Hopkins, Gedichte-Schriften-Briefe, Hg. H. Rinn, München 1954.
[56] Anhang IV (23/V/35).

und bezogen auf die Kirche mit dem Bild des Wundverbandes beschrieben hatte. Die gleiche Vorstellung einer Abstützung von außen dient ihm jetzt zur Beschreibung des Verhältnisses zwischen dem Jesuitenorden und seinen Mitgliedern. Warum er es so sieht, begründet er ausdrücklich, indem er diese Disziplin mit rationalistischer Zweckhaftigkeit erklärt. Das Ergebnis sei — so wiederholt Thieme — « eine durch ihre offenbar unersetzlich gewesene Leistung bewundernswerte, durch ihr Wesen die Menschen immer neu beunruhigende — ja ursprünglich hieß es: erschreckende — ' Erscheinung ' »[57].

Der Ausdruck ' rationalistische Zweckhaftigkeit ' nennt das Element, das Thiemes Verständnis von der geschichtlichen Aufgabe des Jesuitenordens sowohl gegenüber der Kirche wie gegenüber den eigenen Mitgliedern beherrscht. Das wird gleich durch weitere Begriffe wie ' rechenhafte Haltung ', ' nur als Mittel zum kirchenpolitischen Zweck ' unterstrichen. Und mit dieser Ausrichtung sei *die* große Versuchung eines Heeres gegeben — Thieme lehnt den Militarismus ebenfalls entschieden ab, was angesichts seines durchgängigen Gebrauchs militärischer Kategorien für die Gesellschaft Jesu nicht übersehen werden darf. Zwar betont Thieme wiederholt, nicht Gegner der Jesuiten zu sein; ihre Gemeinschaft sei in Notzeiten notwendig gewesen. Aber da dieser Grund nicht näher erläutert wird, bleibt eine gewisse Skepsis gegenüber seinen Beteuerungen. Diese verstärkt sich noch, wenn Thieme sich warnend an Delp wendet, « das bescheidene ' zur Verfügungstehen ' der Kompagnie über ein ' ganz Ausgeliefertsein in's Geheimnis der Kirche hinein ' unmerklich zu einem ' eigentümlichen ', also von andern Gliedgruppen in der Kirche unterscheidenden Teilhaben an ' Geheimnis und Kraft der Kirche ' zu verwandeln, die es dieser, aber *nur* ihr ermöglichen, ' zeitlos-übergeschichtlich als je-geschichtliche Erscheinung aufzutreten und solche Möglichkeit durch Teilgabe an ihrem Sein zu vermitteln '! »[58]

Dieser durch seine Zitate reichlich kompliziert geratene Satz enthält einen Vorwurf gegen ein Elitedenken, durch das sich eine Gruppe in absolutem Sinn als repräsentativ für eine größere geschichtliche Wirklichkeit hinstellt. Ob aber Delp in dieser Weise es an Relativierung der eigenen Gruppe fehlen läßt, muß nach genauer Lektüre seines voraufgegangenen Briefes fraglich scheinen. Denn dort sagt er ja, « daß ein bestimmter Orden für

---

[57] Ebd.
[58] Ebd.

eine gewisse Zeitspanne geradezu der Vortrupp, ja *die* gottgestiftete ecclesiola in ecclesia sein und sich auch, so gefährlich
das ist, als solche wissen kann »[59]. Darin wird sowohl die nötige
Relativierung wie auch die Gefahr einer zeitweiligen Rolle ein-
zigartiger Repräsentation unzweideutig bestimmt. Ist das nicht
der gleiche Gedanke, den Thieme ausdrückt, wenn er sich in
Analogie zur Aufgabe der franziskanischen Bewegung im 13.
Jahrhundert jetzt überzeugt erklärt « von einer ... einzigartigen
providentiellen Mission des Jesuitismus im 16. Jahrhundert, ja
in hohem Maße in der ganzen, erst durch den Weltkrieg prinzipiell abgeschlossenen 'Neuzeit', der 'Moderne' »[60]. Das mag
nach den früheren Äußerungen verwundern. Vor allem nimmt
es einem auch weiter behaupteten Gegensatz zu Delp seinen Sinn
und dürfte nicht in vollem Einklang stehen mit der betonten
Vorstellung einer « Stützungsfunktion von außen ».

 Ein neues Thema kündigt Thieme an, wenn er nach Abschluß der historischen Rolle der Gesellschaft Jesu dem Laien
die zeitentsprechende Aufgabe in der Kirche zuweisen möchte.
Darauf ist im Rahmen der vorliegenden Untersuchung nicht eigens einzugehen. Im Blick auf die Problematik der Geschichte
könnte Delp dem Grundgedanken einer Ablösung zustimmen;
die 'quaestio facti' wäre damit noch nicht entschieden. — Ihm
gegenüber fällt Thiemes Bemerkung allerdings schwer ins Gewicht, die 'contemplatio in actione' sei letztlich ein Unbegriff
eines falschen, zu bescheidenem Gliedbewußtsein nicht mehr fä-
higen Universalismus. Damit ist nicht nur der Vorwurf gegen
das oben schon genannte Elitebewußtsein erneuert; auch die
Rolle von Gruppen Gläubiger in der Geschichte von Kirche und
Welt wird damit in einer Weise verteilt, der Delp widersprechen
muß.

 Dieser Widerspruch wird schließlich auch durch Thiemes
Frage provoziert, ob denn die Unterscheidung zwischen Jesuiten, die dem Ideal konkret nicht entsprachen, und jenen, die
es als Heilige gelebt haben, irgendetwas gegen seine historische
und theologische Einordnung der Gesellschaft Jesu besage. Als
sei die tatsächliche Entsprechung gegenüber einem geschichtlichen Auftrag belanglos. So meint Thieme denn auch, der Orden habe sich gar nicht « eines 'übertrieben Militärischen' zu
schämen »[61], sondern solle sich stolz zum Christus-Welteroberer-

---

[59] Ebd.

[60] Ebd. Die Periodisierung der Geistesgeschichte durch Thieme tritt
später noch deutlicher hervor.

[61] Anhang IV (23/V/35). Dieser Gedanke scheint Thieme eine Stütze

Ideal bekennen, weil er dann auch am ehesten seine Grenzen erkennen und seine Gefahren vermeiden könne. Persönlich gehe ihm jeder leiseste Affekt gegen « die Jesuiten » ja ab, wohl aber sei er ehrlicher Gegner jedes « Jesuitismus », der sich selbst absolut setze bzw. nicht vertrage, als eine der gewaltigsten aber auch gefährlichsten Erscheinungen der Heilsgeschichte kritisch eingeordnet zu werden. Leider hat Thieme im ganzen weiteren Briefwechsel nie die von ihm immer wieder behauptete Gefährlichkeit der umstrittenen Erscheinung näher erläutert und begründet. Ihm scheint ein vorgängiger Konsens in dieser Frage zu genügen, mit dem er rechnet, der jedoch nichtsdestoweniger fragwürdig bleibt, weil er sich nach Belieben inhaltlich füllen und ausdeuten läßt.

Auffälligerweise behandelt Thieme auch in dieser Stellungnahme vor allem das Thema ' Gesellschaft Jesu '. Die von Delp schon anfangs hervorgekehrte Grundfrage des Disputs, das Problem der Geschichtsbetrachtung, behandelt er dagegen nur am Rande und eher ausweichend. Nun war für Delp gerade Thiemes Jesuitenbild Anlaß gewesen, dieses Problem zu formulieren; für ihn hing beides zusammen. Die Bemühung um Klärung der historischen Rolle der Gesellschaft Jesu enthält deshalb mittelbar auch einen Beitrag zur Lösung des Problems der Geschichte. Thiemes Aufmerksamkeit ist das Anliegen Delps nicht entgangen; er fügt seinen umfangreichen Ausführungen noch zwei Schlußabschnitte hinzu, in denen es heißt:

« Ja, und nun werden Sie noch ein Wort von mir zu unserem geschichtstheologischen Gegensatz erwarten, den Sie — gewiß mit Recht — als den tiefstgehenden empfinden. — Aber da möchte ich Sie für diesmal auf zwei Aufsätze vertrösten, die ich in der Zwischenzeit geschrieben habe und die demnächst erscheinen sollen. Einen unter dem Titel « Custos, quid de nocte », worin ich keinen Geringeren als Maritain gegen den scotistischen Standpunkt ins Feld führen konnte, den auch Sie mir zu vertreten scheinen, wenn Sie — entgegen dem o felix culpa! der Kirche — den Geschichtsverlauf von der freien Entscheidung

---

für seine These, doch mit der Besinnung auf die eigenen Ursprünge, die der Jesuitenorden mit der Herausgabe der « Monumenta Hist. S.J. » eingeleitet hatte, war auch schon jene Kritik bzw. Sprachregelung wirksam geworden, mit der die früher gängigen Vergleiche zwischen dem Militärwesen und dem Orden als zu oberflächlich und unzutreffend überwunden wurden. Außerhalb der Gesellschaft Jesu dagegen erfreuten sich diese Vergleiche noch eine ganze Weile einer gewissen Vorliebe, vgl. etwa L. Marcuse, Ignatius von Loyola. Ein Soldat der Kirche, Hamburg 1956.

des Menschen (zunächst zum Bösen) nicht wahrhaft mit-gewirkt sehen (was mir mit der selbstverständlich auch von mir vertretenen Bejahung der analogia entis durchaus nicht mitgegeben zu sein scheint). — Und einen zweiten Aufsatz « Um die Sendung des Laien », worin ich ... meine positive Deutung gerade der neuesten Zeit, die in meinem Buche allzu kurz wegkommt, wenigstens in großen Zügen entwickelt habe » [62]. Ob Thieme damit den Stellenwert des Delpschen Anliegens erfaßt, ist höchst zweifelhaft. Schon daß er meint, die Fragen gesondert behandeln zu können, muß Bedenken wecken, die sich noch durch die Art verstärken, in der er glaubt, das Problem seines Partners auflösen zu können; durch den Hinweis auf zwei noch ausstehende Publikationen, die — das wird schon an dieser Stelle deutlich — nur nebenher das Stichwort Delps berühren und betreffen.

Thieme nennt den Gegensatz in dem zitierten Abschnitt einen « geschichtstheologischen »; Delp hatte sein Anliegen nie auf dieser Ebene angesiedelt, sondern — nach der Auseinandersetzung mit Heidegger mehr als verständlich — die Frage auf philosophischer Grundlage gestellt, ohne darum Glaubenswahrheiten zu negieren. Die Erwähnung der 'analogia entis' unterstreicht das. Aber genau hier kann Thieme keinen Unterschied entdecken. Mit einem Klammerzusatz stellt er ohne weitere Frage Übereinstimmung fest. Dabei wurde offensichtlich nicht beachtet, daß Delp in diesem Punkt unter dem Eindruck E. Przywaras stand und bemüht war, die menschlichen Komponenten wissenschaftlicher Auseinandersetzung auch in Glaubensfragen zunächst einmal ganz ernst zu nehmen und als solche zur Geltung kommen zu lassen. Thieme mußte ihm deshalb nach seiner kurzen Bemerkung mehr oder minder in jener Rolle erscheinen, in der Przywara K. Barth erlebt hatte [63]. Die Schwäche dieser Position liegt in ihrer Vernachlässigung, ja Ablehnung des philosophischen Denkens, auf das sie trotz allem angewiesen bleibt. Sie wird zudem in der Regel fast zwangsläufig Opfer fragwürdiger Philosopheme, wo sie sich weltanschaulich äußert.

Der Hinweis auf die beiden Beiträge war für die Klärung keine Hilfe. Die Autorität J. Maritains mußte Delp merkwürdig berühren, war jedenfalls für ihn nicht über jede Nachfrage er-

---

[62] Anhang IV (23/V/35). Damit ist auch einschlußweise die Möglichkeit von Mißverständnissen zugegeben. Der zweite Aufsatz scheint nicht mehr veröffentlicht worden zu sein.

[63] Vgl. dazu E. Mechels, Analogie bei Erich Przywara und Karl Barth Das Verhältnis von Offenbarungstheologie und Metaphysik, Neukirchen-Vluyn 1974.

haben. Den skotistischen Standpunkt [64] — auf den Thieme unter theologischem Vorzeichen verweist — wird Delp als einen innerhalb katholischen Denkens durchaus zulässigen nicht einfach verurteilt haben. Die von Thieme daraus gezogene Schlußfolgerung liegt nämlich nicht auf der Hand, selbst wenn zweifellos der Heilsprimat Gottes über die Gesamtgeschichte entschieden in den Vordergrund gerückt wird. Thiemes Schwierigkeit hat wohl ihren wichtigsten Grund darin, daß er Gott und Mensch unter dieser Rücksicht nur auf der gleichen Ebene zu sehen vermag — sie also gegebenenfalls auch als Konkurrenten denkt —, während Delp für beide verschiedene Standorte in Anschlag bringt, ohne sie darum voneinander zu trennen oder zu isolieren. Die knappe Erwähnung des zweiten Artikels verstärkt noch einmal die Betonung, die Thieme seiner theologischen Perspektive für das ganze Problem gibt. Seine These von der providentiellen Rolle des Laien in der Kirche seit dem Ersten Weltkrieg führt allerdings vom Thema unserer Untersuchung ab; es kann deshalb nicht geraten sein, hier näher darauf einzugehen.

Was geschah nun auf Thiemes ausführliche Stellungnahme hin? Als Delp das Schreiben erhielt, ging für ihn ein Studienjahr seinem Ende zu. Die Examina waren vorzubereiten. Doch wird er auch sonst Gründe gehabt haben, den Brief bis zu einem ruhigeren Moment liegen zu lassen. Am 12. Juli erbat er sich etwas Zeit, um seine Antwort in Ruhe überlegen zu können. Thieme erklärt sich damit einverstanden und nützt diese erneute Gelegenheit, für seine Auffassungen noch eine ergänzende Bestätigung beizufügen. Diese glaubt er bei E. Krebs [65] gefunden zu haben, der sich gegen J. Wittigs [66] Meinung verwahrt hatte, « daß sich die Geschichte der Welt und unseres Lebens ebenso abgespielt hätte, auch wenn die Menschen nicht freien Willens wären » [67]. Ob damit aber zu Delps Verständnis etwas gesagt ist, muß dahingestellt bleiben. Thieme berichtet überdies, er habe bei einem Besuch in Basel P. R. von Moos, einen Ordensbruder Delps, von der Korrespondenz informiert und diesen um seinen Eindruck gebeten; das entsprechende Schreiben fügt er bei. Zum

---

[64] Er betrifft hier den Sinn der Schöpfung, die von vornherein als auf die Erscheinung Jesu Christi hin angelegt verstanden ist.

[65] E. Krebs (1881-1950), vgl. NDB XII (1980) 726 f. Dort auch die Bemerkung, K habe im Fall Wittig erstaunlich wenig Verständnis bewiesen.

[66] J. Wittig (1879-1949), vgl. LThX X (²1965) 1202 f. — W starb ausgesöhnt mit der Kirche.

[67] Anhang V (18/VII/35).

Schluß bedankt er sich für die Übersendung von Delps Büchlein [68].

Den Sommer über verbrachte Delp in St. Blasien im Schwarzwald. Während der Exerzitien in dieser Zeit wurde er erneut und vertieft mit den Grundlagen der eigenen Existenz in der Gesellschaft Jesu konfrontiert. Aus diesem Eindruck heraus schreibt er am 15. August an Thieme. Um auf den Gesprächspartner einzugehen, befaßt sich auch Delp ausführlich mit den Überlegungen zum Jesuitenorden, vor allem weil sein Gesprächspartner durch seine Berufung auf G. Gundlach [69] und R. von Moos die Überzeugung hatte durchblicken lassen, dem Christusbild des Welt-Eroberers könne sich kein Jesuit entziehen. Gegen diese Charakterisierung geht Delp an; er erklärt sie als zeitbedingte Einkleidung einer ganz anderen, viel tieferen Christussicht, die eigentlich die Jesuitenexistenz bestimme und sich aus der Praxis der Exerzitien klar ergebe: Verpflichtung auf die inneren Haltungen Christi, die dieser seinem Vater gegenüber zeige und die er in den Dienst der Welt stelle. « Von einem gemeinsamen Welterobererideal kann man aber wirklich nicht sprechen » [70], folgert Delp aus einer Übersicht über die wichtigsten Übungen der ignatianischen Exerzitien.

Demgegenüber bemüht er sich, die « formalen » Haltungen Christi genauer herauszuarbeiten, deren konkrete Erfüllung dann jeweils von der persönlichen Eigenart und Gnadenführung jedes Einzelnen abhängen soll. Dabei spielen auch die geschichtlichen Verhältnisse ihre Rolle. Es gehe also um die innere « Christushaltung des Zur-Verfügung-Stehens auf den Wink und Willen Gottes » [71], um nichts sonst. Trifft das zu, dann hat dieses Ergebnis sofort auch Bedeutung für die Sicht der Geschichte. Denn die Geschichte muß dann der Ort sein, in dem Wink und Wille Gottes deutlich werden können; dort wird man nach ihnen fragen, dort wird man sie durchsetzen müssen. Suche nach dem Willen Gottes — diese charakteristische Haltung des Jesuiten habe E. Przywara gut herausgestellt [72] und andere seien zu dem gleichen Ergebnis gelangt.

---

[68] « Tragische Existenz », das Thieme offensichtlich nicht kannte, so daß ihm der sich dort äußernde Hintergrund von Delps Auffassung ebenfalls neu war.

[69] Vgl. Anm. 11.

[70] Anhang VIII (15/VIII/35).

[71] Ebd.

[72] Vgl. E. Przywara, Majestas Divina. Ignatianische Frömmigkeit, Augsburg 1925; Deus semper maior. Theologie der Exerzitien I-III, Freiburg/Br. 1938, Ignatianisch, Frankfurt 1956.

Delp hat sogar eine empirische Bestätigung anzubieten. Nach allem kann Jesuitsein nur bedeuten: ungehemmt, frei und unbedingt Gott in den jeweiligen konkreten Bedingungen zur Verfügung stehen. « Der Weg zu dieser Freiheit geht durch ein immer wiederholtes rücksichtsloses Sich-Aug-in-Aug-Stellen mit der göttlichen und kreatürlichen Wirklichkeit »[73], allerdings mit beiden: der göttlichen und der geschöpflichen Wirklichkeit. Diese Formel wendet Delp unverzüglich auf die ihn besonders beschäftigende Frage der Geschichtsbetrachtung an. Ignatius leistete nämlich mit diesem Ideal « mehr, als eine ' spezifische Antwort auf eine bestimmte Situation der Geschichte ' zu geben »[74]. Wohl entsprach seine Gründung auch den tatsächlichen geschichtlichen Verhältnissen seiner Zeit; von ihnen ging er sogar aus, « aber er gibt mehr als eine hic et nunc-Antwort. Er treibt seine Lösung bis ins Allgemeingültige vor »[75]. Insofern zeigt sich schon im Schicksal des Gründers jene unauflösliche Verbindung zwischen einem zeitbedingten Auftrag, der die Existenz engagiert, und zugleich aus seinem eigenen Ansatz über die Grenzen einer Periode hinaus und zu einer Form führt, die in gewissem Sinn allgemeingültig ist.

Darum können auch andere sich existentiell mit diesem Weg identifizieren, der ihnen erlaubt, einen Beitrag von geschichtlicher Relevanz einzubringen. Nach Delps Auffassung hat er bis in weite Laienkreise hinein unter dem Stichwort ' actio catholica ' Auswirkungen gehabt. Natürlich sei in diesem Licht der Orden in der neuesten Zeit nicht mehr so einzigartig spezifisch providentiell wie zuvor, doch darum werde er keineswegs überflüssig. Denn seine Männer liefern « durch ihr Dasein und Wirken ihren bescheidenen Beitrag ..., die Menschen der Kirche zu dieser Freiheit immer wieder aufzurufen »[76]. Moderner Zweck der Ordensinstitution sei demnach nicht in erster Linie eine Verteidigung der Kirche nach außen, sondern die Bildung kirchlicher Menschen im angedeuteten Sinn. Das erfolge in je neuem Prüfen, damit aber auch in jener Unruhe, die manchem ' erschreckend ' vorkomme.

Aus dieser Zielsetzung sei weder rationalistische Verzwekkung noch ein Individualismus abzuleiten. Überhaupt bedürfe ein solcher Vorwurf genauer und eingehender Begründung. Wo kirchliches Leben ermöglicht und verbreitet werde, sei ohne wei-

---

[73] Anhang VIII (15/VIII/35).
[74] Ebd.
[75] Ebd.
[76] Ebd.

teres die ' contemplatio in actione ' gegeben, weil auf dieser Spannungseinheit jedes echte Christenleben aufgebaut sei. Durch zusätzliche Hinweise auf Geschichte und Gegenwart sucht Delp das näher zu erläutern. Dann kommt er aber entschieden auf jenen Punkt zurück, den er von Anfang des Briefwechsels an für den Schlüssel der Auseinandersetzung gehalten hatte und auf den Thieme bislang noch gar nicht recht eingegangen war. Fast schon stereotyp mutet die Wendung an:

« Letztlich müßten unsere Unterhaltungen immer wieder auf das Grundthema, das geschichtstheologische Problem, wie Sie es nennen, zurückkommen. Die Geschichtsauffassung, die Sie vertreten, macht es einmal sehr zweifelhaft, ob in einer geschichtlichen Stufe Lebenshaltungen konzipiert werden können, die in der folgenden Stufe noch vollziehbar sind. Folglich müßten die lebendigen Gestaltungen einer Geschichtsepoche versinken mit dieser oder doch wenigstens, wie Sie sich milder ausdrücken, beim Anbruch einer neuen Zeit stark und bescheiden zurücktreten. Anderseits setzt eine Konzeption, wie sie dem Jesuitenleben zugrundeliegt, auch wieder ihre bestimmte Geschichtsauffassung voraus; zumindest insoweit, daß verlangt wird, daß die Änderungen der geschichtlichen Lage bestimmte formale Haltungen nicht berühren, ja im Gegenteil unter sie subsumierbar sind und in Synthese mit ihnen eine neue Vollzugsart der alten Haltungen ergeben » [77]. Faßt man diesen Gedanken zusammen, so geht es Delp um die Kontinuität im historischen Wandel, und zwar betont um eine geistige Kontinuität. Darauf insistiert er.

Nachdem aber der erste Teil dieser Stellungnahme, die vor allem auf Thiemes Bemerkungen einging, schon sehr ausführlich geriet, faßt er sich in der Skizze seiner eigenen Geschichtsauffassung an dieser Stelle bedauerlicherweise kurz. Dafür beruft er sich auch auf die angekündigten Artikel Thiemes, von denen er weitere Anregungen zu bekommen hofft mit der Möglichkeit « das Gespräch dann umso gründlicher weiterführen (zu) können » [78]. Zum Glück bietet er wenigstens eine Skizze der Hauptpunkte, nachdem er — in Art einer scholastischen Disputation — zunächst Thiemes Ansicht noch einmal resümiert hat.

« Sie wollen, daß Geschichte ganz und gar den Entscheidungen menschlicher Freiheit unterworfen sei und es deswegen Perio-

---

[77] Ebd. Die restriktive Bemerkung « wie Sie es nennen » will genau beachtet sein. Sie zeigt, wie Delp auf Thieme eingeht, ohne sich doch mit ihm zu identifizieren.

[78] Anhang VIII (15/VIII/35).

den geben könne und konkret gegeben habe, die durch und durch, schon aus dem ersten Ansatz heraus verderbt seien. Ich möchte das nicht zugeben! » [79]

Und es folgt — hier ihrer Bedeutung wegen in voller Länge wiedergegeben — die Übersicht der Ansicht Delps:

« Meine Auffassung ist kurz in folgenden Punkten umschrieben:
1. Geschichte geschieht nach Plan und Fügung, a posteriori gesehen nach bestimmten Gesetzen und Rhythmen. Gott hat seinen Plan mit dem Gang der Welt. Er überläßt sie nicht einfach dem blinden Trieb der Menschen. Geschichte in Raum und Zeit — entfaltete und fortgesetzte Schöpfung. Für diese Sicht muß sicher noch mehr als es bisher geschah, Hegel beachtet werden. [80]
2. Der Mensch ist frei. Geschichte geschieht nicht mit solcher Zwangsnotwendigkeit, die die menschliche Freiheit aufhebt. Nur darf hier nicht übersehen werden, daß die Freiheit des Menschen zumeist eine Freiheit zur Entscheidung über sein eigenes Leben und dessen Verhältnis zu Gott ist. Entscheidungen, die in die äußere Welt hinaus getroffen werden, unterliegen in ihren Verwirklichungen den entwicklungsmäßig dort vorliegenden Tendenzen. Sie erinnern sich doch an die in der Geschichte so häufige Tragik von Menschen, die Großes wollen und unternehmen und scheitern, weil sie es zu früh wollen. Einige Zeit später wird das Geplante dann reibungslos verwirklicht. Man kann so unbedingt dem Satz zustimmen, daß es falsch ist zu behaupten: die Geschichte unseres Lebens hätte sich ohne unsere Freiheit genau so abgespielt. Für die Geschichte der Welt möchte ich das aber nur bedingt gelten lassen. Damit soll die freie Entscheidung des Einzelnen nicht von ihrer sozialen Verflochtenheit und Verantwortlichkeit entbunden werden. Aber diese soziale Wirkung bleibt innerhalb des vorgegebenen gemeinsamen ' Rahmens '. Sie wirft die großen Entwicklungen nicht um. Die Fälle, in denen Entscheidungen Einzelner Entscheidungen für und über das ganze Menschengeschlecht und deren Schicksal wurden — in Adam und Christus — waren gottgesetzte Einmaligkeiten.
3. Jeder Mensch, der handelt und sich entscheidet, handelt als geschichtlicher Mensch. Als Mensch je dieser Zeit und je dieser

---

[79] Ebd. Die im folgenden wiedergegebenen Zitate klären den Streitpunkt sehr deutlich, um den es in der Korrespondenz und in dieser Untersuchung vor allem zu tun ist.

[80] Delp hatte sich für Hegels Geschichtsphilosophie interessiert; dafür gibt es in seinem Nachlaß Belege. So besorgte er sich Protokollmitschriften eines Seminars unter Leitung von Prof. Th. Steinbüchel zum Thema. Er selbst kann an diesem Seminar nicht teilgenommen haben.

Vergangenheit. Diesen schicksalhaft mit- und vorgegebenen Raum vermag er nicht zu überspringen, und nur innerhalb dieses Raumes geschehen seine freien Entscheidungen. Nachdem ich einmal lebe, kann ich nicht entscheiden, ob ich leben will oder nicht. Auch die Entscheidungen des mächtigsten und klügsten und weitschauendsten Menschen unterliegen diesen apriorischen Bindungen. Je diese Zeit und je diese Vergangenheit geben als positiv formende oder als Widerspruch fordernde und zu ändernde oder als in kluger Diskretion zu prüfende Momente jeder Entscheidung Richtung und Gesicht.
Diese Andeutungen sind kurz und dürftig und wirken in ihrer thetischen Setzung vielleicht apodiktisch und anmassend. Sie sind nicht so gemeint. Nach Erscheinen Ihrer Arbeiten mehr darüber. » [81]

Der Text belegt im Zusammenhang, was dem Jesuiten im Verlauf des bisherigen Meinungsaustausches über seine Idee der Geschichte klar geworden ist. Allerdings tritt naturgemäß das Element des persönlichen Engagiertseins in den Hintergrund, einfach weil dieser Aspekt sich schon in der Tatsache des Zeugnisses äußert und nicht eigens bedacht ist. Doch darf dieser Zug nicht übersehen werden. Es handelt sich für Delp nicht nur um eine theoretische Sicht, sondern um die Darstellung einer gelebten Wirklichkeit, die mit seiner Existenz und seinem Beruf eng verbunden ist. In diesem Licht muß schon die erste Aussage gesehen und gewertet werden, daß Geschichte erstlich auf einem Plan Gottes beruht. Hier meldet sich die gläubige Existenz und erst in zweiter Linie theologische Reflexion. Die Geschichte hat dann eine eigentümliche Wechselverbindung mit der Freiheit des Menschen und zwar so, wie diese sich im Rahmen der vorgegebenen Welt auszuwirken vermag. Der Gedanke gehört auch nicht einfach in die Konzeption einer Philosophie der Geschichte, insofern diese unabhängig vom Wirken Gottes gedacht werden könnte. Für Delp handelt es sich um den göttlichen Plan, der in die Welt und ihr Geschick eingestiftet ist, ein Plan, der nicht Determinismus bedeutet. Eine Gesetzlichkeit also, die der Mensch entdecken und erfahren muß, selbst dann, wenn er nicht ausdrücklich auf Gott zurückgeht. Mag Gott letzte Quelle dieses Sinnes der erfahrbaren Wirklichkeit sein, er selbst ist weder ein Teil von ihr noch unerläßliches Element innerhalb einer philosophischen Reflexion auf die Welt und ihr historisches Werden. In diesem Sinn verteidigt Delp die Möglichkeit und Sinn-

---

[81] Anhang VIII (15/VIII/35).

haftigkeit philosophischer Besinnung auf Geschichte. Diese weitet sich auch für ihn, wenn bewußt die theologischen Wahrheiten von Schöpfung, Sünde und Erlösung mit einbezogen werden und eine theologische Konzeption der Geschichte entfaltet
werden kann. Wird diese Ausweitung dagegen als unabdingbare
Voraussetzungen ernsthafter Auseinandersetzung mit Geschichte
hingestellt, dann wird ein Gespräch mit all jenen unmöglich, die
aus irgendwelchen Gründen keinen Zugang zu einer geschichtstheologischen Betrachtung haben, die aber gleichwohl die Geschichte erfahren.

In einer Nebenwendung weist Delp seinen Partner darauf
hin, daß er es ist, der den Ausdruck 'geschichtstheologisches
Problem' gebrauche. Damit klingt eine kleine Reserve schon
gegenüber dieser Formel an. Delp ordnet die Sache anders ein.
Wie er sie sieht, läßt er nicht im Unklaren, wenn er zum ersten
Punkt seiner Skizze erklärt, man habe für die weitere Behandlung noch stärker auf Hegel zu achten. Ein Werturteil ist damit
nicht ausgesprochen. Deswegen hat auch offenzubleiben, ob Delp
den Meister des deutschen Idealismus positiv zustimmend oder
aber in kritischer Absetzung berücksichtigt wissen möchte.

Am Schluß der Stellungnahme heißt es, die ausführlichen
Darlegungen hätten nicht den Sinn steifnackiger Rechthaberei,
sondern seien als Beitrag zu gegenseitigem Verstehen « in den
konkreten Formen, in denen sie Bekenntnis und Liebe vollziehen »[82] gedacht. So empfehle sich ein persönliches Gespräch
besser, zumal es dazu vielleicht eine Möglichkeit gebe, wenn
Thieme — wie aus einer Nebenbemerkung hervorgehe — im
Frühherbst noch einmal nach Basel komme.

Tatsächlich kommt Thiemes Antwort am 17. September aus
Basel, wohin er inzwischen aus politischen Gründen von Düsseldorf aus umgesiedelt ist. Das Schreiben markiert die intensivste Phase des Austausches mit Delp; es ist die schärfste Stellungnahme in einem echten Streit. Um das zu verstehen, ist kurz
das Hin und Her der Meinungen zu skizzieren. Dem Brief vom
17. September sendet Thieme einen Tag später ein weiteres
Schreiben nach, das offensichtlich ergänzende Klärung und vor
allem Beruhigung bewirken soll. Nachträgliche Bedenken und
Befürchtungen über die mögliche Reaktion auf die erste Stellungnahme dürften dahinter stehen. Aber Delp hatte schon am
18. September die erste Stellungnahme in Händen und machte
sich unverzüglich an eine Antwort. Doch läßt er dieses Ergebnis

---

[82] Ebd.

spontaner Reaktion liegen. Zwei Tage später äußert er sich zu Thiemes zweitem Schreiben und fügt dem dann seinen aufgehobenen Brief bei [83]. Thieme nimmt dazu umgehend am 23. September Stellung. Innerhalb einer knappen Woche werden also fünf wichtige Briefe gewechselt, die gewissermaßen das kernstück der Korrespondenz ausmachen.

Dann schweigt Delp; wie sich später herausstellt nicht aus Ärger oder Unmut, sondern von Krankheit, Rückreise und Neubeginn eines Studienjahres voll belastet. Thieme weiß davon zunächst nicht und sieht sich am 4. Oktober zu besorgter Anfrage veranlaßt. « Ihr Schweigen auf meinen Brief vom 23. IX. beunruhigt mich ein wenig » [84]. Von Valkenburg aus gibt Delp eine bedauernde und beruhigende Erklärung, in der er eine sachliche Erörterung auf Thiemes Briefe ankündigt. Leider hat sich kein entsprechendes Schreiben in der Korrespondenz erhalten. Deren letztes Stück bildet eine Postkarte Thiemes, Anfang Februar 1936 in der Nähe Basels geschrieben. Sie belegt eine weitere Gesprächsgelegenheit, die nicht wahrgenommen werden konnte, aber auch verschiedene schriftliche Äußerungen, mit denen Delp den Kontakt weiterzuführen suchte. Soweit reicht das vorliegende Dossier des Briefwechsels.

Natürlich wird man die Lücken dieser Sammlung bedauern. Gleichwohl dürften alle Stücke der letzten intensivsten Phase des Dialogs vollständig vorhanden sein. Auf diesen Austausch in der zweiten Septemberhälfte des Jahres 1935 muß sich unsere Analyse konzentrieren. Delps umfassende Abhandlung von Mitte August faßte den bisherigen Meinungswechsel zusammen und suchte die eigene Stellung genauer zu fassen. Damit gab er eine Übersicht zum bisher Gesagten, wie es sich ihm darstellte. Unverkennbar unterstreicht er dabei den Unterschied — in der Betrachtung und Wertung der Gesellschaft Jesu und ihrer Rolle ebenso wie in der Frage der Geschichtsauffassung. In gewisser Weise ging er damit von einer mehr auf Thieme eingehenden Haltung, nach Anfragen und Versuchen, die Ideen des Gesprächspartners wirklich zu erfassen, zu einer bestimmten Darstellung der eigenen Position über. Der Ton klingt anders.

Thieme scheint überrascht; damit hatte er nicht gerechnet. Jetzt meint er: « schriftlich werden wir uns, fürchte ich, nur noch ' auseinander '-setzen, nicht gegenseitig annähern können,

---

[83] Interessant ist das Zögern Delps, ob er den Brief abschicken soll.
[84] Anhang XV (4/X/35). Die hier ausgedrückte Unruhe wird beim Überblick über die bisherige Korrespondenz sehr verständlich.

wie wir hofften »[85]. Denn er habe den Eindruck, alles, was von ihm zuvor geschrieben sei, sei an Delp spurlos abgeglitten. Auf sein entscheidendes Argument « der *Sektenhaftigkeit* des Anspruchs, irgend eine Gesellschaft innerhalb der Kirche sei *in demselben* Sinne 'zeitlos-übergeschichtlich' wie diese selbst »[86], werde gar nicht eingegangen. In seinen Ausführungen zum Christusbild wiederhole Delp nur den Versuch, « etwas a priori Unmögliches, eben diese Übergeschichtlichkeit der Gesellschaft zu erweisen »[87]. Die Zeitgebundenheit eines Ignatius jedoch liege gerade an seiner Haltung als der relativ formalsten « im Anbruch einer Periode, die nach und nach alle Materialität, alle echte Sachbezogenheit verlieren sollte! » Diese Vorwürfe entdeckten in ihrer spontanen Formulierung einige Fakten im Hintergrund, die Thiemes Einstellung bestimmen. 'a priori unmöglich' — 'relativ formalst' gegenüber einer Materialität, die mit Sachbezogenheit gleichgesetzt wird — Sektenhaftigkeit: das sind die Stichworte.

Aus ihnen sucht Thieme den Vorwurf zu entwickeln und zu belegen, der ihm schlechthin die Gefahr und Versuchung der Gesellschaft Jesu zu kennzeichnen scheint: die rationalistische Rechen- und Zweckhaftigkeit der ganzen Gründung. Offensichtlich hält er diesen Punkt für hieb- und stichfest nachgewiesen von Heinrich Böhmer[88], der von einer Verwandtschaft zu Methodismus und Heilsarmee gesprochen hatte, um den Jesuitenorden zu charakterisieren. Diese Feststellungen bestätigen nach Meinung Thiemes unwiderleglich die Zeitgebundenheit des Ordens; das gebe auch jeder zu, « der nicht von Sektengeist mißleitet wird ». Die Folgerung liegt auf der Hand: « Wenn nämlich Ihre Auffassung zutreffen sollte, müßte Ignatius der wiedergekehrte Christus sein und die Exerzitien wären das fortgesetzte Evangelium. Tertium non datur, machen Sie sich das doch bitte klar! »[89] Indem der Gedanke bis zur Absurdität ausgezogen wird, soll seine Haltlosigkeit deutlich werden. Aber ist das der Gedanke Delps?

Die Ausführungen Thiemes verraten Erregung, wie wenn die diskutierten Gesichtspunkte für den Schreiber eigentlich undiskutierbar sind. Wer solche Selbstverständlichkeiten in Frage

---

[85] Anhang IX (17/IX/35).

[86] Ebd.

[87] Ebd. Der gewählte Ausdruck dürfte für die Vorstellung Thiemes charakteristisch sein. Auf jeden Fall wird so von seiner Seite ein Mangel an Eingehen auf Delp unübersehbar.

[88] H. Böhmer (1869-1927), vgl. NDB II (1955) 393.

stellt, der kann nur beschränkt oder böswillig sein. Das wird
Delp gegenüber auch direkt gesagt, ohne daß sich Thieme sonderlich bemüht, dem Gesprächspartner die eigene richtige Einsicht und den eigenen guten Willen pädagogisch nahezubringen.
« Und was die Geschichtstheologie anlangt, so haben Sie meine
Auffassung ... krass entstellt, wie Ihnen jeder Rückblick auf
meine früheren Äußerungen zeigen wird; Sie sind auf den Ihrer
Auffassung von Engelbert Krebs gemachten Vorwurf der Häresie
nicht eingegangen, und Sie haben eine Unterscheidung eingeführt,
die ich auf Grund des Gotteswortes vom Heimsuchen der Sünde
an den Kindern bis ins dritte und vierte Glied ablehnen muß
und die wieder typisch individualistisch ist: zwischen der ' Geschichte unseres Lebens ' und der ' der Welt '. Wenn diese Unterscheidung in dem Sinn, wie Sie sie machen, richtig wäre,
wäre das 9. und 11. Kapitel im Römerbrief des hl. Paulus
barer Unsinn, wonach das jüdische Volk durch seinen Ungehorsam den Heiden die Heilszeit eröffnet hat. Ihnen fehlen, verzeihen Sie, die elementarsten geschichtstheologischen Voraussetzungen für eine Auseinandersetzung wie diese, wo mit Philosophie, und vollends mit der Hegels, einfach nicht durchzukommen ist » [90].

Die Bemerkungen sprechen für sich; ihre Bedeutung liegt
in der definitiven und bedingungslosen Abweisung der Philosophie, anders gesagt: im Exklusivitätspostulat für eine bestimmte
theologische Sicht des Problems. Es schließt philosophische Überlegung aus, wenn Thieme sich so auf die Autorität des Gotteswortes beruft wie hier. Damit ist argumentative Auseinandersetzung über Geschichte unmöglich, wenn Thieme auch nicht
recht die Konsequenz zu erkennen scheint, daß so ein Gespräch
über die Frage mit dem Großteil der zeitgenössischen Welt überhaupt seine Grundlage verliert. Der Abschnitt wirkt in seinem
Gedankengang stark fundamentalistisch und biblizistisch, so daß
selbst die Behauptung, hier gehe es um eine konsequent theologische Sicht, ins Zwielicht gerät. Auf dieser Linie läge eigentlich ein Abbruch des Austausches. Doch dieses Ergebnis möchte
Thieme ausdrücklich vermeiden.

Von einem baldigen persönlichen Treffen erwartet er sich
— wie, das wird nicht ganz klar — eine Fortsetzung des Dialogs.
Äußerlich betrachtet scheint das inkonsequent; doch zeigt es

---

[89] Anhang IX (17/IX/35).
[90] Ebd. — Auch hier sind Ton und Stellungnahme selbst aufschlußreich für die Partner und für den Stand der Auseinandersetzung.

wohl nur, daß hier die Aussagen nicht zu eng verstanden werden dürfen und nicht gepreßt werden sollten.

Delp selbst fühlt sich einerseits zu einer spontanen Erwiderung provoziert, zögert aber, diese abzuschicken. Er selbst wird das nicht bedauert haben, als er einen Tag später Thiemes zweites Schreiben erhielt, dessen Tatsache schon signalisiert, daß Thieme Bedenken gekommen sein müssen, ob seine erste harsche Stellungnahme wirklich geeignet sei, das Gespräch zu fördern. Vor allem möchte er nicht selbst tun — wie er sagt —, was er anderen vorwirft, nämlich auf vorgelegte Einwände nicht eingehen. Deshalb versucht er die *Tatsache* der Zeitgebundenheit der ignatianischen Exerzitien genauer zu belegen. Dazu greift er auf die Arbeiten Böhmers zurück, mit dem er in der *Zweckbezogenheit als Bekehrungsmittel* das Spezifische der Geistlichen Übungen erkennen will. Damit sei aber auch eine Gefahr verbunden, die folgendermaßen zu charakterisieren sei: « Das sind Methoden, wie sie einem heiligmäßigen Willensmenschen größten Formats, wie Ignatius war, bekömmlich sein mögen; kleinere und willensschwächere Naturen werden dadurch zerbrochen und innerlich unwahrhaftig. Auch das muß manchmal um einer Sache willen in Kauf genommen werden; aber es ist, weiß Gott, nicht, wie Sie es darstellen, *die* Lösung »[91]. Ignatius von Loyola als einer der großen Aktivisten neben dem Gründer der Heilsarmee W. Booth! Auf dieser Linie gesteht ihm Thieme eine Rolle zu und erklärt, früher selbst einmal von dieser Lebensform des « Christus ganz zur Verfügung-Stehens » angezogen gewesen zu sein. Doch vergißt er die Gefahren dieser Einstellung nicht, vor allem die Tendenz, sich sektiererisch zu verabsolutieren. Sie glaubt er auch hinter dem Unbegriff einer ' contemplatio in actione ' zu entdecken, der aus totalitaristischem Denken der Neuzeit geboren sei. Jesus selbst gebe ein anderes Beispiel, er ziehe sich zurück und bete immer wieder in der Einsamkeit.

Zusammengenommen bestätigt Delp — so Thieme — nur seine These und die Richtigkeit des ' erschreckenden ' Bildes des Jesuitismus. Glücklicherweise zeige ihm die Bekanntschaft mit anderen Jesuiten, daß die Tendenz zur Verabsolutierung nicht unausweichlich sei. In der Sache rückt Thieme auch in diesem Brief nicht von seiner Auffassung ab, wenn auch der Ton verbindlicher klingt und ausdrücklich zu verstehen gegeben ist, daß der Dialog wertvoll sei. « Bei alledem bin ich immer wieder dank-

---

[91] Anhang X (18/IX/35).

bar, daß Ihre Fragen und Einwände mich zu dieser neuen Vertiefung meines Bildes genötigt haben. Ich bin dabei noch stärker als vorher von der großen Persönlichkeit des heiligen Ignatius gefesselt worden »[92]. Mit diesem Hinweis verbindet Thieme
schließlich die Erwartung, « daß, wenn wir miteinander sprechen, wir einander auch wieder näherkommen »[93]. In der Tat,
die grundsätzliche Unterschiedenheit der Sichtweisen und der
Urteile lag jetzt offen zutage.

e. *Die Positionen am Ende des Dialogs*

Delps abschließende Äußerungen darzulegen ist insofern
schwierig, als sie aus den erwähnten beiden Schreiben zu erheben sind, von denen das erste spontan verfaßt, aber nicht ab-
gesandt, das zweite mit etwas größerer Übersicht formuliert und
zusammen mit dem ersten an den Gesprächspartner ging. Diese
Doppelreaktion ist also in einem zu sehen.

Die Einzelbemerkungen fallen knapper und präziser als zuvor aus. Der Stil wird von klaren, unmißverständlichen Aussagen bestimmt. Delp erklärt sich bereit, nach Basel zu kommen
und Thieme zu treffen, dessen Erregung er bedauert. Als nötige
Vorklärung möchte er den Begriff ' Sekte ' genauer bestimmt
wissen[94]; für die Gesellschaft Jesu weist er ihn im gängigen
Verständnis mit Nachdruck zurück. Von Verabsolutierung könne
weder im ganzen noch im einzelnen gesprochen werden. Was
abgewehrt werden solle, sei doch einfach die Meinung, die Gesellschaft Jesu und ihre Haltung seien so zeitbedingt und zeitverbunden, « daß sie die Zeit ihrer Formulierung nicht überleben dürfe »[95]. Vor allem habe eine echte Sachbezogenheit darin
je den verschiedenen Epochen entsprechend einen unersetzlichen
Platz. Von der Kirche werde diese materiale Sachbezogenheit
des Ordens erwartet und garantiert. Genau darum nehme diese
Gesellschaft am ' zeitlos-übergeschichtlichen ' Sein der Kirche teil,
was selbstredend in gewisser Weise für jeden Orden gelte, wenn
auch auf Grund des hohen Grades an Formalität, der die jesuitische Haltung ausmache, für diese Gemeinschaft in eigentüm-
lichem und gesteigertem Maße. Keine persönliche Frömmigkeit,
auch nicht die eines Ignatius, sei hier maßgebend. Deshalb sei

---

[92] Ebd. — Hier wird einiges von der früheren Schärfe der Stellungnahme zurückgenommen.

[93] Anhang X (18/IX/35).

[94] Delp insistiert seiner scholastischen Ausbildung entsprechend auf
der Klärung eines Begriffs, der ihm nicht eindeutig gebraucht erscheint.

[95] Anhang XI (18/IX/35).

der Gründer « weder der wiedergekehrte Christus noch die Exerzitien das fortgesetzte Evangelium, sondern beide — der Mann und sein Werk — versuchen ehrlich und konsequent die letzten Haltungen Christi und seines Evangeliums herauszustellen und zu verwirklichen »[96]. Gemeint ist: unter den je neuen Bedingungen und Voraussetzungen verschiedener Räume und Zeiten.

Leider will Delp dann auf das zweite große Thema, sein eigentliches Anliegen, nämlich die Frage nach der Geschichte, nur noch kurz eingehen, « da ich weder Ihre früheren Briefe noch die angezogene Stelle von Krebs hier einsehen kann »[97]. Doch trifft er auch so instinktiv den entscheidenden Punkt, wenn er Thieme bestimmt darauf hinweist, daß eine Berufung auf die Kapitel des Römerbriefes in dieser Diskussion insofern wenig weiterhelfe, als es sich dabei nicht um normale, natürliche Geschichte — deutlicher: um ein historisches Problem, dem niemand ausweichen kann — handle, sondern um eine geschichtliche Einmaligkeit, die ihren sinnvollen Ort allein in der speziellen Heilsgeschichte Gottes habe.

Etwas kühl und distanziert fügt er an, Christenmenschen sollten sich den Vorwurf der Häresie selten und vorsichtig machen, zumal sachlich wohl schwer nachzuweisen sei, « daß die Ansicht: der Mensch ist nicht freier Herr des Weltgeschehens (wohl aber ist er frei im Weltgeschehen!), sondern er handelt immer als geschichtliches Wesen, unterworfen den Bindungen des geistigen Lebens seiner Zeit und den geschichtlichen Entwicklungen der Vorzeit: häretisch sei »[98]. So kurz die Bemerkung ist, ihre Aussage zur Freiheit des Menschen im Weltgeschehen, jedoch nicht über das Weltgeschehen ergänzt in glücklicher Weise die bisher entwickelte Idee Delps von der Geschichte in philosophischer Sicht. Eine zusätzliche Bestätigung gibt seine Begründung dafür, daß er nicht weiter auf Thiemes Ausführungen eingeht. « Ich fürchte, wir reden hier aneinander vorbei. Ich denke nicht daran, behaupten zu wollen, der Mensch habe keinen Einfluß auf das Weltgeschehen, es gehe einfach über ihn hinweg. Ebensowenig darf aber behauptet werden, der Mensch stehe seiner jeweiligen Situation unbedingt gegenüber. Das sind Feststellungen, die noch unterhalb der theologischen Frage des Verhältnisses von Gott und Mensch in der menschlichen Handlung liegen. Wir dürfen den Fehler vergangener Tage nicht wie-

---

[96] Ebd.
[97] Ebd. — Delp möchte sich nur äußern, wenn er die Möglichkeit hat, die Aussagen seines Partners selbst zu verifizieren.
[98] Anhang XI (18/IX/35).

derholen und im Zusammenspiel Natur-Gnade die Natur wieder zu gering ansetzen » [99]. Zwei sachliche Punkte und ein formaler verdienen es, aus diesem kurzen Abschnitt hervorgehoben zu werden. Einmal sieht Delp, daß die Schwierigkeiten des Dialogs darin ihren Grund haben müssen, daß man auf je verschiedener Ebene und darum aneinander vorbeiredet. Zweitens unterstreicht er das bezeichnende « unterhalb der theologischen Frage » sowie den Fehler vergangener Tage bezüglich des Zusammenspiels Natur-Gnade. Alles läuft darauf hinaus, die Natur und eine entsprechende Betrachtungsweise zu rehabilitieren, ohne der Gnade und dem theologischen Bereich zu nahe zu treten.

Ohne seinen Gesprächspartner direkt anzugreifen, hat Delp so die philosophische Betrachtung für die Auseinandersetzung um die Geschichte wieder zu Ehren gebracht und sie zusätzlich begründet und gegen Mißverständnisse abgesichert. Die theologische Frage siedelt er « oberhalb » an und bestimmt damit deren Ort genauer, präzisiert zudem noch die Bedingungen, unter denen sie in der Gegenwart aufzugreifen wäre. Dem unpersönlich-sachlich gehaltenen Schreiben sind gegen Ende noch einige Sätze hinzugefügt, die menschliche Betroffenheit erkennen lassen. Ein Bedauern über den Ton Thiemes, eine Verwahrung gegen den Vorwurf, unbequemen Argumenten ausgewichen zu sein; « ich habe da und dort indirekt und via facti darauf geantwortet » [100]. Damit dürfte Delp recht haben. Energisch wird dann Thiemes Berufung auf Dritte zurückgewiesen in der Absicht, das unmittelbare Gesprächsklima wieder herzustellen: *Wir* tauschen uns aus; es geht weder um Maritain, noch um Krebs oder sonstwen, sondern um die Auffassungen die wir vertreten und nicht von anderen vertreten lassen können. « Schließlich sind Sie selber mit ihrer sicherlich etwas zu scharf durchgeführten antiindividualistischen Haltung Mensch dieser Tage, und jede Zeit hat auch ihre theologische Situation, genau so, wie ihre philosophische und politische. Ich verteidige den Individualismus von gestern nicht, aber ich sehe, daß viele daran sind, durch Übersteigerung des Gegenpols ihn aufs neue heraufzubeschwören » [101].

Der in der gleichen Sendung beigefügte zweite Brief greift

---

[99] Ebd. — Delp betont die Nahtstelle von Philosophie und Theologie, ein Punkt, der nach dem II. Weltkrieg in der Diskussion um die sogenannte ‘Nouvelle Théologie’ in Frankreich besonders heftig umstritten war. Zum Austrag kam diese Auseinandersetzung damals nicht, weil der Austausch einseitig abgebrochen wurde.

[100] Anhang XI (18/IX/35).

[101] Ebd.

zunächst Thiemes Vorwurf der Sektiererei noch einmal auf.
Delp wundert sich, daß sein Gesprächspartner nichts von den Ge-
betszeiten in der Gesellschaft Jesu zu wissen scheint und den
Gedanken der ' contemplatio in actione ' in einer Weise deutet,
für die es keinerlei realen Anhalt gibt: « Sie sehen bloß die
eine Komponente bei uns; ich rechne Sie nicht zu denen, die
nur die eine Komponente sehen wollen » [102]. Gern erkennt Delp
Böhmers verdienstvolle Untersuchungen an, aber dem wirklichen Jesuitenleben sei dieser Gelehrte kaum nahe gekommen.
Schließlich « ' Zweckbezogenheit als Bekehrungsmittel ': was
heißt denn das? » Wieder insistiert er auf klaren Begriffen; denn
auch am vorliegenden Beispiel zeigt sich, daß es um nichts anderes zu tun ist als um eine vom Neuen Testament schon be-
zeugte und geforderte Grundhaltung. « Das ist die Zweckbezogenheit der Exerzitien! Sie sind bei Gott keine Suggestionsme-
thode. Schlimmere Verkennung ist mir nie begegnet » [103]. Man
brauche darüber hinaus nicht nach spezifisch Jesuitischem zu
suchen, wo man sich ausschließlich auf das eine Christentum
Christi auszurichten suche. Deshalb habe Ignatius nur Menschen
innerer Werte zugelassen, nicht ' Sünder ' im landläufigen Sinn.
Die geistlichen Übungen setzen Menschen voraus, bei denen Suggestionen, Verdrängungen u.ä. von vornherein keinen Ansatzpunkt finden. Daß ' Exerzitien ' mit Rabatt an jeder Straßenecke
verkauft würden, sei ein Mißbrauch, der hoffentlich bald sein
Ende finde. Und das angebliche Willenstraining dieser Übungen
reduziere sich bei genauer Untersuchung auf die konkretisierte
Vater-unser-Bitte, daß sein Wille geschehe.

Für die Frage nach der Geschichte erhofft Delp weitere
Klärung aus dem persönlichen Gespräch und stellt noch einmal
fest, daß man dazu bislang aneinander vorbeigeredet habe. In
dem von Thieme zitierten Gedanken Maritains vermag er « nur
die gute Darstellung einer Komponente der Wirklichkeit » zu
sehen. « Weltgeschichte ist mehr als Sündengeschichte! Tun Sie
doch Gott die Schmach nicht an, er habe sich sein Ja vom
Schöpfungsmorgen von der Kreatur in ein Nein verdrehen lassen » [104]. Und Geschichte als persönlichen Auftrag begreifend
kommt Delp noch einmal auf seine eigene Ordensgemeinschaft
zu sprechen: « ich hoffe und mit mir hoffen viele junge Menschen, die ihren Marsch durchs Leben bei uns angetreten haben,

---

[102] Anhang XII (20/IX/35).
[103] Ebd.
[104] Ebd. In dieser etwas rhetorischen Formulierung bringt Delp einen
zentralen Gedanken seiner Auffassung zum Ausdruck.

daß es uns bald vergönnt sein wird, der Kirche unverbrauchtes
und ungebrochenes Jesuitenleben zu schenken und der Welt zu
zeigen, daß wir immer noch Glauben an uns selbst besitzen.
Man hat uns solange vorgejammert, daß wir stolz seien und
daß wir Sektierer seien und daß wir Unglücksraben seien, daß
manche von uns selbst angefangen haben, es zu glauben; daß
manche Angst haben, die ganze Jesuitenfülle zu formulieren
und sich auf Verharmlosungen einlassen » [105].

Dieses Zeugnis spricht direkt aus, was Delp durch seinen
Austausch mit Thieme erfahren hatte und was ihm als persönlicher und existentieller Einschlag des Problems der Geschichte
aufgegangen war. Der eigene Beruf hat historischen Sinn, und
das Historische hat sich so zu bestimmen, daß es auch diesen
existentiellen Aspekt umgreift und ihm voll Rechnung trägt.
Der Mensch ist nicht nur Zuschauer der Geschichte, einer, der
von außen über sie diskutiert und Theorien aufstellt, sondern
er ist selbst von ihr betroffen wie er anderseits auch sie durch
seine Gedanken und Taten mitbetrifft und mitbestimmt. In der
Tat, die beiden in der Korrespondenz behandelten Themen laufen nur auf den ersten Blick unverbunden nebeneinander her;
immer deutlicher stellt sich ihr Zusammenhang heraus. Wenn
von der Gesellschaft Jesu gesprochen wird, ist etwas über die
Geschichte gesagt, und wenn sie zum Thema wird, dann nicht
ohne Folgen für die Erscheinung des ' Jesuitismus '. Delps bestimmte Klarheit fand Thiemes positive Zustimmung, auch
wenn sich daraus für die Aussichten der geplanten mündlichen
Aussprache nichts ergibt. Thieme äußert sich konziliant und
gibt zu, eine Reihe von Sachpunkten neu zu sehen und zu werten. Der Sektenvorwurf wird gleichwohl nicht zurückgenommen,
sondern nur durch einen Hinweis auf das Selbstbewußtsein der
franziskanischen Spiritualen etwas abgeschwächt. Von dem Hä-
resieverdikt dagegen rückt Thieme jetzt ab. Röm. 9-11 sei zwar
Beschreibung eines Extremfalls, der darum doch nicht einzigartig sei; das lasse sich an den Gemeindebriefen der Apokalypse
im Neuen Testament erkennen.

War den bisherigen Bemerkungen ein erkennbares Mühen
um Ausgleich und Verständigung eigen, so verfällt Thieme doch
wieder in seinen scharfen Ton, wo er das Problem der Geschichte
berührt. Er vermag es nur und ausschließlich in heilsgeschicht-
lichem Kontext anzugehen. Das läßt sein Urteil wenigstens verstehen: « der Begriff ' normaler, natürlicher Ablauf von Geschich-

---

[105] Anhang XII (20/IX/35).

te ', den Sie ganz ungeniert verwenden, ist — verzeihen Sie — für einen Theologen geradezu grotesk! » [106] Und gegen Delps Präzisierungen sucht er die eigene Sicht der Geschichte abzuheben: die Geschichte ist « ganz und gar göttliches Heilswerk — aber allerdings als Antwort auf den vorhergewußten Sündenfall und Messiasabfall — im Großen (je einmal) und im ' Kleinen ' (in tausend immer neuen Variationen) » [107]. Ob diese Erklärung wirklich einen echten Unterschied zur Auffassung Delps markiert, mag dahingestellt bleiben. Delp hatte häufig genug gesagt, daß er die Geschichte als Heilswerk Gottes sehe; und er hatte auch von Sündengeschichte gesprochen, allerdings um zu betonen, daß die Geschichte nicht nur dies sei.

Thieme bekennt, aus Delps zweitem Schreiben manches gelernt zu haben. Vor allem gefällt ihm, daß die Exerzitien großen Seelen vorbehalten bleiben sollen. Doch ohne Reserve ist ihm auch dieses Zugeständnis nicht möglich. Nur eine Detaildeutung nimmt er vorbehaltlos an. Unmittelbar darauf aber betont er wieder die Zweckbezogenheit als Bekehrungsmittel, « die Sie nicht bestreiten; und die ich *nicht angreife*, sondern als zeitbedingt ... *abgrenze* » [108]. Delp hatte nach einer Klärung des Begriffs gefragt. — Thieme hält jetzt das Verschwinden einer Erscheinung, wie sie der Jesuitenorden darstellt, weder für möglich noch für wünschenswert, nur habe sie wie ältere Orden früher in der Gegenwart zurückzutreten. Der Unterschied in der Beurteilung der Geistesgeschichte macht sich hier wieder geltend; eine Annäherung hatte es in diesem Punkt nicht gegeben. Da Delp für die Zukunft auf unverbrauchtes und ungebrochenes Jesuitenleben hofft, fragt Thieme am Ende seines Briefes: « Sie wollen das Schicksal wenden? Ob sie's nicht beschleunigen? » Damit ist schlaglichtartig ein weiterer Zug in seiner Geschichtsauffassung hervorgetreten und belegt: die Schicksalhaftigkcit bzw. die Gesetzlichkeit des Ablaufs, die sich in seiner Sicht in einer Weise zur Freiheit des Menschen verhält, der Delp nicht zustimmt. Denn Thieme verbindet recht unterschiedliche Wertungen mit den einzelnen Phasen und Entscheidungen.

So gibt denn die Schlußfrage das alte Problem der Diskussion noch einmal in neuer Weise auf. Hier die These, die Zeit der Gesellschaft Jesu sei abgelaufen, sie habe zurückzutreten, weil die eigentliche Last des Christseins am Ende der Neuzeit

---

[106] Anhang XIII (23/IX/35).
[107] Ebd.
[108] Ebd.

einer anderen Gruppe in der Kirche übertragen sei: den Laien.
Dort die Überzeugung des jungen Jesuiten, seine Gemeinschaft
drücke in Sein und Handeln christliche Existenz in besonderer
Weise aus; auch aus diesem Grunde hatte er sich ihr angeschlossen. Denn so scheint es ihm den aktuellen Fragen und Nöten
von Menschen und Welt zu entsprechen, ohne daß darum andere Arten der Lösung ausgeschlossen wären. Unverkennbar
zeichnet sich dahinter die jeweilige Konzeption der Geschichte
ab. Weitere Gesichtspunkte sind auf beiden Seiten in die jeweilige Grundposition hineinverwoben. Nebenmotive, Leistungen
und Ausfälle, Interpretationen und Wertungen. Deshalb ließ sich
die Hauptlinie der Auseinandersetzung nicht immer deutlich verfolgen, war der Zusammenhang in der Fülle von Einzelgedanken
nicht dauernd durchschaubar. Hier wurde ein Überblick versucht, in dem alle für unsere Untersuchung möglicherweise wichtigen Elemente berücksichtigt sind.

f. *Zusammenfassung*

Die Korrespondenz Delp — Thieme schließt unmittelbar an
die Auseinandersetzung des Jesuiten mit Heidegger an, von der
im vorigen Kapitel gehandelt ist. Aber dieser Dialog konfrontierte ihn mit einer Auffassung, die so ziemlich in allem das
Gegenstück zu Heideggers Position darstellt. Man kann deshalb
sagen, daß er sich innerhalb kurzer Zeit gezwungen sag, seine
Geschichtsauffassung zwischen Philosophie und Theologie zu klären. Hatte der Freiburger Philosoph — in den Augen Delps —
Geschichte auf bloß irdischen Wandel, auf einen Zeitbegriff re-
duziert, der ihm Transzendenz auszuschließen schien, weil er
nur die pure Endlichkeit zuließ mit der sich daraus ergebenden Sorge, der Gehaltenheit ins Nichts ..., so trat ihm Thieme
als Vertreter einer nicht minder exklusiven heilsgeschichtlichen
Perspektive gegenüber, in der alles unmittelbar und direkt auf
das Eingreifen und Reagieren Gottes abgestellt ist, so daß die
Natur und ihre relative, jedoch durchaus auf sich gestellte Ei-
gengesetzlichkeit, kurzum: der gemeinsame Raum und die gemeinsame Zeit aller Menschen gefährlich ausgeblendet schienen.
Der rein philosophischen Bewältigung von Geschichte unter dem
Stichwort Zeit bei Heidegger stellte Delp die nötige Frage und
die unaufgebbare Suche nach der letzten tragenden Mitte, nach
Gott entgegen. Damit war Löwiths spätere These von der Unmöglichkeit einer reinen Philosophie der Geschichte vorwegge-
nommen [109]. Gleichwohl hielt Delp an einer ernsthaften philoso-

---

[109] Vgl. Anm. 48.

phischen Aufgabe gegenüber der Geschichte fest. Gerade deshalb geriet er mit dem exklusiven Anspruch einer Theologie der Geschichte, wie ihn Thieme verteidigte, unausweichlich in Konflikt. Er hatte hier die Philosophie zu verteidigen. In beiden Fällen war es um das rechte Verständnis von Schöpfung und Natur zu tun, also um jene Wirklichkeit, in der die Felder von Philosophie und Theologie ursprünglich ineinander liegen.

Die Auseinandersetzungen zwangen Delp, wichtige Konturen der Geschichtsidee wenigstens in einem ersten Bemühen zu bestimmen. Mit seinen Gesprächspartnern schlug er sich nicht einfach auf die eine oder die andere Seite, sondern hielt überlegt und begründet an Möglichkeit und Notwendigkeit philosophisch-theologischer Reflexion über das Problem der Geschichte fest. Nur so war nach seiner Meinung das dem allgemeinen Interesse an dieser Frage entsprechende Dialogbemühen aller Menschen zu sichern, das ihm nicht zuletzt auch ein guter Ansatzpunkt schien, andere mit christlichen Grundgedanken vertraut zu machen. In diesem Sinn siedelt er seine Fragen und Lösungsvorschläge unterhalb einer Theologie der Geschichte an, als deren Grundlage und Voraussetzung, was nun aber nicht wieder heißt: als deren Prinzip, aus dem mittels eines Deduktionsverfahrens alles Weitere abgeleitet werden könnte.

In der Korrespondenz mit Thieme werden diese letzten Motive nicht ausdrücklich entfaltet. Aber die nebenher genannten Stichworte: Schöpfungswirklichkeit, Natur und Gnade, Bindung und Freiheit, Verantwortung des Menschen... sprechen deutlich genug. Delp ist überzeugt, daß die damit bezeichneten Wahrheiten in seiner eigenen Konzeption besser zum Tragen kommen als in jeder exklusiven Geschichtstheologie. Vom Menschen und seiner Situation aus ist an Erfahrungen anzuknüpfen; Erfahrungen von Schicksal und Zeit, von Rhythmen und Gesetzlichkeiten, von Bindung und Verantwortung, die zum Nachdenken zwingen. Dabei spielen Erlebnis und Vollzug von Vorstellungen und Deutungen, von Sprache und Benennung mit, kurzum: Elemente, mit denen jeder Mensch — der Formulierung Delps nach ' vor ' jedem Glaubensbekenntnis ausdrücklicher Art — sein Leben, sein Geschick, die eigene persönliche und gemeinschaftliche Existenz geistig zu ordnen und zu bewältigen versucht. [110]. Es ist durchaus möglich, daß die Aufgabe auf der an-

---

[110] Delp möchte seine Sicht im Rückgriff auf die realen Verhältnisse, die jedermann zugänglich sind, nachweisen und begründen. Sachlich braucht das nicht der einzig mögliche Weg zu sein, aber Delps zentrales Anliegen steckt schon hier in dem Problem, das er später mit dem Titel

gegebenen Ebene ihre Lösung nicht findet und nicht finden kann. Sie bleibt dennoch unausweichlich und hat tatsächlich immer wieder zu imponierenden Anstrengungen angeregt, mit denen — weil sie ein wesentlicher Teil des Menschseins überhaupt sind — auch weiterhin die Auseinandersetzung gesucht werden muß. Nach Delps Verständnis ist das keineswegs nur aussichtslos und negativ, was bei ihm allerdings nicht einfach bedeutet: alles versprechend und positiv.

Diese nötige Differenzierung führt zu einem weiteren Zug an Delps Idee vom philosophischen Bemühen um die Geschichte: dieses Tun vollzieht sich selbst im Prozeß, sein erster Sinn ist mit der dynamischen Auseinandersetzung, mit der geistigen Erfahrung selbst gegeben und stellt nicht das Ergebnis einer bloß theoretischen Fragestellung oder einer formelhaft akademischen Bemühung dar. Auch wenn dazu keine letzten Antworten erwartet werden dürfen, diese Erfahrung hat ihre Bedeutung. Denn solange der Mensch in Auseinandersetzung um die Geschichte, die er selbst erlebt, seine Kräfte einsetzt, lernt er sich selbst kennen und läßt sich den Weg auf jene andere Ebene zeigen, auf der sich die Frage in neuem Licht und mit neuen Mitteln angehen läßt.

Dieser dynamische Aspekt des Bemühens um Geschichte ist direkt mit dem existentiellen Interesse des Einzelmenschen gegeben. Er sucht für seinen Teil durch das eigene Leben wirksam zu werden, auch dadurch, daß er Gruppen bildet — etwa eine Familie —, daß er seinem Beruf nachkommt, daß er sich einordnet. Die Gruppenbildung kann natürlich vielerlei Formen annehmen und schließt dann neben all den sozialen Voraussetzungen, auf denen sie aufruht, immer auch ein Element vollzogener Freiheit ein, eine Entscheidung. Unstreitig lassen sich sehr verschiedene Grade dieses Freiheitselements beobachten. Es kann sehr schwach ausgebildet sein und sich — etwa auch bei der Wahl eines Lebenspartners — äußerlich betrachtet kaum von bloßem Zufall absetzen. Oder es tritt stärker in Erscheinung und wirkt sich bestimmender aus. Das scheint umso notwendiger, wo die gewissermaßen primär-natürlichen Interessen hin-

---

seines Büchleins « Der Mensch und die Geschichte » eindeutig formulierte. Es geht ihm weder um eine Klärung der Geschichte in sich oder gar nur des Geschichtsbegriffs ebensowenig wie es ihm um die Frage « Gott und die Geschichte » o.ä. zu tun ist. Diese Rücksichten sind darum keineswegs von vornherein ausgeschlossen; Delp sieht sie vielmehr in seinem Thema und in der Art, wie er es angeht, eingeordnet.

ter geistigen Zielen zurücktreten, wie es beim Anschluß an eine
Ordensgemeinschaft der Fall ist.

Das stärkere Feiheitsmoment ist nicht nur für die Entscheidung der Zugehörigkeit erfordert — bewußt und persönlich —, sondern muß sich ebenfalls in der Existenz der Gruppe
auswirken als ziemlich artikulierter Wille, Geschichte mitzuge-
stalten. Das war seit der Gründung in der Gesellschaft Jesu —
eingebunden in die Mission der Kirche — unverkennbar der
Fall. Die einzelnen Mitglieder hatten daran ihren Anteil. Sieht
man diese Erscheinung, wie es Thieme tut, nur im Licht der
charakteristischen Geschäftigkeit des modernen Menschen, dann
versteht sich sein etwas vordergründiges Reden vom 'Unter-
nehmerischen' von selbst; ebenso aber auch der Widerstand
Delps gegen den Ausdruck. Dabei spielt der abwertende Neben-
ton wohl nur eine ganz untergeordnete Rolle. Daß überdies das
Element für den Notfall zugestanden wird, gleichzeitig seine
Gefahren herausgestrichen sind, dürfte auch nicht besonders ins
Gewicht fallen. Delp stößt sich vielmehr an der unzutreffenden
Vorstellung selbst, die die ganze Wirklichkeit in ein schiefes
und verfälschendes Licht rückt. Deshalb nimmt er die Warnung
Thiemes nicht leicht, so berechtigt, nützlich und sinnvoll sie
an und für sich sein könnte. Keine Erscheinung des Christlichen
ist ja grundsätzlich vor Mißbrauch sicher. Aber Thiemes Hin-
weis auf eine Gefahr meint letztlich eine Bedrohung des Evangeliums selbst, und zwar nicht auf Grund von Mißbrauch oder
Mißverständnis, sondern wegen einer außerchristlichen Herkunft
des angewandten Hilfsmittels. Gegen diese hintergründigen Vor-
stellungselemente in der Auffassung Thiemes setzt sich Delp zur
Wehr. Dabei geht es also um die historische Legitimität und
Authentizität der Gesellschaft Jesu. Stellt sie — wie Thieme
durchblicken läßt — innerhalb des Christentums wesentlich ein
Fremdelement mit eigenen Kräften und Tendenzen dar, die sich
ihrer Natur nach widerchristlich auswirken müssen, sofern die
kontrollierende und ordnende Macht des Christlichen etwas von
ihrer Herrschaft einbüßt? Oder handelt es sich — wie Delp
glaubt — um eine genuine Entwicklung aus einer Erfahrung,
aus einem Umgang mit dem Evangelium? Dieses Entweder —
oder schließt eine je entsprechende Idee vom Einfluß der Geschichte ein: einmal die der außerchristlichen Geschichte, die
prinzipiell überholt ist, das andere Mal die der christlichen Geschichte selbst, die Natur und Gnade umgreift. Man wird allerdings diskutieren müssen, ob die Alternative vollständig ist.
Daran läßt sich zweifeln.

Entscheidend bleibt in jedem Fall, welche Auffassung der Realität näher kommt. Sachlich klärt sich das daran, welchem Element jeweils der Primat zugesprochen wird. Ist die Gesellschaft Jesu also *primär* Ergebnis eines religiösen Impulses, der einer geschichtlich-kirchlichen Reifesituation und nicht nur einem äußeren Notstand entspricht? Eines Impulses, von dem dann das Leben der neuen Gruppe auch in der Folge wesentlich abhängig bleibt? Der die heterogenen anderen Kräfte so bindet, daß bei seinem Fortfall die ganze Erscheinung schwände. Anders gesagt: lebt der Wille der Gesellschaft Jesu zur Mitgestaltung von Geschichte aus einem genuin christlichen Anstoß oder aus einem profanen Kalkül? Delp rechnet ja damit, daß dieser Impuls — allerdings unzweideutig vom Evangelium her — auch auf Zeit und Geschichte ausgerichtet ist. Aber 'zeitausgerichtet' ist alles andere als 'zeitbedingt'. Zwischen beiden besteht für Delp ein unüberbrückbarer Gegensatz. Die Erscheinung ist nämlich gerade nicht abhängig von einer bestimmten Periode oder Situation, wie Thieme ständig unterstellt. Der genaue Sinn der behaupteten «Überzeitlichkeit» der Sendung der Gesellschaft Jesu, die ihrerseits keineswegs mit 'Zeitlosigkeit' zu verwechseln ist, besagt demnach nur die Möglichkeit und Fähigkeit, gestaltend auf verschiedene Zeiten und Perioden einzuwirken und so eine echte Beziehung zu Geschichte über deren Wandel hinaus aufrechtzuerhalten. Keine konkrete Einzelperiode kann als solche diesem Einfluß definitive Grenzen setzen.

Diese Idee beschreibt die Wirkweise einer religiösen Größe in Raum und Zeit hinein. Deshalb läßt sie sich durchaus philosophisch verständlich machen, mag auch der entscheidendere und wichtigere Teil sich erst auf der höheren Ebene behandeln lassen. Die spezifische Sendung kann eben tiefere und bessere Titel für sich ins Feld führen, die aber allen notwendig verschlossen bleiben, die nicht die gleiche Glaubensüberzeugung teilen. Vorher läßt sich darüber nur so sprechen, daß etwa auf die eigentümliche Auswirkung der Freiheitsentscheidung eines Menschen hingewiesen wird, die verschiedene Zeiten betreffen kann. Der Mensch kann individuell und mehr noch in Gruppen Akte setzen, die über ganze Epochen hin folgenreich sind. Der Radius solcher Auswirkung dürfte vom formal-geistigen Charakter der zugrundeliegenden Entscheidung abhängen, von ihrer überzeugenden Orientierungskraft für eine große Zahl von Menschen, von der erfahrbaren nützlichen Hilfe, die sie anderen unter gewandelten Voraussetzungen Lebenden bei der Bewältigung ihrer Existenz bietet.

Vermutlich würde auch Thieme nicht jeden Schritt dieses Gedankenganges einfach zurückweisen. Doch gäbe er dann sicher zu bedenken, daß er doch den ganzen Versuch als für einen Theologen ' grotesk ' ansehen müsse. Und historisch gesehen laufe eben die Zeit einer solchen Erscheinung ab. Die Möglichkeit hatte Delp ihm grundsätzlich zugegeben, ohne ganz aus seiner Reserve herauszugehen. Für ihn verband Thieme diesen Gedanken mit einem Verständnis, das er nicht für richtig ansah. Dieser hatte ja behauptet, die Zeit der Gesellschaft Jesu sei tatsächlich schon abgelaufen: « Sie wollen das Schicksal wenden? Ob Sie's nicht beschleunigen? »

Eine solche Tatsachenbehauptung war nur mittels der inhaltlichen Bestimmung der Erscheinung überhaupt verifizierbar. Darin aber gingen die beiden Deutungen soweit auseinander, daß Delp einem Gebilde gegenüber, wie Thieme es vor Augen stand, vielleicht zum gleichen Schluß gelangt wäre, mit der entschiedenen Einschränkung allerdings, daß es gar nichts mit der realen Gesellschaft Jesu zu tun habe. Die Gemeinschaft, der sich der junge Jesuit eingegliedert hatte und verpflichtet wußte, sah anders aus. Deshalb wehrte er sich gegen die Vorstellungen seines Gesprächspartners, suchte sie zu korrigieren und in den zutreffenden Zusammenhang zu bringen, in dem allein die nicht ganz falschen Einzelelemente ihrem wirklichen Sinn entsprechend gedeutet werden mußten. Vor allem hielt Delp an der fortwirkenden geschichtlichen Rolle seiner Gemeinschaft entschieden fest: Mitgestaltung der Geschichte im Sinne der Kirche, d.h. in den Zeitumständen entsprechender Weise. Diesen Anspruch verstand er allerdings nicht exklusiv. Und Thiemes These war ja auch kein einfaches Ergebnis aus historischen Gegebenheiten; sie war vielmehr schwer belegbar, weil sie ebenfalls in erster Linie von einem persönlich-existentiellen Interesse, dem an der Sendung des Laien nämlich, getragen war.

So sagt er: « Auch wenn man den ' unbekannten Laien ' für den *heute* ausschlaggebenden Christusstreiter hält, weil in erster Linie doch er ' die *ganze* Wucht der christentumsfeindlichen Angriffe auszuhalten ' hat ..., wird man darum keinen Augenblick vergessen, daß dieser Laie gerade in seinem durch keinen Drill zur zweiten Natur gewordenen, sondern teils mit gesunder Natur ererbten, teils gnadenhaft mitten im Aufruhr ringsum geschenkten *Gehorsam*, in seinem ' zur Verfügung stehen ' der wunderbare Vollender der christlichen Freiheit ist. » [111] Das Bild

---

[111] Anhang IV (23/V/35).

bleibt hier Skizze. Das existentielle Interesse stellt sich im Vergleich zu jenem Delps als beträchtlich verschieden heraus; es hängt eher an einer Vision als an einer Wirklichkeit. Nichtsdestoweniger kommen beide in diesem Punkt prinzipiell überein; niemand wirft wohl auch aus diesem Grunde dem Partner mangelnde Objektivität im Sinne des Wissenschaftsideals aus dem letzten Jahrhundert vor. Heute würde man sich mit den Texten der Kontrahenten jedoch wohl leichter tun, wäre bei mancher ihrer spontanen und persönlich gefärbten Äußerungen etwas mehr von dieser Objektivität zu erkennen gewesen. Damit hätte sich dieses und jenes Mißverständnis von vornherein ausschalten lassen. Immerhin darf als Fortschritt gelten, daß das eigene lebendige Interesse nicht vertuscht wird und daß der interessierte Eifer des Gesprächspartners dessen Gedanken nicht gleich dubios erscheinen läßt. Im Gegenteil, dieses Interesse auf beiden Seiten war im Glauben eins und wirkte in den schwierigen Momenten der Konfrontation als einigendes Band. So ermöglichte es gerade die Fortsetzung der Korrespondenz.

Geschichte stellt für Thieme wie für Delp nicht ein beliebiges theoretisches Studienobjekt dar, ein Problem unter anderen. Delp geht vielmehr in seinen Briefen dem Thema direkt nach. Thieme setzt sich mit ihm vielleicht mehr am Rande auseinander, verfolgt aber die Frage später auch thematisch. Im Jahre 1948 veröffentlichte er einen Sammelband unter dem Titel « Gott und die Geschichte » [112], der sich ein wenig — und wahrscheinlich nicht ganz ohne Absicht — als Gegenstück zu Delps « Der Mensch und die Geschichte » ausnimmt. Darin finden sich « Zehn Aufsätze zu den Grundfragen der Theologie und der Historik », die nach dem radikalen Umbruch dieser ersten Nachkriegsjahre in einer Perspektive stehen, die sich von jener ein Jahrzehnt früher grundlegend unterscheidet. Thieme sieht sich durch die Ereignisse in seiner pessimistischen Beurteilung des Weltlaufs mehr als bestätigt. Daß er in diesem Moment Sinn und Wert der Geschichte — also im Rahmen einer Theologie der Geschichte — glaubt angehen zu können, versteht sich recht gut. Ihm schwebt die Leitidee des « christlichen Abendlandes » vor, die in anderer Form die Grundintention von « Das alte Wahre » weiterführt. Tatsächlich vermochte diese Vorstellung für den geistigen Wiederaufbau nach 1945 bis in die 60er Jahre hinein eine entscheidende Rolle zu spielen. Mit dieser Entwicklung

---

[112] Vgl. K. Thieme, Gott und die Geschichte. Zehn Aufsätze zu den Grundfragen der Theologie und der Historik, Freiburg/Br. 1948.

hätte sich ein Delp wohl nur wenig identifizieren können. Das mag dazu beigetragen haben, daß seine Ansätze zu philosophischer und durchaus auch theologischer Aufarbeitung des Problems Geschichte — trotz gelegentlicher respektvoller Erwähnung — nicht eigentlich aufgegriffen wurden. Entsprechend blieben sie auch ohne echten Einfluß.

Dabei wurde das Problem selbst auf breitester Front immer akuter und bedrängender. Die ' abendländische ' Sicht fand mehr und mehr Kritik. Stichworte wie: Grundlagenkrise der Historie, Traditionsverlust, fehlendes geschichtliches Bewußtsein usw. artikulierten in den letzten Jahren ein schon länger wachsendes Unbehagen. Die damit verbundenen Auseinandersetzungen griffen in zahlreiche Bereiche ein und stellten die meisten überkommen Formen der Begegnung mit Geschichte in Frage. Inzwischen wird etwas deutlicher, daß die Einstellung zu den unterschiedlichen Vorschlägen und Projekten sich letztlich am Bild vom Menschen und seiner Gesellschaft entscheidet. Dieses Bild verweist seinerseits unmittelbar auf Weltanschauung und Religion. Die damit angesprochene Wechselwirkung steht in einem gewissen Maße durchaus dem Denken offen und verlangt rationale Rechenschaft. In diesem Sinn hat Delp den Tendenzen gewehrt, die — unter welchen Vorzeichen auch immer — der Resignation oder dem Fatalismus Vorschub leisten wollten. Der Mensch bleibt verantwortlich für seine Geschichte und ist dazu in Pflicht genommen. Damit sind ihm aber auch positive Gestaltungsmöglichkeiten gegeben ebenso wie die dazu erforderliche Erkenntnis der Ordnungen, Gesetzlichkeiten und Bedingunden, d.h. der Normen und Werte, die ihm faktisch die Orientierung gestatten.

Delp war sich über die Einzelheiten allerdings auch am Ende seines Dialogs mit Thieme noch keineswegs im klaren. Im Grunde begann er jetzt erst, in einer eigentlichen Suche das Problem und seine Lösung zu formulieren. Dazu hatte er in der Diskussion mit Thieme eine Menge gelernt. Denn dieser Gesprächspartner teilte nicht seine scholastische Schulung. So zwang er Delp, Wert und Grenzen der eigenen philosophischen Voraussetzungen im lebendigen Austausch noch einmal zu überprüfen. Dieser Austausch folgte nicht den Regeln scholastischer Disputation, die Delp vertraut war. Der Sinn einer klaren Fragestellung ging ihm hier in ganz neuer Weise auf, die Bewußtheit der Ebene, auf der die Frage formuliert und behandelt wird, trat ihm zwingend vor Augen. Den Wert eindeutiger Begriffsbestimmung erfuhr er hier in ganz eigener Weise. An all dem schulte sich seine Fähigkeit, fremde Meinung besser und zutreffender zu erfassen.

Damit bildet das Gespräch mit Thieme in gewisser Weise einen neuen Start. Von jetzt an behält er das Problem der Geschichte bewußt im Auge und sucht es Schritt für Schritt und Element für Element herauszuarbeiten. Da ihm die Diskussion auch für das Wie des dazu nötigen Vorgehens eine Menge mitgab, wird man sie als den Auftakt zu jenem Einsatz verstehen dürfen, in dem er sich nach seinen Studien zuerst bewähren sollte: in der Mitarbeit an der Monatsschrift « Stimmen der Zeit ».

II. SKIZZE DER GESCHICHTSIDEE

4. GESCHICHTE ALS GEGENWART

Mitarbeit an den « Stimmen der Zeit »

Nach Abschluß der philosophischen und theologischen Grundstudien gab es für A. Delp keine Möglichkeit, sich weiter als Geschichtsphilosoph, als Historiker oder Sozialwissenschaftler zu spezialisieren; die Widrigkeiten der politischen Verhältnisse vereitelten Bemühungen in dieser Richtung[1]. Er wurde zur Mitarbeit im Herausgeberteam der Monatszeitschrift « Stimmen der Zeit » in München bestellt. Bis zum Verbot dieser Hefte durch die Nationalsozialisten im Frühjahr 1941 leistete er hier seinen Beitrag. Als Sprachrohr der katholischen Geisteswelt in Deutschland besaß die Zeitschrift seit langem Ansehen, das sich in diesen Jahren vor allem deshalb noch ausweitete, weil in ihr entschieden kritische Stimmen gegen entscheidende Akzente der neuen politischen Machthaber zu Wort kamen[2]. Allgemein versuchten die « Stimmen der Zeit » durch tiefergehende und abgeklärte Information, durch Grundsatzbetrachtungen und Diskussion Gebildeten in ihrer persönlichen Meinungsbildung behilflich zu sein. Im Vordergrund standen entsprechend Prinzipienfragen, doch war man auch auf einen deutlichen Bezug zur Zeit bedacht; vor allem sollten die Bei-

---

[1] Delp versuchte, neben seiner Mitarbeit an der Zeitschrift sich intensiver in den ihm übertragenen Fachbereich ' Soziale und historische Grundfragen ' einzuarbeiten. Als er sich dazu auch an der Münchener Universität immatrikulieren wollte, wurde ihm die Einschreibung verweigert.

[2] Vgl. das Verbot der Zeitschrift von November 1935 bis April 1936 als Folge des Beitrags von A. Koch, « Mythus und Wirklichkeit » im Septemberheft der Zeitschrift (StdZ 129 (1935) 368-380), mit dem die durch den früheren Beitrag « Der neue Mythus und der alte Glaube » (StdZ 128 (1934/35) 73-87, danach als viel verbreitete Broschüre) ausgelöste Auseinandersetzung mit A. Rosenberg abgeschlossen wurde. — Eine weitere Untersuchung gegen die Zeitschrift verursachte gleichzeitig die dann verbotene und eingezogene Broschüre von M. Pribilla, Fürchtet euch nicht! Grundsätzliche Erwägungen zur kirchlichen Lage, Freiburg/Br. 1935.

träge auch für Nichtfachleute lesbar sein und dem Austausch
zwischen unterschiedlichen Denkweisen und verschiedenen Fach-
gebieten dienen. In diesem Sinn hatte die Zeitschrift nach dem
Zusammenbruch am Ende des ersten Weltkriegs beim geistigen
Neuaufbau in katholischer Perspektive eine anerkannte Rolle gespielt. Männer wie E. Przywara, P. Lippert, M. Pribilla u.a. hatten ihr in recht disparaten Kreisen Gehör verschafft. Doch mit
den Änderungen der 30er Jahre ergaben sich auch für sie naturgemäß neue Aufgaben. Die Kräfte, mit denen jetzt die Auseinandersetzung gesucht werden mußte, hatten ein anderes Gesicht als jene, die ein Jahrzehnt zuvor die geistige Landschaft
bestimmten. So ist es nur natürlich, daß eine Reihe neuer Mitarbeiter, darunter auch A. Delp, zum bisherigen Herausgeberkreis
stieß [3]. Aufmerksam geworden war man auf ihn durch die entschiedene und mutige Diskussion mit der Philosophie M. Heideggers. Unmittelbar nach der Veröffentlichung von « Tragische
Existenz » erscheint Delps Name zum ersten Mal in der Zeitschrift [4]. Dieser Anfang wurde, wie gewöhnlich, ganz gehutsam
gemacht; Buchbesprechungen und kleinere Beiträge zur litera-
risch-geistesgeschichtlichen Umschau leiteten den späteren vollen
Einsatz ein. Der junge Schreiber konnte so seine Fähigkeiten
erweisen und erhielt ein Übungsfeld, so daß er sich nach und
nach in den Stil und die Aufgabe dieser Monatshefte hineinfand.
Erst zwei Jahre danach erscheint ein größerer Versuch, der sich
jedoch ebenfalls im Rahmen eines Literaturberichtes hält: « Ferdinand Ebner: ein Denker christlichen Lebens » [5]. Deutlich läßt
sich das schrittweise Hineinwachsen Delps hier feststellen, in
dem er sich neben seinen theologischen Studien an die Arbeit
für die « Stimmen » gewöhnte. Die unterschiedlichen Beiträge —
Rezensionen, kleine Stellungnahmen, größere selbständige Beiträge — pflegte er weiterhin. Nach dem Verbot der Zeitschrift,
übernahm die philosophisch-theologische Vierteljahresschrift
« Scholastik » [6] noch eine Reihe von Buchbesprechungen Delps,

---

[3] Fast gleichzeitig traten in die Herausgebergruppe ein der Freund
Delps P. Bolkovac (geb. 1907), Hans Urs v. Balthasar (geb. 1905); andere
arbeiteten von außerhalb mit.

[4] Vgl. seine Rezension zu ' Heimat. Die deutsche Landschaft in Erzählungen deutscher Dichter ', in: StdZ 130 (1935/36) 72.

[5] StdZ 132 (1937) 205-220, (= Zur Erde entschlossen, Frankfurt/M.
1949, 132-154). Künftig zitieren wir die Beiträge Delps immer nach dem
späteren Sammelband unter der Abkürzung ZEE.

[6] Theol. Phil. Fachzeitschrift, die seit 1926 von den Hochschulen Valkenburg und Pullach herausgegeben wurde. Seit 1966 « Theologie und
Philosophie » (Freiburg/Br.).

die in den « Stimmen » nicht mehr hatten erscheinen können [7].

Die Rezensententätigkeit ist allerdings für Delp nur mit Einschränkungen bezeichnend. Die Bücher konnte er häufig nicht selbst auswählen; dementsprechend verraten seine Bemerkungen dazu oft nur wenig über seine eigenen Intressen und tragen auch zu einer philosophischen Bewältigung der Geschichtsproblematik vielfach nichts bei. Ersehen läßt sich aus diesen Texten aber allemal, was und wie Delp gelesen hat und welches Urteil er sich bildete.

Dagegen weisen seine größeren Artikel fast alle — wenigstens nebenher — die andauernde Beschäftigung mit der Frage der Geschichte nach. Schon der Ebner-Aufsatz hat mit ihrem Verstehen zu tun, wenn das auf den ersten Blick auch nicht in die Augen fallen mag. Delps letzter großer Beitrag vor dem Verbot der Zeitschrift trägt sogar ausdrücklich den Titel: « Weltgeschichte und Heilsgeschichte » [8] und faßt noch einmal thematisch zusammen, was er mittlerweile immer bestimmter zur Frage von Zeit und Geschichte herausgearbeitet hatte. Die Aufgabe und das Anliegen waren klar erfaßt worden, Lösungselemente hatten sich ergeben. Die Grundgedanken werden variiert, im neuen Kontext noch einmal überprüft und schließlich einfach vorausgesetzt. Durch die Mitarbeit an der Zeitschrift präzisiert sich der Bezug zwischen Gegenwart und Geschichte, der Zusammenhang zwischen dem aktuellen Geschehen und seinen Wurzeln, die Rolle des Vorübergehenden und jene des Bleibenden. Wie ist Aktualität in Geschichte verankert und verwurzelt? Welche Auswirkungen des Heute werden künftig für die Geschichte bedeutsam sein? In diesen Fragen meldet sich das Problem der Verantwortung des Menschen, gesehen auf dem Hintergrund von Vorgegebenheiten und Voraussetzungen ebenso wie in der Perspektive der kommenden Generationen.

a. *Ferdinand Ebner* (*1937*)

Das unmittelbare Erleben von Geschichte hat Delp betont als den Zugang zu Geschichte überhaupt erfaßt und dargestellt [9].

---

[7] Vgl. Schol 16 (1941) 79-82, 427 f., 476-479 und 629. Es handelt sich um acht Buchbesprechungen. Weder vorher noch nachher hat Delp sonst einen Text für diese Zeitschrift beigesteuert.

[8] StdZ 138 (1940/41) 245-254 (= ZEE 145-179), vgl. dazu J. B. Lotz, in: Schol 16 (1941) 458 f.

[9] Vgl. « Der Mensch und die Geschichte », Darstellung und ausführliche Analyse im folgenden Kapitel dieser Untersuchung.

Einen weiteren Aspekt entfaltete er schon im erwähnten Ebner-Artikel: Geschichte ist *Begegnung* von Konkretem und Absolutem, von Vorläufigem, Vergänglichem auf der einen und bleibend Verbindlichem auf der anderen Seite. Delps Diskussion mit Heidegger findet darin ihre Fortsetzung, daß die Offenheit des geschichtlichen Raumes für das Absolute betont herausgestellt wird. Allerdings ist mittlerweile der bewußte Bezug zur Gegenwart hinzugekommen. In diesem Sinn soll auf die unmittelbare Herausforderung der eigenen Zeit grundsätzlich geantwortet werden. Nicht zufällig wird Heidegger — im Rückblick wohl nicht ganz zu Recht — als Repräsentant einer überholten geistigen Lage hingestellt und gewertet: « Bis weit in die geistigen und metaphysischen Gebiete hinein herrschte jene hilflose Haltung, in der damals die Worte Heideggers von der existentialen Entschlossenheit, die das Leben gerade in seiner Brüchigkeit bejahen und meistern wollte, wie ermutigende Botschaft wirkten » [10]. Diese Bemerkung läßt jenen Wandel erkennen, der nach Delps Überzeugung im Jahrzehnt seit « Sein und Zeit » die geistige Welt erfaßt hat. Im Gegensatz zur hilflosen Niedergangsstimmung von damals scheint ihm die eigene Gegenwart vom Gefühl des Aufbruchs und des Aufbaus getragen. « Inzwischen ist die Entwicklung eine Stunde weiter » [11], schreibt er. Das war wohl etwas vorschnell geurteilt, wie es überall dort nicht selten ist, wo man — um auf dem laufenden zu sein — der Neigung nachgibt, Erscheinungen von gestern kurzerhand schon für überholt anzusehen und auszugeben. Allerdings wird Delp darüber nicht einfach zum unkritischen Vertreter eines Je-Jetzt. Der Aufbau, den er verfolgt, bleibt zu stark Meistern verbunden, die er grundsätzlich ablehnt: Nietzsche und Kierkegaard. Ihnen gegenüber möchte er auf katholischer Seite ebenbürtige Denker finden. Deshalb sein Interesse an Ferdinand Ebner (1892-1931) [12]. Das Fragezeichen hinter dem Titel seines Beitrags gibt jedoch Unentschiedenheit zu erkennen; Delp möchte kritisch prüfen: « Ist Ebner ein Denker des christlichen Lebens, ein Deuter und Lehrer der christlichen Existenz? » [13] Die Antwort darauf ist nicht von vornherein schon ausgemacht. An

---

[10] ZEE a.a.O. 132.
[11] Ebd. 133.
[17] Vgl. NDB IV (1959) 261 f. — Delps Aufsatz « Ferdinand Ebner: ein Denker christlichen Lebens » erschien in StdZ 132 (1937) 205-220 (= ZEE 132-154). Kurz zuvor hatte Th. Steinbüchel zum gleichen Thema das Buch « Der Umbruch des Denkens » (Regensburg 1936) veröffentlicht.
[13] ZEE a.a.O. 133.

Brauchbarem nennt Delp zunächst Ebners entschiedenes « Anti »
gegen alles « Systemdenken », eine Haltung, zu der die geschichtliche Lage drängte. Das aber bedeutet: « Nur jene Philosophie
ist etwas wert, die unmittelbar aus dem Leben als dessen geistige Frucht hervorwächst, mit anderen Worten, die von ihrem
Schöpfer in erster Linie erlebt und erst in zweiter Linie gedacht
wurde » [14]. Die Aussage ist so formuliert, daß sie auch Delps
eigene Auffassung in dieser Phase seiner Bemühung um die Problematik der Geschichte erkennen läßt. Denn er teilt Ebners
Vorwurf der « Eindimensionalität » an die Adresse des idealistischen Denkens [15]. Die Gründe: « Die menschliche Grundtatsache aber liegt anders: Der Mensch existiert nicht ' für sich ',
er lebt weder in der idealistisch-dialektischen noch in einer andern Eindimensionalität » [16]. Solcher Spannungssituation des Lebens selbst hat jede Betrachtung Rechnung zu tragen. Sie erhält dadurch selbst den Charakter einer Begegnung, eine Struktur, die als Ich-Du-Beziehung für Ebner grundlegend bleibt. Aus
dieser Sicht heraus kann er sogar sagen: « Erst die Ich-Du-
Beziehung schafft Wahrheit » [17]. Delp berichtet das, ohne sein
eigenes Urteil durchblicken zu lassen, aber die Tatsache verrät
hintergründige Sympathie.

Auf der gleichen Linie liegt dann das folgende wichtige
Zitat: « Die Entscheidungen über Echtheit, Wahrheit usw. sind
folglich personale Entscheidungen, Angelegenheiten der lebendigen Existenz, nicht Sache irgendwelcher objektiver Normen
und Kriterien » [18]. Existenz meint hier Gegenwart und Unmittelbarkeit; ihr soll eine entscheidende Rolle für Echtheit und Wahrheit zukommen. Als Urgestalt geistigen Geschehens und als
Grundlage menschlicher Gemeinschaft überhaupt verwirklicht
sich die Ich-Du-Beziehung zunächst in unartikuliert « sub-
jektiver » Form, als deren « objektive » Ergänzung dann das
« Wort » [19] vernehmlich wird. Wort und Liebe dienen gewissermaßen als Vehikel des Ich zum Du; sie stellen die einzigen
geistigen Bewegungen im Menschen dar.

An dieser Stelle stößt Delp auf ein weiteres Element, das
ihm helfen wird, das eigene Denken zu präzisieren und die

---

[14] Vgl. ebd. — F. Ebner, Wort und Liebe, Regensburg 1935, 35.
[15] Vgl. ZEE a.a.O. 136.
[16] Ebd.
[17] Vgl. ebd. — F. Ebner, Das Wort und die geistigen Realitäten,
Innsbruck 1921, 48.
[18] ZEE a.a.O. 137.
[19] Ebd.

persönliche Aufgabe in der aktuellen Auseinandersetzung mit
geistigen Mächten und Strömungen auf dem Hintergrund seiner
Geschichtskonzeption zu verstehen: das Wort. Ebner schwankt
bei seiner Bestimmung zwischen der Bedeutung einer rein geistigen Kraft und der eines konkreten Dialogs [20]. Im Grunde meint
er aber die eigentliche « Form » des Menschen, den « Logos »,
der « göttlichen Ursprungs ist ». Daraus folgt: « Die gesamte geistige Wirklichkeit des Menschen geschieht im konkreten Vollzug des Wortes, im realen Zwischen des Ich-Du. Das heißt aber:
die Dialektik des idealistischen Denkens ist abgelöst durch den
Dialog » [21]. Delp kritisiert an dieser Auffassung den einseitig spi-
ritualistischen Zug, der ihm trotz aller ausdrücklichen Absicht
Erbschaft der idealistischen Fragestellung sowie der auf Kierkegaard zurückgehenden pessimistischen Sicht der Natur zu sein
scheint. « Es werden hier endgültige Widersprüche Natur-Geist
sichtbar, endgültige Risse und Spaltungen im Reich des Seins,
die zusammen mit der « personalen Innerlichkeit » schließlich
zu einer Art personaler konkreter Gnosis führen können », [22] gibt
Delp zu bedenken. Die Gefahr wirkt sich sofort in Ebners Konzeption der Religiosität aus, die rein persönliche Angelegenheit
bleibt und einer Vermittlung durch Kirche nicht zu bedürfen
meint. Als kritisches Zwischenergebnis seiner Betrachtung kann
Delp darum formulieren: « Gerade bei der Begegnung mit der
konkreten Mitte des christlichen Lebens, der Kirche, zeigt sich,
daß Ebners personale ' Innerlichkeit ' und ' Geistigkeit ' nicht
ausreicht, der vollen christlichen Wirklichkeit gerecht zu werden » [23]. Der Jesuit leitet daraus umso nachdrücklicher die Aufgabe ab, das Soziale [24] in seiner unaufgebbaren Bedeutung zu
unterstreichen. Dieser Punkt gewinnt in seinem späteren Denken noch mehr an Gewicht und setzt einen weiteren Akzent auf
die Delpsche Sicht der Geschichte. Er entdeckt im Werk Ebners
jedenfalls einen Widerspruch, der den Wert dieses Neuansatzes
in Frage stellt: « Der Mann, der nur im Ich und Du denken
und leben wollte, hat in tragischer Verkehrung die wunderba-
ren Wege und Werke übersehen, die Gott schuf, um den Men-

---

[20] Vgl. ebd. 137 f.
[21] Ebd. 138.
[22] Ebd. 140.
[23] Ebd. 142.
[24] Vgl. ebd. 145, wo der Vorwurf von J. Cullberg (aus: Das Du und
die Wirklichkeit, Uppsala 1933) gegen Ebner zitiert ist, dieser kenne im
Grunde keine echte Gemeinschaft. Diesen Vorwurf macht sich Delp zu
eigen.

schen immer auch in ihren menschlichen Räumen begegnen zu
können ». [25] Dieses Fazit nimmt den Hauptgedanken wieder auf,
den Delp schon gegen Thieme ins Feld geführt hatte: Gott will
dem Menschen immer auch in seinen menschlichen Räumen
begegnen. Auch Ebner realisierte das nicht; so vermag er die
Fülle des Lebens nicht zu bedenken und nicht zu meistern. Schon
die natürlichen Ordnungen — sie sind auch dem Ich und Du vor-
gegeben — kann er nicht zutreffend wahrnehmen. Aus diesem
Grund hat Ebners Denken den Idealismus nur halb überwunden.
Für Delp bleibt eben als Grundtatsache die Schöpfung in Anschlag zu bringen, von der her wir Gewißheit haben « von einer
inneren Einheit und Ordnung des Seins [26], die nichts weiß von
endgültigen Trennungen und Widersprüchen » [27]. Der hier betont
ausgesprochene Zusammenhang ist für Delp immer entscheidend wichtig gewesen. Ohne ihn fiele nicht nur die Wirklichkeit,
sondern auch das Denken so auseinander, daß es als verant-
wortbares unmöglich würde. Doch das begründet er nicht eigens
und ausführlich. Vielmehr geht er von hier in den Bereich des
Glaubens, für den er Ebner ähnliche Mißverständnisse bzw. Ein-
engungen zum Vorwurf macht. Das Christentum habe er zwar
mit anti-idealistischen, jedoch immer noch rein natürlichen Kategorien erfaßt. Sich selbst macht Delp allerdings im gleichen
Atemzug den Einwand, ob nicht all diese Bemerkungen peri-
pher seien gegenüber Ebners eigentlicher Absicht und Auswirkung. Und er macht aufmerksam auf Ebners Protest gegen den
Gedanken, der Mensch sei nur Moment einer vorüberrasenden
Entwicklung. « In seinem Gottesverhältnis erst offenbart sich
dem Menschen seine individuelle Existenz im eigentlichsten und
deren Bedeutung im tiefsten Sinne. In ihm erst wird sich der
Mensch klar, daß er in seinem Dasein in der Welt mehr oder
vielmehr etwas anderes ist als ein bloßes Moment der generellen
Entwicklung ... » [28]. Dieses Zitat gibt Delp die Möglichkeit, in
glücklicher Weise zu formulieren, was ihm selbst gegen Heidegger besonders wichtig schien. Der Hintergrund dieser Aussage
wird noch klarer, wenn Delp dann Fr. Rosenzweig [29] anführt,

[25] ZEE a.a.O. 143.
[26] Hier kündet sich schon der entscheidende Gedanke der Kontinuität
an, ohne den von Geschichte nicht gesprochen werden kann.
[27] ZEE a.a.O. 145.
[28] Ebd. 148 (= F. Ebner, Fragmente aus dem Jahr 1916, mit Nachwort
von 1931, in: Brenner 13 (1933/34).
[29] Fr. Rosenzweig (1886-1929), vgl. W. Ziegenfuss (Hg), Philosophen-
Lexikon II, Berlin 1950, 373.

um das Anliegen der Suche nach dem Konkreten so zusammen-
zufassen: « Wie Leben nur vom Leben erzeugt, so wird Leben
auch nur vom Lebendigen erkannt. Deshalb wird Erkennen nicht
mehr aufgefaßt als eine Teilfunktion des menschlichen Lebens,
seiner Vernunft, sondern als gesamtmenschliche Begegnung » [30].
Das aber verlange einen ganz neuen Ausgangspunkt: der Mensch
könne nicht mehr zu Beginn seines Denkens gleichsam aus sich
herausspringen, um dann theoretisch wieder zu sich zurückzu-
finden. « Er geht aus von dem, was ihm als vorreflexer, un-
bezweifelter, aber auch unbeweisbarer Besitz gegeben ist: seinem ' Wissen ' um sich selbst, um die Welt und auch um seinen
Gott. Eigentlich ist es kein ' Wissen ' im überkommenen Sinn,
sondern mehr ein gesamtmenschliches Haben, eine Art Glauben.
Die Aufgabe des Denkens ist nun nicht, dieses Wissen aufzu-
geben, diesen ' Glauben ' zu zerstören: das wäre schon eine Zer-
störung des Ansatzes, eine Art geistiger Selbstmord. Es handelt
sich nur darum, dieses vorreflexe Wissen in seinen Grundzügen
und tatsächlichen Verhaltungen sichtbar zu machen und sich
so seiner zu versichern » [31]. Das ist nicht so sehr Ebner und Rosenzweig in der Formulierung Delps als vielmehr die Quintessenz
des jungen Jesuiten aus der Noetologie A. Maiers, der seinerseits
den Grundgedanken Picards [32] aufgegriffen und entfaltet hatte.
Daß er bei Rosenzweig diese Position als Ansatz einer « neuen
Philosophie » (gegen den Idealismus) entdeckte, muß Delp auf
seinem eigenen Weg bestätigt und bestärkt haben. Mit Zustimmung zitiert er denn auch, « daß an Stelle des alten, berufs-
mäßig unpersönlichen Philosophentyps, der nur ein angestellter
Statthalter der, natürlich eindimensionalen Philosophiegeschichte
ist, ein höchst persönlicher, der des Weltanschauungs-, ja Stand-
punktphilosophen tritt. Hier aber tritt das Bedenkliche der neuen
Philosophie ins hellere Licht ... Ist das noch Wissenschaft? » [33]
Ohne Einschränkung macht er sich die darauf gegebene Antwort grundsätzlich selbst zu eigen: « die Philosophie fängt nicht
mit nichts an, sie weist über sich hinaus und ist als menschliche
Leistung nur innerhalb gewisser vorgegebener Grenzen vollziehbar » [34]. Auf diese Weise hat Delp die Formel gefunden, die
ihm seine Existenz als Christ und Theologe mit dem philosophi-

---

[30] ZEE a.a.O. 149.
[31] Ebd.
[32] Vgl. zu G. Picard Anm. 29 zum 2. Kapitel.
[33] ZEE a.a.O. 150 (= Fr. Rosenzweig, Der Stern der Erlösung, Frank-
furt/M. [2]1930, 135).
[34] ZEE a.a.O. 150.

schen Bemühen zu verbinden gestattete, ja solch eine Verbindung gewissermaßen abverlangte. Gleichzeitig ermöglichte sie
eine echte Philosophie eigenen Rechts. So findet Delp in Rosenzweig und Ebner Verbündete. Er hebt betont hervor, das zentrale Anliegen Ebners, sein Grundthema sei dies: « Bedenker
des Wortes zu sein, das dem Menschen von oben gegeben ist
als *das* Licht seines Lebens ... Damit ist aber grundsätzlich auf
jede Eigenmächtigkeit und Autarkie des menschlichen Denkens
verzichtet [35], der denkende Mensch ist zurückgenommen in die
Ursprungssituation, die ihm als ' gesetztem ' geschaffenen Sein
notwendig zukommt » [36].

Delp geht dann noch auf das Vorläufige und Fragmentarische der neuen Philosophie ein; sie stellt sich im wesentlichen
als ' Fundamentalontologie ' vor, « das heißt ... Aufweisung und
Sicherung der Voraussetzungen, die fruchtbares menschliches
Denken überhaupt erst möglich machen ... Menschliches Denken
ist so nicht primär schöpferisch, sondern zuerst empfangend,
' hörend ', dann nachvollziehend. Diese Auflockerung des verkrampften und starren Ich, die Rückverweisung des Menschen
in seine Grenzen ist der eigentliche Sinn des Ebnerschen Ich -
Du, mit dem er den Menschen über sich hinausweist, ihn vor
Gott und vor jede andere von ihm unabhängige und ihm vorgegebene Wirklichkeit stellt. Im Grunde wird nur die alte Wahrheit neu formuliert, daß rechtes Denken Sache des rechten Lebens ist, und zugleich werden die vermeintlichen Grundlinien
dieses rechten Lebens und des von ihm getragenen Denkens
vorgezeichnet » [37]. Als Ziel dieser Denk- und Erklärungsversuche
nennt Delp: « ein neues Bild vom Menschen zu finden, das in
der rechten Ordnung und im Besitz der rechten Kräfte das
Leben zu meistern vermag ». [38] Daß Ebner — nach Delps Meinung — etwas voreilig auf die Offenbarung übergreife, erklärt
er damit, daß die menschlichen Wege verschüttet und die natürlichen Kräfte geblendet schienen. Als eigene Aufgabe leitet
er für sich daraus ab: « Freilich muß dann jenseits der Sicherung der Grundlagen der Punkt erreicht werden, an dem innerhalb der vorgegebenen Ordnung der menschliche Geist sich seiner Freiheit und Mächtigkeit wieder bewußt wird und seinen
eigenen Gesetzen folgt. » [39] So entschieden diese Formulierung

---

[35] Im Sinne der idealistischen Philosophie.
[36] ZEE a.a.O. 151.
[37] Ebd. 152 f.
[38] Ebd. 153.
[39] Ebd.

klingt, Delp will mit ihr lediglich für das philosophische Bemühen innerhalb der vorgegebenen Ordnung plädieren. Immerhin
gesteht er bei der abschließenden Wertung Ebner zu, es sei
ihm — trotz aller Mängel — doch darum gegangen, das christliche Leben wirklich zu bedenken. Und in solchem Bemühen
fühlt sich Delp den Versuchen des Österreichers durchaus verbunden.

Mit dem Aufsatz über Ebner führte sich der künftige Mitarbeiter der « Stimmen der Zeit » als solcher und eigenständiger als in den früheren kurzen Rezensionen bei den Lesern ein.
Die Untersuchung entstand allerdings noch während der theologischen Studien Delps. Erst 1939 schloß er seine Ausbildung
ab und konnte sich ganz der Zeitschrift zur Verfügung stellen.
Dort übernahm er vornehmlich die Behandlung sozialer Fragen
im wirtschaftlichen, politischen und gesellschaftlichen Leben [40].
Der Akzent aber sollte auch für diese volle Mitarbeit namentlich auf den Grundaspekten liegen. Das geht schon aus dem
Artikel hervor, den er in diesem Moment veröffentlichte « Christ
und Gegenwart » [41]. Auch dieses Thema ging wieder die Frage
der Geschichte direkt, wenn auch unter einem neuen Blickwin-
kel an.

b. « Christ und Gegenwart » (1939)

Der Titel dieses neuen Beitrags läßt auf den ersten Blick
vielleicht an eine thematische Weiterführung des Ebner-Arti-
kels denken. Was sich hier ankündigt, soll jedenfalls allgemeiner und umfassender, zugleich aber auch präziser zur Sache
gesprochen sein als die berichtenden Ausführungen von früher.
Der Christ verdeutlicht hier, was zuvor mit dem Weltanschau-
ungs-Philosophen gemeint war; Gegenwart konzentriert Geschichte auf den unmittelbar greifbaren und zu bestehenden Moment.
Diesen Eindruck weckt der Titel. Und er deutet schon sehr glo-
bal jene Entwicklung an, die Delps Geschichtskonzeption in diesen zwei Jahren erfuhr.

Die Frage war nicht abgeschlossen, sie beschäftigte ihn weiter; das ist zunächst festzuhalten. Zeit und *christliche* Existenz
werden zusammengesehen. Die christliche Existenz hatte erstmals der Ebner-Beitrag deutlich gekennzeichnet. Während sich
die noch frühere Auseinandersetzung mit Heidegger ganz auf
der philosophischen Ebene gehalten hatte, war in der Korre-

---

[40] Vgl. P. Bolkovac, Vorbemerkungen, zu: ZEE a.a.O. 5.
[41] StdZ 136 (1939) 343-355 (= ZEE a.a.O. 9 - 28).

spondenz mit Thieme die Möglichkeit einer exklusiv geschichtstheologischen Lösung des Problems akut geworden. Delp war
kritisch lernend auch darauf eingegangen. Die Beschäftigung mit
Ebners Werk konfrontierte ihn anschließend mit einem Philosophen, der als Philosoph die Offenbarung und die theologische
Wahrheit für seine Sicht direkt heranziehen wollte und sich in
seinem Argumentieren darauf zu stützen versuchte. Delp erfuhr
sich als Theologe zur Prüfung und Ergänzung herausgefordert.
Waren die vorgeschlagenen Formeln für eine philosophisch und
theologisch verantwortliche Auseinandersetzung über die Zeit
annehmbar? Delp konnte sich keiner Konzeption vorbehaltlos
anschließen; das wurde in den vorstehenden Kapiteln schon klar.
Aber indem Delp sich auf diese Versuche einließ, wurde er nach
und nach in seine Aufgabe hineingeführt: die Zuordnung von
Weltgeschichte und Heilsgeschichte, die auf den ersten Blick
im Dualismus der beiden unvereinbaren Ordnungen auseinanderzufallen scheinen. « Man begreift das Leben als aufgeteilt
in zwei geschichtliche Räume » [42], so faßt Delp den gängigen
Befund zusammen.

Das Problem steckt aber auch bei Annahme dieser Sicht
darin, daß sich die beiden Räume in der Gegenwart mindestens
berühren müßten, daß sich die so verschiedenen Linien kreuzen
und wenigstens in einem Punkt zusammenkommen. Was ist Gegenwart? Delp präzisiert ohne Umschweife: « Die Gegenwart,
von der wir sprechen, ist keine vorfindbare Größe der empirischen Wirklichkeit ... Gegenwart ist ... das ‘ flutende Leben ’ ...
Ein Wirkliches zwar, aber doch Ungreifbares ... Sie hat mit dem
Menschen zu tun und geschieht im Menschen » [43]. Als geistige
Größe bestimmt sie die Grundformen menschlichen Erlebens
und Entscheidens; sie stellt eine gemeinsame Art und Gesetzlichkeit dar, in der Menschen Dinge und Werte erleben; ein
Formales, eine Haltung, ein Blickpunkt. Dieses Wirkliche liegt
nun nicht in der Hand des Menschen, es ist gegeben, gewissermaßen naturgesetzlich, so daß der Mensch am Phänomen Gegenwart die Tatsache der Kontinuität erfährt [44]. Gegenwart
kommt aus einem Gestern, von dem wir nur erinnernd wissen,
und strebt in ein Morgen, das ebenfalls nur geistig, als Erwartung und Hoffnung gegeben ist. So ist Gegenwart nach Delp
« eine Tatsache der Geschichte, die ... darauf hinweist, daß das
Leben des Menschen selbst ein geschichtliches Ereignis ist, das

---

[42] ZEE a.a.O. 9.
[43] Ebd. 10.
[44] Vgl. ebd. 11.

heißt eine Wirklichkeit, die in eine vorgegebene Ordnung gestellt ist und innerhalb ihrer sich zu bewähren und seine Freiheit und seine Größe zu beweisen hat »[45]. In solcher Betrachtung zieht Delp einen entscheidenden Schluß für sein Geschichtsbild, wenn er in ganz besonderer Weise die Rolle des Menschen
betont, allerdings gerade « nicht in dem vordergründigen Sinn,
in dem man oft sagen hört, daß Männer die Geschichte machen ...
doch wird man bei näherem Zusehen fast immer sagen müssen,
daß der begabte Einzelne nur das Wort aussprach, das fällig
war, das er schneller und tiefer begriff als andere, das aber
darauf drängte, gesprochen zu werden. Dieses scheinbare Dienst-
verhältnis des Menschen der Geschichte und somit auch der
Gegenwart gegenüber will aufgehellt sein ... »[46]. In dieser Voraussetzung steckt ein Problem, das in der Grundlagendiskussion
über die historischen Wissenschaften ziemlich umstritten ist.
Ist die Geschichte das Werk Einzelner oder verdankt sie sich
eher Gruppen, Bewegungen, Strömungen? In dieser Weise —
namentlich in der Alternative Mensch oder Struktur — hat Delp
die Frage noch nicht gesehen. Zwar wies er die erste Konzeption — Geschichte der großen Männer — deutlich zurück, doch
plädierte er deshalb keineswegs für das zweite Modell. Sein Interesse an den sachlich vorgegebenen Ordnungen hat andere Gründe als die Überzeugung, Gruppen und Strukturen seien die entscheidenden Elemente von Geschichte; es begründet sich für
ihn vielmehr aus seiner Sicht und Wertung der Schöpfung; damit weist es allerdings Perspektiven auf, die für die moderne
Diskussion durchaus fruchtbar sind. Mindestens ist deutlich geworden, daß die erwähnte Alternative so exklusiv nicht anzusetzen ist wie es gewöhnlich geschieht. Delps ausdrückliches
Augenmerk geht gleichwohl hier in andere Richtung. Er konzentriert sich auf das Bewußtsein der Geschichtlichkeit und
auf die Aufgabe, die sich damit stellt. Es ist eine Sache nur
weniger, die wirklich die geistesgeschichtliche Tatsache der auf-
einanderfolgenden Generationen realisieren. Delp macht — ohne
schon diesen Begriff zu gebrauchen — auf die Ungleichzeitigkeit
aufmerksam, insofern « im geschichtlichen Raum einer Zeit sich
Menschen verschiedener Haltung begegnen »[47], « die den gestrigen Tag gemeistert haben, und die, deren Auftrag das Heute
ist »[48]. Leicht hätte er hinzufügen können, auch jene Generation

[45] Ebd. 11.
[46] Ebd. 11 f.
[47] Ebd. 12.
[48] Ebd. 13.

wachse schon im gleichen Raum heran, die mit dem Morgen
fertig zu werden hat.

Geschichtlichkeit und ihr Bewußtsein stellt sich angesichts
dieses Befunds als unterschiedliche Gegebenheit heraus, je nachdem welcher Generation, welcher Haltung ein Mensch zugehört.
Das Problem stellt sich gerade in dieser seiner Unterschiedlichkeit gleichzeitig — ungleichzeitig. Anders gesagt: es ist im gleichen Zeitmoment in einer Vielfalt verschiedener zeitlicher Ver-
pflichtungen gegeben. Ohne große Umschweife sieht sich Delp
dadurch zu einer allgemeinen Folgerung von großer Tragweite
autorisiert: « Wenn es bei all dem wirklich um seinsmäßig begründete Verhältnisse geht und die Geschichtlichkeit wirklich
eine Grundverfassung des endlichen Seins ist, dann ist auch
klar, daß die Grundverfassung dieser Wirklichkeit nicht die
Freund-Feind-Kategorie des absoluten Widerspruchs und der gegenseitigen Entmachtung und Verachtung ist » [49]. Die Aussage
greift auf das Grundprinzip nicht nur der Erklärung des II.
Vatikanischen Konzils über die Religionsfreiheit [50] voraus, sondern dieses ganzen Konzils [51]. Zwischenmenschlich gesehen wirkt
sich so jene Kontinuität aus, in der die Menschen nicht nur
zusammenhängen, sondern auch füreinander verantwortlich sind.
Ein Gedanke wie der vom Generationenkonflikt als Voraussetzung wäre hier absurd und zerstörerisch. Gegensätze und Widerstände sind damit keineswegs bestritten, doch sind sie ein-
gebettet in einen größeren positiven Zusammenhang. Gerade
deswegen sind sie so anstössig, gerade deswegen aber können
sie auch als Elemente fruchtbarer Spannungen ihre gute Rolle
spielen. Damit käme ihre eigentliche positive Qualität und Sinngebung zum Tragen. Etwas emphatisch drückt Delp es folgendermaßen aus: « Das Leben wird sicherer und reicher, wenn
wir an einen Sinn und einen Auftrag in allen Erscheinungen
der Wirklichkeit glauben, und wenn der immer wieder anzutre-
tende Marsch in die neue Zeit begonnen wird aus einer Heimat
und Geborgenheit heraus, die mit ihrer Liebe und ihrem Segen
zurückbleibt, und die den Weg doch grundgelegt hat, auch wenn

---

[49] Ebd.

[50] Dignitatis humanae, in: Das Zweite Vatikanische Konzil, Teil II,
Freiburg/Br. 1967, 703-748.

[51] Dieses Grundprinzip ist nicht unzutreffend mit dem Stichwort
'Dialog' benannt worden. Die entsprechende Haltung liegt deutlich erkennbar den Äußerungen des Konzils über die Kirche in der Welt von
heute, über den Ökumenismus, die nichtchristlichen Religionen usw. zugrunde.

sie die neue Richtung nicht mehr mitsteuert »[52]. Die Formulierung · verrät trotz der poetischen Sprache eine Reserve. Sie
läßt die Hochschätzung der Tradition erkennen, aber noch
ist nicht entschieden, was nun Gegenwart und Geschichte, was
der Mensch in ihnen wirklich ist.

Gegenwart wirkt nur im Menschen und mittels menschlicher
Entscheidung, hatte Delp gesagt. Trotzdem sind dem Menschen
die Formen seines Entscheidens nicht einfach verfügbar. Er hat
frei Stellung zu nehmen zu einem vorgegebenen Ganzen und in
einem nicht von ihm gezogenen Rahmen. Das andere ist größer
als die persönliche Zeit des Menschen. So scheint ein geheimer
Imperativ das konkret Existierende von vornherein zu überschat-
ten, « der es über seine eigene Wirklichkeit hinaus zum Voll-
strecker eines größeren Wirklichkeitswillens macht »[53]. Seine Beobachtungen faßt Delp sofort noch einmal verdeutlichend zusammen, um ein allgemeines Gesetz zu formulieren: « Von der Phänomenologie der Geschichte her würde sich der einzelne Mensch
enthüllen als Schnittpunkt zwischen persönlicher Wirklichkeit
und allgemeiner Ordnung, allgemeinem Plan, Ansatz und Auftrag, der dieses einzelne über sich selbst hinaus verweist » ...
« Es ist also eine Eigenart des menschlichen Seins, innerhalb
einer vorgegebenen Entwicklung sich zu verwirklichen »[54]. An
dieser Stelle bleibt eine Einschränkung festzuhalten; die erwähnte Entwicklung ruht nicht in sich, sie stellt kein geschlossenes
System dar, sondern verweist nachdrücklich über sich und die
ganze Ordnung hinaus auf das Absolute. So kommt noch einmal
anders die nur relative Selbständigkeit der Geschichte ans Licht,
durch die der einzelne Mensch zum Ort der Begegnung zwischen
dem allgemeinen, in seiner Ordnung eingestifteten Auftrag sowie
zwischen Innerweltlich-Geschichtlichem und Überweltlich-Über-
geschichtlichem wird[55]. Nebenher bestimmt Delp den Begriff
Geschichtlichkeit näher und bezieht ihn streng auf das menschliche Leben, « weil nur ihm zukommt, innerhalb der Entwicklung mit eigener Entscheidung tätig zu sein »[56]. Nach einem
Wort J. Bernharts darf genau aus diesem Grunde die Menschen-
geschichte als « gesprochene Geschichte »[57] bezeichnet werden;
denn sie geht auf jenes Wort am Anfang zurück, das sich ihr

---

[52] ZEE a.a.O. 13.
[53] Ebd. 14.
[54] Ebd.
[55] Vgl. ebd. 15.
[56] Ebd. 15.
[57] Zitat ebd.

als charakteristisches Merkmal eingestiftet hat. « Von diesem
ersten Ansatz her », wiederholt Delp dann einen schon im Briefwechsel mit Thieme entwickelten Gedanken, « ist die Geschichte
sich entfaltender Schöpfungstag » [58]. Demgegenüber hatte Thieme die zerstörerische Macht der Sünde des Menschen ins Feld
geführt. Jetzt bemüht sich Delp gleich, die Katastrophe der Un-
schuld als Wandel im konkreten Ablauf der Geschichte zu berücksichtigen und verständlich werden zu lassen. Zwar habe
die durch die Sünde heillos verfahrene Situation eine « Rekapi-
tulierung », eine Neusetzung notwendig gemacht, doch — so
betont Delp — « das Segenswort vom Weltenmorgen wurde nicht
zurückgenommen, und die in ihrem natürlichen Bestand unzer-
störte Menschheit mußte ihren innerweltlichen Gang weiterge-
hen » [59]. Diesem innerweltlichen Gesetz blieb und bleibt die Geschichte auf jeden Fall verpflichtet: « es gibt keine echte geschichtliche Situation, die grundsätzlich im Verderben stünde ...
Was ... verdirbt, ist ... der Mißbrauch, die Wiederholung der ersten Rebellion » [60]. Delp ist von dem Interesse bestimmt, die
Mitte der Frage nach Christ und Gegenwart aufzudecken, Sinn
und Bedeutung der christlichen Existenz zu benennen, die Rolle
von Offenbarung und Kirche innerhalb der Geschichte festzu-
legen. Damit wird er zugleich und direkt in die theologische
Betrachtung hineingewiesen, die jedoch hier nur soweit heran-
zuziehen ist, als sie die Entfaltung der Delpschen Geschichtsidee
als philosophische Aufgabe erhellt. Zur Debatte steht das Verhältnis von zwei Wirklichkeitsebenen, die beide auf Gott zurückgehen und in ihm zusammengehören, die sich jedoch von uns
aus gesehen sehr unterschiedlich präsentieren. Um das zu erklären, zählt Delp verschiedene Möglichkeiten auf und fragt
dann, ob der Christ als solcher seiner Gegenwart vordergründig
zu widersprechen habe, ob er am Diesseits desinteressiert sei
und sein müsse, ob es nur eine Parallelität der Dauer gebe, so
« daß die Kirche als rettende Arche auf dem Strom einer ver-
lorenen Geschichte treibt und einzelne Menschen aufnimmt in
ihre göttliche Geborgenheit » [61]. Diese und ähnliche Möglichkeiten menschlichen Verhaltens zur Geschichte weist Delp ohne Ausnahme zurück mit der entschiedenen Behauptung: « Wenn Welt
Geschichte ist, dann muß alles Innerweltliche an dieser Geschichtlichkeit teilnehmen. Kirche aber ist echte Innerweltlichkeit, wenn

---

[58] Ebd. 16. Vgl. die Korrespondenz mit K. Thieme, Anhang VIII.
[59] ZEE a.a.O. 16.
[60] Ebd.
[61] Ebd. 17.

sie auch in anderem Maße, als dies sonst der Fall ist, dem Überweltlichen verbunden wurde » [62]. Nicht der Nachsatz darf als
entscheidend betrachtet werden, sondern einzig die betonte Aussage, daß Kirche innerweltliche Gegebenheit ist. Grundmodell
für das von Delp gemeinte Verhältnis bietet die Fleisch- und
Menschwerdung Jesu Christi; denn die « Christusordnung ist
die Ordnung der ganzen Schöpfung geworden, und es wiederholt sich die natürliche Verfassung in anderer Weise: innerhalb
eines vorgegebenen Ganzen kann der einzelne über sich selbst
entscheiden. Die ganze geschichtliche Wirklichkeit wurde um-
griffen von dieser neuen Lebensordnung, so daß sie nur noch
in ihr existiert und ihren geschichtlichen Gang geht. Ja, dieses
Einbezogensein geht so weit, daß jegliche Lebensäußerung tatsächlich in dieser neuen Ordnung geschieht und tatsächlich nur
noch in ihr und mit Hilfe ihrer Lebendigkeit möglich ist, ganz
unabhängig von der bewußten Haltung, die einer zu diesen Tatsachen einnimmt. » [63] Wichtig ist Delps Unterscheidung zwischen
der Tatsächlichkeit und ihrer Bewußtheit. Notwendigkeit und
Möglichkeit philosophischen Bemühens soll dadurch allerdings
ganz und gar nicht für gleichgültig erklärt werden, im Gegenteil! Die gegebene Grundlage verlangt nach Bewußtheit und Reflexion, besteht sie selbst auch schon unabhängig davon. Dem
Christen ist damit sogar ausdrücklich die Möglichkeit erschlossen, das gemeinsame Fundament, das ihm mit allen ohne Ausnahme gemeinsam ist, von jener Eigentümlichkeit abzuheben,
die ihn von den anderen unterscheidet. So entdeckt er die allgemeine, relativ eigenständige Basis eines Gesprächs über das
Schicksal aller, über den Weg der Menschheit, über das Leben,
ungeachtet jener Grenzen, die mit bewußtem christlichen Glauben gegeben sind. Es gibt einen Tatsachenverhalt, der alle betrifft; er läd unmittelbar zur Auseinandersetzung, zum Austausch,
zur denkerischen Vertiefung ein. Und damit öffnet sich dem
Christen ein Weg, auf dem der Außenstehende zum Christsein
finden kann. In dieser Perspektive gehören der geschichtliche
Weltlauf und die Kirche zusammen. Konkret bedeutet das, « daß
es keine grundsätzlich christusfeindliche und kirchenfeindliche
Zeitstufe gibt ... Jede geschichtliche Stunde ist von sich aus
fähig, ' Gelegenheit für das Reich Gottes ' (J. Bernhart) zu sein.
Christus hat den Gang der Geschichte nicht aufgehoben, er hat

---

[62] Ebd. 18.
[63] Ebd. — Der letzte Gedanke ist später von K. Rahner zu einer Art
Grundprinzip theologischen Denkens ausgebaut worden; vgl. den Gedanken des ' anonymen Christen ' und seinen Kontext.

ihn in sich aufgenommen und den Menschen aus seiner absoluten Angewiesenheit auf die Geschichte dadurch befreit, daß diese Geschichte selbst durch ihn zu etwas Zweitrangigem wurde und nun jedem an seinem Ort und in seiner Stunde die Aufgabe gegeben wurde, sich für oder gegen Christus zu entscheiden. Es gibt in jeder geschichtlichen Stunde Menschen, die sich selbst und das Anliegen ihrer Zeit gebrauchen zum Aufstand gegen Gott und seine Kirche. Aber von der Kirche her gibt es keine Zeit und keine geschichtliche Verfassung, auf die sie verzichten oder der sie sich entziehen dürfte » [64]. Delps größtes Interesse in diesen Bemerkungen betrifft ganz offenkundig die Herausarbeitung der Rolle des Christen, des Menschen in der Geschichte einerseits und zum anderen die Haltung der Kirche gegenüber Zeiten, Epochen und Perioden. Im hier gegebenen Rahmen verdienen jene Aspekte die größere Aufmerksamkeit, die den Geschichtsgedanken weiter ausbauen. Fassen wir sie zusammen.

Für den Christen gibt es zunächst keine Möglichkeit, auf Grund von Werturteilen zu verschiedenen historischen Momenten sich unterschiedliche Einstellungen zu diesen Zeiten zu reservieren, den einen Augenblick über die anderen zu erheben, den anderen dagegen abzuwerten. Jeder Moment enthält — importune; opportune — Gelegenheit, den christlichen Auftrag zu verwirklichen. Mit anderen Worten: Geschichte eröffnet mit relativ eigenem Recht den Raum menschlicher Existenz, und diese kann sich nicht außerhalb oder an dieser Bedingung vorbei vollziehen. Der Christ kann sich diesem Rahmen auch nicht durch Verurteilung oder Abwertung entziehen, etwa indem er seine Zeit als dem Christentum so feindlich erklärt, daß nur noch das Auswandern, die ' fuga saeculi ' bliebe. Anderseits ist der Christ dieser Vorgegebenheit der Geschichte nicht schlechthin und bedingungslos ausgeliefert und unterworfen. Gerade das Christusereignis stellt für ihn die Befreiung von jener totalitären Tendenz dar, die Zeit und Geschichte immer wieder gegenüber dem Menschen zur Geltung zu bringen versuchen. Die Geschichte ist relativiert. Eine eigentümliche Kombination von Bindung und Freiheit ergibt sich daraus. Und als solche bestimmt sie das Verhalten des Christen zur Geschichte. Er hat « der erlöste Mensch seiner Zeit zu sein ... ein Übergeschichtliches darzustellen, aber in der je fälligen Gestalt, getreu dem Gesetz der Menschwerdung. Wir sollen uns wissen als den Ort der Begegnung von

---

[64] ZEE a.a.O. 19 f.

Natur und Übernatur, als in der Übernatur unverborgen existierende Natur. Dieses Zueinander und Ineinander wird konkret
ein immer anderes Gesicht haben. Die Menschen, die mit uns
die Zeit gemeinsam haben, müssen bei der Begegnung spüren,
daß wir sie verstanden haben, ja, daß wir ihnen überlegen sind,
weil das, was in ihnen Wirklichkeit ist, in uns eine größere Erfüllung fand. » [65] Sieht man von der stark missionarischen Ausrichtung des Gedankens ab, fällt vor allem die Betonung der
gemeinsamen Verständnisgrundlage auf, der Wirklichkeit und
der Einsicht in sie, die wir mit allen teilen. Mit dieser gemeinsamen Geschichte ist jenes Verständnis möglich, das ein allgemeines philosophisches Fragen und Bedenken sinnvoll macht.
De facto besteht zwar die Verschränkung in die theologische
Wahrheit, die dem Christen bewußt ist. Dennoch vermischen
sich die Bereiche nicht. So kann die Basis menschlicher Auseinandersetzung mit und um Geschichte gerade ihrer relativen
Eigenständigkeit wegen Einsicht und Annahme der Schöpfungs-
und Erlösungsordnung vorbereiten. Delp geht dieser Möglichkeit eigens ausführlich nach. Dabei betont er die Rolle des
existentiellen Zeugnisses, der ' vox temporis ' als ' vox Dei ', der
konkreten Gestalt zeitentsprechenden christlichen Lebens, namentlich ihre Konzentration auf das Wesentliche. Anschließend
wird dieser Umriß noch mit Hinweisen auf konkrete Züge gefüllt, die von der gegebenen Situation als besonders gefordert
erscheinen. Vervollständigt wird das Bild schließlich mit der
Aufzählung spezifisch christlicher Mißverständnisse. Einige davon beziehen sich auf gefährliche Erscheinungen für die Konzeption der Geschichte, insofern der eigentliche Sinn der Zeit
« auf die Erde geht, auf das Vertrauen zu sich selbst, auf den
intensiv gesteigerten Dienst an der Welt. Man geht dann tatsächlich den Weg der Entwertung, man distanziert die übernatürlichen Wirklichkeiten des Christentums zu weit weg von den
Tatsachen der Schöpfung, so daß diese beinahe nicht mehr gewertet werden. Die Geschichte wird nicht zum Ort des Reiches
Gottes, sie ist beinahe vom Übel. » [66] Hinter diesem Verfahren
des Distanzierens steht für Delp sowohl die Reformation wie
das übertriebene Bedürfnis nach absoluter Absicherung und
Denkmüdigkeit und Flucht vor eigener Verantwortung. Was dabei herausspringt, beschreibt Delp anschaulich so: « Daß Kirche Welt ist und ihr Gesetz einstweilen das Gesetz der Wande-

---

[65] Ebd. 20 f.
[66] Ebd. 24.

rung und der Geschichte, und daß das Staub und Anstrengung bedeutet, das wird nicht sehr betont. Das bedeutet aber in einer anderen Form die Auswanderung aus der Zeit. Die Erde wird gleichsam freiwillig geräumt. » [67] Delps Bild von der gewollten Räumung der Erde ist für sich schon aussagekräftig genug. Es entscheidet einschlußweise auch über alle noch so frommen Versuche, die Auseinandersetzung um die Geschichte prinzipiell und ausschließlich theologisch anzugehen und zu führen; denn auch diese Absicht schließt die Räumung der Erde als solche ein. Vor allem tun diese Versuche so, als gäbe es keine gemeinsame Zeit mit all jenen, die die dazu vorausgesetzten Glaubensüberzeugungen aus was für Gründen auch immer nicht teilen. Natürlich liegt es Delp dennoch völlig fern, das Christsein der Glaubenden abzuschwächen. Auch nicht im Interesse des Dialogs mit den anderen ist das der Fall. Der Kontext spricht da deutlich genug. In einer schönen Aussage, die im Vorblick auf Delps späteres Schicksal noch an Kraft gewinnt, betont er vielmehr das genaue Gegenteil und sagt: « Daß es uns gar nicht darauf ankommt, um jeden Preis ein paar Lebenstage länger da zu sein, daß es uns aber wohl darauf ankommt, um jeden Preis so zu sein, wie wir sind » [68].

Solche Einstellung schützt den Christen vor sich selbst und vor den anderen, weil er die Geschichtlichkeit seines Lebens ernst nimmt. Sie ist zudem ein Schutz vor einer weiteren Gefahr, « die oft geradezu zur Lähmung wird und die ... aus der Bindung an die Geschichte stammt. Wer begreift, daß es das Wesen der Geschichtlichkeit ist, das Vergangene immer neu aufzunehmen und in neuer Abwandlung das Ganze wieder darzustellen, der schielt nicht immer geradezu befangen nach rückwärts und sucht von da Weisung. Die stolzeste Vergangenheit hilft gar nichts, wenn keine lebendige Wirklichkeit das Versunkene neu stellt und mit der adligen Wucht, die einer Wirklichkeit von langer Geschichte zukommt, sich immer neu setzt. Tradition hat Wert als gegenwärtige Wirklichkeit, nicht als reine Erinnerung » [39]. Diese Präzisierung ist wertvoll; sie erst gibt Delps Idee der Geschichte ihren eigentlichen Stellenwert, indem sie entschieden die Vergangenheit und ihren Wert an die Gegenwart bindet. Pure Vergangenheit wird zur puren Last. Historistische Rückwärtsgewandtheit ist im Kern getroffen; gleichwohl nimmt

---

[67] Ebd.
[68] Ebd. 25.
[69] Ebd. 27.

Delp die Geschichte ganz ernst, indem er ebenso wenig für einen simplen ' retour aux sources ' als Patentlösung für alle heutigen Probleme plädiert.

Beschrieben wird ein lebendiges Verhältnis zur Geschichte, in das verantwortliches Denken voll und ganz mit einbezogen bleibt. Philosophisches Mühen um Historie zeigt sich auf diesem Hintergrund als alles andere denn als interessante Denkübung ohne weitere Relevanz. Sie ist notwendig gefordert im Umgang mit Geschichte, weil diese sonst in ihrem Wesen und Wert verkannt und mißbraucht zu werden droht. Wie man nach Delps Überzeugung die Geschichte als volle Wirklichkeit verfehlt, wo man sich mit ihr exklusiv — und sei es theologisch — auseinandersetzt, so geht man auch an ihrem Sinn vorbei, wo sie allein in historischer Betrachtung gewürdigt werden soll. Philosophie der Geschichte — das zeigt sich gerade, wenn Historie im Horizont der Gegenwart ernst genommen wird — ist unausweichliche Konsequenz des verantwortlichen Umgangs mit der Zeit, weil sie auf die ständig gestellte Aufgabe antwortet, Vergangenheit jetzt zu denken. Diese Aufgabe ist aber weder mit einer Theologie der Geschichte noch mit bloßer historischer Wissenschaft zu lösen. Gewiß heißt es bei Delp: « Wenn das Sein des Menschen ein geschichtliches ist, wird es sich eben nur als geschichtliches echt entfalten » [70], doch ist das ganz und gar nicht exklusiv gemeint. Delp erklärt seinen Gedanken näher: « Der konkrete Mensch ist immer eine geschichtliche Repräsentation der ganzen Menschenidee und ist doch zugleich persönlich-verantwortliche und eigenen Entscheidungen überlieferte Wirklichkeit ». [71]

Das Thema Mensch gewinnt gerade in diesen Betrachtungen über das lebendige Verhältnis zur Geschichte und ihrer verantwortlichen Reflexion immer mehr an Gewicht. Die Überlegungen fördern ja nicht allein neue Aspekte der geschichtlichen Wirklichkeit selbst zutage, sondern stellen zunehmend auch heraus, daß es um eine relationale Gegebenheit zu tun ist, die im Menschen ihren Referenzpunkt besitzt. Geschichte zeigt sich als Größe, die nach Delp nur vom Menschen her und auf ihn hin zu erfassen ist und sinnvoll wird. Doch bevor Delp sich ausdrücklich dem Problem « Der Mensch und die Geschichte » [72] stellt, denkt er erst noch einmal genauer über den Bezug zwi-

---

[70] Ebd.
[71] Ebd. 28.
[72] Kolmar o.J. (1943); vgl. Darstellung und Analyse im folgenden Kapitel.

schen Welt- und Heilsgeschichte nach. Waren dazu auch schon eine ganze Reihe von Elementen in früheren Beiträgen geklärt worden, so wollte Delp doch seine Einzelergebnisse zusammenfassen und sie noch einmal in direkter und ausdrücklicher Beschäftigung durchdenken.

c. « Weltgeschichte und Heilsgeschichte » (1941) [73]

Die intensivste Erarbeitung der Frage nach der Geschichte vor seinem Büchlein « Der Mensch und die Geschichte » [74] bietet Delp in seinem letzten Aufsatz in den « Stimmen der Zeit » vor deren zwangsweiser Einstellung. Er konfrontiert hier Welt- und Heilsgeschichte. Seine Konzeption von Geschichte im übergreifenden Sinn, d.h. als Auftrag zu einem philosophischen Bedenken der Geschichte, ruht auf dieser Auseinandersetzung. [75] Darin liegt sogar der besondere Charakter seines Geschichtsgedankens, daß er nämlich nicht von einer ursprünglichen Trennung in einen profanen und einen heilsgeschichtlich bedeutsamen Bereich ausgeht, von gegenseitiger Unabhängigkeit also, so daß jede Seite je für sich zu betrachten und zu beschreiben wäre, um dann erst nachträglich miteinander in Beziehung gesetzt zu werden. Die Betrachtung und Erfahrung der Wirklichkeit zeigte Delp vielmehr, daß die tatsächliche Verbindung der beiden Aspekte nicht zufällige Gegenheit sein konnte und schon methodisch nach ' sauberer ' Trennung verlangt. Sie entspricht der inneren Realität. Dieser ist deswegen Rechnung zu tragen, indem das Phänomen Geschichte als eines betrachtet wird, an dem dann die verschiedenen Aspekte entsprechend auseinanderzuhalten sind. Das erfolgt ohne Isolierung; erst auf einer zweiten theoretischen Stufe wird jeweils jeder Aspekt für sich bedacht.

Solcher Ansatz und solches Vorgehen erlaubte es Delp, beides ernst zu nehmen, Theologie und Philosophie der Geschichte. Er spielte sie nicht gegeneinander aus, sondern konnte den beiden Betrachtungen den ihnen zukommenden Platz lassen. So entwickelte er einen Begriff von Heilsgeschichte und zugleich

---

[73] Ursprünglich in: StdZ 138 (1941) 245-254 (= ZEE a.a.O. 155-179).

[74] Vgl. Anm. 72.

[75] Vgl. Geschichtstheologie, in: SM II (1968) 331 (Literatur - Systematisch). — Der Beitrag macht in gewisser Weise schon den Eindruck einer Weiterführung der Überlegungen zum Verhältnis von Mensch und Geschichte. Diese Annahme besitzt eine gewisse Logik und wurde wohl dadurch gefördert, daß das spätere Büchlein aus politischen Gründen das Erscheinungsjahr nicht angab. Dennoch verhält es sich genau umgekehrt. Wer das nicht beachtet, muß zu einem Mißverständnis kommen.

einen Begriff von Weltgeschichte, die von vornherein nicht im
Konkurrenzverhältnis gegeneinander standen, die von vornherein nicht alternativ gegeneinander standen und sich wechsel-
seitig auszuschließen suchten. Auf diese Weise entsprach Delp
den tatsächlichen Verhältnissen und vermochte weitergehend
die Sinnhaftigkeit sowohl des theologischen wie des philosophischen Umgangs mit der Geschichte zu sichern. Es handelt sich
um verschiedene Betrachtungsebenen, nicht aber um zwei getrennte Wirklichkeiten.

« Der Mensch hat immer mit Geschichte zu tun » [76]. So simpel dieser Satz klingt, so weit führt der darin formulierte existentielle Ansatz, gerade weil hier ein genaues Geschichtsverständnis und ein deutliches Bewußtsein von der zu machenden
Erfahrung noch gar keine Rolle spielen. Gewiß, die Erfahrung
drängt den Menschen vielfach zum Erfassen und zum Nachdenken. Er weiß ja spontan, « daß es sich bei der Frage nach der
Geschichte um die Frage nach der Wirklichkeit des eigenen Lebens handelt » [77]. Das aber schließt ebenso unmittelbar zwei Gedanken ein: einen über den Sinn der Geschichte und einen über
den Sinn des Menschenlebens. Beide jedoch sind da in nicht
aufzulösender Weise verbunden und verlangen gleichwohl unverzichtbar danach, unterschieden zu werden. Delp spricht dafür vom ursprünglichen Gefühl des Menschen, der einmal offenen Auges vor das Ereignis der Geschichte geriet, der die Spannung und die enge Verbindung zwischen seinem persönlichen
Geschick und dem allgemeinen Geschehen erfuhr. « Aus dem
Erlebnis dieser Spannung, die Bindung und Scheidung zugleich
bedeutet, erhält die geschichtliche Frage den Doppelcharakter
der Frage nach der Geschichte selbst und nach dem Heil des
geschichtlichen Menschen » [78]. Darum gilt dieser Spannung, wo
sie erfahren wird, Delps volle Aufmerksamkeit. Durch Prüfung
verschiedener Deutungen sucht er sie weiter zu erhellen. Es
bietet sich z.B. ein Identitätsverständnis an; danach wäre die
Weltgeschichte ohne weiteres zugleich die Heilsgeschichte. Oder
das Verhältnis wird als Geschiedenheit beider interpretiert mit
der Folge: « Um des Heiles willen wäre möglichst bald und
gründlich der Abschied aus der Geschichte zu vollziehen. Geschichte wäre grundsätzlich der Raum des Übels, der Schuld
und der Sünde, der Gewalt und Verführung, des Unheils » [79].

---

[76] ZEE a.a.O. 155.
[77] Ebd.
[78] Ebd. 156.
[79] Ebd.

Nach allem was über Delps Denken schon gesagt ist, steht zu erwarten, daß er diese beiden Möglichkeiten entschieden zurückweist. Im Grunde hat er das einschlußweise längst getan, indem es sich für seine Fragestellung und für sein Vorgehen entschied. So kann es nicht wundern, wenn er jetzt die Elemente und den Gegensatz ablehnt. Seine Antwort auf die gestellte Frage steckt in einer dritten Möglichkeit des gespannten Zugleich von Bindung und Unterscheidung. Er formuliert es selbst so: « Weltgeschichte als Gang der Welt zu einem noch unbekannten Ziel und Heilsgeschichte als Weg des Menschen zu seiner persönlichen Vollendung haben miteinander zu tun und sind doch verschiedene Ordnungen, aneinander verwiesen und doch nicht unlöslich miteinander verbunden oder gar ineinander aufgehoben »[80]. Die Grundstruktur dieses Gedankens bereitet in ihrer systematischen Klarheit kaum eine Schwierigkeit. Dennoch ist zu fragen, ob die spontane Plazierung der Begriffe « Heilsgeschichte » auf seiten der menschlichen Person ohne weiteres mitvollzogen werden darf. Der Einwand hebt die von Delp skizzierte Struktur nicht auf, auf die er Wert legt. Gleichwohl muß man die nebenher erfolgten genaueren Zuweisungen der Begriffe im Auge behalten; wegen der daraus möglicherweise entstehenden Schwierigkeiten mag eine weitere Prüfung nötig sein. Jedenfalls verrät Delps Konzeption hier eine gewisse Blässe, die von einem Mangel an Kenntnis und Berücksichtigung konkreter Geschichte bedingt zu sein scheint. Das ganze Gewicht der Überlegung ruht auf den Grundbegriffen. Sie werden klar definiert und in einfach zu durchschauender Struktur miteinander verknüpft. Diese Vereinfachung und Systematisierung geben der Konzeption ihr Profil, lassen sie aber im Blick auf gelebte Geschichte theoretisch verfremdet erscheinen. Delp folgte hier der Tendenz zur Verallgemeinerung und zur Abstraktion. So macht sich auch bei ihm eine gewisse Vernachlässigung der konkreten Geschichte zugunsten ihrer philosophischen Erfassung bemerkbar. Delp liegt offensichtlich daran, das Problem philosophisch bearbeitbar zu machen, d.h. es so vorzubereiten durch Begriffsbestimmung, Erarbeitung eines Vorstellungsmodells usw., daß es philosophisch zu bewältigen ist. Darüber ging notwendig der konkrete Charakter historischer Einmaligkeit verloren. Delps Absicht scheint immer wieder durch, sein Interesse an der philosophischen Erfassung bleibt deutlich erkennbar. Das wirft natürlich auch Licht darauf, wa-

---

[80] Ebd. 156 f.

rum ihm eine exklusiv theologische Sicht dieser Frage zu einer
doppelten Schwierigkeit werden mußte. Einmal eignet sich philosophische Abstraktion wenig, der einmaligen Heilsgeschichte
christlicher Offenbarung Gerechtigkeit widerfahren zu lassen, sie
in ihrer Natur zu bedenken und darzustellen. Dennoch ist Konkretheit hier keineswegs nur als theologische Wirklichkeit zu
betrachten. Denn so käme auch nur ein Zug zur Geltung. Aber
überall, wo es um Geschichte geht, steht diese Konkretheit in
der einen oder anderen Weise zur Debatte. Allerdings besitzt die
Heilsgeschichte in dieser Beziehung unverwechselbare Besonder-
heiten. Ihre Konkretion meint ja nicht einfach einen Einzelfall
unter anderen, eine reale Anwendung eines allgemeinen Gesetzes
unter anderen, sondern den einmaligen Fall, der nach christlicher Auffassung jede Geschichte bestimmt. Die entscheidenden
Daten der Heilsgeschichte präsentieren sich als die Eckwerte
« Schöpfung » und « Erfüllung », Anfang und Ende. Zwischen
ihnen spannt sich mit Zeit und Raum und menschlicher Freiheit
jene Wirklichkeit Geschichte, die dem Nachdenken offensteht
und aufgegeben bleibt. Theologisch zentriert sie sich um « Die
Mitte der Zeit »[81], die Erscheinung Jesu Christi. Heilsgeschichte
ist also im skizzierten Sinn nicht nur an den konkreten « Rand-
phänomenen » ausgerichtet. Wäre das der Fall, der Zwischen-
bereich stünde verhältnismäßig unproblematisch dem philosophischen Bemühen offen. Der Glaube beansprucht aber auch
die Mitte dieser Geschichte zu kennen, der er eine entscheidende
Rolle reserviert, die dem Philosophen fremd ist. Für sein philosophisches Anliegen zieht Delp aus diesem Befund zunächst
eine sehr hilfreiche Folgerung: eine konstruktive Lösung des
Verhältnisses von Welt- und Heilsgeschichte rein aus der Reflexion führt « zu keinem tragfähigen Ergebnis »[82]. Geschichte
und Heil sind positiv zu bestimmen.

Damit will Delp über einen bloß theoretischen Begriff der
Geschichte hinausgelangen, der sich schon bei seinem ersten
Zugang zu der Frage nach Heil und Geschichte als nicht zu-
reichend herausgestellt hatte. Deshalb setzt er neu beim Menschen und seinem Erleben der Geschichte[83] an, d.h. bei der phä-
nomenologischen Erfassung der Wirklichkeit. Nicht theoretische
Kenntnis der Historie also ist angezielt, die methodengerechte

---

[81] Zu diesem Ausdruck vgl. die diskutierte Arbeit von O. Cullmann,
Christus und die Zeit, Zollikon-Zürich ²1948 und die Untersuchung gleichen Titels von H. Conzelmann zur Theologie des Lukas (Tübingen ³1960).
[82] ZEE a.a.O. 157.
[83] Vgl. ebd.

Erforschung vergangener Tatsachen; nach Delp wäre damit die geschichtliche Frage selbst noch nicht einmal gestellt. « Sie geht nicht auf das einzelne historische Ereignis, sondern auf die geschichtliche Ordnung und Verfassung der Wirklichkeit, des Seins als solchen ... ». Sie ist eben « nicht ... eine Frage des interessierten Wissens, sondern des persönlichen Lebensvollzuges » [84]. Mindestens aus heutiger Sicht muß auffallen, daß der Spezialbegriff « Geschichtlichkeit » hier vermieden ist. Sollte Delp bemerkt haben, daß man sich mit diesem bequemen philosophischen Begriff zu einfach aus der realen Schwierigkeit lebendiger Geschichte herausmogelt? Geschichte und Geschichtlichkeit sind nicht identisch. Nun gibt aber das persönliche Leben und nicht allein eine Philosophie dem denkenden Menschen das Problem der Geschichte auf. Sie tritt als Gegenwart und Erlebnis an den Menschen heran, « durch das er sich einbezogen erfährt in die allgemeinen Entwicklungen. Die Auswertung des Geschichtserlebnisses ergibt die ersten grundlegenden Erkenntnisse der geschichtlichen Wirklichkeit » [85]. Diese Erkenntnisse aber drängen die Konfrontation des Allgemeinen und des Persönlichen geradezu auf. Wo Völker und Staaten als die Subjekte der Geschichte gelten, erfährt man Geschichte « als durch ein Ereignis oder eine Tat verursachte Wende oder Verfertigung eines Zustandes, einer Ordnung, einer allgemeinen Haltung » [86], die den Werdecharakter der Welt, ihre Wandlungsfähigkeit und Wandlungsbedürftigkeit enthüllt. Der Mensch existiert unausweichlich in Ordnungen, und diese sind gänzlich auf ihn und sein Existieren ausgerichtet, d.h. erst durch den Bezug auf den Menschen wird ein Ereignis zur Geschichte. Ausdrücklich formuliert Delp den Gedanken: « Der Mensch ist der eigentliche Ort der Geschichte, weil in ihm das Seinsganze sich sammelt und ins Bewußtsein erhoben wird. Geschichte ist wirklich als schöpferische Entscheidung des Menschen, die allgemeingültige Bedeutung erlangt, oder als Ergebnis der Begegnung allgemeingültiger Entwicklungen mit der sie meisternden Entscheidungskraft des Menschen » [87]. Zwei Momente werden von Delp in diesem Satz ganz besonders hervorgehoben; sie sollen über die Wirklichkeit von Geschichte entscheiden: der Mensch als der schlechthin unverzichtbare Bezugspunkt einerseits und seine Willenskraft bzw. seine stellungnehmende Freiheit anderseits. Diese Momente sind wieder in-

---

[84] Ebd.
[85] Ebd. 158.
[86] Ebd. 158 f.
[87] Ebd. 159.

einander verflochten und lassen sich demgemäß nicht isoliert und getrennt betrachten. Die gleiche Realität, von der Geschichte als solche abhängt, kommt in ihnen nur in verschiedener Weise zum Ausdruck: einmal umgreifend und persönlich, damit allerdings auch etwas vage, zum anderen zugespitzt auf jene Fähigkeit und Möglichkeit, die hier in der Mitte steht, aber eben nicht — und das ist der Preis der so erzielten Genauigkeit — die volle Gegebenheit in den Blick kommen läßt.

Wenn demnach gemäß der Beschreibung Delps sich geschichtlicher Wandel schließlich durch menschliche Entscheidung definiert, dann ergibt sich unmittelbar der Verweis auf *Verantwortung* und *Gewissen*. Delp sagt dazu: « Das Geschichtserlebnis enthüllt Geschichte, die geschehentliche Wandlung der Welt, als Anruf an die Einsicht und Entscheidung des Menschen. Auch die erste bewußte Begegnung mit Geschichte endet mit der Heilsfrage, mit der Frage nach der Beziehung zwischen Weltgeschichte und Heilsgeschichte » [88]. Der Ansicht des Autors nach führt also die phänomenologische Betrachtung des Problems von sich aus zu der systematischen *Frage* geschichtlicher Wirklichkeit, zum Appell an die persönliche Entscheidung gegenüber einer Grundordnung und gegenüber dem zu suchenden Sinn [89], nach einer reflexen Verarbeitung des Geschichtserlebnisses unter Einbezug der eigenen Existenz. Zwei Erkenntnisse stehen in der Überlegung Delps am Anfang: Welt ist nicht nur endlich im Sinn von Mangel und Grenze, von Unzulänglichkeit also, sondern auch als die « des Unterwegs, des Nacheinander der Entfaltung, des Aus-einander der ursächlichen Bedingung » [90], d.h. als Möglichkeit und Chance für den Menschen, etwas zu tun und zu schaffen. Eine durchaus positive Perspektive tut sich hier auf. Und doch zeigt sich in Delps Sicht zugleich, « daß Geschichte wesentlich Daseinsweise nur eines Endlichen sein kann und diese Grenze nie überstiegen wird. Das Vollkommene, Fertige, einfachhin Seiende kennt keine Geschichte, weil es keine Wandlung verträgt » [91]. Diese Annahme besitzt im Denken von Delp einen selbstverständlichen Platz; philosophisch-systematisch läßt sich gegen sie auch kaum ein durchschlagendes Argument vorbringen. Theologisch allerdings versucht man in neuester Zeit auch diese An-

---

[88] Ebd. 160.
[89] Vgl. ebd. den Unterabschnitt: Die geschichtliche Wirklichkeit: Grundgesetze und Sinn. Es handelt sich um den umfangreichsten Abschnitt des gesamten Beitrags, a.a.O. 160-166.
[90] ZEE a.a.O. 160.
[91] Ebd.

nahme einer Überprüfung zu unterwerfen, sie zu diskutieren und in ganz anderem Sinn zu deuten[92]. Für Delp ist sie Voraussetzung jener Spannung, in der ein Mensch als geschichtliches Wesen existiert, d.h. diese Annahme unterbindet für ihn nicht Geschichte, sondern ermöglicht sie. Der Mensch lebt geschichtlich, strebt dabei über Geschichte hinaus und entscheidet sich auf dieser Linie absolut, ohne darum allein mit seinen Kräften über die historische Bedingtheit hinausgelangen zu können. Aber die absolute Entscheidung hat trotzdem Sinn und ist nicht zur Absurdität verurteilt. Ihre Erfüllung muß von woanders herkommen. Die Verwirklichung des Menschen innerhalb geschichtlicher Bedingtheiten führt so von ihrer Seite zu einem wichtigen Ergebnis: zur Offenheit für jene Erfüllung von woanders her, für jene Absolutheit, die der Mensch in seiner Entscheidung will und setzt, ohne sie dadurch selbst realisieren zu können. Man würde wünschen, daß Delp im Horizont von Heilsgeschichte an dieser Stelle noch weitergefragt hätte. Anderseits ist seine Formel konsequent und in ihrer Weise auch klar. Geschichtlicher Wandel ist nach dieser Auffassung von Raum und Zeit bedingt, die als ursprüngliche Formen materiellen Seins verstanden sind. So gilt die Feststellung: « Geschichte ist Daseinsweise materieller Wirklichkeit »[93], allerdings unter Voraussetzung eines planenden und entscheidenden Geistes, d.h. sie « ergibt sich als Daseinsweise des Menschen »[94]. Die bekannte Formel K. Rahners « Geist in Welt »[95] ist in diesem Gedanken Delps etwas abgewandelt. Ausdrücklich spricht Delp vom Menschen als « Geist in Stoff »[96] und nimmt zugleich den Begriff « Geschichtlichkeit » als solchen in seine Betrachtung hinein. Geschichtlichkeit ist ihm hier jene Sonderform der Endlichkeit, die menschliche Geschichte ermöglicht, also allgemeine metaphysische Verfassung, aus der sich die Eigenart geschehender Geschichte ergibt. Endlicher Geist — dieses Stichwort meint die Sicht des Ganzen im Teil und vom Teil her[97]. In Delps Worten: « als Ergebnis den Bei-

---

[92] Zum Gedanken des Werdens Gottes vgl. etwa H. Mühlen, Die Veränderlichkeit Gottes als Horizont einer zukünftigen Christologie, Münster 1969; H. Küng, Menschwerdung Gottes, Freiburg/Br. 1970; E. Jüngel, Gottes Sein ist im Werden, Tübingen 1976; ders., Gott als Geheimnis der Welt, Tübingen ²1977; u.a.

[93] ZEE a.a.O. 160.

[94] Ebd. 161.

[95] Innsbruck 1939; 2. Aufl. München 1957 (bearb. v. J. B. Metz).

[96] ZEE a.a.O. 161.

[97] Vgl. etwa H. U. v. Balthasar, Das Ganze im Fragment. Aspekte der Geschichtstheologie, Einsiedeln 1963.

trag, als Erkenntnis die Perspektive, als Tätigkeitsart den Dialog, den Austausch und Zusammenstoß der Beiträge und Perspektiven » [98], in allem also das Begrenzte, das über sich hinausweist.

Delp hält allerdings auch in diesem Zusammenhang Ermöglichung und Wirklichkeit genau auseinander: « Geschichtlichkeit
ist eine metaphysische Ordnung des innerweltlichen Seins, die
Geschichte aber ist eine Tatsachenordnung » [99]. Manches Mißverständnis wäre vermeidbar gewesen, hätte man seither immer
so deutlich zwischen Geschichtlichkeit und Geschichte differenziert wie es Delp hier tut. Aber schon er selbst scheint nicht
immer auf diesen Unterschied so geachtet zu haben, wie es nötig gewesen wäre. Nur so aber wird die Einmaligkeit, die reale
Konkretheit der Geschichte überhaupt wahrgenommen, erste Voraussetzung dafür, daß man sie und nicht etwas anderes bedenkt.
Delp versucht es, wenn er die Unumkehrbarkeit der Geschichte
betont: « die Geschichte ist als Fortgang des innerweltlichen
Wirklichen nicht umkehrbar [100], sie ist ‘ Zeit ’, und das heißt
steter Fluß, Nacheinander, Unterwegs als Vorwärts » [101]. In dieser Unumkehrbarkeit bestimmt Geschichte die Ordnung der Tatsachen, die ihrerseits wieder Geschichte bedingen und vor allem
das Leben des Menschen « in bestimmte Richtungen weisen, ihm
bestimmte Aufgaben zuweisen und bestimmte Entscheidungen
fordern » [102]. Die Bestimmtheit käme demnach von den Tatsachen.
Das wiederholt und betont gebrauchte Adjektiv « bestimmt »
soll jedoch keinen irgendwie unterschwellig wirksamen Determinismus aussagen, sondern auf den bindenden und verpflich-
tenden Charakter der Begegnung mit den Tatsachen aufmerksam
machen. An ihnen soll sich die menschliche Freiheit in ihren
Entscheidungen bewähren. Diese hat eben ganz und gar nichts
mit Willkür zu tun. Der Mensch braucht Weisung und Gegenstand, Dialog und Tradition, d.h. den Zusammenhang von Geschichte, um sich zu orientieren und dann eigenverantwortlich
zu entscheiden.

Erst vor dieser Aufgabe bricht für Delp « die Sinnfrage an

---

[98] ZEE a.a.O. 161 f.

[99] Ebd. 162.

[100] Heute benutzt man dafür gewöhnlich in spezieller Bedeutung den
Begriff « Irreversibilität » (irreversibel), wie ihn K. Rahner in Überlegungen zur christlichen Lehr- und Rechtsentwicklung ausgebildet hat; vgl.
z.B. « Über den Begriff des ‘ ius divinum ’ im katholischen Verständnis »,
in: STh V (²1964) 249-277.

[101] ZEE a.a.O. 162.

[102] Ebd. 163.

die Wirklichkeit der Geschichte »[103] in dreifacher Eingrenzung der menschlichen Freiheit auf. Sie ist zunächst beschränkt durch die eigene Endlichkeit, dann durch die ethische Bindung des Menschen, schließlich durch die erwähnten sachlichen Ordnungen der Dinge. Dennoch steht der Mensch in seiner so bedingten Welt als Gestalter der Dinge[104] dar, als Verantwortlicher. Damit « ist innerhalb der Geschichte genauso ursprünglich Freiheit, Verständnis und Entscheidung gefordert. Die Spannung Notwendig-Freiheit ist eine echte Kategorie der Geschichte ... »[105].

Diese Kategorie spiegelt noch einmal das merkwürdige Doppelantlitz der Geschichte selbst. Delp entfaltet die Kategorie aus den feststehenden und aus den sich wandelnden historischen Gegebenheiten. Dabei entdeckt er, daß die Sinnfrage an die Geschichte vom Sinn des Wirklichen her beantwortet werden muß. Das Wirkliche ist dabei als die gesamte Realität ohne irgendeine Einschränkung verstanden. Die Frage stellt sich: Wie vermag der Mensch sich als geistiges und damit über den Wandel hinauszielendes, ihn übersteigendes Wesen zu verwirklichen, wenn Geschichte Daseinsweise des Endlichen ist? Sie kann ja nicht selbst *letzter Ort* seiner Vollendung, d.h. seines Heiles sein. Delp schreibt: « Sie ist ein Raum echter Bindungen, aber sie ist nicht der Raum des Heiles »[106]. In anderen Worten: der Mensch verwirklicht sich selbst, indem er die so charakterisierte Geschichte übersteigt und zwar nicht nur möglicherweise, sondern letztlich notwendig. Im Licht dieser Notwendigkeit erhält das Verhältnis von Welt- und Heilsgeschichte eine neue Qualität, unbeschadet aller philosophischen und theologischen Auseinandersetzung mit der Geschichte. Die notwendige Zuordnung hat nach Delp ihren Grund « darin, daß Geschichte eben die Daseinsweise eines Wirklichen ist. Sinn des Wirklichen ist aber zutiefst der seinsmäßige Nachvollzug des Absoluten »[107]. Gibt man Delp dieses Prinzip zu, dann versteht sich ohne weiteres, wie auch innerhalb begrenzter Verhältnisse sich das Unbegrenzte durchzusetzen sucht, sich der Möglichkeiten bedienend, die nun einmal zur Verfügung stehen. Auf diese Weise läßt sich in der endlichen Wirklichkeit die Spur des Absoluten aufdecken, mag diese auch äußerlich gesehen den Strukturgesetzen innerweltlicher Endlichkeit verbunden sein. Trotzdem entfaltet sich eben

---

[103] Ebd. 164.
[104] Vgl. ebd. 164.
[105] Ebd. 164.
[106] Ebd. 165.
[107] Ebd.

unter diesen Bedingungen das Bild Gottes nach-einander und
aus-einander. Dieses Bild zwingt sich natürlich dem Betrachter
nicht auf. Es handelt sich letztlich um eine Einsicht, die einem
Geheimnis gilt. Darum folgert Delp zusammenfassend: « Das
letzte Geheimnis der Geschichte liegt in jenem Gesamtbild der
Welt verschlossen, das vor Gottes ewigen Augen stand, als er
die Welt auf ihren weiten Weg durch die Geschichte entließ » [108].

Immerhin, die Spuren kann der Mensch auch so entdecken,
sie liegen vor seinen Augen. Wie er sie dann deutet, ist eine
andere Sache. Zu einem Teil bildet sein Leben und sein Erfahren ein direktes Stück solchen Erfassens. Es ist ihm deshalb
möglich, wenn er von diesem Stück ausgeht, sich mit der Geschichte und ihrem Sinn im ganzen auseinanderzusetzen. Dabei
rührt er zugleich an jene Verbindungen und Zusammenhänge,
die sich ihm nur weltanschaulich erschließen und die ihn zwingen, über das rationale Bemühen hinauszugehen, das sich ihm
hier als vorläufiges Stückwerk zu erkennen gibt. Aber nicht nur
formal zwingt Geschichte den Menschen zu solchem Schritt
über seine rationalen Möglichkeiten hinaus; « auch der inhaltliche Sinn der Geschichte ist nicht das Heil des Menschen als
die Endvollendung des einzelnen, sondern die Entfaltung der
durch das schöpferische Wort Gottes mitgegebenen Ordnung
der Bildlichkeit und für den Menschen der Dienst unter dem
Gesetz der Bildlichkeit » [109]. Was Delp in diesem etwas verschach-
telten Gedanken sagen will, verlangt noch eingehendere Überprüfung und Diskussion. Nur so sind Mißverständnisse fernzu-
halten, die sich vom Kontext her nahelegen, in dem Delp diese
Bemerkungen formuliert hat. Allerdings braucht der Beitrag
nicht eigens verteidigt zu werden; denn Delp selbst sucht sofort
die Rolle der « Situation » weiter zu klären und läßt damit ein
Problembewußtsein erkennen, das viel tiefer greift als der mögliche Einwand.

d. « Situation »

Auf die Frage ist besonders einzugehen, weil sie in zuge-
spitzter Weise noch einmal das Problem von « Weltgeschichte
und Heilsgeschichte » akut werden läßt. Allgemein bedeutet das
Wort « Lage », « Gegebenheit », « Vorausgesetztes ». Kurzum, es
geht um die Tatsache, daß nichts in der Welt so betrachtet werden kann, als beginne es voraussetzungslos beim Punkt Null,

---

[108] Ebd.
[109] Ebd. 165 f.

als stünde es isoliert und beziehungslos in der Wirklichkeit.
Es ließe sich gar von einem unausweichlichen Gesetz der Verbindung in Vergangenheit und Gegenwart sprechen. Situation
meint also, daß alles in ein Netz einbezogen ist, dessen Fäden
in verschiedene Richtungen laufen. Doch um solch eine Beschreibung ist es Delp nicht zu tun. Er will vor allem einen Zug
herausstreichen und festhalten: *Geschichte ist nicht umkehrbar.*
Sie verläuft in einer bestimmten Bahn. Erkennbarer Grund dafür ist das zeitliche Unterwegs auf einen dem Menschen « zwar
verschlossenen, aber trotzdem tatsächlich vorgegebenen Endzu-
stand der Wirklichkeit » hin, anders ausgedrückt: daß « Zeit
eine eindeutige Bewegungsrichtung meint » [110]. Nostalgische und
romantische Orientierung am Bild eines « goldenen Zeitalters »,
das für immer einen Idealzustand vor Augen stellt, ist damit
hinfällig. Delp hält sich stattdessen an das viel zitierte Ranke-
wort von der Unmittelbarkeit jeder Epoche zu Gott, ein Satz,
der allerdings nicht Ergebnis bloßer Geschichtsbetrachtung ist. [111]

Zwei Fragen ergeben sich für Delp aus diesem Grundsatz.
Zunächst die, welche mit der simplen Projektion der Idee eines
goldenen Zeitalters aufgeworfen ist, weil sie im Grunde das
Problem eines Fortschrittsoptimismus mit umgekehrtem Vorzeichen stellt. Menschliche Entscheidung, der Wille zum Guten
und zu eigener Verantwortung sind durch den Determinismus
ebenso entwertet wie durch ein unentrinnbares Gesetz des Ver-
falls und des Niedergangs, bzw. des Aufstiegs und des Fort-
schritts. Als Antwort steht Delps Verweis auf die Kreatürlichkeit; sie läßt keine endgültige Erfüllung im Horizont von Raum
und Zeit zu. Deshalb kann des Menschen wirkliches Heil nicht
in der Geschichte gesucht werden. Kreatürlichkeit bedeutet überdies *Setzung*, und die wirkt sich als Gesetz aus. « Gehorsam und
Dienstbarkeit sind die daraus sich ergebenden Haltungen » [112],
stellt Delp fest und verweist damit auf das Gegenüber, dem
diese Haltungen gelten. So antwortet der Mensch einem anderen
auf die innergeschichtliche Bindung durch formales Gesetz und
inhaltliche Seinsordnung. Ob er es zugibt oder nicht, hier ma-
nifestiert sich die Bindung des Menschen an Gott. Das ist seine
« Situation ».

Doch die Geschichte stellt den Menschen in je neue Lagen,
« Situationen », in denen er sich entsprechend den konkreten

---

[110] Ebd. 166.
[111] Vgl. L. v. Ranke, Über die Epochen der neueren Geschichte, Stuttgart 1954, 7.
[112] ZEE a.a.O. 167.

Umständen verhalten soll. « ' Situation ' bedeutet ja gerade die
Fügung der Umstände zum Anruf an die menschliche Entscheidung » [113]. Diese nimmt doppelten Charakter an in der Geschichte,
denn sie kann sich als alles bestimmender Grundakt oder aber
als je neue Einzelentscheidung akzentuieren; sie ist auch Entscheidung zu den formalen Bindungen, zur transzendenten Ordnung und die Meisterung der Situation [114]. « Der Vollzug der
ethisch-religiösen Bindung muß in der Meisterung der Situation
geschehen » [115], so faßt Delp den Gedanken knapp zusammen.
Zwei Fehlentscheidung werden damit möglich, doch braucht
darauf nur hingewiesen zu werden: Verfehlung der ethischen
Entscheidung und falsche Verwirklichung der Sachentscheidung.

Für den Sinn des Delpschen Geschichtsbildes folgen aus dieser Betrachtung der Situation in ihrer Bedeutung für Mensch
und Geschichte zwei Ziele. Einmal muß der der Geschichte eigene Weg gegangen werden bis hin zur Aufhebung der Geschichte, dann soll der Mensch sich in dieser Geschichte finden und
bewähren. « Die Geschichte ist so für den Menschen immer
' Situation ' » [116] unterstreicht Delp noch einmal. Ihr Sinn ist
nicht zuerst ein persönliches Heil des Menschen, sondern die
Verwirklichung des Seins im ganzen. Nur darin bietet sich dem
Einzelnen Gelegenheit, « er selbst zu werden, um dann endgültig das zu bleiben, was er in der Geschichte geworden ist. Die
innergeschichtliche Lage des Menschen ist kein Anzeichen für
den Endwert » [117]. Wie Delp an dieser Stelle differenziert, wird
der unbefangene Betrachter nur schwer nachvollziehen können.
Und doch ist dieses Unterscheiden aus sachlichen Gründen nicht
zu vermeiden, mag es dann auch immer wieder von Vernachlässigung und Vergessen bedroht sein und je neu als Aufgabe an-
stehen. Die Bedrohung belegt nur auf ihre Weise, daß die Situation innergeschichtlich bedingt bleibt und innergeschichtlich
zu überschreiten ist. Delp fragt sich, ob seine Feststellung tatsächlich die Frage beantwortet: « die Geschichte bietet dem
Menschen zu seiner Vollendung nur die Möglichkeit » [118]. Das
klingt, als ginge sie sonst ihren eigenen Weg notfalls auch über
das Ziel des Einzelnen hinweg.

Tatsächlich erscheint Geschichte in diesem Sinn nicht sel-

---

[113] Ebd.
[114] Ebd. 168.
[115] Ebd.
[116] Ebd. 169.
[117] Ebd. 170.
[118] Ebd.

ten als rücksichtslos [119]. Sie geht vielfach über den Menschen
und seine Verwirklichung einfach hinweg. Und doch hat er
sich — auch gegen sie — aus seiner eigenen Mitte zu entscheiden. Klafft nicht sogar gewöhnlich zwischen der Selbstverwirk-
lichung des Menschen und dem sozusagen objektiven Lauf der
Geschichte diese Kluft, die den Widerstand herausfordert? Diese
Frage hat nur zu viele Anhaltspunkte an den tagtäglichen Erfahrungen. Widersprechen sich nicht beide in aller Regel so,
daß an dem sich darin abzeichnenden Sinnkonflikt Welt und
Mensch feindlich auseinanderzufallen, ihre kreatürliche Zusam-
mengehörigkeit und Aufeinanderverwiesenheit zu zerbrechen dro-
hen? Geschichte und Mensch — stehen sie nicht eher im Kampf,
der nur in einem Entweder-Ober entschieden sein wird?

Delp tastet sich an eine Lösung heran, indem er zunächst
das Heil des Menschen in christlicher Sicht zu präzisieren sucht,
damit klar ist, wovon gesprochen wird. Er erinnert an die frühere Aussage: « das *Heil* des Menschen liegt *außerhalb* der Geschichte » [120]. Wie aber schaut unter dieser Voraussetzung Geschichte aus, in der das Heil allein erreicht werden kann, soweit
immer der Mensch dazu fähig ist? Was bedeutet schließlich dieses Bild für die Geschichte überhaupt, für die Geschichte der
Welt? Wieder geht Delp mit einer Unterscheidung vor. Er sagt,
der Mensch habe seiner ursprünglichen Seinsverfassung entsprechend eine doppelte Ordnung zu bestehen, die der innerweltlichen Geschichte und die des definitiven Endes [121]. Aber beide Ordnungen sind wieder miteinander verklammert, so daß menschliche Existenz ihnen in ein und demselben Leben gerecht zu werden hat. In Delps Worten hört sich das so an: Der Mensch « muß
die Geschichte meistern in der transzendenten Treue und ist
durch diese gebunden in die Sachtreue, und er muß die Geschichte verlassen, weil sein Heil außerhalb der Geschichte liegt.
Das Verlassen der Geschichte aber und der Weg zum Heil geht
durch das Tor des Todes » [122]. Mit dem Stichwort « Tod » ist
schließlich der Punkt benannt, an dem sich das Verhältnis von
Welt- und Heilsgeschichte konzentriert und auch löst. Was aufgegeben wird, was verlassen wird, verliert weder Sinn noch Wert
noch Notwendigkeit. Es wird verloren entsprechend seiner endlichen Natur, es wird umgewechselt auf die neue Stufe des Seins
entsprechend seinem Wert. Denn für den Menschen gilt aus-

---

[119] Vgl. A. Delp, Vertrauen zur Erde, in: ZEE a.a.O. 219.
[120] ZEE a.a.O. 171.
[121] Vgl. ebd.
[122] Ebd.

nahmslos: « Was er in der Geschichte wurde, das ist er dann endgültig, aber jenseits und außerhalb der Geschichte »[123], die sich damit als Vorläufigkeit von Ewigkeitsbedeutung erweist. Distanznähe, gespannte Bindung, überlegene Treue lauten Delps bezeichnende Begriffe für diesen Zusammenhang. Geschichte besitzt eben übergeschichtlichen Sinn.

Unsere Welt kennt nun über diese ursprüngliche Ordnung hinaus — so nach der Darstellung Delps — noch das zweite Wort der Offenbarung in Jesus Christus, den Ruf in die Gottunmittelbarkeit schon hier und jetzt, jedoch zugleich im Blick auf eine ewige Lebensgemeinschaft. Zuvor führte jeder Weg eines Menschen zu Gott einzig über die Vermittlung der geschaffenen Dinge, die der Mensch in der rechten Weise zu nutzen hatte. In der christlichen Offenbarung scheint dieser Weg auf ganz eigentümliche Weise überholt und aufgehoben zu sein. Zwar ist er nicht einfach ausgeschaltet, wohl aber ist er gerade in seiner Vermittlungsrolle relativiert. Zuvor war Gott nicht direkt und eindeutig benennbar in der Geschichte anzutreffen; von einem unmittelbaren Eingreifen läßt sich nur analog reden. Erst die « Tatsache des Übernatürlichen ist es, die die früheren Überlegungen über das Verhältnis Geschichte — Heil noch einmal in Frage stellt. Dem Menschen ist *von Gott her*, aus seiner freien Setzung, ein neues Heil bestimmt, die Gottesbegegnung der Gottunmittelbarkeit »[124]. Der eindeutige Name Gottes ist jetzt der Jesu Christi. Folgt man dieser Darstellung, ohne eigens auf die mit ihr gegebenen Einzelprobleme Rücksicht zu nehmen, dann ergibt sich die Frage, wie sich die Geschichte nun zu diesem neuen Heil des Menschen in Unmittelbarkeit zu Gott verhält. In gewisser Weise scheint sie ihre Vermittlerrolle eingebüßt und an Jesus Christus verloren zu haben. Ist sie nicht in eschatologischer Perspektive überflüssig geworden? « Scheiden sich Geschichte und Heil nun nicht endgültig? », fragt Delp. Dem ist hinzuzufügen: Hinge solche Scheidung nicht gerade an einem *Gegenwart*smoment, an einem Eingreifen, das alle geschichtliche Dauer überholt und entwertet, indem es solche endliche Dauer gewissermaßen zusammenpreßt und in ein punkthaftes Geschehen zusammenzwingt? Die Scheidung zwischen Geschichte und Heil wäre dann letztlich darin begründet, daß Heil nicht mehr in der Geschichte *wird* — wie im einzelnen das auch immer genauer zu deuten sein mag —, sondern unabhängig von der Zeit von

---

[123] Ebd.
[124] Ebd. 172.

außen her verliehen wird. Die Situation des Heils als ausschließliches Situiertsein durch eine übergeschichtliche Macht entschie-
de über das Heil — im Widerspruch zur Geschichte des Menschen und zu ihren Bedingungen, die nur noch als Hindernisse
gegen das Heil in Rechnung gestellt werden könnten. Delp sieht
auch in dieser Konzeption die ' particula veri ', wenn er sagt,
die neue Ausrichtung des Menschen sei übergeschichtlich, « geistiges Sein und damit aus sich der Geschichte nicht fähig. Und
trotzdem ist das Heil geschichtlich wirklich und wirksam, und
trotzdem gibt es eine echte Heilsgeschichte » [125].

Dieses « trotzdem » Delps mag nach den vorangehenden Gedanken verwundern. Wie ist es möglich und denkbar? Denn mit
der bloßen Behauptung kann es ja nicht getan sein. Zunächst akzeptiert Delp die alternative Form der Behauptung nur für die
literarische Darstellung, nicht dagegen für die realen Verhältnisse. Der Gegensatz erweist sich als nuancierter. Deshalb kann
es sich für Delp auch nicht um grundsätzliche Aufhebung der
Geschichte durch die christliche Offenbarung handeln. Das Gesetz der Geschichte bleibt durchaus für die Erscheinung Jesu
in Kraft und bietet sozusagen den Rahmen und Hintergrund
für das direkte Heilswirken Gottes. Der erste Sinn des Gedankens der Heilsgeschichte meint deshalb « die Abfolge der innerhalb der Geschichte geschehenden besonderen Eingriffe Gottes
zur Vorbereitung dieser neuen Heilsordnung » [126]. Konkret schlägt
sich diese Abfolge in den Texten und Zeugnissen des Alten Testa-
mentes nieder. Delp zieht den Gedanken dann aus: « Die Träger
und Objekte dieser göttlichen Sonderführung bleiben außerhalb
der Geschichte und ihr verhaftet. Was hier sich andeutete, wurde
für die endgültige Heilsordnung Gesetz. Die Geschichte wurde
nicht nur die Daseinsweise der jeweiligen Träger besonderer
Anrufe, sie wurde die Daseinsweise der Heilsordnung selbst.
Die *Heilsbegründung* geschah innerhalb der Geschichte und als
geschichtliches Ereignis. Die *Heilsverkündigung* geschieht innerhalb der Geschichte und als geschichtlicher Vorgang. Die *Heils-
vermittlung* und *Heilsentscheidung* geschieht innerhalb der Geschichte als geschichtliches Geschehen und in geschichtlichen
Kategorien » [127].

Das Zitat formuliert in sehr komprimierter Weise das Anliegen Delps. Vielleicht folgte er dabei einem Impuls zum Sy-

---

[125] Ebd. 173.
[126] Ebd.
[127] Ebd. 173 f.

stematisieren, der sich in dem Dreischritt der gleich gebauten Schlußsätze ausspricht. Die Begründung wird an ein Ereignis gebunden, d.h. an ein momentanes Geschehen, an konkrete Gegenwart, während Verkündigung und Vermittlung sich als andauernder Vorgang, also prozeßmäßig durchsetzen. Die Entscheidung schließlich präsentiert sich erneut punktuell. Die relative Dauer von Verkündigung und Vermittlung kann nun nicht in der erwähnten Begründung des Heils wurzeln, sondern hängt von Existenz und Existenzbedingungen des Adressaten ab, d.h. aber von Faktoren, die dem Heil selbst äußerlich bleiben. Auf das Heil gesehen ist ein *Wort*charakter für die Verkündung und Vermittlung entscheidend, ein weiterer Aspekt, an dem das aktuelle Moment vorherrschend ins Gewicht fällt. Vermittlung und Entscheidung vom Heil aus betrachtet, verwirklichen sich als Tat, als Tun. Das ist trotz der von Delp gewählten Ausdrucksweise nicht zu übersehen. Im Rückblick auf das Christusereignis als Ursprung des Heils findet das ein zusätzliche. Bestätigung. Denn darin ist gewissermaßen gegenwärtig punktuell die Ordnung des Zusammenhangs gestiftet, « die sich als echte Geschichte verwirklicht » [128]. Dennoch bleibt die Frage offen: « Wurde hier eine Geschichte in oder neben der Weltgeschichte gestiftet? Sind die beiden Geschichten nicht nur Fremdling, die sich zufällig treffen und zufällig das gleiche Kleid der geschichtlichen Daseinsweise tragen? » [129]

Delp zögert nicht mit der abschließenden Antwort, wenn er in unverkennbarer Deutlichkeit sagt: « Es gibt nur *eine* Geschichte, die der Schöpfung. Die Grundtatsache der christlichen Heilsgeschichte ist die Menschwerdung Gottes ... Die ganze christliche Heilsgeschichte, die Zusammenhangsordnung mit Christus in all ihren Erscheinungsformen wird echte Geschichte sein als Incarnatio [130], als Einfügung in die Geschichte der geschaffenen Welt » . [131] Also darf letztlich nicht von Überwindung der Geschichte gesprochen werden; vielmehr geht es um Sinngebung für die eine Geschichte, um Darstellung des Gottesbildes in dieser einen Geschichte vermittels immer neuer Situationen, in denen der Mensch Gott begegnen und sich selbst bewähren soll. Je mehr sich der Mensch Christus und seiner Ordnung annähert,

---

[128] Ebd. 174.

[129] Ebd.

[130] Zu diesem Gedanken vgl. die Untersuchung von B. Besret, Incarnation ou Eschatologie? Contribution à l'histoire du vocabulaire religieux contemporain 1935-1955, Paris 1964.

[131] ZEE a.a.O. 174.

desto größere Chancen hat er, das angezeigte Ziel auch zu erreichen. Was liegt also an der Geschichte? Wird sie nicht durch den Rückbezug auf Jesus Christus relativiert, weil sich an ihm gegenwärtig-überzeitlich alles entscheidet? Dauer ohne Sinn wäre die Folge, Irdisches in Raum und Zeit ohne jedes wirkliche Gewicht.

Noch einmal steht Delp hier am Schluß vor jener Schwierigkeit, deren Lösung ihm schon seit dem Briefwechsel mit Thieme aufgegeben war und in der er sich entschieden von seinem Briefpartner abgesetzt hatte. Allerdings stellt sich das Problem jetzt aus der Sache heraus. Hier ist er nicht mehr Partei und hat sich nicht mehr auf Angriff oder Verteidigung einzustellen. Ihm persönlich liegt die Vermittlung von Welt- und Heilsgeschichte am Herzen. Einem solchen Versuch aber scheinen beide nachdrücklich zu widerstehen, so daß die Alternative des Entweder-Oder hier schließlich trotz allen Widerstrebens die einzige Antwort böte. Die widersprüchliche Tendenz ist nicht zu bestreiten. Dennoch stellt sie nur eine höchste Spannung dar, deren Sinn nicht die Trennung, sondern eine höhere Einheit ist. Deshalb ist der alternativen Deutung entschieden zu widerstehen.

Zöge man aus der Geschichte aus, erklärte man die Weltgeschichte hier und Heilsgeschichte dort für unvereinbar, dann würde man im Grunde auf jedes Verständnis verzichten. Erst eine neue Bemühung, die positive Zuordnung beider, das innere Miteinander von Geschichte und christlichem Heil zu erfassen, läßt ahnen, worum es geht, läßt erfahren, was es in diesem Punkt um die Verantwortung des Menschen für Heil und Geschichte auf sich hat. Delp nennt die zwei Voraussetzungen für das Heil: die Offenheit der Kreatur für weitere Anrufe und schöpferische Eingriffe Gottes und die Entscheidung der Kreatur zu Gott. In diesem Sinn wurde Geschichte als Daseinsweise der endlichen Wirklichkeit nie widerrufen, « auch durch die Tatsache Christus und seiner neuen Ordnung nicht. Im Gegenteil: In-carnatio besagt ja gerade den Weg in die Geschichte und die Übernahme der Geschichtlichkeit »[132]. Christus selbst geht in die Geschichte, geht deren Weg mit. Geschichte bleibt in Kraft als Prinzip der Entwicklung, ja ihre Zuständigkeit ist noch gewachsen. « Sie hat das Recht, die Daseinsweise der gesamten innerweltlichen Wirklichkeit zu sein, auch der Setzungen und Aufträge, die Christus um des Heiles willen in der Welt gestiftet hat »[133].

---

[132] Ebd. 176.
[133] Ebd.

Sinn der Heilsgeschichte bleibt das Heil, nicht die Geschichte. Sinn der Geschichte « ist also auch in der Ordnung des Heiles nicht das Heil, sondern die Herausbildung jeweils neuer Möglichkeiten, sich zum Heil zu bewähren ... » [134]. In dieser Sinngebung treten beide natürlich nicht in Konkurrenz, machen sich für den Menschen den Platz nicht streitig. Vielmehr wird so deutlich, wie der Mensch mit beiden seine Existenz auf das Heil hin leben kann und muß. « Glück und Heil sind vom Menschen her auf seine Fertigkeit gestellt, die Geschichte zu begreifen, zu leisten, zu meistern und das ganze Sein zu sehen » [135]. Mit dieser Aussage schließt Delp seine Darstellung des Verhältnisses von Welt-und Heilsgeschichte. Gewiß, in der Realität des Alltags verwirrt sich das Zueinander durch die Verworrenheit der Welt, weil des Menschen Irrtum und Bosheit den Weg der Welt hindert zu ihrem Ende im Sinn von Vollendung. Dennoch gilt: « innerhalb der Geschichte kann dem Christen nichts Endgültiges geschehen außer seiner Untreue und seiner Kleinheit, die dem Ganzen nicht gewachsen wäre. Der Weg zum Heil ist aber niemals der Weg aus der Geschichte vor dem endgültigen Abruf im Tod, sondern die Bewährung innerhalb der Geschichte. Geschichte ist eine echte Kategorie des Wirklichen, und das ganze Wirkliche ist es, das dem Herrn begegnen soll, nicht eine verlassene oder verratene oder verstümmelte oder vergessene Wirklichkeit. » [136]

Die Geschichte hat von Gott den Auftrag mitbekommen, die Schöpfung zu vollenden und für den Menschen Ort der Entscheidung zu sein. « Geschichte wird so zur Frage an die Menschen, ob sie ihrem Heil gewachsen, ob sie den übergeschichtlichen Sinn der Geschichte und die innergeschichtliche Leistung des Heils begriffen haben, ob sie groß genug sind für das Ganze. » [137] Mit diesen Worten endet Delps Überlegung zu Weltgeschichte und Heilsgeschichte und endet auch seine Mitarbeit an den « Stimmen der Zeit », da die Zeitschrift nicht weiter erscheinen konnte [138].

e. Zusammenfassung

Die drei hier vorgestellten Beiträge Delps aus den Jahren 1937, 1939 und 1941 belegen zunächst sein anhaltendes und ern-

---

[134] Ebd. 177.
[135] Ebd. 178.
[136] Ebd.
[137] Ebd. 179.
[138] Vgl. dazu 3. Kapitel Anm. 5 und dieses Kapitel Anm. 2.

stes Interesse am Problem der Geschichte. Er geht ihm — wie sich gerade Gelegenheit bietet — in verschiedenen Richtungen nach und bezieht dabei auch andere Aspekte mit ein. Das Referat seiner Überlegungen läßt trotz aller Verschiedenheiten so etwas wie eine gemeinsame Grundlinie erkennen. Sie bewährt sich in den Anfragen, die die Gegenwart an Delp richtet und auf die er unmittelbar zu antworten sucht. Sie klärt sich aber auch selbst in diesen Bemühungen; ihre Grenzen treten deutlicher zutage, ihre Möglichkeiten konturieren sich, der Gedanke der Geschichte differenziert sich und nuanciert sich für Delp. Vor allem in der Überlegung zu Weltgeschichte und Heilsgeschichte wird die Gegenwart als geschichtliche Aufgabe des Menschen nicht nur philosophisch thematisch. Wie schon im Briefwechsel mit Thieme muß sich Delp hier auf den religiösen Aspekt einlassen, auf jene neueren Positionen, die ein philosophisches Bedenken des Problems der Geschichte für aussichtslos halten, weil ihnen nur eine Theologie der Geschichte wirklich aufschlußreich erscheint. Diese Versuchung war damals durchaus verbreitet; sie dürfte seither noch Anhänger gewonnen haben. Delp setzt sich damit auseinander und gelangt zu der Überzeugung, daß es gerade im Licht der christlich-jüdischen Offenbarung eine echte Möglichkeit, ja eine Verpflichtung zu einer Philosophie der Geschichte gibt. Sie klärt Möglichkeiten, Bedingungen und den Sinn innerweltlicher Wirklichkeit in durchaus eigenständiger Weise. Damit bietet sie einen Ansatzpunkt für den Dialog über die Grenzen des Christentums hinaus, ein Dialog, der in rechter Weise geführt, Zugang zu einem Verständnis der Glaubensbotschaft erschließen kann.

Was noch fehlt, ist eine zusammenhängende Darstellung einer solchen Philosophie der Geschichte. Trotz der Kürze seines Lebens hat Delp Gelegenheit gefunden, einen solchen Versuch vorzulegen in dem kleinen Bändchen « Der Mensch und die Geschichte ». Auf diesen Versuch müssen wir im folgenden Kapitel eingehen. Die Mitarbeit an den « Stimmen der Zeit », wie sie in den drei hier vorgestellten Artikeln charakterisiert wurde, hat die nötige Vorbereitung ermöglicht.

5. GESCHICHTE UND MENSCH

Die Untersuchung « Weltgeschichte und Heilsgeschichte »[1] rührte eine Frage an, die im II. Weltkrieg unartikuliert viele Menschen bedrängte und deren Behandlung ein entsprechend nachhaltiges Echo weckte. Delp hatte in diesem Text auch die eigenen Einsichten aus einer langen Beschäftigung mit dem Problem geordnet und zusammenhängend zu skizzieren versucht. Aber die Not dieser Jahre verlangte eine breitere Darstellung, die eingehender Klärung und Hilfe bot. Mehr und mehr Zeitgenossen standen auch persönlich vor der Frage nach dem Warum und Wozu des Geschehens, nach Sinn und Grund der Vorgänge, in die alle verwickelt waren. Wie sollte sich einer einstellen, wie sich in ganz bestimmten Lagen verhalten? Die knappe Skizze konnte da nicht genügen, ganz abgesehen davon, daß sie als Aufsatz in einer bald verbotenen Zeitschrift auch nur einen beschränkten Kreis von Lesern erreichte. Die akute Not mit der tagtäglich erlebten Geschichte mußte tiefer und umfassender angegangen werden. Delps Gedanken hatten vielen geholfen, die Fragen zu erkennen und zu formulieren; jetzt wünschten sie weitere Hinweise bei der Suche nach Antwort. Dazu bekam Delp unter den schon in der Einleitung genannten merkwürdigen Umständen eine Gelegenheit; er nahm sie kurz entschlossen wahr, das Büchlein « Der Mensch und die Geschichte » zu veröffentlichen[2].

Die sich damit bietende Möglichkeit war eine doppelte: einerseits konnte Delp eine anders nicht zu erreichende Öffentlichkeit ansprechen. Als früheren Zeitschriftenmitarbeiter mag ihn die gewaltsame Einschränkung auf Vortragstätigkeit und persönliche Ansprache hart angekommen sein, so sehr er den persönlichen Kontakt immer brauchte und pflegte. Jetzt durfte er seine Stimme noch einmal vor einem breiteren Publikum erheben. Das zwang ihn anderseits, die frühere Skizze und die zur Frage erarbeiteten Einzelelemente zu überdenken und in begründetem Zusammenhang zu verdeutlichen. Allerdings blieb ihm für die Vorbereitung auf die Publikation nur wenig Zeit. Das verrät sich im Text an kleinen sprachlichen Unebenheiten und

---

[1] StdZ 138 (1940/41) 245-254; vgl. dazu J. B. Lotz, in: Schol 16 (1941) 458 f.

[2] Vgl. dazu die Ausführungen in unserer *Einleitung* über das Projekt des Sammelbandes von O. Kuss.

an Wiederholungen. Der für Delp auffällige Verzicht auf die Diskussion anderer Meinungen — ein wesentlicher Teil seiner philosophischen Schriften besteht in solchen Diskussionen — könnte zwar durch fehlende Vorbereitungszeit erklärt werden. Doch wahrscheinlicher deutet sich damit eine Konzentration von Delps Denken auf die Sachfragen an. Das erlaubte zudem, die Ausführungen ohne Anmerkungen und Verweise zu veröffentlichen, wenn auch auffällt, daß Delp zum ganzen Text nicht eine einzige Fußnote anbrachte. Das mag teilweise ebenfalls an mangelnder Zeit zur Vorbereitung liegen. Der Verfasser nahm ganz offensichtlich eine Reihe kleinerer Mängel in Kauf, um die Herausgabe des Bändchens selbst und den Sachbeitrag zum Problem Geschichte nicht zu gefährden.

a. *Das Ziel*

Was schwebte Delp mit dem Büchlein vor? Kaum dürfte er eine in erster Linie wissenschaftliche Erörterung oder eine theoretische Abhandlung im Sinn gehabt haben. Nicht an abgewogener und präzis auf die gegebene wissenschaftliche Auseinandersetzung abgestellter Untersuchung lag ihm, geschweige denn an einer entsprechenden Lösung des Problems. Leider hat er sich dazu nicht geäußert, sondern ist im Text direkt auf seinen Gegenstand zugegangen. Die Sache selbst steht ganz im Vordergrund.

Ebenso wenig wie über sein Ziel verliert Delp ein Wort über die Leser, die er ansprechen möchte. Möglicherweise war das eine Vorsichtsmaßnahme. Jeder konnte dem Bändchen entnehmen, was ihn ansprach. Die Ausführungen sind auf die Hilfe zu persönlicher Urteilsfindung angelegt, sie wollen das Mit- und Nachdenken anregen und dazu eine Reihe von Voraussetzungen und Maßstäben mitgeben. In gewisser Weise hat Delp hier seine Leser direkter im Visier als in den früheren Arbeiten, in denen er Ideen und Werke — man erinnere sich nur der Namen Heidegger, Ebner, Lawrence u.a. — sozusagen vor den zuschauenden Augen seines Publikums behandelt hatte; ein Vorgehen, daß im äußersten Fall auch ohne Leser auskommt.[3] Jetzt ist derjenige direkt zum Mitdenken aufgefordert, der die Überlegungen zur Kenntnis nimmt; seine Erfahrung wird angesprochen, sein Ja oder Nein wird direkt provoziert, und es werden ihm Möglich-

---

[3] Zu dem Bändchen wurde schon wiederholt ein Hinweis gegeben; es erschien ohne Jahresangabe in Kolmar/Elsass, gegen Ende 1943; vgl. Bibliographie Delp im Anhang Nr. 79.

keiten und Grenzen verdeutlicht, die nicht mehr Gegenstand
der Meinungen anderer sind, sondern als Elemente der eigenen
Existenz zur Stellungnahme zwingen.

« Der Mensch und die Geschichte » ist so als ein Stück persönlichen Philosophierens von Delp kenntlich gemacht Daran
ändert auch die Tatsache nichts, daß in diesem Gedankengang
namentlich gegen Ende der Begriff ' Gott ' auftaucht und seine
Rolle spielt. Denn er findet sich als Deutemöglichkeit, nicht aber
als Grundlage und Ansatzpunkt des Versuchs. Der Jesuit und
Priester Delp hat deswegen die eigene Überzeugung nicht ka-
schiert. Aber seinen Gesprächsbeitrag führt er hier bewußt und
entschieden so, daß er bei Wirklichkeiten beginnt, die sich in
jedem Menschenleben finden, und daß er mit Mitteln vorangeht, die jeder einsetzen kann. In diesem Sinn handelt es sich
in dem Bändchen um ein Stück Philosophieren, Nachdenken
über eine Frage, der niemand ausweichen kann. Offensichtlich
soll der Leser selbst ins Denken, Prüfen und Urteilen eingewie-
sen werden.

Das Ergebnis läßt sich nicht in einer knappen Antwort formulieren. Vielmehr führt Delps Vorgehen dahin, daß sich am
Ende nur eine Teilantwort ergibt, während der zentrale Punkt
des Problems auf eine neue Ebene gehoben ist. « Geheimnis »
und « Sinn » sind so nah aneinander gerückt, daß der Mensch
das Nachdenken über die Geschichte als Verweis auf sich selbst
begreift und versteht, wie in dieser Frage keine rationale Formel
ihm eine restlose Auflösung erlaubt. Er muß in neuer Offenheit
weiter suchen, und was sich ihm da als Sinn anbietet, ist eine
Einladung neuer Art an seine Freiheit. [4]

Den Weg dorthin wollen wir hier nicht referierend nach-
zeichnen. An dieser Stelle sollen einfach im Anschluß an die
früheren Zeugnisse die entscheidenden Punkte im von Delp skizzierten Geschichtsverständnis hervorgehoben werden, so daß sich
ein Bild vom Inhalt des Begriffs abzeichnet. Dazu darf man
sich an die acht Kapitel halten, aus denen der Essai besteht.
Sie sind jeweils einem eigenständigen Gesichtspunkt gewidmet,
aber so aneinandergereiht, daß der Aufbau des Ganzen durchsichtig und verständlich wird. Grundlegend bedeutsam für den
Charakter des Versuchs erweist sich Delps Ansatz beim *Erlebnis*
der Geschichte. Er meint damit die allgemeine Erfahrung be-

---

[4] Siehe dazu vor allem die beiden Schlußkapitel « Geheimnis » und
« Sinn der Geschichte »; S. 73: « Das letzte Geheimnis der Geschichte
ist die Darstellung ... des herrscherlichen Gottes » (auch S. 77).

deutsamen Geschehens, die sich in jeder Menschenexistenz findet. Bisweilen ist sie stärker und nachhaltiger spürbar, so in den ' geschichtlichen Stunden ', bisweilen tritt sie fast ganz hinter der Routine des täglich Gewohnten zurück. Aber niemand kann solches bedeutsame Geschehen bestreiten.

Delp kommt es auf den unwillkürlich mit dem Geschehen verbundenen Sinngehalt, auf seine Bedeutung an. Nur diese Tatsache steht zunächst für ihn im Vordergrund, während die Frage offengelassen wird, ob dieser Wert dem Geschehen selbst anhaftet oder ihm nur vom Menschen zugeschrieben wird. Erlebnis Geschichte gibt es nach ihm nicht ohne Bedeutung, d.h. ohne genauere Bestimmung des Stellenwertes, den das Geschehen für den Erlebenden besitzt. Damit kommt der Geschichte ganz spontan eine orientierende, eine ordnende Funktion im menschlichen Leben zu. Der zweite Schritt in Delps Betrachtung beschäftigt sich nicht zufällig mit der « Geschichte als Ordnung ». Mit diesem Punkt trägt Delp einen Gedanken vor, der in der Regel beim Nachdenken über die Geschichte keine Rolle oder bestenfalls eine Nebenrolle spielt. Im Zusammenhang der Untersuchung hier hingegen wird gerade dieser Aspekt immer wichtiger. Dazu weiter unten noch mehr. Für jetzt reicht es zu sehen, daß die Idee zwangsläufig die Erörterung zum dritten Schritt weitertreibt, in dem von « Naturhafter Notwendigkeit » gehandelt wird. Daß Geschichte etwas damit zu tun haben könnte, muß jedem merkwürdig scheinen, der den gängigen Geschichtsbegriff zugrundelegt, nach dem zwischen Notwendigkeit und Geschichte ein nicht aufzulösender Gegensatz besteht. Sollte nicht auch Delp diesen Begriff im Auge haben, wenn er im vierten Schritt von « Schöpferischer Freiheit » spricht? Bevor dazu Näheres ausgeführt wird, ist die Beobachtung zu unterstreichen, daß Delp seine Überlegung offensichtlich in Doppelschritten aufbaut. Die Themen des ersten und des zweiten Kapitels verstehen sich erst, wenn man sie einander zuordnet. Das gilt ebenso für die beiden folgenden Kapitelstichworte. Erlebnis und Ordnung gehören also zusammen wie Notwendigkeit und Freiheit. Wendet man diese Einsicht auf die weiteren Kapitel an, dann wird der Aufbau des Versuchs durchsichtig. Gott und Not der Geschichte entsprechen sich wie Geheimnis und Sinn.

Man mag in diesen Doppelschritten eine Spur von Dialektik erkennen, darf jedoch dabei nicht vergessen, daß es sich immer um Aspekte der Geschichte in ihrer Beziehung zum Menschen handelt, daß es mithin und Dialektik innerhalb einer einzigen grundlegenden Wirklichkeit geht. Gesagt ist damit, daß die Be-

deutung der Geschichte für den Menschen ambivalent, doppel-
wertig erscheint, nicht aber darf dieses Aufbauprinzip des Essais im Sinne eines Widerspruchs mißverstanden werden, der
den Geschichtsbegriff in seiner Sinnhaftigkeit aufhöbe.

Ein Einwand wird vielleicht durch das Stichwort 'Gott'
provoziert. Deutet sich damit nicht doch an, daß Delp letztlich
nur eine Geschichtstheologie bietet, wenn auch mit dem Anspruch einer Philosophie der Geschichte? Doch Gott kommt hier
lediglich als Deutemöglichkeit vor, die de facto von vielen gewählt wird. Im Zusammenhang mit der « Not der Geschichte »,
die im alten Problem des Bösen und seiner Wirksamkeit innerhalb der Geschichte besteht, verdeutlich sich endgültig, was die
Rede von Gott meint. Die Befürchtung, unter der Hand käme
eine Geschichtstheologie zum Zuge, läßt sich so jedenfalls nicht
erhärten. Immerhin stößt Delps Bemühung an eine Grenze. Er
stellt sich ihr unter dem neuen Stichwort « Geheimnis ». Die
aufgeworfene Frage — so erweist sich jetzt — ist mit bloß
rationalen Mitteln nicht lösbar. Was läßt sich da noch über
den « Sinn der Geschichte » sagen? Delp selbst antwortet: « Die
Frage nach der Geschichte ist für den Menschen eine Frage
nach seiner eigenen Wirklichkeit »[5].

Ein eigenartiges Ergebnis! Insofern der Mensch auf Gott
verweist, insofern er mit dem Bösen und Sinnlosen fertig werden muß, insofern er auch für sich keine Formel zu entdecken
weiß, sondern an die eigene Grenze, an das Geheimnis stößt,
insofern er den eigenen Sinn nicht einfach angeben kann, wie
etwas, worüber er wirklich verfügt, auf diese Weise stellt auch
die Geschichte dem Menschen keine andere Aufgabe als die,
die er sich selbst ist. Dem ist an Hand von Delps Gedanken
noch genauer nachzugehen.

b. *Erlebnis und Ordnung*

Nicht das Verhältnis Gott und Geschichte, ebensowenig wie
das Problem Welt und Geschichte, sondern das Thema Mensch
und Geschichte, das Empfinden des Menschen vor der Geschichte
als Erlebnis und Ordnung beschäftigt Delp. Daß er die Frage
so stellt, folgt aus seiner jahrelangen Auseinandersetzung um
dieses Problem. Offensichtlich hat er die Überzeugung gewonnen, nur so sei es richtig anzugehen und es sei schon ein Gewinn,

---

[5] MuG S. 69. Dieser Frage ging Delp ausführlich und direkt in seinem erst 1955 veröffentlichten Bändchen « Der Mensch vor sich selbst »,
Colmar/Alsatia nach; vgl. Bibliographie Nr. 91.

dies deutlich erkannt zu haben. Natürlich spielt in dieser Sichtweise das Menschenbild des jungen Jesuiten eine entscheidende
Rolle. Dennoch darf man nicht davon ausgehen, es sei unabhängig von der Geschichtsthematik entwickelt und ausgeformt worden, um dann auf dieses Problem angewandt zu werden. Daß
nach der Geschichte in der Perspektive des Menschen zu fragen
ist, stellte sich für Delp im Bemühen um die Geschichte selbst
heraus. Verschiedene Gründe hatten das bewirkt. Zu erinnern
ist etwa an die Auseinandersetzung mit Thieme, der alles auf
die Beziehung Gott und Geschichte begründen wollte. Das spätere Gegenstück dazu 'Welt oder Geschichte' hat K. Löwith
ausgearbeitet. Demgegenüber konzentrierte sich Delp auf den
Menschen und die Geschichte, beide in ihrer prekären Position
der Vermittlung erfassend. So gelang es, diese Wirklichkeiten
zutreffender zu begreifen. Vor allem konnte er Bedingungen
entdecken, deren gewöhnliche Vernachlässigung manche falsche
Aussage hier wie dort verursacht.

Erwähnt seien zwei solcher Bedingungen. Die Delpsche Fragestellung erlaubt es einmal, ohne Voraussetzungen auszukom-
men, die außerhalb von Mensch und Geschichte zu suchen wären und über deren Natur der Mensch nur schwer allgemein
annehmbare Aussagen machen kann. Zum anderen garantiert
sie, daß der Betrachter auf die notwendige Offenheit bedacht
bleibt, d.h. daß er seine Sicht nicht durch stillschweigend ge-
machte Annahmen von vornherein unzulässig einschränkt. Dies
ist besonders wichtig gegenüber der immer naheliegenden Erwartung, eine Frage könne und müsse sich voll rational lösen
lassen. Die von Delp verteidigte Offenheit schließt das nicht aus,
hält aber zugleich die Möglichkeit im Auge, daß diese Erwartung im konkreten Fall auch trügerisch sein kann. Wie sich das
beim Geschichtsproblem verhält, sucht er philosophisch aufzuzeigen.

Der Aufweis schließt ein, daß Geschichte wenigstens teilweise Gegenstand einer philosophischen Analyse werden kann,
ja daß sie nach einer solchen Analyse verlangt. Für Delp zeigt
sich das darin, daß der Mensch allgemein Geschichte erfährt —
in der geschichtlichen Stunde wie im Alltag; daß er mit der
Tatsache zu tun hat, « daß Geschichte der Lebensraum des Menschen ist »[6].Schon in dieser ersten Phase formuliert Delp eine
Unterscheidung, die später im theologischen Werk R. Bult-
manns[7] noch eine große Rolle spielen sollte, die zwischen Hi-

---

[6] MuG S. 7.
[7] Vgl. R. Bultmann, Geschichte und Eschatologie, Tübingen 1958;

storie und Geschichte. Als Aufgabe der Historik bezeichnet es
Delp, daß die Geschehnisse als historische Tatsachen zur Kenntnis genommen werden. « Die Frage nach ... dem Sinn von Geschichte aber meint mehr » [8]. Dieses Mehr hat mit dem Bewußtsein des Menschen zu tun, der Geschichte erlebt, so daß sie
« deshalb auch eigentlich immer Gegenwart » [9] ist. Neben diese
Gegenwart der Geschichte stellt Delp dann gleich ein zweites
Moment: Geschichtsmächtig « ist ein Ereignis nur dann ..., wenn
es die *allgemeingültigen Schichten* des Menschlichen trifft » [10].
Damit ist der Vergangenheitscharakter von Geschichte weder
geleugnet noch ausgeklammert ebenso wenig wie die persönliche Geschichte des Einzelmenschen, aber die Akzente sind auf
jene Aspekte des Problems gelegt, die eine philosophische Betrachtung gestatten und fordern. Der Jesuit faßt seinen Ansatz
zusammen: « Zweifach erlebt so der Mensch Geschichte als Ver-
lebendigung eines angeblich Toten. Das außermenschliche ... Geschehen ... bindet ... an eine Ordnung » [11].

    Im Erlebnis der Geschichte zeigt sich neben anderem die
Bindung an eine Ordnung. Dieser Entdeckung gilt Delps besondere Aufmerksamkeit. Warum er so vorangeht, das erklärt sich
auch aus der Erfahrung, die der Mensch bei der Begegnung mit
der Geschichte mit sich selbst und seinen Möglichkeiten macht.
Er erkennt, indem er sich den Gegenständen ausdrücklich zu-
wendet, d.h. er nimmt sie in einem gewissen Grade für sich
und sieht von ihren sonstigen Beziehungen ab. Erst in einem
zweiten Akt kann er dann den größeren Kontext berücksichtigen und über ihn eigens nachdenken. Geschichte gibt sich dem
Menschen aber als Kontext und nicht als einzelner Gegenstand
zu erkennen. Damit ist ein besonderes Zusammenspiel zwischen
erkennendem Menschen und erkannter Geschichte eingeleitet.
Denn sie wirft unvermeidlich das Erfahren selbst als Problem
auf. Deshalb läßt sie sich nicht wie ein sonstiger Gegenstand
des Erkennens behandeln, vor allem ist es nicht möglich, von
ihr zu abstrahieren oder sie auszuklammern, wie es gewöhnlich
bei anderen Elementen des Erkennens geschieht. Diese Eigentümlichkeit ist der Geschichte mit einigen anderen Gegebenhei-

---

ders., Reflexionen zum Thema Geschichte und Tradition, in: Glauben
und Verstehen IV, Tübingen [2]1967, 56-68 und: Das Verständnis der Geschichte im Griechentum und im Christentum ebd. 91-103.
    [8] MuG S. 7.
    [9] Ebd. S. 8.
    [10] Ebd. 9.
    [11] Ebd. S. 11.

ten eigen, vor allem mit dem Menschen selbst. Aus Gewohnheit treten diese Gegebenheiten für das Bewußtsein zurück, doch bleiben sie gleichwohl gegenwärtig und mitbestimmend. Es gibt keinen menschlichen Akt, dem in diesem Sinn die Dimension der Geschichte fehlte oder fehlen könnte.

Damit gehört Geschichte unablösbar zum ursprünglichen Problem menschlicher Existenz überhaupt. Diese These Delps von der Ursprünglichkeit der Geschichte mag diskutabel klingen; ob der Nachweis für sie überzeugt, müßte geprüft werden. Jedenfalls legt er diese Einsicht seinem weiteren Gedankengang zugrunde. Auch ohne vorausgehenden ausdrücklichen Gottes- oder Weltbegriff erlebt der Mensch ursprünglich Geschichte als Konstitutivum seiner selbst. Hervorzuheben ist, daß Delp hier von Geschichte und nicht von Geschichtlichkeit spricht. Das Zweite wäre eine innere Eigentümlichkeit des Menschen, die sich aus einer philosophischen Überlegung über die notwendigen Anlagen des Menschen ergibt, aber nicht unmittelbar zugänglich ist. Wirklichkeit — und daran ist Delp interessiert — hat Begegnungscharakter. « Sie geschieht nur als Begegnung zwischen Mensch und Tatsache, diese Beziehung ist nur ein Sonderfall jener tieferen geschichtsschöpferischen Begegnung zwischen dem Allgemeinen und dem Besonderen »[12]. Geschichte ist und bleibt etwas, das dem Menschen begegnet. Und der Mensch, um Mensch zu sein, ist und bleibt auf diese Begegnung angewiesen.

Zehn Jahre nach Delps gewaltsamem Ende erschien ein weiteres Büchlein, dessen Text der Jesuit mit dem Bändchen über die Geschichte verfaßte und das seine Gedanken zum Menschen darlegt: « Der Mensch vor sich selbst »[13]. Da es unser Thema sprengen würde, auf diese Veröffentlichung näher einzugehen, zumal dazu eine Reihe von Fragen nach Abhängigkeiten, Einflüssen und Gründen für die Verzögerung der Veröffentlichung geklärt werden müßten, möchten wir uns mit einem Hinweis begnügen in der Hoffnung, daß die neue Aufgabe bald einen eigenen Bearbeiter findet. Im Rahmen unserer Aufgabe mag es reichen festzustellen, daß Delp auf die Frage nach dem Menschen bei seinen Bemühungen um die Geschichte stieß und daß

---

[12] Ebd. S. 9.

[13] Kolmar 1955. — Die Hintergründe dieser Publikation liegen weithin im Dunkeln. Daß sie zum 10. Jahrestag der Hinrichtung Delps erfolgte ist klar, doch ist über das Manuskript, evtl. Entwürfe und Vorarbeiten, die Überlieferung des Textes und mögliche Überarbeitungen nichts bekannt. Vgl. Anm. 5.

dies offensichtlich in anderer Weise der Fall war als es die Entdeckung der Gottes- oder der Weltfrage hätte sein können. Von
diesen beiden kann sich der Mensch ganz anders distanzieren,
er kann und muß sie in einer Weise verobjektivieren wie ihm
das mit sich selbst und eben mit der erlebten Geschichte nicht
gelingt. Das über die Begegnung Gesagte vorausgesetzt, kann
Delp schließlich sogar behaupten: « Geschichte, das ist der
Mensch selbst » [14].

Der Jesuit sprach deshalb verständlicherweise der Geschichte eine Priorität zu und sah in der Klärung ihres Problems eine
Voraussetzung für ein wirkliches Verständnis des Menschen,
aber auch von Gott und Welt.

Die Schwierigkeit gegen eine überzeugende Auswertung dieser Grundgegebenheit folgt dann aber unverzüglich aus dem ge-
meinhin angenommenen Geschichtsbegriff. Man versteht, wo dieses Wort vorkommt, fast nur Veränderung, Wandel, unberechenbaren Zufall, kurzum: das variable Moment von Sein und
Existenz, das sich seiner Natur nach einer vernünftigen Betrachtung entzieht. Gegenüber diesem Verstehen legt Delp von Anfang an den Nachdruck darauf, daß sich im Erleben von Geschichte eine Ordnung meldet und nicht nur vielfältig zufällige
Spuren eines äußerlichen Werdens sichtbar zutage treten. Er
betont also gerade das Konstante, die Norm und Regel, mithin
jenen Aspekt, der sich philosophischer Analyse anbietet.

Aber dieser begegnet dem Menschen nie unmittelbar, sondern jeweils vermittelt durch Geschehen. An diese Bedingung
erinnert Delp, damit nicht die innere Verbindung und Zuordnung von Allgemeinem und Besonderem, von Notwendigkeit und
Freiheit, von Beständigem und Sich-Wandelndem vergessen wird.
Für den Menschen gibt es das eine nicht ohne das andere. « Ohne
das Erlebnis kommt der Mensch an nichts heran, nur in das
Erlebnis beschränkt kommt er hinter nichts » [15]. Für sich selbst
hat der Mensch daraus den Schluß zu ziehen, daß er einerseits
frei ist und sich entscheiden soll und kann, daß er aber anderseits darin immer auch beeinflußt und gebunden bleibt. Allgemein gesprochen heißt das: innerhalb unserer Welt gibt es nur
bedingte Wirklichkeit. Diese Beobachtungen erlauben jedoch
noch nicht, den Geschichtsbegriff in dem Sinn zu akzentuieren,
wie es Delp möchte. Er muß sich erst mit dem Werden be-

---

[14] MuG S. 69. Aber Delp bemühte sich auch um das Problem 'Welt',
vgl. « Die Welt als Lebensraum des Menschen », in: Zur Erde entschlossen, Frankfurt/Main 1949, 31-49.

[15] MuG S. 13.

fassen, das alle Dinge der Welt ebenso ursprünglich betrifft wie das Abhängig- und das Gewordensein.

Der Jesuit erklärt nun, Werden sei noch nicht Geschichte; man müsse zuerst einmal unterscheiden zwischen dem Werden als Weg des einzelnen Wirklichen zu sich selbst, als Weg des Ganzen und als Weg der Welt über sich selbst hinaus [16]. Darin vollziehe sich zwar Entwicklung, doch auch Entwicklung sei noch nicht Geschichte [17]. Den Gedanken faßt er zusammen in der Aussage: « Geschichte selbst beginnt erst mit dem Geist, mit der schöpferischen Einsicht und der schöpferischen Entscheidung » [18].

Ob man sich dieser Definition von Geschichte anschließen will, braucht jetzt nicht diskutiert zu werden; für Delp jedenfalls stellt Geschichte eine Möglichkeit dar, die nur im Menschen wirklich werden kann. Damit zusammen steht für ihn fest, daß eben die menschliche Geistigkeit nicht wie ein Fremdkörper in der werdenden Welt liegt, d.h. es gibt auch in der außermenschlichen Wirklichkeit schon Ansätze in Richtung auf diese Geistigkeit. Weil das so ist, kann gesagt werden: « Ursprungsort der Geschichte ist die dialektische Begegnung von Geist und untergeistigem Geschehen » [19].

Ohne solche Begegnung findet sich kein menschliches Leben. Sie verdeutlicht eine der Grundbedingungen, gehört zum Wesen, zu den Grundgesetzen des Menschen. In diesem Sinn darf Delp mit Nachdruck betonen: « In Geschichte stehen ... ist eine der Ordnungen, in denen der Mensch existiert » [20]. Anders gesagt: er ist *notwendig* an Geschichte gebunden [21]. Was das bedeutet, wird im zweiten Doppelschritt des Essais weiter entfaltet. Hier geht es dem Autor nur um die Tatsache, daß Geschichte notwendige Ordnung ist.

c. *Notwendigkeit und Freiheit*

Geschichte als Ordnung — das verlangt nach Klärung, wie sie denn ordnend wirkt und worin diese Wirksamkeit begründet ist. Gleichzeitig legt Delp allen Wert darauf, diese Funktion im Blick auf die Menschen als Gemeinschaft zu verdeutlichen. Auf den bloßen Privatbereich beschränkt ließe sie sich nicht als Geschichte bezeichnen. Übergreifend allerdings kann Delp von

---

[16] Vgl. S. 16.
[17] Vgl. S. 17.
[18] Ebd.
[19] Ebd. S. 18.
[20] Ebd. S. 19.
[21] Ebd. S. 20.

Gesetz, von Muß, Zwang und Notwendigkeit der Geschichte sprechen [22]. Diese zugespitzte Aussage hat auch den Sinn, das Ge-
genelement der Freiheit ansichtig werden zu lassen und es zugleich so zu beschreiben, daß es konsequent der weiteren Überlegung dient. Von vornherein soll beachtet werden, daß es um
endliche und bedingte Freiheit geht. Wo dies betont wird, kann
aber ein Einwand nicht übersehen werden.

Ist Endlichkeit und Bedingung hier so aufzufassen, daß
letztlich die Wirklichkeit nur noch als determinierte gelten kann?
Geschichtliche Notwendigkeit hat nach Delp nichts zu tun mit
Determinismus. Dazu ist es auch nicht nötig, die Freiheit theoretisch so zu übertreiben, daß nur eine Art geschichtlicher Willkür herauskommt. Die Entscheidung über diese Gedanken steckt
in der Tatsache, daß das Leben anders läuft [23].

Eine einseitige Formel liefe in jedem Fall der gegebenen
Wirklichkeit zuwider. Es kann sich nur darum handeln, das
Miteinander festzuhalten und — soweit möglich — genauer zu
bestimmen. Einfluß wirkt sich von beiden Seiten aus. Der Geist
ist dabei gebunden und kann nicht willkürlich durchsetzen, was
er will; gleichwohl vermag er unter Berücksichtigung der Gegebenheiten des Untergeistigen diese zu meistern. Delp macht
sogar darauf aufmerksam, daß sich die naturhaften Bindungen
bis « in den Raum der geistigen Einsamkeit und Schöpferisch-
keit » [24] auswirken, daß also das Miteinander recht verwickelt
zu denken ist. Das erhellt besonders deutlich, « wenn die na-
turgegebene Ordnungsrichtung und die geistige Schöpferkraft
sich verbinden und ... ganz *neue* ... Tatsachen schaffen » [25]. Denn
dann zeigt sich, daß schöpferische Freiheit im Spiel ist, die sich
gleichwohl gerade im festen Rahmen vorgegebener Wirklichkeit
vollzieht und bewährt. Dieses Miteinander zu erfassen, wird dem
Betrachter schon durch die gängigen Begriffe Notwendigkeit
und Freiheit schwer gemacht. Sie müssen sich darum in den
Überlegungen Delps nicht unerhebliche neue Akzentuierungen
gefallen lassen. Das Problem konzentriert sich noch, wenn Delp
schließlich die schöpferische Persönlichkeit als eine letzte Form
geschichtlichen « Zwanges » bezeichnet.

Die Notwendigkeit ist also in diesem Gedankengang durchaus nicht nur als äußere Vorgegebenheit gedacht, wenngleich

---

[22] Ebd. S. 23.
[23] Vgl. ebd. S. 23.
[24] Ebd. S. 25.
[25] Ebd. Vgl. dazu das Kapitel « Schöpferischer Geist », in: Der Mensch
vor sich selbst, Anm. 5.

die Argumentation mit dem Begriffspaar ' außen ' - ' innen ' den
Zugang zum Gemeinten erleichtert. Räumliche Vorstellung gibt
das Gemeinte nur unzureichend wieder und könnte zu der Idee
verführen, es gäbe irgendwo einen geschichtslosen Raum. Delp
schneidet dieses Möglichkeit völlig ab und stellt kategorisch
fest: « Wer der Geschichte entgehen will durch die Flucht in
einen geschichtslosen Raum, der entkommt ihr nicht, sondern
verfällt ihr umso endgültiger » [26]. Diese Konsequenz überzeugt
nicht sofort. Selbst Delp bezieht ja Geschichte nicht auf beliebiges Werden, sondern nur auf solches, das vom Menschengeist
vermittelt ist. Und da ließe sich — so scheint es — durchaus
ein Raum denken, der frei ist von Geschichte. Das würde Delp
wohl auch nicht bestreiten, aber er verwiese sicher darauf, daß
ein Rückzug nach dort in jedem Fall seinen Preis kostet, der
hier Einbuße an Menschlichkeit bedeutet. Der Geschichte umso
endgültiger verfallen, heißt es. Der Ausdruck ist aufschlußreich.
Der Mensch soll ihr ja offensichtlich nicht verfallen, sondern
sie meistern, d.h. Sinn der Begegnung von Mensch und Geschichte kann nur sein, daß der Mensch über die Geschichte
hinauswachse. Besitzt er dazu die Fähigkeit, dann nimmt er
gegenüber der Geschichte einen höheren Rang ein, um es einmal so zu sagen. Natürlich handelt es sich hier um Offenheiten,
die noch nicht gleich mit konkreten Deutungen zu besetzen sind.
Deshalb ergibt sich vorerst die Frage: Wenn schon der Mensch
der Geschichte nicht entgehen kann, wie ist es dann möglich,
daß sie nicht « ursprüngliche Einheit und Ganzheit, *ein Plan* » [27]
ist, anders ausgedrückt: eine immanente Logik besitzt? Denn
es « scheint ein Bruch im Aufbau des Kosmos zu sein, im ober-
sten Raum der Wirklichkeit, im geistigen, kulturellen, rechtli-
chen Leben alles auf die Findigkeit und Fähigkeit und Freiheit
des Einzelnen zu stellen » [28].

Mit dieser Beobachtung spricht Delp das Problem schöpferischer Freiheit in einer Welt an, die als geschichtliche Ordnung und naturhafte Notwendigkeit analysiert worden ist. Die
Betonung dieser Gesichtspunkte sollte ja die Freiheit nicht überspielen, sondern in ihrer Verwurzelung als die des Menschen
verständlich werden lassen. Bevor die Überlegung diesen Punkt
eingehender aufgreift, erinnert Delp an die Erfahrung der Grenzen, an denen der Mensch sich wundreibt, weil sich in ihm ein

---

[26] MuG S. 28.
[27] Ebd. S. 29.
[28] Ebd.

Ewiges meldet und er doch nur Mensch ist. Die Rede ist sogar
davon, daß sich gerade im Verhältnis zur Geschichte dieser Aufstand des Eigenen im Menschen ereigne. Offensichtlich handelt
es sich um eine doppelte Erfahrung der eigenen Grenze: als
Beengung nämlich, aber auch als Auftrag und Chance. Wo sich
das Ewige im Irdischen dem Menschen zu erkennen gibt, da
zeigt sich über den Schmerz hinaus die großartige Möglichkeit,
die jener Anruf an den Menschen ist, der ihn sich seiner Freiheit bewußt werden läßt. Freiheit verstanden als das Mittel,
mit dessen Hilfe sich die Möglichkeit verwirklichen läßt. Der
heutige Leser dieses Delpkapitels wird sich an die Zeit erinnern
müssen, in der es geschrieben wurde, will er verstehen, was
Delps entschiedene Mahnungen damals sagten: « Der Mensch
soll um seine Freiheit ... wissen ... Er darf sie nie weggeben ...
Der Mensch darf seine Freiheit nicht abgeben. » [29]

Über den Tagessinn hinaus kam es dem Verfasser aber auf
mehr an. Er spricht ja nicht von Freiheit im allgemeinen, sondern präzisiert durch den Zusatz « schöpferisch ». Damit gibt
er zu verstehen, daß ihn in seinem Gedankengang vor allem die
Entscheidungen, der Einsatz von Freiheit beschäftigen, aus denen etwas Neues wird, in denen der Mensch durch seine Setzung
einen Beitrag erbringt, der sich weder aus seinen Bedingungen
noch aus seinen Elementen ableiten läßt. Delp deutet solche Tatsachen als Signal für die Weltüberlegenheit des Menschen. Die
Bindung des Irdischen bedeutet nicht Gefängnis und Knecht-
schaft, sondern Material, bei dessen schöpferischer Gestaltung
der Mensch seine Bestimmung verwirklicht, die ihn über Welt
und Geschichte hinausführt. Delp meint: « Normalerweise ver-
tragen sich geschichtliche Stunde und Forderung mit der transzendenten Bindung und Freiheit. Dann wird das Heil eben in
der Geschichte gewirkt, durch die Bewährung an der Geschichte ». [30] Mit dem kleinen Beiwort 'normalerweise' wird diese har-
monische und optimistische Sicht jedoch schon unter einen Vorbehalt gestellt. Gewiß, in der Regel soll die Geschichte das Be-
währungsfeld sein und sie ist es auch. Aber es kann die Situation des Konflikts geben. « Wenn die beiden Richtungszeiger
seines Lebens nicht mehr übereinstimmen, sondern sich über
Kreuz legen, muß der Mensch sie eben beide übernehmen als
sein — Kreuz » [31]. Im Blick auf Delps Lebensende klingt diese

---

[29] Ebd. S. 32.
[30] Ebd. S. 33.
[31] Ebd. S. 34.

Aussage auch heute wie die Formel seines eigenen Schicksals. Daß sie überhaupt hingenommen werden kann, verlangt zuvor die Überzeugung, daß die Gesamtaufgabe des Menschen nicht auf der Ebene sichtbarer Erfolge liegt. Damit klingt aber schon etwas von dem Geheimnischarakter der Geschichte an, der später als Ergebnis der philosophischen Betrachtung vor uns steht und für Delp als Verweis auf Offenbarung und Glaube zu lesen ist.

Vorerst möchte er die Freiheit des Menschen als innerweltliche verdeutlichen. Daß sie nicht Willkür sein kann, wurde schon gesagt. Wie aber nimmt sich ihre Bindung aus? Für Delp handelt es sich um ein doppeltes Bedingtsein, das einmal in der sozialen Verfassung menschlicher Existenz liegt. Der Mensch bleibt zwar immer Individuum, lebt aber nie als Einzelgänger. « Zur vollen Verwirklichung seines Wesens gehört das Du, die Partnerschaft und gehört die bewußte Existenz in den natürlichen Gruppen » [32]. Das wirkt sich auf die schöpferische Freiheit als Bedingung ebenso aus wie auf die Geschichte; denn die Gruppen tragen, binden und beeinflussen das Leben des Einzelnen. « Die Übung der Freiheit geschieht innerhalb der Wirklichkeit und der Ordnung dieser Gemeinschaften und bezieht von ihnen her sowohl eine Ausweitung wie eine Beschränkung ihrer Möglichkeiten » [33]. Die Beobachtung konkretisiert die Angewiesenheit des Menschen auf anderes, kurz das, was oben mit dem Begegnungscharakter der Geschichte schon angedeutet wurde. Und sie verdeutlicht Delps Sicht, daß Begrenzung zugleich Chance bedeutet, daß die schöpferische Freiheit des Menschen in jener Ordnung wurzelt, die er auf den ersten Blick als bloßen Zwang empfinden möchte.

« Diese Bindung des freien Einsatzes und diese Beschränkung ihrer Möglichkeiten », so geht Delp zur zweiten Bindung über, « wird dann noch vertieft durch die ' Standortgebundenheit ' des menschlichen Geistes » [34].

Darüber war schon früher ausführlich gesprochen worden. Deshalb genügt jetzt ein Rückverweis auf die verschiedenen vorgegebenen Koordinaten des geistigen Standorts. Damit ist in der Tat eine weitreichende Festlegung des Menschen gesetzt.

---

[32] In diesem Gedanken spiegeln sich Einsichten, die Delp zuerst wohl in Auseinandersetzung mit dem Werk F. Ebners entdeckte; vgl. seinen Beitrag: « Ferdinand Ebner: ein Denker christlichen Lebens », in: StdZ 132 (1937) 205-220 (= Bibliographie Nr. 45.).

[33] MuG S. 35.

[34] Ebd. S. 36.

« Und doch ist ihre praktische Durchführung (der geschichtlichen Entwicklung; Zusatz), der praktische ' Fortschritt ' ganz
auf die Freiheit gestellt » [35], betont Delp. Was es mit dieser schöpferischen Freiheit des Menschen auf sich hat, wird dann in einer
Unterscheidung näher erläutert. Daß sie geschichtliche Freiheit
ist, versteht sich von selbst, doch verwirklicht sie sich in zwei
Richtungen, einmal in Richtung auf Gott, d.h. über den Menschen
und seine Welt hinaus. In diesem Sinn muß sie als religiös qualifiziert werden. Zum anderen wirkt sie sich in Richtung auf
echte Geschichte aus, wie es bei Delp heißt. In beiden — so der
Verfasser — stecke ein theologisches Moment [36]. Das muß besonders im Blick auf die zweite Möglichkeit erstaunen. Ist die
erste Richtung der Freiheit des Menschen durch seine geschöpfli-
che Herkunft von Gott vorgezeichnet, so die zweite durch die
« Ordnung, die in der Natur und ihren Entwicklungen liegt, und
die schließlich auch wieder in den kreatürlichen Gehorsam mün-
det » [37]. Aber nicht im Sinne einer Geschichtstheologie greift der
Jesuit an dieser Stelle auf den Gedanken der Schöpfung zurück.
Es geht ihm vielmehr darum den Ansatz für die Verfehlung der
Bindungen und die Verfehlung menschlicher Freiheit anzudeu-
ten. Er möchte gerade für diesen schwierigen Punkt seiner Überlegungen — die Rolle des Bösen in der Geschichte — von vornherein jene Dimensionen offenhalten, in denen der Christ aus
seinem Glauben über das philosophische Nachdenken hinaus
noch ein anderes Wort sagen kann.

Die Verfehlung ist in jedem Fall Sache des Menschen, sei
es daß er sich gegen seinen Schöpfer auflehnt, d.h. verschließt
« durch Übersteigerung der Freiheit bis zum Absolutheitsan-
spruch, durch Verrat der transzendenten Freiheit an die Geschichte » [38], sei es, daß er seine Entscheidungszuständigkeit mißbraucht « zu Willkür und Gewalt wie auch aus Schwäche, Irrtum,
fehlender Sacheinsicht. Hier kann Entscheidung gegen Entscheidung stehen und bei gleichem Einsatz wird die geschichtliche
Kraft gewinnen, die im Bunde mit den sachlich gegebenen Tendenzen ist » [39]. Anders gesagt: die Bedeutung schöpferischer Freiheit des Menschen in der Welt hängt auch davon ab, ob sie sich
sachrichtig, in guter Kenntnis und kraftvoll, zugleich immer
ihrer eigenen Natur und Grenzen bewußt entscheidet. Verfeh-

---

[35] Ebd.
[36] Vgl. ebd. S. 37.
[37] Ebd. S. 37.
[38] Ebd.
[39] Ebd.

lung der Bindung heißt auf dieser Ebene nicht einfach und unbedingt moralisches Versagen. Moralisch kann in einem solchen Fall die eine wie die andere Entscheidung gültig sein. Häufiger noch — und damit klingt die eigentlich bedrängende Frage des Menschen an — stellt sich das Verhältnis jedoch so dar, daß die moralisch verwerfliche Entscheidung sich als stärker erweist und daß die Treue zur moralisch gerechtfertigten Entscheidung die Hinnahme von Scheitern und Katastrophe bedeutet. Warum? Dieses kleine Fragewort bekommt hier seine schwerste und härteste Gestalt. Delp weicht diesem Problem nicht aus. Und er nimmt ernst, daß es so schwer ist, weil es in der Freiheit des Menschen wurzelt.

« Die Geschichte ist nicht auf *Willkür* gestellt ... sie ist auf Freiheit gestellt » [40]. Von Freiheit ist also gleich jene falsche Gestalt zu unterscheiden, die als Übersteigerung und damit als Verfälschung von Freiheit bezeichnet wird und die zutreffend Willkür heißt. Hier ist Anmaßung im Spiel, die letztlich entsprechendes Verhalten und Handeln verurteilt und zunichte macht. Aber bis dahin kann Willkür und Anmaßung in der Welt vieles anrichten und nicht selten sogar den Sieg davonzutragen scheinen.

Freiheit hat vom Erfolg der Willkür vor allem die unentbehrliche Sachgemäßheit zu lernen. Und dazu gehört nicht zuletzt der Respekt vor der Geschichte. « Wo Freiheit sich der Geschichte begibt, » merkt Delp an, « sie rein als blindes Schicksal über sich kommen läßt, ohne sich an ihr zu bewähren ... ist die Geschichte um ihr herrlichstes Ergebnis ... betrogen: um den meisterlichen Menschen. Wo die Freiheit ... sich überschlägt in ... Willkür, da wird keine Geschichte, sondern Episode » [41]. Im Vordergrund der Aussage steht die Geschichte, wie sie sich erfüllt oder verraten wird. Das aber hängt eben davon ab, ob der Mensch in rechter Berücksichtigung seiner Bindungen die eigene Freiheit verwirklicht, so daß Geschichte wird, die über sich hinauswächst.

d. *Gott und die Not der Geschichte*

Eine etwas äußerliche Feststellung mag die Betrachtung des nächsten Abschnitts einleiten. Die beiden folgenden Kapitel sind die umfänglichsten in Delps Essai. Zusammen füllen sie rund 30 Seiten des Bändchens, das insgesamt nur 80 Seiten

---

[40] Ebd. S. 38.
[41] Ebd.

zählt, von denen im übrigen 45 Seiten für die weiteren 6 Kapitel
vorbehalten sind. Liegt es an deren besonderer Rolle für das
Problem Geschichte?

Delp selbst setzt mit einer Frage ein: « Hat Gott mit der
Geschichte etwas zu tun? » [42] Falls dieser Punkt entscheidend
ist, so stellt er sich jedenfalls nicht als selbstverständlich dar.
Delps Antwort argumentiert mit einer Feststellung: « Gott wird
viel und oft genannt in der Geschichte » [43]. Das wird gleich näher
erläutert, indem diese vielfache Nennung je nach Hintergrund
und Absicht spezifiziert ist. Menschen sprechen in sehr unter-
schiedlichem Sinn von Gott in der Geschichte. Etwas schema-
tisiert lassen sich die Beobachtungen auf die Formel bringen:
« Die einen bannen Gott in die Geschichte, die anderen verban-
nen ihn daraus und legen einen tiefen Abgrund zwischen ihn und
das Menschenleben » [44]. Der Jesuit möchte beides vermeiden, überzeugt, daß die eine und die andere Sicht den tatsächlichen Gegebenheiten nicht entspricht. Mit den meisten hält Delp zunächst
fest: « die Geschichte ist *keine direkte Offenbarung Gottes*: Sie
liegt wie ein Schleier zwischen ihm und uns. » [45] Genau dies hindert an einer unvermittelten Theologie der Geschichte, genau
dies verlangt nach philosophischer Rechenschaft. Geschichte gibt
sich nämlich direkt als Möglichkeit des Menschen, nicht als
Möglichkeit Gottes. « Die Ewigkeit verträgt keine Geschichte » [46],
wird dazu lapidar festgestellt. Geschichte und Zeit könnten deshalb nicht Daseinsweise Gottes sein und von der Geschichte
aus gebe es keine direkte Berührung mit Gott. Gott lasse sich
in der Geschichte nicht antreffen wie andere geschichtliche Wirklichkeiten, außer er selbst begebe sich in die Geschichte; eine
Möglichkeit, die der Mensch von sich aus nicht einmal vermuten
kann. Wenn Delp sie hier erwähnt, dann weil er den Raum auch
für diese menschlich unfassliche und unwahrscheinliche Even-
tualität nicht von vornherein verschlossen wissen will.

Aber die « *Aufgaben und Ziele* der Geschichte entsprechen
ihrer Wirklichkeit. Geschichte ist Zeit, ist Werden und Vergehen, ist innerweltliche Endlichkeit » [47]. Bei dieser Formulierung
fragt sich der Leser, ob Delp hier nicht auf Heideggers Position
eingeschwenkt ist, so wie er sie in seiner früheren Auseinan-

---

[42] Ebd. S. 39.
[43] Ebd.
[44] Ebd. S. 40.
[45] Ebd.
[46] Ebd. S. 41.
[47] Ebd.

dersetzung mit dem Freiburger Philosophen kritisiert hatte. Delp selbst würde das mit dem Hinweis darauf verneinen, daß er die Betrachtung nicht in sich geschlossen habe, sondern sie ständig offen zu halten suche für die Transzendenz. Doch lasse sich darum die Transzendenz überhaupt als Wirklichkeit des Geistes und vor allem jene Gottes und einer möglichen Offenbarung auf keine Weise aus den untergeistigen Bedingungen folgern. « Es kann nie gelingen, durch ein geschichtliches Werk, durch eine geschichtliche Leistung den Horizont zu durchbrechen und die Himmel aufzureissen » [48]. In dieser Aussage betont Delp die konkrete Verfaßtheit des Menschen, wie sie ihm aus Erfahrung und aus seinem Glauben vertraut ist; an Heidegger denkt er nicht.

« Die eigentlichen Aufgaben und Ziele der Geschichte liegen innerhalb der Welt und innerhalb der Zeit » [49], das zu sehen und ernst zu nehmen, darauf kommt alles an. Trotz aller transzendenten Verweisung sei die Geschichte als solche kein Weg über die Welt hinaus. Gott kann aus diesem Grunde auch nur mittelbar in der Geschichte gefunden werden. Und ähnlich wäre es verfehlt, ihn für das geschichtliche Geschehen verantwortlich machen zu wollen. So oft Menschen das auch versuchen, es handelt sich um eine im Ansatz falsche Fragestellung. Dennoch hat Gott nach Delps Darlegung mit der Geschichte etwas zu tun und zwar auf dreifache Weise. Zunächst einmal durch die Schöpfung der Natur und des Menschen. Da schon in der untergeistigen Natur eine Absicht auf Geschichte liege, handle es sich um ein in sich zusammenhängendes Werk. Gleichwohl trete « in der Schaffung der menschlichen Freiheit » [50] ein neues Element in die Wirklichkeit ein, das ein eigenes und neues Verhältnis Gottes zur Geschichte einschließe. Und ein « drittes Mal » habe er mit der Geschichte zu tun « durch... seine *Führung oder Vorsehung* » [51]. Die drei Weisen betreffen alle Grenzerfahrungen des Menschen, die ihm rätselhaft und geheimnisvoll bleiben, weil er die in ihnen liegende Frage von sich aus nicht beantworten kann. Woher alles? Wozu Freiheit? Der Sinn des Geschehens?

Um diese Hinweise auf Gott in der Geschichte richtig einzuordnen, muß gesehen werden, daß Delp mit keinem Wort die Beziehung Gottes auf die Geschichte in Christentum und Kirche hervorhebt. Nebenher sagt er nur, daß durch die Offenbarung

---

[48] Ebd.
[49] Ebd.
[50] Ebd. S. 45.
[51] Ebd. S. 46.

keine neue ursächliche Beziehung Gottes zur Geschichte geschaffen worden sei [52]. Sein ganzes Interesse gilt jenen Aspekten der
Geschichtserfahrung, die Grenzen des menschlichen Erkennens
und Deutens bewußt machen, den Verweisen auf Transzendenz,
die es u.a. sinnvoll und nötig machen, nach Gott zu fragen bzw.
verstehen lassen, warum im Zusammenhang des Problems Geschichte Gott so vielfach genannt wird. In welcher Hinsicht solche Rede überhaupt Sinn ergibt und welche Voraussetzungen
im Geschichtsbegriff dazu berücksichtigt werden müssen, hatte
Delp mit seinen Ausführungen zeigen wollen.

Warum nur so und für die genannten drei Punkte Gott
seinen Platz im Thema Geschichte hat, begründet Delp weiter
mit einer Überlegung zum Strukturgesetz des Wirklichen, zur
Verfassung und zum Aufbau irdischen Seins überhaupt. « Es ist
zu *unterscheiden* zwischen den einzelnen Wirklichkeitskompo-
nenten der Geschichte » [53], verlangt er. Die Natur gehorche ihren
Gesetzen und folge ihrer Ordnung; darin lebe der Mensch und
doch sei er ihr überlegen. Seine Bestimmung sei dreifach gegliedert: er habe ein persönliches, innerweltliches Schicksal, er habe
Teil an einer größeren geschichtlichen Aufgabe seines Volkes
usw., er sei schließlich Träger einer transzendenten Bestimmung.
Von Gott her sei mit diesen Schichtungen etwas je Eigenes gemeint, dem der Mensch entsprechen solle. Seinen Grund habe
das nicht allein darin, daß Gott ihre Wirkursache, der schöpferisch tätige Grund ihrer Wirklichkeit sei; vielmehr sei er auch
noch auf manche andere Weise mit den Dingen von Welt und
Menschen verbunden, vor allem als « *Strukturgesetz* des Wirklichen, ... *Bildursache*, nach der alles gestaltet und gefügt wurde
und die das Abbild in verschiedenen Graden darstellen, reprä-
sentieren soll » [54].

Der Hinweis reicht an die Grenze philosophischen Nachdenkens, wenn er sie nicht schon überschreitet. Delp allerdings
ist überzeugt, in der geschichtlichen Erfahrung auf Anzeichen
dieser Bildlichkeit stoßen zu können. Gleichwohl ist ihm das
Problem an dieser Stelle bewußt, denn er fügt hinzu: « Hier
liegt das *Geheimnis der Geschichte* verborgen » [55] und macht aufmerksam, daß sich die Rede von Gott in der Geschichte ihrer
Natur nach in einen Bereich erstreckt, der vom menschlichen

---

[52] Vgl. ebd. S. 44, wo Delp in einer längeren Klammerbemerkung
diesen Hinweis erläutert.
[53] MuG S. 46.
[54] Ebd. S. 47.
[55] Ebd.

Ausgangspunkt allein aus nicht mehr zu erreichen ist. Wohl jedoch läßt sich alles, was diesen Bereich betrifft, philosophisch
in einen Sammelbegriff fassen, nämlich den des letzten Zieles.
Wie der Begriff 'Schöpfung' eine inhaltliche Füllung des Ursprungs bedeutet, so der Ausdruck 'Bild Gottes' eine nähere
Beschreibung des Ziels. Ursprung und Ziel müssen sich aber
als Anlagemerkmal in der Wirklichkeit finden, wie sie uns zugänglich ist. Beide sind Strukturelemente, selbst wenn sie sich
nicht innerhalb des geschichtlichen Lebensraumes in ihrem eigenen Wesen zu erkennen geben und bestimmen lassen. « Innergeschichtlich ist die Stellung und Berufung des Menschen
verschiedenartig und verschiedenwertig »[56]. Diese Feststellung
gliedert, erlaubt Vergleiche, zwingt zu Fragen, so daß von Gott in
unterschiedlicher Weise die Rede sein muß, insofern sich das
doppelte Gesetz der Schöpfung, das der Kreatürlichkeit und
das der Bildlichkeit auf den einzelnen Ebenen nicht gleichartig
auswirkt. Heißt es für die stumme Kreatur Notwendigkeit, für
den Menschen als geistiges Wesen Freiheit und für dessen letzte
Bestimmung Glaube, so versteht sich Delps Forderung, die Unterschiede zu beachten. « Gott in der Geschichte: das ist eine
ernste Frage, aber doch nicht eine Frage unmittelbarer Lösun-
gen und Antworten »[57], selbst wenn man das vielfältige Wie seines Eingreifens durch Berufungen und Erziehungen berücksichtigt. Seine « gewöhnliche Führung geschieht durch das vorge-
wußte und zugelassene oder gewollte Zusammentreffen natürlicher Faktoren »[58], so daß die Deutung auf ihn nicht zwingend
aus den Erfahrungen abgeleitet werden kann. Ein direktes Eingreifen nimmt Delp nur für den Fall als möglich an, daß es
um Wirklichkeiten geht, « mit denen der Name, das Ansehen,
die Ehre Gottes selbst verbunden sind. Für das allgemeine Leben
gilt, daß Gott die Ordnungen der Welt und des Geistes und der
Sitte nicht geschaffen hat, um an ihnen dauernd herumzukorri-
gieren. Die innergeschichtlichen Entwicklungen finden ihr Ziel
innerhalb der Geschichte, innerhalb der endlichen Welt. 'Gelegenheit zum Reich Gottes' bleibt die Geschichte immer. Das
heißt, der Raum der transzendenten Freiheit und des kreatürlichen Gehorsams bleibt immer offen. Sonst aber ist der Lauf
der Geschichte auf die natürlichen Ordnungen und Kräfte gestellt. »[59] Nicht von ungefähr unterstreicht Delp so energisch

---

[56] Ebd. S. 49.
[57] Ebd. S. 51.
[58] Ebd.
[59] Ebd.

die Gelegenheit, die Möglichkeit. Alles, was darüber hinausgeht
— von der genannten Ausnahme abgesehen — möchte er als
unbegründete Vorstellungen und Erwartungen gerade in christlichen Kreisen zurückweisen. Sie operieren mit einer falschen
Idee der Wirklichkeit, aber auch mit einer falschen Idee Gottes
und seines Wirkens.

So faßt Delp das Ergebnis seiner Betrachtung über Gott
in der Geschichte mit dem feierlichen Satz zusammen: « Der
Mensch soll bedenken, daß Gott in der Geschichte ein *schweigen-
der und wartender Gott* ist »[60]. Diese These formuliert der Jesuit
weit weg von deistischen Plattheiten um der Größe Gottes und
um der Würde des Menschen willen, genauer noch: um der Wirklichkeit willen, wie sie uns entgegentritt, hingenommen sein will
und zugleich herausfordert zu neuer schöpferischer Gestaltung.

« Wer Geschichte und Gott in der Geschichte einigermaßen
verstehen will, der muß einen Blick haben für die Hoheit und
Souveränität Gottes und der muß sich frei machen von allen
kurzfristigen Humanitätsideologien »[61]. Unter dem Vorzeichen
dieses Kapitels heißt das: richtige Vorstellungen sind unerläßlich für eine zutreffende Betrachtung. Das gilt nicht zuletzt für
die Rede von Gott in der Geschichte. Sinn dieser Rede im vorliegenden Kontext jedoch ist die tiefere Einsicht in die Geschichte
und zwar gerade als « Ort der harten Entscheidungen, des persönlichen Risikos, der erfahrenen Grenze und Endlichkeit, der
Fügung und des Schicksals, der Prüfung und der Bewährung »[62].
So gesehen stellt sich die Geschichte von neuem als große Frage
dar, « ungelöst und unbeantwortet », weil einem das « bisherige
Bild der Geschichte ... zu hell, zu sinnvoll »[63] scheinen will. Noch
wurde ja ihre volle Not nicht in die Überlegung mit einbezogen.
Delp erinnert daran, daß die Geschichte auch als Strom der
Tränen, des Blutes, voll treibender Trümmer und zerschlagener
Hoffnungen erscheine[64]. Und nicht nur Unglück sei daran schuld,
sondern Unrecht, Gewalt und Treulosigkeit, kurzum: das gewollte Böse. Die alte Frage, warum es den Bösen so gut gehe
und warum gerade sie in der Geschichte so oft Erfolg haben

---

[60] Ebd. Diese Idee war nicht einmalig, sondern fand z.B. auch in
dem bekannten Bändchen von K. Rahner, Worte ins Schweigen, Innsbruck 1938 u.ö. Ausdruck. Zurückgehen dürfte sie vor allem auf das verbreitete Buch von P. Lippert, Der Mensch Job redet mit Gott, München
1934.

[61] MuG S. 52.

[62] Ebd.

[63] Ebd. S. 53.

[64] Vgl. ebd.

und den Lauf bestimmen, wird wach. Delp hält die Frage für verschlungen. « Nur durch die klare Abhebung der verschiedenen Schichten und die Rückführung des bedrängenden Erlebnisses auf dessen sachlichen Gehalt kann diese Sperre einigermaßen beseitigt und die Gefahr entweder der idealistischen Verharmlosung oder der pessimistischen Verdüsterung gebannt werden » [65]. Dazu will er sich jedoch nicht auf eine umfassende Untersuchung einlassen, sondern einzig die Verwurzelung im Ereignis der Geschichte ins Auge fassen. Er geht also auch hier wieder auf seinen Ausgangspunkt zurück, bringt aber zugleich die gewonnenen Unterscheidungen ins Spiel, wenn er das negative Geschichtserlebnis zunächst auf der materiellen Ebene beschreibt, dort wo noch nicht von Schuld die Rede sein kann. Schicksalhaft begegnet dem Menschen so die allgemeine Unsicherheit und Ungeborgenheit des geschichtlichen Lebens [66], gewöhnlich als Unglück bezeichnet und im Grunde dadurch genau so wenig erklärt wie das, was der Mensch Glück nennt. « Es handelt sich hier um den Besitz und die von ihm getragenen Einfluß- und Geltungsmöglichkeiten: Ansehen, Macht, Kultur, Führerschaft » [67]. Unglück meint da Verlust, Verarmung, Entmachtung. Doch damit nicht genug. Es wächst sich aus bis in die persönliche Existenz und bleibt dem Betroffenen durchaus nicht nur äußerlich. « Die Geschichte ... verarmt und entmachtet nicht nur, sie trifft den Menschen selbst » [68]. In seiner Beschreibung dieser Wirkung formuliert Delp auf verschiedene Weise, was da geschieht: die Geschichte mache den Menschen unglücklich, sie mache ihn müde, sie enge ihn ein und bedränge ihn. Zuletzt heißt es einfach: « die Geschichte *tötet* » [69].

Diese Zeilen des Jesuiten mußten auf dem Hintergrund von Bombardierungen und Evakuierungen, von vielfachem Kriegstod und angesichts einer immer grauer und aussichtsloser werdenden Lage ohne weiteres verstanden werden. Es gibt Anzeichen, daß gerade darum diese Gedanken für viele wieder zu einem ersten Halt wurden, weil sie ihnen halfen, das eigene Schicksal im größeren Zusammenhang zu sehen und zu werten. Aus der Beschreibung folgt dann Delps wichtigster Satz: « Es soll nur betont werden, daß die Geschichte *kein Weg zum reinen Glück ist*, nicht einmal ein Weg zum relativ besseren Glück » [70]. Damit

---

[65] Ebd. S. 54.
[66] Vgl. ebd. S. 55.
[67] Ebd. S. 54.
[68] Ebd. S. 56.
[69] Ebd. S. 58.

ist in der Form einfühlend, in der Sache entschieden eine Illusion korrigiert, die durch die offizielle Propaganda dieser Kriegsjahre genährt und vertreten wurde. Mahnung zum Realismus ist das Wort: « Wie an alles Wirkliche, so muß auch an die Geschichte die alte Rätselfrage nach dem Leid und nach der Not gestellt werden » [71]. Nicht nur, weil sich die Erfahrung des Bösen weder überspielen noch verdrängen läßt; in erster Linie muß die Frage aufgeworfen werden im Interesse einer Klärung der Geschichte in ihrer Beziehung zum Menschen. Wie oft ist nicht die ganze Begegnung zwischen beiden unter das Vorzeichen des Bösen gerückt! Das Warum gerät dann zum quälenden Inhalt des ganzen Lebens.

Delp konzentriert sich im Blick auf den geschichtlichen Verlauf auf die dort offenkundige Tatsache der Verwirklichung von geschichtlicher Not mit ethischem Irrtum und sittlichem Abfall, mit der persönlichen Schuld also. Und er meint, die Last wäre erträglicher und der Verlauf der Geschichte durchsichtiger, wenn sich Sünde und Schuld aus der Geschichte ausscheiden ließen [72]. Unglück und Not lassen sich allenfalls als Schicksal hinnehmen und vielleicht als Bewährungsmöglichkeit, als Prüfung verstehen. Aber daß Böses — von Menschen gewollt — eine große geschichtliche Mächtigkeit entfaltet und daß wohl jedes geschichtliche Phänomen deswegen irgendwie mit Schuld zu tun hat, das empört. Nach einer Erläuterung dieser Tatsache kommt Delp zu dem unausweichlichen Schluß: « die Geschichte steht weithin auf *Unrecht und Schuld* » [73]. Die Feststellung zwingt zu den « beiden schwersten Fragen an die Geschichte: warum das Böse in ihr stehen darf und warum das Böse in der Geschichte so fruchtbar ist » [74]. Nach den Überlegungen über Gott in der Geschichte erhalten diese Fragen ihre volle Schärfe. Da Delp auf einen möglichst zutreffenden Gottesbegriff bedacht ist, wendet sich ihm das Problem der Schuld direkt gegen den Menschen. « Das ethisch Falsche, das Böse in der Welt ist zuerst im *Menschen*, in seinem innersten Beisichselbst », behauptet er [75]. Denn es setzt Freiheit voraus, die sich verfehlen kann, eine Freiheit, die nirgendwo anders als im Menschen zu erfahren ist. Erst sekundär kommen Sünde und Schuld

---

[70] Ebd.
[71] Ebd.
[72] Vgl. ebd. S. 59.
[73] Ebd. S. 60.
[74] Ebd.
[75] Ebd. S. 61.

dann auch in die allgemeine Geschichte; die Möglichkeit von
Opposition und Rebellion aber sei notwendig mit der menschlichen Freiheit gegeben.

Nach der Klärung des Ursprungs fragt der Jesuit nach der
letzten Konsequenz, nach dem Ziel des Bösen. Innergeschichtlich
hat eine entsprechende Entscheidung Bedeutung und Wirkung
einer geschichtlichen Kraft, die deswegen auch der Logik solcher Kräfte unterliegt. Das aber meint, eine solche Fehlentscheidung ist immer auch geschichtliches Risiko und auf die Dauer
eine Selbstzerstörung der schuldigen Instanz[76]. Doch ändert das
nichts daran, daß zwischenzeitlich die Macht des Bösen ihr Un-
wesen zu erschreckender Auswirkung bringt. Gott hindert das
offensichtlich nicht, er greift nicht unmittelbar ein, er richtet
nicht sofort. « Gott geht schweigend durch die Geschichte und
erwartet sie an ihrem Ende, um ihr sein Bild abzuverlangen,
wie er den Einzelnen am Ende seiner Geschichte erwartet »[77],
erläutert Delp. Möglich, ja sinnvoll ist das, weil der geschaffenen
Wirklichkeit eben Ordnung und Bild eingeprägt sind, die der
menschlichen Freiheit als Orientierung dienen sollen. Von ihrem
Ursprung und ihrer Zuständigkeit her besitzt das von Gott in
die Welt gelegte Gesetz « genug Kraft und Mächtigkeit, sich
selbst durchzusetzen »[78], so daß die ethische Fehlentscheidung
einen seinsmäßigen Konflikt mit der innersten Wirklichkeit und
Dynamik der Welt bedeute. Darin setze sich auf die Dauer der
ewige Imperativ im Sein durch. Neben der Möglichkeit des Bösen hatte Delp nach der Fruchtbarkeit des Bösen gefragt. Im
Zusammenhang seiner Antwort, geht er zunächst auf die Vor-
frage ein, was eigentlich geschichtliche Fruchtbarkeit sei[79]. Er
weist auf zwei Momente hin: die « Situation » als Zusammentreffen von Umständen, Verhältnissen und Einsichten, die zu ihrer
Vollendung auf eine menschliche Entscheidung warten und drängen. « Und dann der menschliche Einsatz *selbst* »[80].

Nun seien gerade die bewußten ethischen Fehlentscheidun-
gen von großer Wucht und Zähigkeit getragen, so daß sich als
eines der größten Rätsel oder eines der tragischten Momente
der Geschichte ergebe, daß die Bösen häufig helläugiger und
feinnerviger im Aufspüren der neuen Situation seien. Es sei die
verführerische Maske und dämonische Macht des Bösen, « daß

---

[76] Vgl. ebd. S. 61.
[77] Ebd. S. 61.
[78] Ebd.
[79] Vgl. ebd. S. 62.
[80] Ebd. S. 62.

es die gestellten Probleme anpackt, den genuinen Fortschritt vertritt (und verdirbt) und im Namen des Echten auch und zutiefst
Unechtes tut und fordert » [81]. Dieser Gedanke, daß das Böse den
besseren Blick für die Lage habe und entschiedener auf sie eingehe, dürfte in der Überzeugung Delps überhaupt eine Schlüssel-
rolle gespielt haben. Er half ihm, die eigene Zeit und die eigenen
Erfahrungen zu ordnen. Er half ihm, die eigene Aufgabe schärfer zu erfassen und zu formulieren. « Das Böse ist in der Geschichte so fruchtbar, nicht weil es geschichtsmäßiger oder ge-
schichtswirklicher ist als das Gute ...; es ist fruchtbar, weil das
Gute so unfruchtbar ist, weil es Tradition als konservative
Schläfrigkeit und Gewohnheit mißversteht; weil es ethische Or-
dentlichkeit in biedermaiersche Bravheit und Sorglosigkeit verharmlost; weil es die Bewährung des Lebens so oft nicht in
den Raum des Lebens hineinverlegt, sondern daneben » [82]. Diese
zornige Anklage verrät den ganzen Delp auch persönlich; weit
entfernt, eine Kapitulation auch nur anklingen zu lassen, stellt
sie auf Widerstand ab und ruft dazu auf.

Aus den drei Erkenntnissen, mit denen Delp die Überlegungen zum Not- und Nachtbild der Geschichte abschließt, ergibt
sich nicht viel, was nicht schon zuvor gesagt wurde. Es gebe
keinen restlosen Verfall der Geschichte an das Böse, heißt es
zunächst. Dann wendet sich Delp den Erwartungen des Menschen an die Geschichte zu. Ging der Mensch nicht immer wieder mit einem falschen Selbstverständnis in die Geschichte? Und
schließlich: « Die Geschichte ist auf den Einsatz und die Entscheidung des Menschen gestellt » [83]. An dieser Bedingung hängt
auch der Erfolg des Bösen. Schuld « hat ihre Durchschlagskraft
aus der vitalen Haltung und Sammlung der Einsatzkräfte, sie
hat ihren Ansatzpunkt in der Labilität und verführbaren Schwäche des Menschen, sie hat ihren Erfolg und ihre Herrschaft
durch das Schweigen und die konservative Schläfrigkeit und die
gefährliche, die eigene endgültige Bewährung bedrohende, kurz-
schlüssige ' Jenseitigkeit ' der Guten » [84].

Das aber heißt für den Guten: « Der Mensch *muß Geschichte
machen* » [85], notfalls auch um den Preis des Untergangs unter
der Übermacht und Gewalt des Bösen. Delp bleibt jedoch zu-
rückhaltend gegenüber einer undifferenzierten Deutung solchen

[81] Ebd. S. 63.
[82] Ebd. S. 63 f.
[83] Ebd. S. 66.
[84] Ebd. S. 67.
[85] Ebd.

Todes als Ansatz zu neuem Sieg. Das ist nur manchmal richtig. Ein geschichtlich fruchtbarer Tod kann nur der sein, der im Einklang mit den tieferen Kräften der Geschichte gestorben wird. « Über das innerste Geheimnis des persönlichen Sterbens wissen nur zwei Bescheid: Gott und der verlöschende Mensch. Geschichtlich wirksam als sühnendes Opfer und als fruchtbarer Weckruf neuer geschichtlicher Wirklichkeit ist nur der Untergang mit wehender Fahne; der Untergang im Kampf um die rechte Ordnung und Gestalt der Geschichte. Auch die verlassenste Qual und das einsamste Versinken im öden Winkel, in den die Gewalt einen Menschen verschleppen mag, hat diese Zeugniskraft, die immer auch eine Zeugungskraft ist, wenn dies alles bewußt übernommen wird als Einsatz und Treue für das göttliche Antlitz, das in der Geschichte sich darstellen will » [86]. Einzig möglicher Kommentar zu dieser Aussage kann Delps eigenes Schicksal sein, das als Ganzes unter die Überschrift « Einsatz und Treue » zu stellen bleibt.

e. *Geheimnis und Sinn*

Die beiden letzten Kapitel von Delps Versuch bilden einen sehr knappen Schlußabschnitt. Auch sie gehören — wie die früheren Kapitel — eng zusammen. Aber sie führen an die Grenze der Möglichkeiten philosophischen Betrachtens und Nachdenkens. Denn hier zeigt sich, daß die Frage nach der Geschichte ganz und gar an den Menschen verweist, der sich selbst undurchsichtig bleibt. « Geschichte, das ist der Mensch selbst » [87], heißt es, und gleich darauf: « Geschichte ist zugleich mehr als der Mensch ... Verweis über ihn hinaus ... Die Frage nach der Geschichte ist für den Menschen eine Frage nach seiner eigenen Wirklichkeit und das Erlebnis der Geschichte ist ein Grunderlebnis des Menschen, das Erlebnis der Fülle in der Grenze » [88]. Das Stichwort 'Erlebnis der Geschichte' greift auf den Anfang der Überlegung zurück. Jetzt zeigt sich, wie in ihm schon alles angelegt war, was Delp in den verschiedenen Schritten seines Gedankengangs nach und nach entwickelt hat, wie aber mit ihm auch jener Verweis über die Grenze hinaus gegeben ist, der sich hier in die Worte 'Geheimnis' und 'Sinn' kleidet. Doch vor dem Ausgriff steht die einfache Tatsache: « Die Geschichte stellt

---

[86] Ebd. S. 68.
[87] Ebd. S. 69.
[88] Ebd. Vgl. dazu das Kapitel « Über den Menschen hinaus », in: Der Mensch vor sich selbst, Anm. 5.

den Menschen an seine *Grenzen* »[89]. Und das läßt sich nur noch bildhaft ausdrücken und andeuten, weil die Sache « in letzter begrifflicher Helle nicht mehr sagbar ist »[90]. Grenze hat hier den oben schon erwähnten Doppelsinn von Beschränkung und positiver Möglichkeit. « Der Mensch gerät immer vor das *Geheimnis* »[91] wie Delp es ausdrückt.

Doch fällt es ihm offensichtlich nicht leicht, genauer zu analysieren, was es mit dieser Grenzwirklichkeit der Geschichte auf sich hat. Geheimnis wird eben dadurch charakterisiert, daß es Letztes, Unsagbares und Ungesagtes bedeutet, das sich nicht mehr eröffnet. Delp weiß, daß der Mensch manchmal zu früh Geheimnisse sucht. Es muß also sicher sein, daß Sache und Begriff nicht am falschen Platz erscheinen, etwa um sich um die Härte der Wirklichkeit herumzumogeln. Von den Bedingungen wirklichen Geheimnisses läßt sich also auch im Blick auf die Geschichte sprechen. Aus Erfahrung weiß der Jesuit, daß Menschen vielfach vor dem Geheimnis fliehen, weil es dem Menschen die letzte Zuständigkeit abspricht, ihn in einen größeren Raum stellt und zwingt, nach dem anderen zu fragen. Wie ernst Delp selbst die Gefahr des Rationalismus nimmt, läßt sich daran ablesen, daß er sagt: « Der Mensch ist oft verliebt in die Taghelle der eigenen Einsicht, so daß er den Leibcharakter und Dienstcharakter dieses Lichts nicht mehr wahrhaben will »[92]. So widersetze er sich dem letzten Gesetz der Geschichte, daß sie Geheimnis ist. « Nie wird es deshalb gelingen, die Geschichte auf weite Sicht in eine logische Formel zu zwingen und zu behaupten, bis zu dieser oder jener Höhe der Entwicklung oder Tiefe der Verderbnis will Gottes Freiheit sie ihren Weg gehen lassen »[93].

Dieses Fazit dürfte Delp selbst nicht leicht gefallen sein. Aber die Realität verlangt dieses Eingeständnis des Menschen: « Schon der *Untergrund* des geschichtlichen Lebens bleibt trotz aller Fortschritte in Erkenntnis und Beherrschung undurchsichtig. Die untergeistige Natur als die Voraussetzung und Ermöglichung der Geschichte geht ihren eigenen Weg und nimmt auf ihm die Geschichte weithin mit. Was sie letztlich ist, weiß der Mensch nicht »[94]. Diese Aussagen wirken in ihrer Problematik

---

[89] MuG S. 69.
[90] Ebd.
[91] Ebd. S. 70.
[92] Ebd.
[93] Ebd. S. 70 f.
[94] Ebd. S. 71.

heute noch aufreizend, zumal das Geheimnis auch dort — und nach den Worten des Jesuiten — noch greifbarer in die Geschichte hineinragt, wo es um das Unerzwingbare der *menschlichen Freiheit*, also um den Kern des Menschen geht. Letztlich ist es die Unwissenheit, die dem Menschen vor allem zu schaffen macht, wo er an das 'mysterium iniquitatis' stößt. Delp faßt zusammen: « In all diesen Momenten wird eine *überbegriffliche Wirklichkeit* in geschichtlichen und damit greifbaren Einsatz verwandelt » [95]. Für den Hellsichtigen trägt sie die Verweise des Unergründlichen an sich; Mutterboden all dieser Unbegreiflichkeiten sei jener Hintergrund der Geschichte, aus dem sie entlassen wurde. « An ihrem Anfang steht der unbegreifliche Gott » [96], sagt Delp und greift damit über seinen eigenen Ansatz hinaus, deutet die Verweise in einer Weise, wie es von ihnen selbst her nicht möglich ist.

Doch gefragt ist nach dem Ziel, nicht nur nach dem Anfang. In dieser Perspektive formuliert Delp sein Ergebnis negativ, wie es dem philosophischen Weg bis an die Grenze entspricht. Dort nämlich hat der Mensch zu verstehen, daß nicht er « *der Sinn der Geschichte* ist ... der Mensch. Sinn der Geschichte ist das andere Größere » [97]. Auch im Ausdruck wird hier die theologische Ausdeutung der Erfahrung wieder zurückgenommen. Dennoch glaubt Delp sich berechtigt, an dieser Stelle seine Glaubensüberzeugung ohne Umschweife ins Spiel zu bringen. « Das letzte Geheimnis der Geschichte ist die Darstellung ... des herrscherlichen Gottes » [98]; mit diesem Bekenntnis schließt Delp die Überlegung zum Geheimnis und kommt zugleich zu den letzten Gedanken über den Sinn der Geschichte.

Inhaltlich lassen sich hier nur Wahrheiten anführen, die theologischer Natur sind und die aus der christlichen Offenbarung stammen. Gleichwohl werden selbst sie nicht einfach wie Fremdkörper über die Welt gestülpt. Sie erscheinen nicht im simplen Widerspruch zu dem, was in der Geschichte gegeben ist. Ohne die Natur der Offenbarung auch nur im geringsten in Frage zu stellen, möchte Delp doch verständlich machen, daß eine grundlegende Entsprechung gegeben sein muß, ohne die es zwischen Welt und Gott nicht zur Begegnung kommen könnte.

Wie also ist von Sinn und Geheimnis zu reden, wenn man wie der Mensch aus dieser Welt kommt? Die Antwort auf diese

---

[95] Ebd. S. 72.
[96] Ebd.
[97] Ebd. S. 73.
[98] Ebd.

Frage entscheidet darüber, ob und in welchem Sinn Delps Un-
ternehmen möglich und berechtigt ist. Er legt deswegen allen
Wert darauf, die Ansätze für eine rationale Behandlung des
Problems noch einmal deutlich werden zu lassen.

Als ersten Schritt dazu weist er jeden ausschließenden Widerspruch zwischen dem Problem der Geschichte, wie es sich
aus dem Erleben des Menschen stellt, und der Antwort aus dem
Geheimnis zurück. « Das Entweder-Oder ist hier nicht zuständig.
Die beiden Pole gehören zusammen in einen Kraftstrom, ebenso
wie oben die arationalen und überrationalen Erklärungsgründe
zusammengehören mit einem faßbaren, rationalen Moment » [99].
Die beiden Seiten lassen sich also nicht gegeneinander ausspie-
len; dagegen spricht allein schon die Tatsache, daß sie sich als
Aspekte — wenn auch in durchaus unterschiedlicher Weise —
an ein und derselben Wirklichkeit Geschichte finden. Diese bindet sie zusammen. Darum bleibt eine andere Grundvorstellung
des Verhältnisses im Blick auf das geschichtliche Erleben ohne
Anhalt.

Den nächsten Schritt sieht Delp in einer erneuten Betrachtung der beiden Gesetzlichkeiten, die die Geschichte durchwal-
ten, zunächst der aus jeder Wirklichkeit ablesbaren Gesetzlichkeit der Kreatürlichkeit [100], dann der zweiten Gesetzlichkeit, « die
der planvoll-geordneten *Bildlichkeit* », die nach Meinung des Jesuiten wieder ein allgemeines Gesetz darstellt, « das alle Wirk-
lichkeitsstufen durchwaltet » [101]. Der Hinweis versteht sich als
Erinnerung an Gegebenheiten, die sich nicht bezweifeln lassen.
Doch reichen sie hin, um « so etwas wie eine *Logik* der Geschichte » [102] zu behaupten?

Delp geht zum Nachweis solcher Logik davon aus, « daß
in jedem geschichtlichen Geschehen ein Sinngehalt ... liegt, der ...
jede Epoche unmittelbar zu Gott sein läßt » [103]. Wenigstens in
den für den Menschen überschaubaren Einzelabläufen vermag
er begrenzten Sinn zu entdecken. Sinn meint allerdings nicht
nur einen plausiblen Zusammenhang zwischen einem Grund, der
sich zeitlich entfaltet, und einem Ergebnis, das daraus folgt.

---

[99] Ebd. S. 74.
[100] Vgl. ebd. S. 74.
[101] Ebd. S. 75.
[102] Ebd.
[103] Ebd. S. 76. Mit dieser Formulierung greift Delp den bekannten
und früher schon erwähnten Ausdruck L. v. Rankes auf: « jede Epoche
ist unmittelbar zu Gott, und ihr Wert beruht gar nicht auf dem, was
aus ihr hervorgeht, sondern in ihrer Existenz selbst, in ihrem eigenen
Selbst » (Über die Epochen der neueren Geschichte, Stuttgart 1954, 7).

Der kleine Hinweis auf die Unmittelbarkeit zu Gott deutet an, daß Sinn zugleich Verweis auf die größere Wirklichkeit, Einordnung in eine Transzendenz meint. Worauf es Delp jedoch vor allem abgesehen hat: « ein solcher Sinn der Geschichte ... muß ... wenigstens streckenweise greifbar sein » [104]. Und daraus ergibt sich ihm notwendig, daß auch « diese Logik der Geschichte faßbar werden » [105] muß. Das Ganze und das Fragment werfen hier eine Schwierigkeit auf. Wie nämlich läßt sich aus einem Teilsinn auf den Sinn des Ganzen schließen? Immerhin steht soviel fest: Wenn überhaupt Sinn erfaßt werden kann, dann kann die Vermutung eines Gesamtsinnes nicht absurd sein.

Delp ist sich bewußt, daß solcher Sinn letztlich nur Nachvollzug eines göttlichen Gedankens ist, der aus diesem Grunde in voller Klarheit und Schärfe der menschlichen Einsicht als solcher verschlossen bleibt. Dennoch meint er, bei sorgfältiger Betrachtung und Einübung müsse die Logik der Geschichte sowohl in der historischen Rückschau wie für vorausschauende Planung faßbar werden. Er empfiehlt in diesem Sinn den Ausgang vom überschaubaren Fragment. Sinnerfassung der Geschichte scheitere nur zu oft daran, daß man sich sofort und direkt um eine Sinndeutung des geschichtlichen Lebens des Weltganzen bemühe. Dazu bemerkt er nur: « Das Ganze der kreatürlichen Wirklichkeit ist immer in Geschichte, aber es ist nicht immer gleichermassen und gleichzeitig geschichtlich aktiv und zuständig » [106]. Deshalb sei gewissermaßen der Umweg über die Einzelberufungen zu nehmen, in deren Abfolge sich die Geschichte entfalte. Und dann wagt er seine zusammenfassende These: « Der *Sinn* der Geschichte ist die *innerweltliche Darstellung* und nachvollziehende Wiederholung einer außerweltlichen und überweltlichen Wirklichkeit » [107]. Betrachtet man die Formulierung dieser Aussage genau, so bemerkt man noch einmal, wie genau Delp die philosophischen Grenzen im Auge hat, aber gleichzeitig auch unbefangen bis an sie herangeht. Der Geschichte geht es in ihren Gesetzen um ein Außergeschichtliches, wenn auch ihr Wirklichkeitsgehalt als solcher in die Welt verschlossen bleibt. Daß dies möglich ist, soll noch einmal ein knapper Hinweis auf das Zusammenwirken von Notwendigkeit und Freiheit, von Gehorsam und Freiheit dartun.

---

[104] MuG S. 76.
[105] Ebd.
[106] Ebd. S. 77.
[107] Ebd.

Auf den Menschen bezogen folgt: « Die konkrete Aufgabe eines geschichtlichen Berufes kann und muß eigentlich zusammenfallen mit der Sorge und Verantwortung für den übergeschichtlichen Sinn des persönlichen Lebens und das heißt für den Menschen für sein übergeschichtliches und überweltliches Heil » [108]. Die ganze Überlegung kommt damit an den Punkt, wo Offenbarung und Glaube allein weiterhelfen können und nach Delps Überzeugung weiterhelfen sollen und müssen. Doch setzt er noch eine Warnung hinzu: « Der Weg der Geschichte geht vorwärts, aber er geht nicht notwendig aufwärts. Der Fortschrittsoptimismus ... wird nicht nur durch die tatsächlichen Inhalte und Ergebnisse der neuen Stunden widerlegt. Er verkennt vor allem zwei *metaphysische Bestimmungen* der Geschichte » [109]. Er kann nicht wissen, ob die nächste Stunde auf der Linie des ursprünglichen Planes liegt oder ob sie dem Menschen zumuten wird, im Aushalten schreckhafter Katastrophen und Nöte die Herrschaft Gottes zu erfahren. Auch darin kann der Mensch zur Größe wachsen. Die zweite Bestimmung, die der Fortschrittsoptimismus vergißt, ist die Begrenztheit der Geschichte, ihre Offenheit für Leid, ihre Freiheit auch zum Bösen.

« Das *Leben in der Geschichte* wird immer ein Wandern auf schwankendem Grund bleiben » [110], das sagt uns die eindringliche Prüfung des Problems der Geschichte. Zu werten ist mit Delp solche Unsicherheit nicht nur als Last, sondern eben auch als Chance, und das noch vorgängig vor aller religiösen Sinndeutung. In dieser Wertung darf keine der beiden Möglichkeiten unterschätzt werden; jede Einseitigkeit wird sofort falsch. Dem Christen bleibt bewußt, daß es um ein Gesetz und eine Ordnung der geschaffenen Welt geht, die selbst einmal in eine höhere Wirklichkeit aufgehoben werden soll.

« Zum Übergeschichtlichen geht der Weg nur durch die Geschichte: als Ordnung und als Urbild, als schöpferischer Grund und als erfüllende Heimat steht der ewige Gott am Anfang, in der Mitte und am Ende der Geschichte. » [111]

f. *Geschichte, eine Antwort*

« Der Mensch und die Geschichte » ist Delps letztes, ausführlichstes und wohl auch eigenständigstes Wort zu dem The-

---

[108] Ebd. S. 78.
[109] Ebd. S. 78.
[110] Ebd. S. 79.
[111] Ebd.

ma, das ihn seit seinen frühen Studienjahren nicht losgelassen
hatte. Bringt es eine Antwort auf das Problem, dem sich der
junge Jesuit stellen wollte? Nicht im Sinne einer direkten, rationalen Definition, in Gestalt einer einfachen Aussage, mit der
alles geklärt wäre. Dagegen hat er die Bedingungen und Voraussetzungen so bestimmt, daß die Fragestellung schon von allerlei
fremden Zutaten frei wird. Er analysiert das Erlebnis der Geschichte konsequent auf das hin, was es einschließt — namentlich auf Notwendigkeit und Freiheit. Mit der Betonung des notwendigen Charakters von Geschichte hat er das gängige Verständnis dieses Begriffs entscheidend korrigiert und vertieft. Indem er aufzeigt, wie von Geschichte zu reden ist, und den Stellenwert der Einzelaspekte in eine überlegte Ordnung bringt, vermag er den Aspekt des Unberechenbaren und Zufälligen mit
jener Freiheit des Menschen zu deuten, die in der Notwendigkeit des Menschseins verankert ist. Eine Notwendigkeit, die Freiheit aus sich entläßt, kann aber nur als Geist gedeutet werden,
eine Interpretation, die eine neue Überlegung einleitet, weil sie
neue Probleme stellt. Delp findet so zur Unterscheidung zwischen der naturhaft kreatürlichen und der menschlich freiheit-
lichen Ebene. Ihr fügt er noch eine weitere Unterscheidung an,
insofern die Freiheit in ihren Entscheidungen ethisch/moralisch
gut sein kann oder auch nicht. Geschichtliche Wirkung kann
vom menschlichen Einsatz im einen wie im anderen Sinne ausgehen. Sie hängt davon ab, ob sich der Mensch auf der Linie
der geschichtlichen Entwicklung hält, sich ihr entgegenzustem-
men sucht oder an ihr vorbeiläuft. Eine sittliche Wertung ist
dem geschichtlichen Erfolg als solchem nicht eigen; sie ist aber
auch dem geschichtlichen Scheitern nicht automatisch eigen. Sie
kann hier wie dort gegeben sein und zwar mit positivem oder
negativem Vorzeichen.

    Der Mensch ist immer geneigt, diese Dinge in unzulässiger
Weise verbunden zu sehen und unbedacht Schlüsse zu ziehen.
Delps Überlegung ist dazu angetan, ihn davor zu warnen und
ihn einsehen zu lassen, wo eine Folgerung unberechtigt und un-
begründet wäre. Doch darum erscheint Geschichte nicht einfach
wertneutral. Aufs Ganze gesehen ergibt sich die naheliegende
Erwartung einer Logik, auch wenn diese sich nicht als solche
im Innerweltlichen realisiert und realisieren kann. Die erlebte
Ordnungsfunktion von Geschichte birgt in sich eine Sinnrich-
tung, die wenigstens streckenweise greifbar wird und deren konkrete Fragmente sich so zusammenfügen, daß sich eine Sinnlinie
andeutet. Letztlich läßt sich diese jedoch nicht an einer Wirklich-

keit ablesen, die nur stückweise erfahren wird. Wohl aber zwingen die Hinweise den Betrachter, mit ihr zu rechnen. Dieses
Kalkül, um es einmal so zu sagen, hat eigene und bessere Gründe
als die Annahme von Teilsinnen innerhalb eines sinnwidrigen
oder sinnlosen Ganzen.

Delp betont jedesmal die Öffnung auf eine neue Dimension,
die sich bei seiner Betrachtung der Geschichte und ihrer Bedingungen auf den verschiedenen Ebenen der erlebbaren Wirklichkeit ergibt. Sein Thema klärt sich in einem kleinen Punkt,
verschiebt sich aber zugleich und stellt sich als schwierigere
neue Frage heraus. Geschichte ist also nicht nur eine Aufgabe,
die philosophisch angegangen und gelöst werden soll — das
gelingt nur in Voraussetzungen und Bedingungen, nicht aber in
ihrer Mitte, in ihrem Kern. Sie ist in erster Linie ein Problem,
das von seiner Natur her dem Betrachter einen je weiteren Horizont erschließt und sich nach und nach als der Gegenstand
der Überlegung entpuppt, der mehr und mehr mit dem Überle-
genden zusammen zu sehen ist. Nach Delp wird die Frage der
Geschichte zur Frage nach dem Menschen. In dieser Aussage
steckt das Ergebnis nicht nur seines letzten Essais, sondern
seiner ganzen Bemühung um die Geschichte.

Nun bietet der Mensch keineswegs eine Antwort, sondern
entspricht gerade als Frage dem Problem der Geschichte. « Geschichte ist eigentlich mehr als eine Ordnung neben anderen
Ordnungen; sie ist eine Weise, ein Rhythmus, eine Form, die
alle menschliche Ordnung und alles menschliche Tun und Lassen innerlich berührt und bildet »[112]. Man muß diese These um-
kehren zu einer Aussage über alle menschliche Ordnung und
alles menschliche Tun und Lassen, um zu erkennen, welchen
Sinn hier der Verweis der Geschichte hat. Die lange Beschäftigung mit dem Thema Geschichte besaß für Delp ihr eigentliches
Ergebnis weniger in den Klärungen, die er herausarbeitete, als
darin, daß er auf diesem Weg den Menschen als Thema und
Aufgabe entdeckte. Geschichte als Weg zum Menschen! « Nur
der Mensch hat Geschichte und macht Geschichte und ist Geschichte »[113].

Delp rechtfertigt diese Einsicht durch Hinweise auf das Erkennen des Menschen. Nur dem Geist wird ansichtig, worum es
in der Geschichte geht, d.h. er entdeckt sich als begrenzt und
als auf ein Ganzes ausgerichtet. Das Ganze jedoch erfaßt er nicht

---

[112] Ebd. S. 19.
[113] Ebd. S. 11.

als solches, sondern auf eigentümliche Weise, indem ihm die
eigene Begrenzung aufgeht. Solches Wissen hat sein Modell nicht
an der Kenntnis irgendeiner bestimmten Sache innerhalb der
Welt. Vielmehr ist dieses Grenzwissen von besonderer Gewißheit
und Ungewißheit geprägt, die nicht durch einen Mangel des Ge-
genstandes bedingt sind. Es ist « fragliches », d.h. weitertrei-
bendes Wissen, geschichtliche Erfahrung, was die eigene Dynamik auf letztes Wissen hin wahrnimmt.

Diese Lösung ist nicht durch Literatur und Programm möglich, « sondern durch den Einsatz eben des Lebens, durch das
Wagnis aus Blut und Geist » [114] wie Delp sagt. Die Formel variiert
die andere Aussage, Geschichte sei zu tun und zu machen, ein
Gedanke, der unausgesprochen die Einsicht verdeutlicht, daß
hier Theorie nicht genügt. Der Jesuit hatte am Anfang seines
Nachdenkens wohl ohne Wenn und Aber das Menschenbild zu-
grundegelegt, das ihm aus seiner Glaubensüberzeugung und aus
seinen Studien vertraut war. Deshalb mag er in manchem zunächst traditioneller und weniger von jenem Problembewußtsein
bestimmt erscheinen, das manchen seiner Zeitgenossen damals
in der Frage nach Mensch und Geschichte bedrängte. Eines sah
Delp jedenfalls sehr deutlich: den Widerspruch und die Extre-
mität der denkerischen Konzeptionen. Von ihnen lernte er, die
eigenen Bemühungen zu vertiefen, die eigenen Ideen an der erfahrenen Wirklichkeit zu prüfen und sich dem Gespräch offen-
zuhalten, ohne sich einer einseitigen Formel zu verschreiben.
Das letzte Wort seines Bemühens um die Geschichte heißt Gott,
das vorletzte, das allein zu diesem Gott führt, heißt Mensch.

SCHLUSS

Hintergründe und Grundzüge von A. Delps Idee der Geschichte wurden in dieser Untersuchung beschrieben. Äußerungen aus mehr als einem Jahrzehnt belegten die Entwicklungen
und die Konstanten. Gleichwohl wäre es verfehlt anzunehmen,
wir hätten jetzt eine abgeschlossene Konzeption vor Augen. Delp
selbst verlor sein Leben unter der Gewalt als 37jähriger. Was
noch hätte kommen können — auch zur Frage der Geschichte —,
darüber läßt sich nichts sagen. Aus den vorgestellten Texten
erhellt nur eines, daß Delp die Frage als philosophische begriff
und sie philosophisch in den Griff zu bekommen suchte. Für
ihn war damit in erster Linie Auseinandersetzung gemeint, die
sich nach und nach zu einem eigenen Gesprächsbeitrag entfaltete, der mehr an der Sache denn an anderen Positionen orientiert ist.

Offensichtlich aber lag ihm alles daran, dieses Gespräch so
anzulegen, daß Verständigung möglich blieb mit jedem, der sich
guten Willens beteiligen will. Bekanntlich war Delp überzeugter
Christ, engagierter Seelsorger. Gleichwohl hütete er sich, entsprechende Auffassungen in seine Bemühungen um die Geschichtsproblematik so einfließen zu lassen, daß er sich dadurch
die gemeinsame Basis auch mit jenen genommen hätten, die
seinen Glauben nicht teilten. Das Problem einer gemeinsamen
Basis in diesem Sinn dürfte für ihn nicht zuletzt im Widerstand
gegen Hitler existentiell bedeutsam gewesen sein. Daß er dafür
einen offenen Sinn mitbrachte, geht wohl auch auf jene Einübung zurück, die er in das Problem Geschichte seit langem betrieb. Ohne einen Hehl aus seinem Glauben zu machen, möchte
er über die Geschichte mit dem Atheisten wie mit dem Theisten
oder dem Indifferenten reden können. Ob es ihm gelang, diese
Absicht überzeugend durchzuhalten, müßten andere entscheiden;
daß sie vorlag und wirksam wurde, ist deutlich belegbar. Allerdings lag Delp nichts am Gespräch um des Gespräches willen.
Es mußte um eine Sache gehen, die sich lohnte. Das Thema
Geschichte hielt er für geeignet, wußte jedoch genau, daß es
durchaus nicht frei ist von Scheinproblemen, die immer wieder
seine Behandlung verwirren und erschweren.

---

[114] Ebd. S. 30.

Deswegen mußte es ihm für das erwähnte philosophische Gespräch ein erstes und vordringliches Anliegen sein, Scheinfragen und falsche Schwierigkeiten auszuschalten. Offensichtlich in dieser Perspektive ist sein wiederholter Rückblick auf die rechte Fragestellung zu verstehen. Wie läßt sich das Problem zutreffend in einer Frage erfassen? Der sichere Ausgangspunkt, das Erlebnis der Geschichte, soll auch dafür zuverlässiger Anhalt sein. In diesem Erlebnis geht es immer schon um die Begegnung von Mensch und Geschichte; und die Frage ist eben immer Frage des Menschen an die Geschichte. Damit läßt sich die Gefahr nicht ausschließen, daß der Mensch falsch fragt, daß er eine Vorstellung zugrundelegt, die ihn jene Realität nicht mehr treffen läßt, nach der er sucht. Delp hat sich deshalb ständig mit falschen Vorstellungen herumzuschlagen, die ziemlich verbreitet sind und meist unbedacht bleiben, aber umso hartnäckiger das Gespräch über dieses Thema hindern und blockieren.

Im Grunde ergibt sich, daß wir außerordentlich leicht an die Geschichte in ungeschichtlicher Betrachtungsweise herangehen. Philosophisches Nachdenken hält sich an das Notwendige, das im gewöhnlichen Verständnis rasch mit dem Unwandelbaren, dem Festen und Unveränderlichen identifiziert wird. Geschichte als Bewegung gedacht ist von einem solchen Ansatz aus nur schwer zu erfassen und zu behandeln. Sie wird als etwas Willkürliches angesehen, gilt als das Unberechenbare und deswegen als rätselhaft. Der Umgang mit der Geschichte führte namentlich im vergangenen Jahrhundert zu Einstellungen, über denen ein Verdikt lastet, dem sich niemand gern aussetzt. Die Stichworte Historismus, Relativismus und Subjektivismus waren auch Delp geläufig. Mancher meinte, den entsprechenden Gefahren nur entgehen zu können, indem er sich einem Dogmatismus und Objektivismus verschrieb, der unter verschiedenen Gestalten im Denken wirksam wurde und wird.

Gegenüber den Bedrohungen aus beiden Richtungen wollte Delp eine Mittelposition einhalten und damit Gesprächspartnern von hier wie von dort einen Zugang offenhalten. Deshalb legt er schließlich alles darauf an, die Geschichte als notwendig und frei zu erweisen und vor allem die innere Verbindung und Zuordnung dieser beiden Aspekte herauszustellen. Bezeichnend bleibt sein Wort: « Das Entweder-Oder ist hier nicht zuständig ». Damit ist auch von vornherein jeder Isolation gewehrt.

Gleichwohl muß offen bleiben, ob dieses Philosophieren seine Ansätze wirklich voll entwickeln konnte. Doch nicht daran wird letztlich der Beitrag Delps zum Thema Geschichte zu messen sein, sondern an den Klärungen, die er zweifellos erreicht hat und die auch heutigem Nachdenken noch wichtige Hilfe sind. Neben anderen Themen wie dem der Ordnung, des Menschenbildes, der menschlichen Gemeinschaft und Gesellschaft hat er zum Thema Geschichte einiges gesagt, das seine volle Bedeutung erst zu erkennen geben dürfte, wenn man mit Delps Einsichten und Ergebnissen ernst macht und sie weiter ausführt.

Dazu regt nicht zuletzt das Schicksal dieses Mannes an, das auf einem Denken steht, in dem die wichtigsten Entscheidungen schon bewußt vorausgenommen waren. Der Zusammenhang zwischen Denken und Sterben — so muß es für Delp wohl heißen — vermag neben Klärung auch Mut zu geben im Interesse des Menschen und seiner wahren Wirklichkeit. Das Geheimnis rührt hier wie bei der Geschichte an den Sinn, und das eine gibt es nicht ohne das andere. Delp selbst hat es sich vom Glauben her gedeutet, und in diesem Sinn konnte er als Prediger auch sagen: « Man kann die Geschichte wirklich verstehen und begreifen als die Ebene, auf der die jeweiligen Anschauungen von der Hauptsache und vom wichtigsten und vom größten Gebot sich entfalten und sich zu verwirklichen suchen. Und deswegen ist in einem ganz tiefen Sinn, viel tiefer, als wir gewöhnlich meinen, die Geschichte die große Lehrerin, weil sie uns eines in die Seele brennt und immer wieder vorführt durch ihre Ergebnisse. Diese Frage darf nur die eine Antwort finden, die Gott selber ihr gegebenen hat: Du sollst den Herrn, deinen Gott lieben ... » (zum 17. Sonntag nach Pfingsten; in: Der mächtige Gott, Frankfurt/M. 1949, S. 126).

ANHANG

Briefwechsel A. Delp — K. Thieme
1935 - 1936

I. A. Delp an K. Thieme [1]

7. April 1935. [2]

Sehr geehrter Herr Thieme,

ein Unbekannter schreibt Ihnen diese Zeilen und trotzdem ein junger Mensch, der sich durch viele Gedanken Ihrer Aufsätze und Vorträge und besonders Ihrer « Bildungsgeschichte des Abendlandes » [3] mit Ihnen verbunden weiß. Und über all das hinaus durch die Tatsache, daß ihn Gottes gütige Fügung ein Stück gleichen Weges gehen ließ: vom Protestantismus zur katholischen Kirche [4], und zwar zur Kirche in der Form der Gesellschaft Jesu.

Daß ich mich als junger Jesuit, der den Weg zu einer lebendigen Eingliederung in die Kirche mit wachem Bewußtsein und unter steter innerer Auseinandersetzung ging, gerade von den Gedanken angesprochen fühle, die Sie über die Form meiner « Kirchlichkeit » [5], über den « Jesuitismus » [6] schreiben, ist wohl begreiflich. So möchte ich gerade über diese Gedanken mit Ihnen sprechen,

---

[1] Karl Thieme (1902-1963), Sohn des gleichnamigen Leipziger Theologen, 1934 Konversion zur Katholischen Kirche, 1935 Emigration in die Schweiz; vgl. A. Vögtle, in: Hochland 56 (1963/64) 465-468; A. Stoecklin, in: LThK ^{2}X (1965) 113. — Der hier abgedruckte Brief hat sich im maschinenschriftlichen Durchschlag erhalten, 8 Blätter.

[2] Die Briefe werden genau in der vorliegenden Schreibweise wiedergegeben, doch wurden offensichtliche Schreibfehler stillschweigend korrigiert. (ss = ß) — Der Brief wurde im Ignatiuskolleg Valkenburg der Ordenshochschule der deutschen Jesuiten in den Niederlanden geschrieben.

[3] K. Thieme, Das Alte Wahre. Eine Bildungsgeschichte des Abendlandes, Leipzig 1934 (^{2}1935). Zur Ortsbestimmung und zum Charakter dieses Versuchs vgl. die Liste mit den Namen derer, denen sich der Autor verpflichtet fühlte, ebd. 180 f.

[4] A. Delp wurde in der katholischen Kirche getauft, dann aber auf Grund der Familienverhältnisse protestantisch erzogen. Als Gymnasiast entschied er sich bewußt und selbständig für den katholischen Glauben, doch ist nicht von einer Konversion im eigentlichen Sinn zu sprechen.

[5] Dieser etwas merkwürdige Ausdruck bedeutet im Sinne Delps, daß sich für jeden die Zugehörigkeit zur Kirche in einer bestimmten Form konkretisieren muß: als Laie, Priester, Ordenschrist ... sowie in einer je eigenen Ausprägung des Lebensstils, der Frömmigkeit, des Umgangs mit anderen.

[6] 10. Kapitel: Jesuitismus und Rationalismus, ebd. 147-156. — Für das gewöhnliche Empfinden legt der Ausdruck ein System nahe und hat einen negativen Beigeschmack.

wobei natürlich die eine oder andere Perspektive über das Ganze Ihres Buches nicht zu vermeiden ist.

Ich darf vielleicht vorausschicken, daß ich Ihnen aus eigenem Antriebe und eigenem Vorsatze schreibe, nicht irgendwie in « höherem Auftrage » oder aus « offizieller Inspiration ». Was die allgemeine Wirkung und Auffassung angeht, die Ihre Ausführungen in den Kreisen meiner Mitbrüder hervorrufen, darüber ist wohl genug gesagt in den verschiedenen Besprechungen, z.B. in den « Stimmen der Zeit » (P. Pribilla)[7], in der « Zeitschrift für kath. Religionsunterricht » (P. Böminghaus)[8], in der Innsbrucker theologischen Zeitschrift (P. Lotz)[9]. Ich schreibe Ihnen, weil ich mich persönlich durch Ihre Ausführungen berührt weiß, weil mein eigener Weg zur Kirche und die Art meiner Zugehörigkeit zur Kirche durch Ihre Darstellung irgendwie in Frage gestellt wird.

Ist es möglich, von Jesuitismus zu sprechen wie man von Rationalismus oder von Materialismus schreibt und spricht oder von Calvinismus und Protestantismus? Weiter: Gibt die Verfassung, die Zielsetzung, die Praxis des Ordens Anlaß und Grund, ihn einen « Notverband » für die große Wunde der Kirche zu nennen, ein von außen aufgeklebtes Pflaster, das für den Augenblick lindert und mildernd wohltut, das aber jeder, der damit zu tun hatte, gern und erleichtert wieder von sich wegnimmt? Konkret: Ist der Jesuitenorden wirklich nur ein Notbehelf der Kirche für eine Zeit äußerster Bedrängnis, ein minus malum, das nicht zu umgehen war und somit eine Art Zugeständnis der Kirche an eine dekadente Periode der Geschichte? Antwort auf diese Frage ist zu versuchen von der Kirche, von der tatsächlichen Wirklichkeit des Ordens und von der Geschichte her[10].

Kirchlich gesehen ist jede derartige Fragestellung nicht gut möglich. Von der Kirche hat der Orden seine Daseinsberechtigung und seine Missio. Der Segen der Kirche wurde immer wieder über ihn gesprochen, auch bis in unsere Tage hinein, da man der Kirche so gerne « Erwachen zu ihrer Eigentlichkeit »[11] nachsagt. Es ist wohl

---

[7] StdZ 128 (1935) 429.

[8] Hier liegt ein Versehen Delps vor; E. Böminghaus besprach das Buch in: « Bildung und Erziehung » 2 (1935) 73-75; die ebenfalls kritisch fragende Besprechung in: « Zeitschrift für den katholischen Religions-Unterricht an Höheren Lehranstalten » 12 (1935) 252 f. stammt von W. Müller.

[9] ZkTh 59 (1935) 115-119.

[10] Zu beachten bleibt, daß die *Geschichte* an dritter Stelle genannt wird — als allgemeinster Zugang zur angestrebten Lösung. Hier kommen nicht nur faktische Entscheidungen und Gegebenheiten ins Spiel, sondern es kündigt sich eine grundsätzliche Überlegung an. Deshalb ist hier u.E. der Schwerpunkt in Delps Argumentation bzw. Auseinandersetzung zu sehen. Er gibt sich schon hier klar zu erkennen.

[11] Vgl. das bekannte Wort R. Guardinis: « Ein religiöser Vorgang von unabsehbarer Tragweite hat eingesetzt: Die Kirche erwacht in den See-

nicht zu bezweifeln, daß die Entscheidung der Kirche, diesem Orden, dieser Form kirchlichen Lebens Daseinsrecht zu geben und
Auftrag über Auftrag zu erteilen, für das ganze Leben der Kirche
von großer Bedeutung war. Wer aber möchte wohl der Kirche solch
verhängnisvollen Irrtum in ihrer eigenen Lebensgestaltung zutrauen,
wie er tatsächlich angenommen werden muß, wenn die Gesellschaft
Jesu wirklich so ist, wie sie heute vielfach dargestellt und abge-
lehnt wird?

In der Betrachtung von der *tatsächlichen Wirklichkeit des Ordens* her ist wohl zu unterscheiden zwischen der Substanz der jesuitischen Existenz und dem jeweiligen Vollzug dieser Existenz in
der und der Epoche einer wandelnden Geschichte.

Die Substanz des Ordens ist doch wohl in dem enthalten, was
er selbst als sein Wesen weiß und darlegt. Sie werden in all den
vielen Schriften, in denen der Orden sich selbst ausspricht (Konstitutionen [12], das sogenannte Institut [13], die Briefe der Generäle usw.),
keinen anderen Daseins-Sinn finden außer dem einen: Zur Verfügung Gottes stehen durch « Zur-Verfügung-der-Kirche-stehen » als
des sichtbar in der Welt existierenden Heilswillens Gottes.

Dieses « Zur-Verfügung-Stehen » bestimmt das Gesicht des Ordens, das Gesetz seines Aufbaues, die Form seiner Lebensart und
seiner Bildung und Erziehung, die er an seinen Mitgliedern leistet.
Dieses « Zur-Verfügung-Stehen » ist so sehr Sinn und Gesetz dieses
Ordens, daß er über keinen Eigen-Sinn verfügt. In dem Augenblick,
da die Kirche ihn entließ, ging er wortlos — die wenigen, die dagegen Einspruch erhoben, waren nicht der Orden, waren nicht seine
Führung, waren sicher nicht Menschen, die dem Geist, wie er unter
uns gilt, treu waren. [14]

Es ist unter dieser Sicht wohl nicht leicht möglich, dem Orden
irgendwie willkürliche Ziel- und Zwecksetzung vorzuwerfen, ihn
als eine im innersten Kern eigenwillige, ungebundene Erscheinung
aufzufassen. Da er doch über jede eigenwillige Möglichkeit hinweg
sich vorbehaltlos dem Träger des objektivsten und verbindlichsten
Gesetzes zur Verfügung stellt.

---

len. », in: Vom Sinn der Kirche, Mainz 1923, S. 1 und die Folgen des
so formulierten Vorgangs im katholischen Deutschland der 20er und 30er
Jahre.

[12] Vgl. Constitutiones Societatis Iesu, Rom 1949 u.ö., dt. Ignatius von
Loyola, Satzungen der Gesellschaft Jesu. Übers. v. Peter Knauer, Frank-
furt/M. [3]1980. — Vgl. P. de Chastonay, Die Satzungen des Jesuitenordens,
Einsiedeln/Kön 1938.

[13] Formula Instituti Pauli III., n. 9 und Formula Instituti Julii III.,
nn. 1, 2, 9; — « Institutum Societatis Iesu significat vel propriam nostram
vivendi atque agendi rationem vel documenta scripta quibus haec ratio
a legitima auctoritate proponitur » (= Collectio Decretorum, n. 7).

[14] Hinweis auf das Verhalten der Jesuiten bei der Aufhebung der
Gesellschaft Jesu im Jahre 1773 durch Papst Clemens XIV.

Doch richten sich vielleicht die vielen Bedenken weniger gegen diese allgemeine Zielsetzung als gegen die Art und Weise, mit der der Orden seinen Dienst für die Kirche versieht. D.h. es geht um das Verhältnis zu den « Mitteln », die er einsetzt zu seinem Zweck und um die konkrete Form, in der der Orden in den verschiedenen geschichtlichen Perioden auftrat. Man stellt aus, den Menschen fehle jede Möglichkeit eines unbefangenen, natürlichen Verhältnisses zu den « Dingen » der Umwelt; es sei alles « verzweckt ». Dadurch, daß der Orden als solcher und seine Menschen sich diesem radikalen « Zur-Verfügung-Stehen » ausliefern, geschieht tatsächlich eine große und weitgehende Relativierung jeden « Hanges zum Eigen-Stand », « Eigen-Sinn ». Diese Menschen verzichten weithin auf die Möglichkeit einer « seßhaften Heimat ». Dies alles bedeutet letztlich aber doch nur eine bewußtere und gesteigerte Realisierung der « Heimatlosigkeit », die letztlich jedes noch so geborgene Christenleben durchherrschen muß. Diese « Heimatlosigkeit » bedeutet sicher Ernüchterung, irgendwie vermittelte Stellungnahme zu den Dingen der Welt, bedeutet auch immer irgendwie Distanz und Relativierung persönlicher Bindungen —, aber sind dies alles nicht auch wieder Haltungen, die in jedem ehrlichen Christenleben vollzogen werden müssen? Wobei immer wieder zu beachten und zu betonen ist, daß gerade in dieser reservierten und gottvermittelten Stellungnahme zu den Dingen die dem Wesen und geschöpflichen Wert der Dinge gemäße Haltung geleistet wird. Und wobei auf keinen Fall übersehen werden darf, daß der konkrete Vollzug dieser Haltungen letztlich doch auch Maß und Rhythmus erhält vom persönlichen Wuchs der vollziehenden Persönlichkeit und so auch hier bei aller Bereitschaft keine Vergewaltigung ursprünglicher Kraft erfolgt.

Ihre Darstellungen haben zur Grundlage weniger die allgemeine Zielsetzung des Ordens als die kritische Prüfung der verschiedenen geschichtlichen Perioden jesuitischen Lebens. Es (wird) aus dem, was Sie anführen, auch ohne weiteres klar, welche Perioden unserer Vergangenheit Sie meinen.

Vielleicht darf ich hier ein Zweifaches bemerken: im einzelnen Träger einer Idee kann es überall geschehen, daß der konkrete Vollzug der gesollten und gewollten Haltung mißlingt. Das kann unter Umständen auch für die und jene Zeitspanne in der Geschichte einer Institution gelten. Wichtiger ist das Zweite: die Gesellschaft Jesu geht nicht auf und ist nicht erfaßt in einem Moment ihrer Geschichte. Die je und je konkrete Gesellschaft ist immer ein neues Werden, eine neue Synthese zwischen der allgemeinen Haltung und Zielsetzung und Ausrichtung des Ordens und den konkreten Trägern und dem Geist der jeweiligen Zeit (der als je möglicher guter weiter unten zu beweisen ist). Die allgemeine Haltung des Ordens, sein Leben « aus der Kirche und für die Kirche » ist die « Form » des Ordens, die als solche material auf nichts über diese Ausrichtung hinaus festgelegt ist. Die konkreten Träger der Gesellschaft, die « zu In-

formierenden », sind als Menschen je dieser Zeit vielfachen materialen Festlegungen und Bindungen unterworfen. So wird der konkrete Orden immer dieses Doppelwesen zeigen: innere Freiheit und
Ausrichtung ad nutum Dei per ecclesiam und damit Überzeitlichkeit
und Übergeschichtlichkeit. Und zugleich von dieser durchherrscht
Je-Zeitlichkeit und Missio gerade in je diese Zeit. Der Orden, solange er sich selbst treu bleibt, wird immer zeitlos sein und übergeschichtlich und doch immer nur als geschichtliche Erscheinung
je dieser Tage wirken. Diese Eigenschaft ist nicht eine Eigentümlichkeit, die dem Orden aus kluger Konstruktion seiner Verfassung,
also aus menschlicher Berechnung und aus menschlichem Anspruch
zukäme. Diese Eigentümlichkeit kommt dem Orden zu, weil er auf
jede andere « private » Eigentümlichkeit verzichtet hat, sich ganz
ausgeliefert hat in das Geheimnis der Kirche hinein. Geheimnis und
Kraft der Kirche ist es, zeitlos-übergeschichtlich als je-geschichtliche
Erscheinung aufzutreten und solche Möglichkeit durch Teilgabe an
ihrem Sein zu vermitteln.

Hier ist nun die Stelle, wo wir über die Betrachtung des einzelnen Phänomens der Gesellschaft hinaus uns dem Problem der
Geschichte zuwenden müssen. Liegt denn nicht gerade darin die
« Dämonie » dieser Institution, daß sie überzeitlich sein will und
trotzdem je dieser Zeit verpflichtet erscheint? Wird nicht gerade
hier die Tatsache offenbar, daß der Orden « auf keine echte Sachüberzeugung, die zur Treue verpflichtet hätte, eingeschworen war »?
Ist eine solche Institution möglich, die über das Jahrhundert, in
dem sie entsteht, hinausreicht, die sich nicht aus « echter Sachüberzeugung » auf die Haltung und Anschauung ihrer Zeit material fest-
legt und so nicht verpflichtet ist, mit dieser Anschauung und Haltung unterzugehen? Diese Frage ist mit dem oben schon angeführten
Beispiel der Kirche bereits beantwortet. Hier muß es sich nun mehr
darum handeln, die Konsequenzen, die eine solche Möglichkeit für
den *Begriff von Geschichte* mit sich bringt, herauszustellen. Denn
daß eine solche Erscheinung — überzeitlich und zugleich je— zeitlich — eine bestimmte Auffassung von Geschichte unmöglich macht
und eine ebenso bestimmte bedingt, ist klar. Wenn es Institutionen
gibt, durch die Tatsache der Kirche sogar göttliche Institutionen gibt,
die in jeder Geschichtsepoche sich neu gestalten und mit der heranwachsenden Zeit zusammen eine jeweils neue, lebensvolle Einheit
bilden: dann ist es nicht mehr möglich, in irgendeiner Periode der
Geschichte die Höchstleistung geschichtlicher Entwicklung zu sehen
und von ihr her Maß und Grundlage zur Beurteilung der folgenden
oder früheren Perioden zu nehmen.

Diese Geschichtsauffassung ist begründet durch die erste Tatsache unserer Geschichte, die enthalten ist in den Worten: *facit
hominem secundum imaginem suam.* [15] Freier Entschluß Gottes war

---

[15] Gen. 1,27.

es, daß er seine Fülle in eine geschaffene Welt hinein darstellen wollte. Nachdem aber die Schöpfung und ihr Sinn: Darstellung der imago Dei, einmal gegebene Tatsachen waren, war damit auch die Notwendigkeit eines vielfachen Nebeneinander und Nacheinander in der Schöpfung gegeben [16]. Die Darstellung der imago Dei ist ja nicht geleistet durch das begrenzte Vermögen des Einzelnen; in breitem Nebeneinander so vieler verschiedener Ausführungen vermittelt Gott eine Ahnung von der Fülle seiner Ursprünglichkeit. Es bedarf darüber hinaus aber eines genau so breiten Nacheinander, das aber mehr ist als nur ein verlängertes Nebeneinander. Es ist der Menschheit in ihrer Beschränktheit nicht möglich, diese imago Dei in einer Generation darzustellen, die ganze zu fassende Wirklichkeit in einer Periode zu begreifen. Es wird jeder Generation nur die Sicht auf einen Aspekt, die Darstellung eines Momentes der Fülle der darzustellenden imago Dei gelingen. Die folgende Generation wird diesen Aspekt nicht negieren, sondern ihn bewahren und über ihn hinaus zu einer neuen Sicht vorstossen. So ist jede geschichtliche Perspektive, d.h. die Wirklichkeitsdeutung jeder geschichtlichen Periode im Kern richtig, aber nicht erschöpfend. Falsch wird sie, indem sie sich absolut setzt, sich als *die* Sicht, als Maß und Form der früheren und folgenden Perioden setzt. Geschichte ist so in ihrem inneren Sinn fortgesetzte Entfaltung der Schöpfung; fortscheitende Entwicklung der imago Dei, die in jeder ihrer Stufen das Imprimatur des Schöpfungsberichtes besitzt.

Es würde zu weit gehen, die Gesetze, den Rhythmus dieser Entwicklung hier aufzeigen zu wollen. Diese Frage wird ja dadurch kompliziert, daß diese Entfaltung wirklich irgendwie gesetzmäßig vor sich geht und auf der anderen Seite trotzdem die Tatsache des freien Menschenwillens nicht berühren darf. Das eine ist jedenfalls klar: eine Entwicklung sinkt niemals auf ein früheres Stadium zurück, ein früheres Stadium kann nicht den Maßstab zur Beurteilung und Ausrichtung der späteren Entwicklung geben [17]. Ein kurzes Beispiel: Zu Beginn unserer abendländischen Geschichte steht sicher der Mensch der griechischen polis, der Mensch der geschlossenen kleinen Gemeinschaft, die ihm alles vermittelte, gesicherte Lebensmöglichkeit und Wahrheit und Götter und Religion. Nun ist der Mensch in seiner vollen Wirklichkeit nicht dargestellt und nicht garantiert durch den Menschen der absoluten Gemeinschaft [18]. Die Vielfalt

---

[16] Andeutung vielfacher Möglichkeiten der Entwicklung, die Delp in der Unausschöpflichkeit des Urbildes gegeben sieht und die ihm eine exklusive und einseitige Deutung auszuschließen scheinen.

[17] Vgl. Thiemes Antwort im folgenden Brief; Delp unterstreicht den Aspekt der Irreversibilität in der Entfaltung einer Erscheinung und die sich daraus ergebenden Konsequenzen für jede Bewertung.

[18] Zu dieser Aussage ist der Zeitpunkt der Abfassung des Briefes zu beachten. Nationalsozialistische Auffassungen wurden damals in der Öffentlichkeit vertreten und gefördert; Delp mag vielleicht mehr die inner-

der möglichen Menschenbilder ist begrenzt durch die Spannung die er darstellt: individuum sociale. Zu einem gesunden und wesensgemäßen Menschen muß garantiert sein ein Minimum von Individualität und ein Minimum von Sozialität. Es ist nun jede Spielart von « Sozialismus » möglich, die das lebensnotwendige Minimum von « Individualismus » wahrt. Und es ist genau so jede Spielart von « Individualismus » möglich, die das lebensnotwendige Minimum von Sozialismus wahrt. Jede Übersteigerung der einen Komponente bis zum Negieren der Gegenkomponente ist von Übel.

Der « gebundene Mensch » zu Beginn unserer abendländischen Geschichte [19] war nicht der entfaltete Mensch der weiter entwickelten imago Dei, er war nur eine Sicht der darzustellenden imago. Dieser Mensch mußte aus seiner Gebundenheit heraustreten und durch die ganze Reflexion des abendländischen Individualismus gehen, der seinen Höhe- und Wendepunkt im deutschen Idealismus fand [20]. Der Mensch, der heute wieder zurückkehrt in die Bindungen eines bewußt gewollten gemeinschaftsbeherrschten Lebens, kann und wird auch nie seiner inneren Struktur nach dem Menschen der alten Polis ähnlich sein. Er bringt das Bewußtsein seiner entwickelten Individualität mit, und das gerade ist die neue Stufe der imago Dei, daß der gestraffte und bewußte Mensch eingeht in ein Leben des Wir. Die neue Gemeinschaft, die in diesen Zeiten entsteht, wird ein eigenes Gesicht haben vor jeder anderen « Gebundenheit » vor ihr.

Vielleicht kommt Ihnen das alles als große und umständliche Abschweifung vor. Trotzdem wollte ich auf diese Gedanken nicht verzichten, weil sie doch dazu beitragen, zu zeigen, daß das « Wahr sein » des Ordens in einem tiefen und echten Sinn stetes Bemühen ist, « der Wirklichkeit gemäß zu sein ». Geschichte als rhythmisch-gesetzliche Entfaltung der imago Dei — das gibt wirklich die Möglichkeit, Institutionen zu begreifen, die ihrer inneren Anlage und Intention nach über die jeweilige geschichtliche Stufe hinauslangen und trotzdem die jeder Stufe je-eigenen Haltungen ehrlich und aufrichtig vollziehen zu können. Gerade diese Institutionen, die nicht auf Gedeih und Verderb auf eine Stufe festgelegt sind, können ihr « Wahr sein » so sehr nach der ganzen Wirklichkeit ausrichten, daß sie es sind, die auf jeder Stufe aus innerer Ehrfurcht vor der geschehenden Wirklichkeit sich erbittert wehren gegen jede Verfälschung

---

katholische Gemeinschaftsbewegung im Auge gehabt haben, doch formuliert er schon an dieser Stelle den Grundsatz, der ihn später zum Widerstand gegen den Nationalsozialismus brachte.

[19] Das Beispiel bezieht sich auf Thiemes Grundlegung seiner « Bildungsgeschichte des Abendlandes » und versucht an einer dort vorgetragenen Idee eine unzutreffende Voraussetzung bzw. Folgerung nachzuweisen.

[20] Die Nennung des Deutschen Idealismus macht hier noch einmal ausdrücklich klar, daß Delp das Problem der Geschichte in diesem Zusammenhang *philosophisch* anzugehen sucht. Darin wurde er von Thieme nicht verstanden.

und Verdrehung des geschichtlichen Geschehens. Immer wiederkeh-
rende Folge menschlicher Endlichkeit und Gebrechlichkeit ist es ja,
daß in jeder geschichtlichen Periode Tendenzen auftreten, die das
Geschehen dieser Periode überschätzen, das Wirklichkeitsbild dieser
Zeit verabsolutieren wollen [21]. Wir leiden ja heute alle noch unter
dem Ergebnis dieser Tendenzen aus der Zeit des heute versinkenden
Individualismus. Die bedauerlichste dieser Folgen geschah doch dadurch, daß die Reformation und ihre Konsequenzen einen verabsolu-
tierten Individualismus in Gebiete hineintrugen, die ihm niemals
erschlossen werden durften. Und in klarer Sicht dieser Tatsachen
war es doch, daß Ignatius seinen Orden baute, der Männer sammeln
sollte, die gerade in diesen Gebieten jeden Subjektivismus und jede
Willkürsetzung ablehnten und sich vorbehaltlos den objektiven, gott-
gesetzten Bindungen unterwarfen [22].

Vielleicht ist es mir nun doch gelungen, in unbeholfenen Zügen
etwas von dem zu zeigen, was mir in langen Jahren innerer Wan-
derung als Wesen und Weltbild meines Ordens aufging. Die Jesuiten
vergangener Zeiten waren Männer dieser Zeiten und gingen mit diesen Zeiten unter. Ihr Geist, ihr Orden ist über ihnen und geht weiter, formt neue Menschen und schickt sie in neue Zeiten. Oft und
oft wird es geschehen, daß in Augenblicken, da die Zeit sich wendet
und die Geschichte zu einer neuen Stufe umschlägt, Männer des
Ordens aufeinanderstossen und unter Mißverständnissen leiden. Der
Orden selbst wird dadurch nicht berührt [23]. Er hatte seine missio
in das Gestern, er hat seine missio in das Heute. Und solange er
über Menschen verfügt, die seinen Sinn verstehen und von seinem
Geist sich formen lassen, wird er immer Arbeiter und Soldaten des
regnum Dei einsetzen können, die nicht aus schlauer und existenz-
loser Verschlagenheit, sondern in innerer Echtheit und aus wirklich
tiefer Sachtreue das regnum Dei gerade in dieser Zeit weitertragen.

Ich weiß nicht, ob Sie nachfühlen, wie es einem Menschen zumute ist, der aus der Einöde der modernen Verlaufenheit und religiösen Versandung heimfinden durfte in die große Freiheit und Fülle
der Kirche, der sein Bild der Kirche, wie es ihm der Herrgott in
gütiger Fügung schenkte, rein und klar und hell verwirklicht fand
in diesem Orden geistlicher Männer, der sich ehrlich und dankbar
wohlfühlt in einer Gemeinschaft, deren Bewußtsein weiß, daß ihr
einziger Sinn immer Dienst für diese Kirche war, deren innere Haltung sich bemüht, immer bereiter und freier zu sein für den Ein-

---

[21] Daß der Sündengedanke fehlt, mag erstaunen; er wird jedoch nicht
negiert. Ein weiterer Hinweis darauf, daß Delp hier philosophisch vorgehen will.

[22] Natürlich will Delp hier nicht behaupten, die Gesellschaft Jesu sei
von Ignatius gegen die Reformation gegründet worden.

[23] In diesen Schlußabschnitten des Briefes schlägt der Ton um; das
bedingt dann auch die sehr einfache, auf Wirkung angelegte Zeichnung
eines an sich sehr komplizierten Verhältnisses.

satz, wann und wo immer die Kirche ihn befehlen mag; wie es einem Menschen zumute ist, der sich als junger Fähnrich in ein Regiment gestellt hat, dessen Marsch ein harter und stolzer und ehrlicher war: wenn er nun hört, daß es Menschen gibt in der gleichen Gemeinschaft der Kirche, die all das mit einer «dankbaren» Handbewegung wegwischen wollen vom Tisch der Gegenwart.

Ich will Sie weiter nicht mit persönlichen Eindrücken und Stimmungen belästigen. Viel lieber wäre es mir, ich dürfte Sie einmal als willkommenen Gast einführen in die lebendige Gemeinschaft meiner Mitbrüder. Sie würden vielleicht doch finden, daß da noch unverfälschtes, unbefangenes, wirklich natürliches Miteinanderleben echter Kameradschaft sprudelt. Daß da Menschen wachsen, die Menschen der ewigen Kirche und Menschen der heutigen Tage sind. Und über jede konkrete Bewegung hinweg würden Sie vielleicht dann doch finden, daß der Geist dieser Menschen nicht nur Geist von Vorgestern ist. Daß unser ehrliches Bemühen dem einen persönlichen und sachlichen Ziel gilt: kirchliche Existenz heute zu vollziehen, zu ermöglichen und zu garantieren.

Nun hab ich Sie lange aufgehalten. Ich hoffe, ich habe kein Wort geschrieben, das den Geist, der alle in Christus Geeinten durchherrschen soll, den Geist gegenseitiger Achtung und gegenseitigen Verständnisses verletzt.

Mit ergebenen Grüßen grüßt Sie ein junger Weggenosse
Fr. Alfred Delp SJ
Aachen, Kurbrunnenstr. 42 [24]

II. K. THIEME AN A. DELP [25]

Karl Thieme

Düsseldorf-Oberkassel
Teutonenstrasse 2
den 9. April 1935

Sehr geehrter Herr Delp,

für Ihren Brief vom 7. möchte ich Ihnen vor allem aufrichtig danken. Zuerst darum, weil er die erste vorwiegend kritische Äuße-

---

[24] Die jenseits der Grenze bei Aachen in Holland gelegene Hochschule hatte zur reibungsloseren Abwicklung des Postverkehrs mit Deutschland diese Adresse.

[25] Der Brief ist im Original erhalten — 2 Blätter maschinenschriftlich — der Kopf ist ein Stempel — auf der Rückseite des zweiten Blattes findet sich als handschriftlicher Bleistiftzusatz die Bemerkung: « Hat einen sehr wichtigen + richtigen Punkt aufgegriffen: die Relativierung aller Werte in die Geschichte hinein! » — Es ist nicht zu entscheiden, ob dieser Zusatz von Delp stammt. Ihm entspricht die Bemerkung am unteren Rand des 2. Blattes, vgl. am Ende des hier abgedruckten Briefes. Wahrscheinlich handelt es sich aber um Zusätze eines anderen, während

rung zu meinem Buch darstellt, die nicht am Wesentlichen in ihm vorbeiredet, sondern mit der mich seinsmäßig auseinanderzusetzen, aus der zu lernen für mich möglich ist, wie ich es mir immer wieder von der Kritik gewünscht habe. Und dann auch darum, weil Sie nicht den Weg der Bagatellisierung, Diffamierung oder gar versteckten Abdrosselung eines scheinbaren « Gegners » gegangen sind wie andere Angehörige Ihrer Gesellschaft, sondern den des ernsthaften und fairen geistigen Widerstreits, wie er mir allein des Verteidigers einer wahrhaftig großen kirchen- und weltgeschichtlichen Erscheinung wie der Gesellschaft Jesu würdig zu sein scheint.

Wenn ich meine Antwort mit der nachdrücklichen Versicherung beginne, daß ich mich nicht als Gegner dieser Gesellschaft betrachte, dann geschieht das nicht, um irgendetwas von früher Gesagtem dadurch zurückzunehmen oder zu verschleiern, sondern um demselben Sachverhalt die Ehre zu geben, der Sie zu der Frage veranlaßt, ob man von « Jesuitismus » so sprechen könne wie von Calvinismus oder Rationalismus? — Ich möchte nämlich darauf antworten: Nein und Ja!

Zuerst *Nein*! Als von einem Heiligen der Kirche in ihrem Dienst geschaffene und tausendfach in Anspruch genommene « Form kirchlichen Lebens » gehört der « Jesuitismus » einer andern Seinsordnung an als all jene häretischen oder außerkirchlichen « Ismen »; weil und insofern die Gesellschaft Jesu lebendiges Glied am mystischen Leibe Christi ist, kann man so wenig ihr wie irgend eines älteren Mönchsordens Gegner sein, wenn man katholischer Christ ist. Soweit sind wir einig.

Dennoch auch: *Ja*, man kann von Jesuitismus ebensogut sprechen wie etwa von Berullianismus, franziskanischem Spiritualismus und — im Sinn der « Schule » aber nicht nur der Schule — Augustinismus, Thomismus oder Molinismus, insofern es sich um zwar innerhalb der Kirche aufgetretene aber doch auch als Ausprägungen einer bestimmten menschlichen Verhaltensweise (z.T. speziell: Denkweise) faßbare Erscheinungen handelt [26]; — und als solche sind die genannten auch mit schlechthin häretischen oder außerkirchlichen vergleichbar.

Nur darf auch dabei keinen Augenblick vergessen werden, daß man von einer durch Gott in Dienst genommenen menschlichen Erscheinung spricht, daß man sie nicht verstehen kann, wenn man ihr keine providentielle Mission zuzuerkennen vermag, und zwar natürlich eine positive, nicht etwa nur eine der so zahlreich abgewandelten dessen, « der wirkt und reizt und muß als Teufel schaffen »!

---

die Bemerkungen am Rande — in Tinte — offensichtlich von der Hand Delps sind.

[26] Thieme kommt es offensichtlich auf Ähnlichkeiten geistiger Strömungen an, die in paralleler Weise innerhalb und außerhalb wirksam waren und sind.

In diesem Sinne sehe ich die Mission des Jesuitismus wirklich nicht nur als minus malum, wie es etwa ein Gegengift wäre (was eine kirchlich anerkannte Erscheinung nicht *sein*, höchstens manchmal *geben* kann). Sondern mein Bild vom Verband spricht zwar auch von Beengung, aber zunächst ganz positiv von Linderung, Beruhigung, Stütze. — Freilich von einer als vorübergehend denkbaren Erscheinung. Bitte verstehn Sie das richtig: Auch das kontemplative Mönchtum ist institutionell jünger als die Kirche und braucht nicht notwendig so alt zu werden wie sie; aber dennoch wird es in ihr immer einen Stand von um der vita contemplativa willen Jungfräulichen geben, weil nur solche diese vita ganz ausfüllen können, — während prinzipiell auch Verheirateten die volle Heiligkeit des aktiven Lebens zugänglich ist, wie sich soeben an Thomas More bestätigt [27], so daß eine Ordensgesellschaft von « Aktivisten » (dies Wort hier ganz ohne abschätzigen Beiklang gesagt) nicht notwendig zum zeitüberdauernden Gliederbestand des Leibes Christi gehört.

Mit dem Vorstehenden glaube ich die « Möglichkeit » der von mir angewandten Weise, den Jesuitismus zu betrachten, nachgewiesen zu haben, die Möglichkeit innerhalb der Katholischen Kirche. Im Folgenden handelt es sich nun darum, zu untersuchen, ob ich auch richtig gesehen habe.

Und dazu haben Sie mir sehr wesentlich geholfen durch das, was Sie über die Geschichte geschrieben haben, und worin das Gemeinsame und das Trennende zwischen uns geradezu urbildlich zum Ausdruck kommt. — Ja wahrhaftig, jede christliche Geschichtsauffassung ist begründet durch die erste Tatsache, daß Gott den Menschen nach Seinem Bilde geschaffen hat und daß diese göttliche Schöpfung auch durch keinen Sündenfall ganz zerstört werden konnte, daß in gewisser Hinsicht jedes Zeitalter und jeder Mensch « unmittelbar zu Gott » [28] ist!

Dem widerspricht aber in keiner Weise, sondern dazu gehört als notwendige Ergänzung, daß in der Fülle der Zeiten nun *ein* wahrer Mensch und *nur* einer die Gottebenbildlichkeit *ganz* dargelebt hat, der Menschen- und Gottessohn. Nur Er war in jeder Hinsicht unmittelbar zum Vater; wir alle aber bedürfen der Vermittlung Seines mystischen Leibes, Seiner Kirche. Diese aber findet nicht « jede geschichtliche Perspektive, d.h. die Wirklichkeitsdeutung jeder geschichtlichen Periode im Kern richtig », wie Sie schreiben, sondern nur die Wirklichkeitsdeutung ihres Herrn und Meisters. Und diese wird keineswegs falsch, « indem sie sich absolut setzt, sich als *die* Sicht, als Maß und Form der früheren und folgenden Perioden

---

[27] Der englische Lordkanzler Thomas More (1478-1535) — unter Heinrich VIII. hingerichtet — war am 9. Mai 1935 heiliggesprochen worden; vgl. LThK ²VII (1962) 627 f.

[28] Bekanntes Wort des Historikers L. von Ranke. Über die Epochen der neueren Geschichte, Stuttgart 1954, 7.

setzt », sondern gerade alle Wirklichkeitsdeutungen, die ihr widersprechen, sind falsch, auch — verzeihen Sie! — die Ihre.

Denn diese verkennt, daß uns Jesus Christus und Seine Kirche nichts weniger als die « fortschreitende Entwicklung der imago Dei, die in jeder ihrer Stufen das Imprimatur des Schöpfungsberichtes besitzt », sondern ganz im Gegenteil die fortschreitende Annäherung des jüngsten Gerichts (über unsern Gottähnlichkeitswahn) und der « neuen Schöpfung » gelehrt hat.

Damit aber ist auch ein Maßstab für die zwischen Jesus Christus und uns liegenden Perioden gegeben. Ihr Sein und ihre Sicht ist um so « wahrer », je mehr beides aus Ihm stammt (wie übrigens im Advent: je mehr beides auf Ihn deutet, weitaus am meisten also: Israels [29]! — Eben dazu wurden uns Offenbarung und Vernunft, damit wir an früheren Stadien (auch unter gewissen Gesichtspunkten dem der polis) « den Maßstab zur Beurteilung und Ausrichtung der späteren Entwicklung » erkennen können, nimmermehr um zu ihnen zurückzukehren, was ja wesensunmöglich ist, sondern um umzukehren zu Gott und gemäß zu werden der von Ihm geschaffenen wahren Wirklichkeit, — was unvereinbar ist mit der « auf keine echte Sachüberzeugung » eingeschworenen Anpassung an die von Menschen geschaffene jeweilige Scheinwirklichkeit, in der « Militarismus, Kapitalismus und Absolutismus in wechselnden Konstellationen miteinander und ihren ebenso verkehrten Gegensätzen die natürlichen Voraussetzungen der Gnade immer mehr unterwühlten und aushöhlten. » [30] Sobald Sie das einsehn, werden Sie meine Gesamtanalyse verstehen.

Dann werden Sie auch begreifen, daß ich Ihren Brief als ein — angesichts seiner menschlichen Echtheit geradezu erschütterndes — Dokument des Jesuitismus empfinde, dessen Verteidiger, wie auch P. Bichlmayr in seinem mir privatpersönlich durchaus nicht unsympathischen Buche « Die Jesuiten » [31], gerade die Züge, *die mir gefährlich scheinen*, so unbefangen und ungedeckt zur Schau tragen, daß man den Eindruck hat, sie wüßten überhaupt nicht, worin die wirklichen, *nicht* als « alle jene üblen Vorurteile, Mißverständnisse und Verzerrungen » (P. Böminghaus in « Bildung und Erziehung » gegen mich! [32]) abzutuenden Bedenken gegen ihre Haltung bestehn.

---

[29] Später ist Thieme vor allem für seine Bemühungen um das Problem Judentum - Christentum und die Begegnung zwischen Juden und Christen bekannt geworden; das deutet sich schon hier an.

[30] Vgl. Das Alte Wahre, a.a.O. 153.

[31] G. Bichlmair, Die Jesuiten. Sechs Vorträge über den Orden der Gesellschaft Jesu, Köln 1933; vgl. dazu die Bemerkungen in: Das Alte Wahre, a.a.O. 149.

[32] Ebd. 2 (1935) 73-75 unter dem Titel: « Bildungsgeschichte des Abendlandes »; der Vorwurf lautet im Kontext ebd. S. 74: « Ohne auch nur eine Spur von Bemühen, den katholischen Muttergrund des Ordens zu erkennen, werden da durch eine ganz unzulängliche Sinndeutung der

Soviel für's erste; ich würde mich sehr freuen, wenn durch
weitere Korrespondenz zwischen uns der gemeinsame Boden ver-
breitert und tragfähig werden würde zu abgerundeter Antwort auf
alle Ihre Fragen, wozu ich zunächst erst einmal die Voraussetzungen
schaffen wollte. Gern will ich auch gelegentlich bei Ihnen zu Gast
sein. Mit kameradschaftlichem Gruß Ihnen ergeben Karl Thieme

Randbemerkungen A. Delps auf dem Original

4. Absatz:	dist(inguo): Haltung +
	Richtung —
6. Absatz:	vita activa superior
9. Absatz:	Zilinski [33] zum imago dei!
	Ist X (Christus) auf eine
	geschichtliche Stufe festgelegt?
11. Absatz:	Ist die jeweilige
	Scheinwirklichkeit
	nur von Menschen
	geschaffen?
am unteren Rand:	2 Auffassungen von Kirche:
	rettende Arche aus der Sündflut +
	volle Menschwerdung Gottes:
	Hineinwachsen in die Zeit.
	Th. kennt nur eine!

III. A. DELP AN K. THIEME [34]

16. April 1935

Sehr geehrter Herr Thieme,

Sie entschuldigen sicher, daß ich Ihnen erst jetzt antworte.
Gegen Ende der Vorlesungen war das und jenes noch zu erledigen
und ehe man es eigentlich glaubt, ist eine Woche vorbei.

Wenn irgend eine Zeit des Kirchenjahres dann ist die heilige
Woche, die wir gerade begehen, geeignet, uns über die Gedanken
zu unterhalten, die Ihr letzter Brief angeregt hat. Niemals offenbart

---

Sendung des Ordens (zeitweilig nötiger, aber dann lästiger und gefähr-
licher Wundverband am kranken Leib der Kirche) und eine ebenso unzulängliche Deutung seines Geistes ungefähr alle jene üblen Vorurteile,
Mißverständnisse, Verzerrungen gestützt, die zwar in gewissen Kreisen un-
ausrottbar scheinen, die aber nachgerade ein Schmachtitel der angeblich
auf die Wahrheit angelegten Menschheit geworden sind. »

[33] Es ließ sich nicht feststellen, ob hier ein Autor gemeint ist oder
eine mehr persönliche Erinnerung festgehalten wurde.

[34] Der Brief liegt im Durchschlag vor und umfaßt 4 maschinenschriftliche Blätter.

sich uns Christus ausdrücklicher und radikaler als Gericht und Entscheidung und endgültige Lösung aller Fragen, die aufgegeben sind.
Dieser Christus am Kreuze ist wirklich die Erschütterung all unseres Selbst-Standes und aller Eigenherrlichkeit. Wir können jetzt
nichts mehr besitzen, was uns nicht durch Christus über die erste
Schöpfung hinaus neu vermittelt wäre.

Bevor ich auf einzelne Gedanken Ihres Briefes eingehe, möchte
ich Ihnen für diesen Brief selbst ehrlich danken. Persönlich und
menschlich war er eine große Freude für mich. Er bewies, daß
menschliche und christliche Berührung möglich ist über alle vermeintlichen und wirklichen Auffassungsunterschiede hinaus. Ich hoffe, daß unsere Aussprache weiterhin fruchtbar ist und hoffe ebenso,
daß wir Sie bald einmal hier als unseren willkommenen Gast begrüßen dürfen.

Ich gehe zunächst auf einige Fragen in der Reihe, wie sie Ihr
Brief anregt, ein.

Ob man uns von der Gesellschaft Jesu über unsere innere Haltung der absoluten und vorbehaltlosen Hingabe an Gott im Dienste
der Kirche hinaus auf eine einheitliche Verhaltungsweise festlegen
kann, die man geschlossen anderen Verhaltungsweisen gegenüber-
stellt, ist eine Frage, die ich zumindest offen lassen möchte. Es ist
sicher, daß eine ganze Anzahl religiöser Verhaltungsweisen für uns
nicht in Frage kommen, weil sie die dauernde Marschbereitschaft
im Dienst der Kirche hindern. Bestimmte Formen der Kontemplation sind damit a priori für uns unmöglich, während das gar nicht
von der Kontemplation als solcher behauptet werden darf. Doch auf
diese Frage werde ich weiter unten noch einmal zu sprechen kommen. Ich glaube nicht, daß man Jesuitismus neben Berullianisme,
franziskanische Spiritualität, Augustinismus usw. stellen kann. Es
wäre in der Hinsicht interessant, einmal eine Morphologie der Menschen zu schreiben, in denen der Jesuitenorden seine typischen
Vertreter anerkennt, der Heiligen der Gesellschaft Jesu. Sie werden
da gar nichts von der engen Gemeinsamkeit finden, die nach Ihrer
Auffassung da sein müßte. Es sind Typen darunter, die in dieser
Ausprägung genau so bei den Franziskanern möglich gewesen wären
oder in einer anderen religiösen Gemeinschaft. Trotzdem sind sie
durch und durch Kinder unseres Ordens, weil ihr persönlicher Wuchs
sie nicht verschlossen machte für die innere Haltung des Ordens
und weil der Orden tatsächlich fähig ist, persönliche Artung und
persönliche Gnadenführung innerhalb seines Raumes unbehelligt gelten zu lassen. Es ist das einer der Aspekte, in denen das eigentliche
Geheimnis des Jesuitenordens [35] durchleuchtet. Vielleicht finden Sie
einmal Gelegenheit, die Konstitutionen des Ordens, die ja in jeder
Bibliothek zugänglich sind, unter dieser Hinsicht durchzuschauen.

---

[35] Vgl. zu dieser damals geläufigen Formulierung das bekannte und
umstrittene Buch von R. Fülöp-Miller, Macht und Geheimnis der Jesuiten, Leipzig 1929.

Selbstverständlich leben wir nicht in der Anmaßung, uns als lebensnotwendiges, unentbehrliches Glied der Kirche, das ihre Unvergänglichkeit für sich beanspruchen möchte, zu wissen. Nur die Kirche als diese einzige ist auf den Fels gebaut, aber keine ihrer Erscheinungen.

Trotzdem möchte ich die Form unseres kirchlichen Lebens nicht so leicht für überflüssig halten wie Sie es andeuten. Mit Recht schreiben Sie, daß es « in der Kirche immer einen Stand der um der vita contemplativa willen Jungfräulichen geben wird, weil nur solche diese vita ganz ausfüllen können ». Auch wenn wir den Jesuiten zunächst einmal als reinen Aktivisten ganz in dem positiven Sinn, den Sie dem Wort beilegen, nehmen, gilt da nicht die gleiche ratio? Muß es in der Kirche nicht immer einen Stand von Menschen geben, die um der gesteigerten Bereitschaft im Dienst dieser Kirche willen alles verlassen und alle Bindungen persönlicher Art (Geschäft, Familie usw.) wegtun, damit sie diesen Dienst ganz und voll erfüllen können? Vielleicht zeigt gerade die heutige Zeit mehr denn manche andere, daß der « Aktivist » im Dienst der Kirche ein freier und gehorsamer Mann sein muß, immer bereit und immer fähig.

Nun ist aber tatsächlich mit dem Begriff « Aktivist » nicht alles gesagt, was das Phänomen « Gesellschaft Jesu » oder « Jesuit » darstellen will. Das Ordensleben hat seine Entwicklung und seine geschichtlichen Stufen hinter sich wie jede andere irdisch-sichtbare Erscheinung auch. Zu Beginn steht die Einsamkeit der Eremiten, die von den Sammelorten der kontemplativen Männer abgelöst wird, von den eigentlichen Klöstern. Mönchsideal und contemplatio in diesem Sinn der Einsamkeit und Verborgenheit waren gleichbedeutend. Den Begriff des Ordenslebens erweiterten die Mendikanten. Thomas von Aquin bildet die Lehre von der vita mixta aus. Contemplari et contemplata aliis tradere [36] ist der Wahlspruch des Dominikanerordens. Ignatius verlangt — entsprechend der größeren Gefahr dieser Zeiten, sich an die Welt zu verlieren — eine aufs neue gesteigerte Gottinnigkeit seiner Jünger. Er verlangt von uns das, was wir die vita activa superior nennen: contemplatio in actione. Das Deum in omnibus quaerant [37] ist die Formulierung dieser Haltung. Leider preßt und vergewaltigt man dieses Wort oft in einem Sinn, der mit einer verharmlosten sogenannten « guten Meinung » [38] erschöpft sein will. Ignatius verlangt von uns, daß wir in aller Arbeit gottnah und gottverbunden sein sollen, daß unsere Arbeit so von innen her erfaßt werde, daß gerade sie uns näher zu unserem Gott führt. Es ist das die Überwindung alles übertrieben Militärischen, das man

---

[36] Vgl. Dominikanerorden, in: LThK ²III (1959) 484; das Wort soll auf Thomas von Aquin zurückgehen.

[37] Vgl. Constitutiones ... n. 288; Epitome n. 175.

[38] Vgl. K. Rahner, Über die gute Meinung, in: GuL 26 (1955) 281-298 (= STh III, 127-154).

uns so oft andichtet. Lesen Sie doch bitte einmal die pars nona [39] der Konstitutionen, in der Ignatius im Bild des Generals den Jesuiten zeichnet, wie er ihn haben will. Inter dotes varias ... omnium prima haec erit, ut cum Deo ac Domino nostro quam maxime coniunctus et familiaris, tam in oratione quam in omnibus suis actionibus sit ... [40] Was Ignatius uns vorlebte und von uns verlangt, ist in der Tat eine neue Form der contemplatio. Das mystische Leben des Hl. Ignatius und die Mystik in der ersten und späteren Gesellschaft ist für diese Form das typische Vorbild. Vielleicht darf ich Sie kurz auf die Arbeit von H. Rahner in der « Zeitschrift für Aszese und Mystik », I. 1935 [41] hinweisen. Darin gebe ich Ihnen Recht, wenn Sie uns aufmerksam machen, daß wir so oft so weit von unserem Ideal entfernt bleiben. Das ist aber Schwäche und Schande unseres konkreten Vollzugs unserer Lebensform, nicht Mangel oder Minimismus von seiten unseres Ordens. Anderseits beweisen doch die vielen in Rom anhängigen Prozesse zur Beatifikation, daß auch in diesen Tagen noch Männer unter uns leben, die es fertig bringen, unsere Lebensform in außergewöhnlicher Weise zu verwirklichen.

Doch dies alles sind ja eigentlich doch nur Vorfragen. *Eine* Frage ist es vor allen anderen, die am meisten ungelöst zwischen uns steht: die Frage nach dem Verhältnis zwischen Kirche und geschichtlichem Geschehen. Letztlich wird daraus die Frage nach dem Verhältnis von Schöpfungsordnung nach dem Sündenfall zu Gnadenordnung.

Mit der Geschichtsauffassung, die ich Ihnen neulich kurz andeutete, ist die Tatsache gar nicht unvereinbar, daß nur einer — Christus — der wahre Mensch ist und so nur dieser Christus Maß und Norm aller Menschen und allen Menschentums und Urteil aller Geschichte ist.

Die Wirklichkeitsdeutung Christi und in seinem Namen der Kirche ist zunächst nicht eine Deutung oder Stellungnahme zu dem materialen Gehalt einer jeden neuen Geschichtsstufe, sondern zur inneren Haltung jeder geschichtlichen Periode zu den grundlegenden Fragen. Der Mensch ist möglich, um ein Beispiel aus dem letzten Brief wieder aufzugreifen, in einer mehr sozialen Zeit, und er ist möglich in einer mehr individualen-personalen Zeit, unter den neulich gemachten Vorbehalten. Ja, diese beiden Möglichkeiten der Verwirklichung des Menschenlebens werden sich in einer gewissen

---

[39] Überschrift: De iis quae ad caput Societatis et gubernationem ab eo descendentem pertinent.

[40] Constitutiones ... n. 723.

[41] « Die Vision des hl. Ignatius in der Kapelle von La Storta », in: ZAM 10 (1935) 17-35; die Fortsetzungen dieses Beitrags konnte Delp noch nicht kennen, doch gehören sie sachlich zum Thema; vgl. « Der tatsächliche Verlauf der Vision des hl. Ignatius in der Kapelle von La Storta », ebd. 124-139; « Die Mystik des hl. Ignatius und der Inhalt der Vision von La Storta », ebd. 202-220 sowie: « Die Psychologie der Vision von La Storta im Lichte der Mystik des hl. Ignatius », ebd. 265-282.

Periodik ablösen und sich immer gegenseitig neu ergänzen und er-
weitern. In beiden Formen wird der Mensch zum Untermenschen,
wenn er darauf vergißt, daß er « gesetztes » Sein, Ebenbild Gottes,
verantwortliches Geschöpf, begnadeter Sünder ist. Hier ist die Stelle,
wo der Richter Christus vor jede Zeit und jedes Geschlecht tritt
und unerbittlich jeder Zeit die ernüchternde Wahrheit vor die Seele
stellt.

Nehmen wir einen extremen, rein hypothetischen Fall, der nie
wirklich wurde: die Welt wäre nicht in Sünde gefallen, die Menschen
wären in der Nähe und Liebe Gottes geblieben, die ihnen mit der
Schöpfung geschenkt waren. Meinen Sie, die Welt hätte dann ihren
Entwicklungsgang nicht angetreten, der Mensch wäre nicht genau
so durch alle Stufen seiner Entwicklung geschickt worden zur Voll-
entfaltung der imago Dei? Ich glaube, Sie sehen Geschichte viel zu
sehr als Werk sündiger und verirrter Menschen, als « von Menschen
geschaffene Scheinwirklichkeit ». Jede Geschichtsperiode ist mehr als
das, was irrende und übersteigernde Menschen aus ihr machen. Jede
Zeit hat über alle ihre Träger hinaus einen Sinn in sich, eben den,
den sie am Schöpfungsmorgen bekam. Schöpfung, in jeder ihrer
Dimensionen ist niemals zuerst Sünde oder Abfall. Sünde, Übel, Abfall sind wesentlich immer Ab-Fall, privatio, Schändung eines vorgegebenen Guten.

Nehmen Sie doch die Geschichte der Kirche. Sie geht doch alle
Stufen der Geschichte mit, versteht sich in jeder Zeit aus einer
anderen Sicht und ist trotzdem die ewige Gotteskirche.

Und gerade deshalb kann diese Kirche schärfer als in jeder
anderen Möglichkeit Gericht und Urteil über jede Zeit sein. Sie
stellt immer dar, was jede Zeit aus ihrer Aufgabe heraus darstellen
sollte. Ihr reines Dasein ist immer schon Gericht über alle Verir-
rungen, in denen eine geschichtliche Stufe sich selber schändet. Die
Kirche ist beides in einem: Gericht, dauernde Parousie des Herrn
und und Bejahung, dauernde Bejahung der Schöpfung die je durch
die « neue Schöpfung » in Christus nicht aufgehoben und nicht ver-
worfen wurde. Kirche ist beides in einem: Arche Gottes als ewige
Retterin über einer sündigen Flut und doch zugleich fortgesetzte
Menschwerdung Christi in alle Zeiten hinein. Weil die Welt in ihrem
harten Gang auch immer beides in einem ist: stetiger Abfall und ste-
tige Verirrung und trotzdem fortgesetzte Schöpfung der imago Dei. [42]

Ich glaube, so ist Ihnen vielleicht diese Auffassung von Geschichte und Kirche und Leben in der Kirche doch nicht so unbegreiflich und kommt Ihnen vielleicht doch nicht so verhängnisvoll
vor wie es zunächst den Anschein hat. Es geht uns wirklich nicht
darum, etwas an der Übergröße Gottes und seiner Gnade wegzumin-
dern, unser absolutes Stehen unter dem Gericht Christi zu verharm-

---

[42] Hier greift Delp auch den Sündengedanken auf, offensichtlich um
auf Thiemes theologische Sicht einzugehen.

losen. Andererseits darf aber auch Gottes Tat in der Schöpfung nicht verleugnet werden. Letztlich wird die Auseinandersetzung wohl bei der Frage nach der Analogia entis[43], die auch und gerade in der neuen Schöpfung gewahrt wird, ankommen.

Eines muß immer wieder beachtet werden: wir leiten unsere Existenzberechtigung nicht aus einer mehr oder weniger geglückten Apologie der oder jener Auffassung her, sondern aus der Tatsache unserer Existenz in der Kirche. Noch in diesen Tagen hat der gegenwärtige Papst[44] die Gesellschaft in solcher Form approbiert, daß diese Art kirchlichen Lebens über ihre Sicherheit und Richtigkeit beruhigt sein kann. Vielleicht finden Sie einmal Gelegenheit, die Schreiben Leo's XIII. und Pius' XI. über die Gesellschaft nachzulesen[45]. Wenn schon die Kirche Gottes als der richtende Christus unter uns lebt und wirkt, so wollen wir ihrem Gericht uns beugen. Sie hat zu urteilen und da sie der Ansicht ist, daß wir kirchliches Leben in genuiner Form vollziehen, kann unsere innere Ruhe durch so viele Mißverständnisse nicht erschüttert werden. Wir glauben an unseren Orden, weil wir an die Kirche glauben und wir glauben aus keinem anderen Grund an ihn.

Wenn wir die Geschichte der letzten Jahrhunderte betrachten: wir waren oft ein geschmähtes und verfolgtes kleines Korps. Aber die uns schlugen, wollten nicht uns damit treffen, sondern immer die Kirche selbst. Es ist irgendwie ein stolzes Bewußtsein, in solchen Gemeinschaften zu stehen. Da ändert alle Anfeindung von aussen nichts. Es ist andererseits eine Tatsache, die mir persönlich oft unbegreiflich ist und bei meinem Kommen in die Kirche mir immer Ursache zu Anstoß und Ärgernis wurde, daß so viele Menschen innerhalb der Kirche diese Form des religiösen Lebens nicht nur ablehnen — das wäre nicht schlimm, in der Kirche Gottes ist große Freiheit und der Gnaden Gottes sind viele und verschiedene —, sondern gleichsam als unkirchlich bekämpfen und anfeinden. Menschen, die in der Kirche, also im Namen der Kirche und aus der Kraft der Kirche leben wollen und sollen.

Sie wissen, ich will mit all dem nichts gegen Sie persönlich sagen. Um das eine bitte ich Sie: prüfen Sie doch einmal, ob unser Verhalten wirklich so innerlich gottfremd und eigentlich unkirch-

---

[43] Dieses Thema war Delp geläufig durch E. Przywara, Analogia entis, München 1932; vgl. dazu R. Schaeffler, Die Wechselbeziehungen zwischen Philosophie und katholischer Theologie, Darmstadt 1980, 42-59.

[44] Wohl die Ansprache Papst Pius' XI. in der Audienz v. 17. August 1934 aus Anlaß der 400 Jahrfeier der ursprünglichen Gelübde der ersten Jesuiten; Text vgl. L'Osservatore Romano (19. August 1934), abgedruckt in: Acta Romana S.J. VII (1934) 658-661 (ital.), 661-664 (lat.).

[45] Vgl. Leo XIII. Breve « Dolemus inter alia » (v. 13.7.1886 = ASS XIX (1886) 49-50); Pius XI. Enzyklika « Mens nostra » (v. 20.12.1929 = AAS XXI (1929) 689-706) und das Breve « Paterna caritas » (v. 12.3.1933 = AAS XXV (1933) 245-246).

lich ist, wie es Ihnen bis jetzt vorkommt. Prüfen Sie, nicht am Leben des und jenes konkreten Jesuiten, an dem immer vieles fehlen kann. Aus den Quellen, aus den Dokumenten, in denen Form und Art unseres Lebens niedergelegt ist und über die die Kirche ihren Segen gesprochen hat.

Zum nahen Fest der Auferstehung des Herrn wünsche ich Ihnen viel Teilnahme am Leben und an der Ostergnade und Osterfreude unseres Herrn, der in uns sein neues Leben mehre und schütze.

IV. K. THIEME AN A. DELP [46]

Düsseldorf, den 23. Mai 1935

Sehr geehrter Herr Delp,

unter dem frischen — und starken — Eindruck der Studie über Gerard Manley Hopkins S.J. (im Mai-Hochland [47]) will ich endlich an die Beantwortung Ihres zweiten Briefes (vom 16. April) herangehn. Das Bild dieses Mannes wirkt fast wie eine Illustration zu den Partieen Ihrer Briefe, worin Sie ausführen, daß « der Orden tatsächlich fähig ist, persönliche Artung und persönliche Gnadenführung innerhalb seines Raumes unbehelligt gelten zu lassen ». Und anderseits sogar (in Ihrem ersten Brief), daß gerade in der « reservierten und gottvermittelten Stellungnahme zu den Dingen die dem Wesen und geschöpflichen Wert der Dinge gemäße Haltung geleistet wird ».

Beide Sätze waren mir an sich nicht zweifelhaft — und werden in der Erscheinung P. Hopkin's neu bestätigt. Er ist ein besonders eindrucksvolles Beispiel dafür, wie sich die Disziplin der Gesellschaft gewissermaßen von außen über eine gewaltige Seele legt, ihre Energien aufstaut, fast bis zum Überfluten — und ihnen dann doch mit elastischer Klugheit, eh' es zu spät ist, freie Bahn zu geben vermag, — in der sie sich nun — unerhört intensiviert — aufs eigenartigste entfalten und betätigen. Nichts unsinniger als sagen zu wollen, Hopkins' Gedichte seien irgendwie « typisch jesuitisch », — so wie Desiderius Lenz' Malereien typisch (wenn auch keineswegs vorbildlich!) benediktinisch sind [48]. — Ich verstehe sehr gut, daß Sie auf den Unterschied zwischen Jesuitismus einer- und etwa Berullianismus anderseits so großes Gewicht legen; nur daß ich gerade darin das Gefährliche sehe: bei jenen anderen von mir aufgezählten Prä-

---

[46] Der Brief liegt im Original vor und umfaßt 3 maschinenschriftliche Blätter mit einigen Bleistiftstreichungen am Rande und den Bemerkungen auf dem 1. Blatt unten: Nicht möglich cf Aicardo, sowie: cf Nadal am Rande von Blatt 2.

[47] I. Behn, Gerard Manley Hopkins und seine Dichtung, in: Hochland 32/II (1935) 148-169.

[48] Zu D. Lenz OSB vgl. E. Endrich, in: LThK ^{2}VI (1961) 945.

gungen handelt es sich um echte, den jeweils ganzen Menschen er-
fassende innere und äußere Formgebung (nicht etwa um « Eigen-
Sinn », sondern um bescheiden gliedhaftes Eigen-Sein!), — beim
« Jesuitismus » handelt es sich um eine — bewußt auf solche Glied-
Bescheidung verzichtende — « universalwerkzeug »- bzw. ja « leich-
nam »-hafte Disziplinierung, — die ganz gewiß auch keine andern
« Motoren » als (eigene) Natur und (göttliche) Übernatur, persönliche Eigenart und allkirchliche Sendung in Betrieb setzen bzw. wirken zu lassen vermag, beide aber mit einer rationalistischen Zweckhaftigkeit handhabt — « für den an sich löblichen Zweck einer Verteidigung der Kirche Christi », daß ich nur weiter wiederholen kann:
« eine durch ihre offenbar unersetzlich gewesene Leistung bewun-
derswerte, durch ihr Wesen die Menschen immer neu beunruhigende » — ja ursprünglich hieß es: erschreckende — « Erscheinung ».

Denn — zum andern Satz — so gewiß die der Geschöpflichkeit
gemäße Haltung zu den Dingen eine « reservierte und gottvermittel-
te », — so wenig ist es eine rechenhafte und sie nur als Mittel zum
kirchenpolitischen Zweck wertende. Solche kann in Notzeiten notwendig — aber nimmermehr das Normale sein. Und solche ist nun
einmal *die* große Versuchung eines Heeres, das zum Kämpfen gegründet wurde, zum Kämpfen diszipliniert, um des Kampfes willen
immer wieder benötigt, und dank der glorreichen Kämpfe, die es
bestanden, auch immer wieder mit dem Siegeslorbeer gekrönt! Fern
sei mir (und war mir in meinem Buche) seinen Ruhm zu schmälern,
seine Ehre anzutasten, gar mich mit seinen Feinden, die die meinen
sind und von denen ich eingangs meines 10. Kapitels deutlich genug
abgerückt zu sein vermeinte, bis mich P. Böminghaus [49] eines andern belehrte, mich mit seinen Feinden und ihren Verleumdungen
irgendwie zu identifizieren!

Aber eben so fern sollte, scheint mir Ihnen sein, das bescheidene « zur Verfügung stehen » der Kompanie über ein « ganz Ausgeliefertsein in's Geheimnis der Kirche hinein » unmerklich zu einem
« eigentümlichen », also von andern Gliedgruppen in der Kirche unterscheidenden Teilhaben an « Geheimnis und Kraft der Kirche »
zu verwandeln, die es dieser, aber *nur* ihr ermöglichen, « zeitlos-
übergeschichtlich als je-geschichtliche Erscheinung aufzutreten und
solche Möglichkeit durch Teilgabe an ihrem Sein zu vermitteln »!
P. Gundlach jedenfalls [50] ist in seinem Buch « Zur Soziologie der
katholischen Ideenwelt und des Jesuitenordens » [51] viel zurückhaltender gewesen, indem er auch die Gesellschaft Jesu als sich um ein
besonderes Christusbild, seiner Unvollständigkeit bewußt, scharen-
den « Orden » beschrieb — und gegen die ihren Teilaspekt für das
Ganze haltende « Sekte » abgrenzte.

[49] Vgl. Bildung und Erziehung 2 (1935) 73-75.
[50] Vgl. NDB VII (1966) 316 A. Rauscher, Gustav Gundlach (1892-1963),
in: Morsey (Hg.), Zeitgeschichte in Lebensbildern II, Mainz 1975, 159-176.
[51] Freiburg/Br. 1927.

Dabei scheint er mir sogar in der Relativierung der geschichtlichen Mission der Gesellschaft noch weiter gegangen zu sein als ich; insofern jedenfalls als er unterläßt, hervorzuheben, daß ein bestimmter Orden für eine gewisse Zeitspanne geradezu *der* Vortrupp, ja *die* gottgestiftete ecclesiola in ecclesia sein und sich auch, so gefährlich das ist, als solche wissen kann. Daß dies etwa für die franziskanische Bewegung im 13. Jahrhundert galt, ist ja beinahe communis opinio; nicht minder überzeugt bin ich von einer analogen, einzigartigen providentiellen Mission des Jesuitismus im 16. Jahrhundert; ja in hohem Maße in der ganzen, erst durch den Weltkrieg prinzipiell abgeschlossenen « Neuzeit », der « Moderne ». Eben darum kommt dann aber auch die Zeit, wo eine solche Bewegung bescheiden in den Hintergrund treten (das heißt natürlich nicht: sich auflösen!) sollte. (Was allein ich mit der wohl etwas mißverständlichen Wendung S. 148 gemeint habe, der Verband möge entbehrlich werden!) [52]. Und zwar gilt dies umso mehr, je spezifischer eine Bewegung auf eine ganz genau bestimmte geschichtliche Lage « geantwortet » hat, je weniger sie einfacher Ausdruck der Seinsordnung des mystischen Leibes, der himmlischen Hierarchie ist. Deren Rangordnung nämlich bleibt unerschüttert, weil sie ewig ist, auch wenn im Zeitlichen gerade die Angehörigen der unteren Stufen « an der Front » stehen und die zeitwichtigste, die für die ganze Existenz der Kirche in dieser Zeit entscheidende Arbeit leisten. Auch wenn man den « unbekannten Laien » für den *heute* ausschlaggebenden Christusstreiter hält, weil in erster Linie doch er « die *ganze* Wucht der christentumsfeindlichen Angriffe auszuhalten » hat, wie Bischof Clemens August von Münster formulierte [53], wird man darum keinen Augenblick vergessen, daß dieser Laie gerade *insofern* und *weil* er sich dem Geistlichen gegenüber als *niederen Standes* weiß, weil er allem « Laizismus » zum Trotz sich von den Hirten, die ihn leider in zu vielem sich selbst überlassen, leiten lassen will; daß dieser Laie gerade in seinem durch keinen Drill zur zweiten Natur gewordenen, sondern teils mit gesunder Natur ererbten, teils gnadenhaft mitten im Aufruhr ringsum geschenkten *Gehorsam,* in seinem « zur

---

[52] Vgl. Das Alte Wahre, a.a.O. 148; der ganze Abschnitt lautet: « Nur eine solche Betrachtungsweise scheint uns der providentiellen Mission gerecht werden zu können, die diesem Orden trotz allem beschieden war. was den Christen, der von der Herrlichkeit der alten Kirche und des Mittelalters herkommt, an ihm befremdet und ihn hoffen läßt, daß der Leib bald wieder gesund genug sein wird, um jenen Verband entbehren zu können und im Gedenken an ihn nur noch danken zu dürfen für das Wunder der Errettung aus einer Not, die so ungeheuer war, daß sie solcher Gegenmittel bedurfte. »

[53] Vgl. Hirtenbrief v. 19. März 1935 gegen die nationalsozialistische Rassentheorie sowie später die Schlußansprache des Bischofs auf der Diözesansynode 13.-15. Oktober 1936.

Verfügung stehen» der wunderbare Vollender der christlichen Freiheit ist.

Gerade als solcher wird er sich nun nicht einbilden, auch er
vermöge zu seinem aktiven, auch noch ein im vollgewichtigen Sinne
kontemplatives Leben zu führen wie wirkliche Mönche. Ich fürchte:
die « contemplatio in actione » ist letztlich ein Unbegriff; einer jener
typisch neuzeitlichen unersättlichen Begriffe, durch den ein falscher,
zu bescheidenem Gliedbewußtsein nicht mehr fähiger Universalismus (wie ihn etwa auch die « Universalbildung » anstrebte!), immer
auch noch das polar Andere zu dem Einen, was uns als Menschen
allein vergönnt ist, sich zu eigen gemacht haben, oder zu haben
scheinen, möchte. (Wobei ich nicht vergesse, daß gerade die treue
Ausfüllung des einen, eigenen Standes — durch Mit-Gliedschaft am
selben mystischen Leib — mit den andern in dauerndem ergänzen-
dem, belebendem Austausch steht.)

Glauben Sie nun wirklich, daß all dies von mir Angeführte durch
einen Appell vom Beurteiler des die Ordensidee menschlich unvoll-
kommen verwirklichenden Jesuiten an den der Selbstdarstellung
dieser Idee auch nur im geringsten zu entkräften ist? Besagt das
grandiose Bild eines geistlichen Heerführers im zweiten Kapitel des
neunten Teils der Konstitutionen irgend etwas gegen meine geschichtliche und metaphysische Einordnung der Armee, deren Dienstregle-
ment hierin gipfelt? Sehen Sie, mir scheint es gar nicht, daß die
Gesellschaft Jesu sich eines « übertrieben Militärischen » zu schämen, sein Überwundensein zu proklamieren nötig hätte. Sie soll
sich stolz, wie Gundlach tut, zu ihrem Christus-Welteroberer-Ideal
und nach solchem Bilde geformten geistlichen Soldatentum bekennen; gerade dann wird sie auch am ehesten seine Grenzen erkennen
und seine Gefahren vermeiden. — Ich bin überzeugt, wenn Sie mich
hierin verstehen würden, dann verschwände in Ihnen das bittere
Gefühl, ein wie Sie aus dem Protestantismus zur Kirche Geführter
wolle die Truppe der Kirche, der Sie sich einreihten, « als unkirchlich bekämpfen », ja auch nur in dem weiteren Sinne, in dem Sie
dies konzedieren würden, « ablehnen ». Ich kann Ihnen nur versichern: Ich empfinde etwa für einen Mann wie unsern Weggenos-
sen G. M. Hopkins S.J. ohne Vorbehalt jene reine, tiefe, geradezu
wie ein brennender Vorwurf in die eigene Seele greifende Bewun-
derung, mit der einen wie das Leben unseres Herrn selbst, ebenso
das eines jeden Heiligen erfüllt, in dem solche Wesenszüge des ewigen Logos verkörpert sind, die einem persönlich als irgendwie ver-
wandt und eben darum so verpflichtend wie beschämend erscheinen.
Ich habe in Freiburg[54] am Grabe des heiligen Petrus Canisius so
gern gebetet wie in Subiaco in der Einsiedelei des heiligen Benedikt.
Es fehlt mir — und wird mir hoffentlich selbst dann, wenn sich
manche Erfahrungen, die ich seit Erscheinen meines Buches ma-

---

[54] Gemeint ist Freiburg in der Schweiz.

chen mußte, häufen sollten, auch künftig fehlen jeder leiseste Affekt gegen « die Jesuiten »; wohl aber bin ich ein ehrlicher Gegner jedes « Jesuitismus », der sich selber absolut setzt bzw. nicht verträgt, als eine der gewaltigsten aber auch gefährlichsten Erscheinungen der Heilsgeschichte kritisch eingeordnet zu werden.

Ja, und nun werden Sie noch ein Wort von mir zu unserem geschichts-theologischen Gegensatz erwarten, den Sie — gewiß mit Recht — als den tiefstgehenden empfinden. — Aber da möchte ich Sie für diesmal auf zwei Aufsätze vertrösten, die ich in der Zwischenzeit geschrieben habe und die demnächst erscheinen sollen. Einen unter dem Titel « Custos, quid de nocte », worin ich keinen Geringeren als Maritain gegen den scotistischen Standpunkt ins Feld führen konnte, den auch Sie mir zu vertreten scheinen, wenn Sie — entgegen dem o felix culpa! der Kirche — den Geschichtsverlauf von der freien Entscheidung des Menschen (zunächst zum Bösen) nicht wahrhaft mit-gewirkt sehen (was mir mit der selbstverständlich auch von mir vertretenen Bejahung der analogia entis durchaus nicht mitgegeben zu sein scheint). — Und einen zweiten Aufsatz « Um die Sendung des Laien », worin ich im Rahmen einer — wie ich hoffe vernichtenden — Kritik von Michels neuem einschlägigen Buch meine positive Deutung gerade der neuesten Zeit, die in meinem Buche allzu kurz wegkommt, wenigstens in großen Zügen entwickelt habe.[55]

Sobald diese Aufsätze vorliegen, lasse ich Ihnen Sonderdrucke zugehen. Inzwischen aber erwidere ich Ihre freundlichen Osterwünsche mit solchen zum Fest des Heiligen Geistes, dem wir entgegengehen und das uns von neuem bewußt machen und freudig empfinden lassen wird, daß wir alle einer sind, was uns auch menschlich betrachtet noch trennen mag, — einer in Ihm. Ihr ergebener Karl Thieme.

---

[55] Der erste Aufsatz vgl. Hochland 33/I (1935/36) 172-178; der zweite zu E. Michel, Von der kirchlichen Sendung des Laien, Berlin 1934 ließ sich als veröffentlichter nicht finden. Thiemes Übersiedlung in die Schweiz könnte eine Publikation behindert oder unmöglich gemacht haben.

V. K. Thieme an A. Delp [56]

Hochwürden   Düsseldorf, den 18. Juli 1935.
Herrn P. Alfred Delp S.J.
A a c h e n

_____

Kurbrunnenstr. 42

Sehr geehrter Herr Delp!

Haben Sie Dank für Ihren freundlichen Brief vom 12. Juli [57]; bitte lassen Sie sich ruhig Zeit mit ausführlicher Antwort auf meinen letzten Brief; es eilt ja nicht damit, und gerade je tiefer wir ins Gespräch kommen, desto besinnlicher müssen wir es führen.

Erlauben Sie mir, inzwischen noch einen kleinen ergänzenden Beitrag dazu zu geben, indem ich zur Frage des Geschichtsablaufes Engelbert Krebs zitiere, der in seiner Abhandlung über « Josef Wittigs Weg aus der katholischen Gemeinschaft » (« Der katholische Gedanke » 1928 S. 251) schreibt:

« Wohl weiß jeder, daß Gott jedes von uns Menschen geplante Werk _verhindern_ kann. Aber etwas andres ist die Wahrheit, und etwas anderes die ganz grundlose Behauptung: " Daß sich die Geschichte der Welt und unseres Lebens ebenso abgespielt hätte, auch wenn die Menschen nicht freien Willens wären " (S. 205) » ... S. 277 berichtet Krebs, sein Gutachten bezeichne als ersten Hauptirrtum Wittigs diese seine Freiheitslehre, die der der Kirche widerspreche!

Ferner erlauben Sie mir, einen Briefwechsel anliegend zu Ihrer Kenntnis zu geben, den ich über unsere Korrespondenz mit Herrn Dr. R. W. von Moos S.J. geführt habe, dem ich jenen Briefwechsel anläßlich meines Verwandtenbesuchs in Basel gezeigt habe [58]. Da dieser Besuch nun schon hinter mir liegt, werden wir uns leider nicht im Schwarzwald treffen können; andernfalls hätte ich sehr gern einen Abstecher nach St. Blasien gemacht.

Zum Schluß lassen Sie mich Ihnen noch herzlich danken für das Büchlein, das ich mit lebhaftem Interesse zu studieren gedenke [59], sobald ich mit einigen Terminarbeiten, die mich jetzt ganz in Anspruch nehmen, fertig bin.

Mit herzlichen Grüßen Ihr ergebener Karl Thieme.

_____

[56] Nach dem Original, 1 Blatt beidseitig beschrieben.

[57] Der hier erwähnte Brief hat sich in der vorliegenden Korrespondenz nicht erhalten.

[58] R. von Moos (1884-1957), Jesuit seit 1904.

[59] Es handelt sich um « Tragische Existenz », das Thieme nach dieser Bemerkung noch nicht kannte.

VI. R. W. von Moos an K. Thieme [60]

Abschrift

Dr. R. von Moos
Studentenseelsorger
Herrn Prof. Dr. K. Thieme
Teutonenstr. 2
Düsseldorf-Oberkassel

Basel, den 15. 7. 1935
Blumenrain 10

Sehr verehrter Herr Professor!

Für die freundliche Aufmerksamkeit, mir in den Briefwechsel zwischen Ihnen und Frater Delp Einblick zu gewähren, danke ich Ihnen bestens. Es scheint mir die Art und Weise, wie Alfred Delp, der übrigens soeben ein kluges Büchlein zur Philosophie Martin Heideggers bei Herder herausgegeben hat [61], die Frage anpackt, die einzig mögliche zu sein. Ich bin aber überzeugt, daß Sie sich bei einer allfälligen Begegnung auch mit P. Böminghaus verstehen werden, der doch ein so liebenswürdiger und aufgeschlossener Mensch ist, was ihn freilich nicht hindern kann, gelegentlich eine gaffe zu machen.

Sie werden wohl kaum erwarten, daß ich zum Inhalt der verschiedenen Schreiben ausführlich Stellung nehme. Nur kurz möchte ich andeuten, daß mir eine Übereinstimmung Ihrer Auffassung mit der Frater Delps letztlich nicht ganz unmöglich scheint. Delp wird im Sinne P. Gundlachs die Relativität des Christusbildes, wie es der hl. Ignatius konkret geschaut hat, das Bild des apostolischen Welteroberers, zugeben müssen, und Sie werden die von ihm sicher mit Recht ausgesagte Überzeitlichkeit dieses Bildes und dieser Haltung, wenn auch immer mit der Einschränkung der Relativierung weniger in bezug auf die Zeit als innerhalb des gesamten Corpus Christi mysticum, anerkennen können. Darum möchte ich Ihnen auch den Vorschlag machen, in einer neuen Auflage Ihres schönen Buches einmal das Bild des « Jesuitismus » aus der Allgemeinheit der Terminologie herauszuheben und ganz bestimmt — zur Vermeidung von Mißverständnissen — zu umschreiben, vor allem aber den bereits mißverstandenen Vergleich mit einem Verbande durch einen anderen zu ersetzen. Jeder Verband will ja möglichst bald abgenommen und fortgelegt werden. Da Sie aber nicht zu jenen gehören, die die Gesellschaft Jesu aus irgend einem Grunde gänzlich ablehnen, sondern

---

[60] Der Brief liegt in Abschrift vor; 2 Blätter maschinenschriftlich.

[61] Thieme informierte Delp über den zwischenzeitlichen Kontakt mit R. von Moos, indem er ihm abschriftlich die Begleitschreiben übersandte. Sie werden hier als Teil der Korrespondenz ebenfalls wiedergegeben, weil sie für Thieme bezeichnend sind.

ihr nur den Ort ihrer Relativität zuweisen wollen, so müßte das anders gesagt werden, vielleicht durch den Exerzitien-Vergleich des hl. Ignatius selber, der in Christus eben besonders den von Gott zum Kampf gegen die Ungläubigen gesandten Heerkönig erblickt hat. Die Gesellschaft ist ja nicht aus irgendwelchen geschichtsphilosophischen Betrachtungen (also aus zweiter Hand) zu verstehen, sondern nur aus dem « Institute », bzw. aus den persönlich erlebten (30-tägigen!) Exerzitien. Die « grossen » Exerzitien sind der Kern und Ausgangspunkt der Gesellschaft und der Schlüssel zu ihrem « Geheimnis ». Mit dem Ausdruck meiner aufrichtigen, grossen Hochachtung und in der frohen Erwartung eines Wiedersehens im Herbst verbleibe ich Ihr in Christus sehr ergebener gez. Rudolf von Moos S.J.

Beilage: 4 Briefe (Abschrift)

VII. K. Thieme an R. W. von Moos [62]

Düsseldorf, den 18. Juli 1935.

Hochwürden
Herrn Studentenseelsorger
Dr. R. W. von Moos
Basel
_____
Blumenrain 10.

Sehr verehrter Herr Dr. von Moos!

Haben Sie aufrichtigen Dank für Ihre freundlichen Zeilen vom 15. Juli. Auch ich bin sehr glücklich, mit Frater Delp so fruchtbar ins Gespräch gekommen zu sein und daraus Anregung empfangen zu haben, die mein Geschichtsbild wesentlich vertieft.

Selbstverständlich bin auch ich von der Überzeitlichkeit des « apostolischen Welteroberers » genau so wie etwa von der des « armen Heilands » überzeugt. Es wird bestimmt möglich sein, das in einer eventuellen dritten Auflage meines Buches deutlicher als in den beiden bisherigen zum Ausdruck zu bringen. Indem auch ich mich auf das Wiedersehen im Herbst freue, bleibe ich in alter Verehrung Ihr ergebenster (Karl Thieme)

_____

[62] Der Brief liegt in Abschrift vor; 1 Blatt maschinenschriftlich.

VIII. A. Delp an K. Thieme [63]

15. August 1935.

Lieber Herr Thieme,

nun habe ich Sie lange warten lassen dieses Mal. Die Ferientage hier im Süden und die Exerzitien, die ich gerade beende, haben mir wieder Ruhe und Entspannung gebracht. Einer der ersten Briefe, die ich schreibe, soll der Fortführung unseres Gespräches gelten. [64]

Ich beginne gleich mit dem Punkt, der Ihren Widerspruch vielleicht am stärksten reizen und Sie wahrscheinlich wieder erschrecken wird. Sie weisen mich auf P. Gundlachs Ausführungen über das « relative, wenn auch überzeitlich gültige jesuitische Christusbild des Welteroberers » hin. Auch P. von Moos übernimmt dieses relative Christusbild. Unsere Unterhaltung wendet sich damit eigentlich der Keimzelle aller jesuitischen Geistigkeit, den Exerzitien zu. Sicher sind die Exerzitien der geeignete Ort, der Aufklärung zu vermitteln vermag über Sinn und Struktur und Gesetze der jesuitischen Existenz.

Ich vermag nun — ich werde nachher darauf hinweisen können, daß es nicht um eine private Liebhaberei-Auffassung geht — der Festlegung des Jesuiten auf ein material relatives Christusbild nicht zuzustimmen. Unter « Jesuit » meine ich hier den Orden als Ganzheit, nicht den einzelnen Jesuiten, der sich immer bemühen wird, den « Teil-Christus », der ihm persönlich nach Anlage und Neigung und persönlicher Gnadenführung als Aufgabe gestellt wurde, in sich zu verwirklichen.

Gerade eine genaue Analyse der grundlegenden Christusbetrachtungen der Exerzitien scheint mir zu ergeben, daß Ignatius uns nicht auf ein « materielles » und damit notwendig als Ganzes relatives Christusbild festlegen wollte. Es handelt sich hier zunächst um die contemplatio de regno Christi, aus der man gewöhnlich das Ideal des Welteroberers begründet. Der erste Teil der contemplatio: die Parabel vom weltlichen Großkönig — ein Niederschlag des politischen Wunschbildes der letzten Ritter — scheint in diese Richtung zu weisen. Ebenso der anschließende Aufruf Christi zu seinem Heereszug. Aber dann folgt die ganz andere konkrete Ausführung und Erfüllung dieses Aufrufes. Schon mancher Mitbruder hat mir gestanden, daß sich an dieser Stelle dieser Betrachtung sein Bild von der Gesellschaft Jesu gewandelt habe. Man sollte nach dieser Einleitung — und viele möchten es auch und tun auch entsprechend — wirklich so etwas wie Königsfanfaren hören. Und es folgt « nur » eine Verpflichtung auf die inneren Haltungen Christi Gott und der Welt

---

[63] Der Brief liegt im Durchschlag vor; 6 Blätter maschinenschriftlich.
[64] Geschrieben wurde der Brief im Jesuitenkolleg St. Blasien - Schwarzwald, wo Delp Ferien machte.

gegenüber. Aus den übrigen grundlegenden Betrachtungen der sogenannten zweiten Woche wird immer klarer, daß es eigentlich nur
darum geht, hochgesinnte Menschen zur Christusnachfolge aufzurufen. Sehen Sie die Betrachtungen: de duobus vexillis, de tribus
binariis, de tribus modis humilitatis [65] selbst durch. Jede dieser Betrachtungen ist wesentlich für die Bildung ignatianischer Geistigkeit.
Von einem gemeinsamen Welterobererideal kann man aber wirklich
nicht sprechen. Die Parabel und der Aufruf Christi in de regno Christi
sind die ritterliche Darstellungsform des Zweckes der Inkarnation
und des ganzen Christuslebens. Praktisch und zuletzt das überzeitliche christologische Dogma in sehr zeitgebundener Form. Der einzige Zweck dieser Betrachtungen ist der, in hochgesinnten Menschen
den lebhaften und ernsten Willen zur Christusnachfolge wachzuru-
fen. Zur Pflege der inneren Haltungen — modulo nostro —, mit denen Christus vor Gott und der Welt stand. Hiermit wird eigentlich
nur *das* Thema der Exerzitien neu aufgenommen: die Bildung des
Menschen, der frei und ungehemmt Gott zur Verfügung steht. Die
Exerzitien begnügen sich in der ersten und in der zweiten Woche
mit der Herausarbeitung dieser « formalen » Haltungen. Jede aprio-
rische Festlegung auf materiale Füllungen wird vermieden.

Die konkrete Erfüllung, die « Materialität » dieser Christusnachfolge ergibt sich für den Einzelnen aus seiner persönlichen Eigenart,
seiner persönlichen Gnadenführung, seinen geschichtlichen Verhältnissen. Es mag einer *sein* Christusbild im jungen Christus der War-
tezeit finden; ein anderer im Mann der Schmerzen — natürlich immer unter Wahrung der immanenten Abrundung zum ganzen Christus — es mag einer dem armen Christus besonders folgen, ein
anderer dem unermüdlichen Beter und Arbeiter — sie alle vermögen
voll und echt in der Gesellschaft Jesu zu leben. Wenn nur für das
gesamte Leben das eine bewahrt wird: das Bemühen um die Ausbildung der inneren Christushaltung des Zur-Verfügung-Stehens auf
den Wink und Willen Gottes. Das materiale Christusbild etwa der
Jesuiten des Neuhumanismus war sicher ein anderes als das unsere.
Trotzdem waren jene und sind wir genuine Jesuiten, die Gleichen
in der inneren Haltung zu Christus und in der Haltung der Christusnachfolge.

Eine Analyse des Christusbildes des Ordens führt zu dem gleichen Ergebnis, zu dem uns schon die frühere Unterhaltung über
die Stellung zu Gott, zu den geschaffenen Dingen geführt hat. Festlegung auf eine gesteigerte Vollziehung der wesentlichen Haltungen
des Christen und des gläubigen Menschen überhaupt. Die konkrete
Vollzugswirklichkeit ergibt sich aus der Einheit zwischen diesen
formalen Haltungen und den oben schon angeführten jeweiligen
Besonderungen.

---

[65] Vgl. Ignatius von Loyola, Geistliche Übungen (Exerzitien): Betrachtung über zwei Banner, nn. 136-148; Betrachtung über drei Menschen-
klassen, nn. 149-157 und: Drei Arten von Demut. nn. 164-168.

Ich wies oben schon darauf hin, daß diese Deutung unseres Christusbildes und unserer Haltung im allgemeinen nicht ein Privatgeschmack von mir oder kleinerer Kreise ist. Sie finden diese Haltung gut dargelegt in einem Artikel von P. Przywara in der ZAM 1928.[66] Zu den gleichen Ergebnissen kommt auch P. Aicardo in seinem mehrbändigen Werk über die Konstitutionen der Gesellschaft Jesu. P. Aicardo hat den größten Teil seines Lebens Studien über die Konstitutionen des Ordens gewidmet. Auf der letzten Generalkongregation des Ordens — 1923 — galt er als einer der besten Kenner auf diesem Gebiet[67].

Sie werden auf die andere Auffassung bei P. Gundlach hinweisen. Manche versuchen, auch diese Auffassung in unserem Sinn zu deuten. Ich möchte diesen Versuch nicht wiederholen. P. Gundlach und noch viel deutlicher P. Lippert in seiner « Psychologie des Jesuitenordens »[68] vertreten klar den Standpunkt des relativen Christusbildes. Ich persönlich erkläre diese Stellungnahmen aus einer bestimmten Situation der deutschen Jesuiten zwischen Verbannung und noch nicht vollzogener Rückkehr in die Heimat. Das klingt zunächst komisch; ich möchte auch nicht weiter darauf eingehen. Vielleicht können wir über diese Dinge einmal persönlich sprechen.

Vielleicht darf ich noch eine kurze empirische Bestätigung dieser Auffassung anfügen. Ich hatte einmal Gelegenheit, sogenannten « grossen Exerzitien » (30tägig) beizuwohnen, die unverkürzt ignatianisch Ordensleuten aus 13 verschiedenen Orden und Kongregationen, darunter auch Dominikanern und Benediktinern, gegeben wurden. Nachher bestätigten mir Teilnehmer aus den verschiedensten Orden, daß sie als Ergebnis eine große Vertiefung und Bereicherung « je ihres Berufes und Ordensideals » mitnähmen.

Jesuit sein heißt also zunächst « nur »: sich bemühen, ungehemmt und frei und unbedingt in den jeweiligen konkreten Bedingungen der Stunde zur Verfügung zu stehen. Der Weg zu dieser Freiheit geht durch ein immer wiederholtes rücksichtsloses Sich-Aug-in-Aug-Stellen mit der göttlichen und kreatürlichen Wirklichkeit. Das wollte Ignatius.

Und damit leistete er *einerseits* mehr, als eine « spezifische Antwort auf eine bestimmte Situation der Geschichte » zu geben. Wenn auch unbedingt zugegeben werden darf, daß die damalige kirchliche Situation nach nichts mehr verlangte als nach solchen « freien Menschen ». Wer das Exerzitienbüchlein mit historischem Blick liest,

---

[66] Der angeführte Jahrgang enthält keinen Beitrag von E. Przywara; gemeint ist wohl E. Przywara, Die Idee des Jesuiten, in: ZAM 8 (1933) 252-260.

[67] J. M. Aicardo, Comentario a las Constituciones de la Compañia de Jesus (6 Bände), Madrid 1919-1932. — Die 27. Generalkongregation des Ordens fand in Rom vom 8. Sept. - 21. Dez. 1923 statt.

[68] P. Lippert, Zur Psychologie des Jesuitenordens, München 1912 (Freiburg/Br. ²1956).

spürt, wie Ignatius überall mit den tatsächlichen geschichtlichen
Gegebenheiten sich auseinandersetzt. Nur ein Beleg in einer an und
für sich ganz nebensächlichen Anführung. In der meditatio de tribus binariis sollen wir uns Menschen vorstellen, die im Besitz von
10 000 Dukaten sind usw. 10 000 Dukaten war das Einkommen einer
normalen Pfründe für Domherren oder Magistri. Als Geschichtler
wissen Sie, wieviel Freiheit zum Dienst Gottes mit der Entwicklung,
die das Pfründenwesen genommen hatte, vernichtet wurde.

Ignatius geht so durchaus von der gegebenen geschichtlichen
Situation aus, aber er gibt mehr als eine hic et nunc-Antwort. Er
treibt seine Lösung bis ins Allgemeingültige vor. Was muß als trei-
bende innere Haltung in einem Menschen wirken, der ein Mensch
der Kirche sein und als solcher Gott dienen will, das ist seine Frage.
Zu Beginn des reflektierenden Zeitalters hat ein großer Mensch
über diese Grundfrage reflex nachgedacht und nüchtern und trocken
die kirchlichen Grundlinien aufgezeigt. Erst nach dieser Reflexion
ist Zeit und Ort für die Besonderung der konkreten Vollziehungen.
Sie finden hier auch die Erklärung dafür, daß es so etwas wie einen
jesuitischen Typ eigentlich gar nicht gibt. Und die Grundlage für
die große Spannweite des Ordens sowohl in seinen Arbeitsgebieten
wie auch in den Persönlichkeiten seiner Mitglieder.

Wenn die tatsächliche Bedeutung des Jesuitenordens für die
heutige Situation nicht mehr « so einzigartig spezifisch providentiell »
zu sein scheint, so kommt das daher, daß Gott sei Dank die Zahl
dieser freien und ungehemmten Menschen bis weit in den Laien-
stand hinein — actio catholica wie der Papst sie zeichnet, fordert
als Grundhaltung nur diese eine — gewachsen ist. Das heißt aber
nicht, daß eine Institution deswegen überflüssig ist, die ihre Menschen auf die höchstmögliche Verwirklichung dieser Freiheit zu
Gott verpflichtet und durch ihr Dasein und Wirken ihren bescheidenen Beitrag liefern will, die Menschen der Kirche zu dieser Freiheit immer wieder aufzurufen.

Erster und vornehmster Zweck des Ordens ist es so gar nicht,
sich der « Verteidigung der Kirche nach außen » zu widmen. Auch
das wird immer, wo es nötig ist, mit aller Treue und christlichen
Hartnäckigkeit versucht. Was wir an uns selbst und an anderen
wollen, ist die Bildung und Erziehung des kirchlichen Menschen.
Des *kirchlichen* Menschen, nicht des Menschen nach dem Gesicht
des Ordens, das es in irgendeiner konkreten Allgemeingültigkeit
überhaupt nicht gibt. Vielleicht liegt das « Erschreckende », das manche in dieser Institution finden, gerade in dieser inneren Unruhe,
die immer wieder aufruft und immer wieder überprüfen heißt, ob
die Grundlinien eines kirchlichen Lebens gewahrt sind. Kirchlich
meint hier nicht nur die juridische Korrektheit in der ecclesia visibilis, sondern die ganze göttliche Fülle christlichen Lebens mit seiner
Entwicklung und Entfaltung, wie es nach Gottes Willen in der Kirche
gelebt werden soll.

Anderseits ist nicht ersichtlich, wie aus dieser Haltung und Zielsetzung heraus individualistische und rationalistische Verzweckung begründet werden soll. Ich wäre Ihnen dankbar, wenn Sie mir einmal kurz darlegten, was Sie darunter eigentlich verstehen und wie Sie das aus den Grundsätzen jesuitischer Geistigkeit begründen. Ich kenne den Orden doch nun seit bald 10 Jahren von innen. Ich finde in all dem, was man da « Militarismus » oder « Drill » oder « Reglement » oder sonstwie nennen mag, nichts anderes als gesteigerte Vollziehungen der Haltungen, die tatsächlich in der ganzen Kirche gelten und in ihrer äußeren Form mit der ecclesia visibilis als societas visibilis notwendig gegeben sind.

Mit dieser Verpflichtung zur Vollziehung des vollen kirchlichen Lebens ist auch die Verpflichtung zu dem, was Ihnen als contemplatio in actione so unmöglich scheint. Im Grunde ist jedes Christenleben auf diese Spannungseinheit verpflichtet. Das ist das Leben, das uns der Heiland vorlebte, das er seine Apostel lehrte und das lange vor seiner Formulierung in diesem Begriff geübt wurde. Das auch von mitten im tollsten Getriebe lebenden Laien vollzogen wird. Ich erinnere nur etwa kurz an Lucie Christine [69]. Dazu kommt, daß Sie in Ihrer Ablehnung zwei konkrete Situationen verwechseln: die des Laien, der in seiner Familie lebt, in seinem Berufe, in seiner kirchlichen Aktivität als Laienapostel, falls er sich dazu bereit findet, und trotzdem noch zur inneren Sammlung und Einkehr und zum inneren Mitleben des kirchlichen Lebens verpflichtet ist, — und die des Jesuiten, der seiner kirchlichen Aktivität als Ordensmann sich hingibt. Die Kirche heißt keinen Orden gut, der nicht bis zu einem gewissen Grad die tatsächliche « contemplatio » durch seine Satzung und Lebensweise garantiert. Vergleichen Sie doch bitte, wie die Kirche darauf dringt, daß auch im Weltpriester, dem am meisten der kirchlichen Aktivität verpflichteten Glied der Hierarchie, diese Spannung verwirklicht wird.

Der Begriff der « contemplatio in actione » ist sachlich so alt wie das Christentum. In dieser Formulierung stammt er von Nadal [70], ein Mann, von dem Ignatius sagte, daß er die innersten Absichten des neuen Ordens mit am besten begriffen hätte. Er war der « ewige Visitator », der immer an Ort und Stelle die Konstitutionen und die Durchführbarkeit jesuitischen Lebens prüfen und überwachen sollte. Auf einer dieser Reisen ist diese Formulierung entstanden und zwar bei einer Gelegenheit, wo es darauf ankam zu zeigen, daß der Jesuit wegen seiner äußeren Tätigkeit auf keinen Fall darauf verzichten dürfe, sich immer und eifrig um größtinnige Gottnähe und Gott-

---

[69] Frz. Laienmystikerin des letzten Jahrhunderts, deren « Geistliches Tagebuch » (1870-1908), Mainz 1921 — übersetzt und herausgegeben von R. Guardini damals Aufsehen erregte und viel diskutiert wurde.

[70] J. Nadal (1507-1580), Mitarbeiter des Ignatius von Loyola, vgl. Encicl. Universal Ilustrada Bd. 27 (Madrid 1973) 885-86.

vertrautheit zu bemühen. Das Leben zerfällt eben nicht einfach in eine aktive und kontemplative Sphäre oder Möglichkeit. Und es ist doch da am lebendigsten und vollsten verwirklicht, wo man versucht, es in all seinen Spannungen zu vollziehen.

Letztlich müßten unsere Unterhaltungen immer wieder auf das Grundthema, das geschichtstheologische Problem, wie Sie es nennen [71], zurückkommen. Die Geschichtsauffassung, die Sie vertreten, macht es einmal sehr zweifelhaft, ob in einer geschichtlichen Stufe Lebenshaltungen konzipiert werden können, die in der folgenden Stufe noch vollziehbar sind. Folglich müßten die lebendigen Gestaltungen einer Geschichtsepoche versinken mit dieser oder doch wenigstens, wie Sie sich milder ausdrücken, beim Anbruch einer neuen Zeit stark und bescheiden zurücktreten. Anderseits setzt eine Konzeption, wie sie dem Jesuitenleben zugrundeliegt, auch wieder ihre bestimmte Geschichtsauffassung voraus; Zumindest insoweit, daß verlangt wird, daß die Änderungen der geschichtlichen Lage bestimmte formale Haltungen nicht berühren, ja im Gegenteil unter sie subsumierbar sind und in Synthese mit ihnen eine neue Vollzugsart der alten Haltungen ergeben.

Da ich dieses Mal sehr weitläufig schrieb, will ich das eigentlich geschichtliche Problem nur kurz berühren. Dies umso mehr, da ich hoffe, nach Erscheinen der beiden Artikel, von denen Sie mir schrieben, neue Anregung zu erhalten und wir das Gespräch dann umso gründlicher weiterführen können. Nur kurz möchte ich die Hauptpunkte noch einmal rasch skizzieren.

Sie wollen, daß Geschichte ganz und gar den Entscheidungen menschlicher Freiheit unterworfen sei und es deswegen Perioden geben könne und konkret gegeben habe, die durch und durch, schon aus dem ersten Ansatz heraus verderbt seien. Ich möchte das nicht zugeben! Meine Auffassung ist kurz in folgenden Punkten umschrieben:

1. Geschichte geschieht nach Plan und Fügung, a posteriori gesehen nach bestimmten Gesetzen und Rhythmen. Gott hat seinen Plan mit dem Gang der Welt. Er überläßt sie nicht einfach dem blinden Trieb der Menschen. Geschichte in Raum und Zeit — entfaltete und fortgesetzte Schöpfung. Für diese Sicht muß sicher noch mehr als es bisher geschah, Hegel beachtet werden.

2. Der Mensch ist frei. Geschichte geschieht nicht mit solcher Zwangsnotwendigkeit, die die menschliche Freiheit aufhebt. Nur darf hier nicht übersehen werden, daß die Freiheit des Menschen zumeist

---

[71] Hier tritt der entschieden theologische Horizont wieder hervor, in dem Thieme ausschließlich das Problem der Geschichte sieht; Delp geht nur zögernd darauf ein, wohl weil er nach der Auseinandersetzung mit Heidegger Wert darauf legt, sich eine Gesprächsmöglichkeit für die Frage auch über gläubig christliche Kreise hinaus zu erhalten.

eine Freiheit zur Entscheidung über sein eigenes Leben und dessen
Verhältnis zu Gott ist. Entscheidungen, die in die äußere Welt hinaus
getroffen werden, unterliegen in ihren Verwirklichungen den entwicklungsmäßig dort vorliegenden Tendenzen. Sie erinnern sich doch
an die in der Geschichte so häufige Tragik von Menschen, die Großes
wollen und unternehmen und scheitern, weil sie es zu früh wollen.
Einige Zeit später wird das Geplante dann reibungslos verwirklicht.
Man kann so unbedingt dem Satz zustimmen, daß es falsch ist zu
behaupten: die Geschichte unseres Lebens hätte sich ohne unsere
Freiheit genau so abgespielt. Für die Geschichte der Welt möchte
ich das nur bedingt gelten lassen. Damit soll die freie Entscheidung
des Einzelnen nicht von ihrer sozialen Verflochtenheit und Verantwortlichkeit entbunden werden. Aber diese soziale Wirkung bleibt
innerhalb des vorgegebenen gemeinsamen « Rahmens ». Sie wirft die
großen Entwicklungen nicht um. Die Fälle, in denen Entscheidungen Einzelner Entscheidungen für und über das ganze Menschengeschlecht und deren Schicksal wurden — in Adam und Christus —
waren gottgesetzte Einmaligkeiten.

3. Jeder Mensch, der handelt und sich entscheidet, handelt als
geschichtlicher Mensch. Als Mensch je dieser Zeit und je dieser Vergangenheit. Diesen schicksalhaft mit- und vorgegebenen Raum vermag er nicht zu überspringen, und nur innerhalb dieses Raumes
geschehen seine freien Entscheidungen. Nachdem ich einmal lebe,
kann ich nicht entscheiden ob ich leben will oder nicht. Auch die
Entscheidungen des mächtigsten und klügsten und weitschauendsten
Menschen unterliegen diesen apriorischen Bindungen. Je diese Zeit
und je diese Vergangenheit geben als positiv formende oder als Widerspruch fordernde und zu ändernde oder als in kluger Diskretion
zu prüfende Momente jeder Entscheidung Richtung und Gesicht.
Diese Andeutungen sind kurz und dürftig und wirken in ihrer
thetischen Setzung vielleicht apodiktisch und anmaßend. Sie sind
nicht so gemeint. Nach Erschienen Ihrer Arbeiten mehr darüber.
Ich hoffe, Sie sind mir nicht böse, daß ich heute so ausführlich
geworden bin. Das alles hat ja nicht den Sinn steifnackiger Rechthaberei. Menschen, die sich eins wissen in Bekenntnis und Liebe zu
Christus, wollen sich auch verstehen in den konkreten Formen, in
denen sie Bekenntnis und Liebe vollziehen.
Am besten wäre es doch, wenn wir einmal persönlich über all
diese Dinge sprechen könnten. Falls eine solche Aussprache hier im
Süden nicht möglich ist — P. von Moos spricht in seinem Brief
von einem Wiedersehen im Herbst; ich bin noch bis Ende Sept.
hier und lade Sie nach hier ein oder bin auch gern bereit, nach
Basel zu kommen — lade ich Sie herzlich nach Valkenburg ein.
Sie werden dort mir und meinen Mitbrüdern und Obern sehr will-
kommen sein. Schreiben Sie mir, wann es Ihnen am besten paßt.
Mit herzlichen Grüßen (Alfred Delp)

IX. K. Thieme an A. Delp [72]

Nach vorheriger Anmeldung (ev. tel. 42 692)
jederzeit anzutreffen b. Senn Basel, Bundes-
str. 31, den 17.IX. 1935

Lieber Herr Delp,

Sie haben recht; es ist an der Zeit, daß wir (hier!) zusammen
sprechen; denn schriftlich werden wir uns, fürchte ich, nur noch
« auseinander »-setzen, nicht gegenseitig annähern können, wie wir
hofften. Jedenfalls hat mir Ihr letzter Brief den Eindruck gemacht,
als ob alles, was ich geschrieben habe, spurlos an Ihnen abgeglitten
sei, da Sie auf ein so entscheidendes Argument wie die Feststellung
der *Sektenhaftigkeit* des Anspruchs, irgend eine Gesellschaft innerhalb der Kirche sei *in demselben Sinne* « zeitlos-übergeschichtlich »
wie diese selbst, überhaupt nicht einzugehen für nötig hielten.

Denn, was Sie zum Christusbild der Exerzitien ausführen, ist
nur eine Wiederholung des Versuches, mit empirischen Beispielen
(die in Ihrem Brief vom 16.IV. den Konstitutionen entnommen waren) etwas a priori Unmögliches, eben diese Übergeschichtlichkeit
der Gesellschaft zu erweisen. Es gilt nämlich für *jede* wahrhaft
christliche « hic et nunc-Antwort », was Sie der des Ignatius nach-
rühmen, wenn Sie schreiben: « Er treibt seine Lösung bis ins Allgemeingültige vor ». Ja, haben das etwa Benedikt, Franziskus, Do-
minikus nicht getan? Und waren darum ihre Antworten minder
konkret? Natürlich haben Sie recht, Ignatius' Haltung als die relativ
formalste zu kennzeichnen; gerade darin besteht *ihre* Zeitgebundenheit im Anbruch einer Periode, die nach und nach alle Materialität,
alle echte Sachbezogenheit verlieren sollte!

Und dann fragen Sie mich nach der Begründung meines Satzes,
daß rationalistische Rechen- und Zweckhaftigkeit *die* große Versuchung der Gesellschaft werden mußte? Heinrich Böhmer, der eigentliche Zertrümmerer aller « Jesuitenfabeln » unter den nichtkatholi-
schen Kirchenhistorikern, dürfte diese Begründung seit Jahren vorgelegt haben. Lesen sie seinen Vortrag über « Loyola und die deutsche Mystik » (Leipzig 1921) [73] mit dem Schlußurteil über die Verwandtschaft des Jesuitismus viel mehr mit Methodismus und Salu-
tismus als mit jener Mystik; prüfen Sie die Beispiele nach, die
Böhmer in seinen « Studien zur Geschichte der Gesellschaft Jesu I »
(Bonn 1914) [74] aus Ignatius' Selbstzeugnissen zusammenstellt bis zu

---

[72] Der Brief ist nach dem Original wiedergegeben; 1 Blatt maschinenschriftlich mit wenigen handschriftlichen Zusätzen.

[73] Zu H. Boehmer vgl. H. Bornkamm, in: NDB II 393.

[74] Die auf mehrere Bände angelegten Studien kamen über diesen
ersten Band nicht hinaus.

dessen Versuchen, seine Fortschritte in der Tugend graphisch darzustellen (S. 57 A und 65). Lesen Sie die Bestätigung dazu von Or-
densseite in « Die Jesuiten » (Köln 1933) von G. Bichlmair S.J.: « Ignatius ist zeitlebens Baske geblieben, daher eignet auch seinem religiös-
sittlichen Leben ein Zug ins Kühne und *Unternehmerische* » (S. 67,
von mir unterstrichen). Und verstehen Sie doch bitte, daß all diese
Feststellungen keine Anklagen oder gar Schmähungen sind, sondern
eben nur Bestätigungen jener Zeitgebundenheit, die nicht nur die
von Ihnen Aufgezählten unumwunden zugeben, sondern also auch
Bichlmair — und jeder, der nicht von Sektengeist mißleitet wird.

Wenn nämlich Ihre Auffassung zutreffen sollte, müßte Ignatius
der wiedergekehrte Christus sein und die Exerzitien wären das fortgesetzte Evangelium. Tertium non datur, machen Sie sich das doch
bitte klar!

Und was die Geschichtstheologie anlangt, so haben Sie meine
Auffassung (S. 5 Ihres Briefes Abs.3) krass entstellt, wie Ihnen jeder
Rückblick auf meine früheren Äußerungen zeigen wird; Sie sind
auf den Ihrer Auffassung von Engelbert Krebs gemachten Vorwurf
der Häresie nicht eingegangen, und Sie haben eine Unterscheidung
eingeführt, die ich auf Grund des Gotteswortes vom Heimsuchen
der Sünde an den Kindern bis ins dritte und vierte Glied ablehnen
muß und die wieder typisch individualistisch ist: zwischen der « Geschichte unseres Lebens » und der « der Welt ». Wenn diese Unterscheidung in dem Sinn, wie Sie sie machen, richtig wäre, wäre das
9. - 11. Kapitel im Römerbrief des hl. Apostels Paulus barer Unsinn,
wonach das jüdische Volk durch seinen Ungehorsam den Heiden die
Heilszeit eröffnet hat. Ihnen fehlen, verzeihen Sie, die elementarsten
geschichtstheologischen Voraussetzungen für eine Auseinandersetzung
wie diese, wo mit Philosophie, und vollends mit der Hegels, einfach nicht durchzukommen ist. Und Sie sehen aus der Anlage, meinem Hochland-Aufsatz [75], daß Ihnen nicht nur ein Theologe wie E.
Krebs, sondern auch ein christlicher Philosoph wie Jacques Maritain
vollkommen Unrecht gibt. — Verzeihen Sie, ich bitte nochmals darum, daß ich so deutlich schreibe. Aber erstens zeigt mir unsere
bisherige Korrespondenz, daß dies offenbar notwendig ist; und zweitens bin ich ehrlich erzürnt, daß Sie sich so wenig um Ihnen unbequeme Argumente kümmern, sondern stattdessen immer wieder
von etwas anderem anfangen. Wie Sie wissen, ist aber der Zorn eine
Äußerung der Liebe; in dieser grüßt Sie und erhofft ein baldiges
Treffen   Ihr Karl Thieme.

---

[75] Vgl. Anm. 55.

X. K. Thieme an A. Delp [76]

Basel, den 18. IX. 1935

Lieber Herr Delp,

um nicht den Anschein zu erwecken, als täte ich selbst, was ich Ihnen vorwerfe, möchte ich doch noch auf Ihr Argument aus den Exerzitien eingehen. Denn wenn auch das *Wie* Ihrer Zeitgebundenheit sekundär ist gegenüber dem *Daß*, worauf es mir letztlich ankommt, so kann es trotzdem nichts schaden, wenn ich auch zu jenem noch Stellung nehme.

Was die Verpflichtung auf « die inneren Haltungen Christi Gott und der Welt gegenüber » anlangt, so ist sie für jeden, der auf den Christennamen Anspruch erhebt, selbstverständlich und stellt nichts Spezifisches dieser Exerzitien dar. Wie Böhmer zeigt, ist vielmehr deren *Zweckbezogenheit als Bekehrungsmittel* (Loyola S. 33) gegenüber allen Anleitungen zu überwiegend selbstzwecklicher (wenn auch gewiß nicht ohne sittlich aufbauenden Nebenerfolg denkbarer) Meditation. [77]

Gerade so etwas wie die « Betrachtung über drei Menschentypen » zeigt Größe und Grenze der Exerzitien besonders deutlich: Anpacken am wirklich bedrohten Punkt (wie Sie richtig bemerken), aber dann auch dieses seltsame « *Beteuern* », man « *begehre* » Armut (ich zitiere die Übersetzung von Feder S.J. [78]), — gerade dann, wenn dies nicht der Fall ist. Ich weiß wohl, daß man manchmal Gott um etwas bitten muß, wovon man das Gegenteil « begehrt » (wie vorher gefordert wird); aber mir scheint, daß man dann richtiger, nämlich ehrlicher und letztlich auch wirksamer betet: Gib mir nicht, was mein Fleisch begehrt, sondern was mein Geist als heilsam erkennt, weil Du es ihm zeigst und gebietest! — Wohl kann man sich auch suggerieren, es sei anders und dadurch in der äußeren Selbstbeherrschung weit kommen; ob aber nicht bösartige Verdrängungen zurückbleiben?

Das sind Methoden, wie sie einem heiligmäßigen Willensmenschen größten Formats, wie Ignatius war, bekömmlich sein mögen; kleinere und willensschwächere Naturen werden dadurch zer-

---

[76] Der Brief ist nach dem Original wiedergegeben; 1 Blatt beidseitig maschinenschriftlich beschrieben. Auffällig bleibt, daß Thieme — ohne Antwort abzuwarten — diesen Brief einen Tag nach seinem letzten Schreiben sendet.

[77] Vgl. zu dem hier betonten Punkt die reservierten Bemerkungen von J. Zahn, in: ThRv 22 (1923) 42-43.

[78] Diese Übersetzung der « Geistlichen Übungen » war seit 1921 in vielen Auflagen verbreitet; später von E. Raitz v. Frentz weiter betreut; 11. Aufl. Freiburg/Br. 1952.

brochen und innerlich unwahrhaftig. Auch das muß manchmal um
einer Sache willen in Kauf genommen werden; aber es ist, weiß
Gott, nicht, wie Sie es darstellen, *die* Lösung.

Ich lasse also dahingstellt, wieweit Gundlach mit dem « Welterobererideal » recht hat (in meinem Buch ist ja davon auch nicht
die Rede); aber ich glaube, daß damit ganz treffend der aktivistisch-
methodistische Charakter der jesuitischen Frömmigkeitspflege illustriert ist, auf dessen Wesensbild es mir ankommt.

Bei alldem bin ich immer wieder dankbar, daß Ihre Fragen
und Einwände mich zu dieser neuen Vertiefung meines Bildes ge-
nötig haben. Ich bin dabei noch stärker als vorher von der großen
Persönlichkeit des heiligen Ignatius gefesselt worden. Auch gegen
ihn empfinde ich nicht das leiseste Ressentiment, so wenig wie
etwa gegen einen William Booth, den Begründer der von mir hoch-
geachteten Heilsarmee[79], in die ich vor nunmehr vierzehn Jahren
hier in Basel um ein Haar eingetreten wäre, weil ich erst dann
« Christus ganz zur Verfügung zu stehen » glaubte, wenn ich das
täte. Wäre ich damals schon Katholik gewesen, wer weiß, ob wir
dann nicht heute Ordensbrüder wären? Denn dann hätte ich wahrscheinlich getan, was so bloß eine Zeit lang für mich in Frage stand:
Jesu Forderung an den « reichen Jüngling » als buchstäblich an mich
selbst gerichtet aufgefaßt.

Heute bin ich natürlich dankbar, daß es anders gekommen ist,
weil ich mir andere Aufgaben gestellt zu sehen gelernt habe. — Aber
immer noch bewundere ich die großen Männer und den großen Heiligen des christlichen Aktivismus kat exochen: eben Ignatius von
Loyola. — Ohne deswegen die Grenzen seiner Gründung zu verkennen; ohne die außerordentliche Gefahr geringzuschätzen, die in einer
solchen sektiererischen Verabsolutierung dieser Gründung und der
ihr entsprechenden Haltungen liegt, wie Sie sie betreiben.

Soll ich nun nochmals auf jenen Unbegriff von der contemplatio in actione zurückkommen, — von dem mich zu erfahren freut,
daß er also tatsächlich erst im 16. Jahrhundert produziert worden
ist? Wozu hat sich wohl Jesus so oft von der Menge in die Einsamkeit zurückgezogen, statt sich lieber mit contemplatio in actione
zu begnügen, was dem Gottmenschen selber doch sicher noch leichter
hätte fallen müssen als denen, die's anderthalbtausend Jahre später
plötzlich zu können glaubten?

Sehen Sie, je mehr Sie mir schreiben, desto mehr Beweise
liefern Sie mir für die Richtigkeit jenes mich wahrlich in anderem
Sinn, als Sie meinen, « erschreckenden » Bildes des Jesuitismus. Und
es ist schon gut, daß ich auch noch genug andere Jesuiten kenne,
die ihn nicht so verabsolutieren, wie etwa Prof. Gundlach, mit dem
ich mich neulich recht gut über diese Dinge verstanden habe. —
Aber ich hoffe immer noch, daß, wenn wir miteinander sprechen, wir

---

[79] W. Booth (1829-1912), vgl. Dict. of National Biography 1912-1921,
London 1927, 50-52.

einander auch wieder näherkommen; also lassen Sie sich bitte recht
bald hier sehen, und seien Sie inzwischen herzlich gegrüßt von
Ihrem   Karl Thieme.

XI. A. DELP AN K. THIEME [80]

18. Sept. 1935

Lieber Herr Thieme,

    gut, treffen wir uns nächstens in Basel. Ich werde Ihnen vorher
schreiben, da ich zugleich noch eine andere Sache in Basel erledigen
muß, die noch nicht erledigungsfähig ist. Für heute will ich nur
kurz auf die einzelnen Punkte Ihres Briefes eingehen. Schade, daß
Sie mein letzter Brief so aufgebracht hat. Vielleicht ist es gut, wenn
wir uns einmal über den Begriff der Sekte unterhalten, um dann
darüber reden zu können, wann ein Vorwurf von Sektenhaftigkeit
am Platze ist. Ich glaube, bei allen historisch vorliegenden Sekten
ist doch das Hauptmerkmal dieses, daß ein Teil aus dem Glaubens-
und Kirchenganzen herausgenommen, für sich allein bejaht und übersteigert wurde. Sektenhaftigkeit liegt demnach dann vor, wenn einer
ein Teilchristentum, einen materialen Teil der christlichen Fülle in
der angegebenen Weise isoliert und verabsolutiert. Die ganze « empirische Beweisführung », wie Sie es nennen, des letzten Briefes
hatte doch nur den Sinn zu zeigen, daß gerade das bei uns nicht
vorliegt. Es ist weder eine Festlegung noch eine Übersteigerung irgendeiner Komponente des Christentums, was Sie uns vorwerfen
können. Ebensowenig behaupten wir oder behaupte ich, daß jesuitisches Christentum die einzig mögliche Form, Christ zu sein, darstelle. Nur dagegen wehre ich mich, daß die jesuitische Haltung
dermaßen zeitbedingt und zeitverbunden sei, daß sie die Zeit ihrer
Formulierung nicht überleben dürfe. Gerade dadurch, daß sie eigentlich jede Festlegung auf eine persönliche Teilsicht des Christentums
vermeidet, wird sie fähig, die verschiedenen geschichtlich sich ablö-
senden Teilsichten zu überdauern und in sich aufzunehmen. Der
Sinn der ignatianischen « Formalität » ist nicht der, jede echte Sachbezogenheit zu übersehen oder zu unterschätzen oder gar unmöglich
machen zu wollen (bei den Anhängern dieser « Formalität »). Jeder
einzelne Jesuit wird in je seiner Zeit sich um die zeitgemäße Sachbezogenheit zu mühen haben. Vom Orden aus ist er auf nichts anderes
festgelegt als auf das Ausgerichtetsein-auf-die-Kirche-hin. Von dort
her, und zwar von der jeweils konkreten Kirche her erhält seine formale Haltung die materiale Füllung. Nur dadurch, daß auf jedes

---

[80] Der Brief liegt im Durchschlag vor; 2 Blätter maschinenschriftlich;
zu beachten bleibt, daß Delp dieses Schreiben nicht gleich absandte,
sondern erst seinem nächsten Brief beifügte.

Eigensein verzichtet und jede konkrete Vollziehung von der Kirche
her bestimmt und geführt und gefüllt wird, ist die Aussage berechtigt, daß der Orden am « zeitlos-übergeschichtlichen » Sein der Kirche
teilnimmt. Das gilt natürlich in gewissem Grade für jeden Orden, ist
für den Jesuitenorden eben durch seine formale Haltung gesteigert.

Wenn Sie die Konstitutionen lesen und die Geschichte der Abfassung und Erprobung der Ordenssatzung verfolgen, werden Sie finden, daß Ignatius sich bemüht hat, dem Orden nicht seine persönliche Frömmigkeit als Ordensfrömmigkeit zu geben. Der Orden lebt
doch seit Jahrhunderten nach den von Ignatius geschaffenen Konstitutionen und besitzt bis heute noch kein genügendes persönliches
Bild des Meisters. Ignatius war geradezu fanatisch bemüht, alle Dokumente seiner persönlichen Frömmigkeit zu vernichten. Durch Zufall und glückliche Fügung blieben einige wenige Tagebuchblätter
erhalten. Aus der persönlichen Frömmigkeit — zugegeben, daß die
angeführten Deutungen richtig sind — des Stifters dürfte nicht viel
auf die Haltung der Ordensfrömmigkeit gefolgert werden.

Ignatius ist so weder der wiedergekehrte Christus noch die Exerzitien das fortgesetzte Evangelium, sondern beide — der Mann und
sein Werk — versuchen ehrlich und konsequent die letzten Haltungen Christi und seines Evangeliums herauszustellen und zu verwirklichen.

Auf die geschichtstheologische Frage möchte ich nur kurz eingehen, da ich weder Ihre früheren Briefe noch die angezogene Stelle
von Krebs hier einsehen kann. Die Berufung auf die Kapitel des Römerbriefes dürfte insofern nicht weiter führen, da es sich hier nicht
um den normalen, natürlichen Ablauf von Geschichte handelt [81], sondern um das Versagen eines Volkes, dem als Volk eine übernatür-
lich gegebene Aufgabe anvertraut war. Es handelt sich hier um eine
geschichtliche Einmaligkeit, die sich in dieser Weise und in dieser
Verbindung mit einer natürlichen Einheit (Volk) nicht wiederholt
hat. Was den Vorwurf der Häresie angeht —, Christenmenschen
sollten einander dieses Prädikat selten und vorsichtig ausstellen; eigentlich ist es überhaupt nicht unsere Sache. Sachlich möchte ich
dazu bemerken, daß sich wohl schwer beweisen läßt, daß die Ansicht: der Mensch ist nicht freier Herr des Weltgeschehens (wohl
aber ist er frei im Weltgeschehen!), sondern er handelt immer als
geschichtliches Wesen, unterworfen den Bindungen des geistigen Lebens seiner Zeit und den geschichtlichen Entwicklungen der Vorzeit:
häretisch sei. Wenn wir noch so ehrlich und eifrig möchten —, es
ist weder Ihnen noch mir möglich, im Jahr 1935 zu leben wie ein
Christ des vierten Jahrhunderts oder wie ein Rationalist der Aufklärung oder wie ein Imperialist der Vorkriegstage.

---

[81] Dieser Ausdruck sollte Thiemes Protest wecken; er verdeutlicht
den philosophischen Kontext, in dem Delp die Frage sieht und angeht,
ohne darum ihre theologischen Aspekte zu bestreiten.

Auf die Ausführungen Ihres beigelegten Artikels gehe ich noch nicht ein, da ich diesen erst flüchtig durchgeschaut habe. Ich fürchte, wir reden hier aneinander vorbei. Ich denke nicht daran, behaupten zu wollen, der Mensch habe keinen Einfluß auf das Weltgeschehen, es gehe einfach über ihn hinweg. Ebensowenig darf aber behauptet werden, der Mensch stehe seiner jeweiligen Situation unbedingt gegenüber. Das sind Feststellungen, die noch unterhalb der theologischen Frage des Verhältnisses von Gott und Mensch in der menschlichen Handlung liegen. Wir dürfen den Fehler vergangener Tage nicht wiederholen und im Zusammenspiel Natur-Gnade die Natur wieder zu gering ansetzen [82]. Ihre Ausführungen scheinen mir etwas in die Richtung einer Entwertung der Natur zu gehen. Sie sehen im Hintergrund noch eine Natur, die durch die Erbsünde völlig korrumpiert ist.

Es ist gut, wenn wir bald einmal miteinander sprechen. Und es ist mir leid, daß Sie einen harten Ton in die Auseinandersetzung gebracht haben. Wenn ich die persönlichen Vorwürfe kurz berühren darf: ich glaube, Sie können nicht sagen, ich hätte unbequeme Argumente umgangen; ich habe da und dort indirekt und via facti darauf geantwortet. Und schließlich spreche ich mit Ihnen und nicht mit Engelbert Krebs, der wohl Theologe ist, aber deshalb noch keine sententia communis schafft. Krebs und Maritain in Ehren, es sind dies Menschen, die ehrlich und aufrichtig arbeiten, von denen aber auch keiner aus seinem geschichtlichen Ort heraus kann. Schließlich sind Sie selber mit Ihrer sicherlich etwas zu scharf durchgeführten anti-individualistischen Haltung Mensch dieser Tage, und jede Zeit hat auch ihre theologische Situation, genau so, wie ihre philosophische und politische. Ich verteidige den Individualismus von gestern nicht, aber ich sehe, daß viele daran sind, durch Übersteigerung des Gegenpols ihn aufs neue heraufzubeschwören. Ich hoffe, ich kann Sie bald treffen; es wäre mir sehr unlieb, wenn weiterhin der Zorn die Äußerung unserer Achtung und Liebe bleiben müßte. Wir werden uns wahrscheinlich tüchtig zerkriegen, um nachher doch zusammenzukommen.

(Alfred Delp)

---

[82] Vorwurf, der sich aus der Unterschiedlichkeit der Perspektiven erklären läßt, unter denen man jeweils das Problem behandeln wollte.

XII. A. Delp an K. Thieme[83]

20. Sept. 1935

Lieber Herr Thieme,

warum wollen Sie aus uns absolut eine Sekte oder wenigstens aus mir absolut einen Sektierer machen? Aus der Antwort auf Ihren ersten Brief, die ich nun doch beilegen (will), sehen Sie, daß ich mich für keines der Elemente, die sonst eine Sekte bilden, begeistern kann und will. Ich glaube, Sie kommen von einem gewissen Vorurteil nicht los. Wenn ich gerade wieder bei der contemplatio in actione bleiben darf: wissen Sie denn nicht, daß unser Lebensstil uns zu auch extensiv sehr weitgehender Rückkehr in die kontemplative Einsamkeit verpflichtet? Wissen Sie denn nicht, daß der Priesterjesuit täglich 3 - 4 Stunden dem stillen und vertrauten Verkehr mit seinem Herrgott widmet? Ich wünsche, ich dürfte Sie einmal während der Betrachtungszeit durch irgendeines unserer Häuser führen. Und Sie werden kaum eine religiöse Gemeinschaft finden, die auch das Laienmitglied so weitgehend zur religiösen Stille und Einkehr verpflichtet. Sie sehen bloß die eine Komponente bei uns; ich rechne Sie nicht zu denen, die nur die eine Komponnte sehen wollcn.

Was Sie über die Exerzitien und Jesuiten und Ignatius aus Böhmer anführen: ja, man muß dem Mann heute noch dankbar sein, daß er in einer verhetzten Umwelt es gewagt hat, dieser Wirklichkeit « Jesuiten » wenigstens mit wissenschaftlicher Ehrlichkeit gegenüberzutreten; daß er vieles auf das Maß der Tatsachen zurückgeführt hat. Für den inneren Rhythmus unseres Lebens konnte er kein volleres Verständnis aufbringen. Ich kann Ihnen Stellen in seinen Veröffentlichungen anführen, wo die einfache Übersetzung von Begriffen und Bestimmungen, die zu unserem täglichen Leben gehören, zeigt, wie wenig nahe der ehrliche Gelehrte dem wirklichen Leben kam. Ach ja, die Liberalen von gestern: Jesuit, das war Wille; Dominikaner, das war Verstand, und Benediktiner, das war Gemüt; das ging ja so schön auf und paßte so schön in das Schema, in dem man den Menschen sah.

« Zweckbezogenheit als Bekehrungsmittel »: was heißt denn das? Wer einen Turm bauen will, überlegt, ob er Geld genug hat, und wer einen Krieg führen will, mustert seine Soldaten und putzt die Kanonenrohre blank, heißt es in der Schrift [84]. Wer in einer laizistisch und rebellisch verseuchten Kulturwelt ein Christenleben führen will, der stellt sich einmal ehrlich vor die ganze christliche Wirklichkeit und prüft sich an ihr und mißt sich an ihr und versucht, die

---

[83] Der Brief liegt im Durchschlag vor; 2 Blätter maschinenschriftlich.
[84] Vgl. Lk 14, 28-31.

Höhe christlicher Haltungen an sich zu verwirklichen. Das ist die
Zweckbezogenheit der Exerzitien! Sie sind bei Gott keine Suggestions-
methode. Schlimmere Verkennung ist mir nie begegnet. Gewiß stellt
die Verpflichtung auf die inneren Haltungen Christi nichts spezifisch
Jesuitisches oder den Exerzitien Eigentümliches vor. Das ist es ja,
was ich die ganze Zeit behaupte: daß hier Menschen sich auf das
eine Christentum Christi ausrichten sollen; daß sie sich vor seiner
gesamten Wirklichkeit prüfen sollen. Die konkrete Vollziehung des
so geprüften und ausgerichteten Lebens kennt viele Stile. Man soll
doch nicht Dinge vergleichen, die sich nicht vergleichen lassen.

Was Sie da von Verdrängungen schreiben — ja, das kann pas-
sieren, wenn es sich um Suggestionen handelt. Darum handelt es
sich aber gar nicht. Fassen Sie die Exerzitien so auf, wie ich oben
angedeutet (habe): als einmalige Schulung und Ausrichtung und nehmen Sie dazu, daß Ignatius äußerst sparsam war mit Zulassungen
zu den ganzen Exerzitien, daß er nur Menschen zulassen wollte, die
über genügend innere Größe verfügen, ihrem Gott nichts zu versagen: dann ist da kein Platz mehr für Suggestionen und dergleichen.
Ignatius setzt ja für seine « Bekehrung », die da erreicht werden
soll, nicht « Sünder » im landläufigen Sinn voraus, die man zur Beich-
te bringen möchte. Nehmen Sie das Beispiel Franz Xavers: das war
ein Mann, den Ignatius in den Exerzitien haben wollte. Ein großer
Mensch und ein guter Christ. Aus ihm wollte Ignatius einen großen
Christen machen. Der größte Mißbrauch, den man je mit dem Erbe
unseres Meisters getrieben hat, ist der, daß man Exerzitien an jeder
Straßenecke verkauft und daß man Dinge und Veranstaltungen und
Sammlungen von religiösen und frommen und erbaulichen Vorträ-
gen Exerzitien nennt, die damit einfach nichts zu tun haben. Sie
brauchen mich nicht daran zu erinnern, daß wir selbst es waren,
die diesen Mißbrauch begannen. Das weiß ich leider zu gut und bin
oft genug wütend darüber. Das wird hoffentlich bald anders!

Was Sie da aus Feder zitieren und womit Sie dann Ihre « Sug-
gestion », den famosen jesuitischen Willenstraining begründen: es
handelt sich da einfach um ein unvollkommenes Zitat. Nehmen Sie
den Satz doch ganz! Es heißt da: petere, ut Dominus ipsum eligat
ad paupertatem actualem, et protestari, se id velle, petere et sup-
plicare, dummodo sit servitium et laus divinae maiestatis. Und vorher heißt es dann in Klammern (etsi sit contra carnem!) [85]. Das hat
doch gerade den Sinn, den Sie einem ehrlichen Christengebet zu-
sprechen. Auch wenn es mir ans Fleisch geht: wenn es Dienst und
Ehre Gottes verlangen: also, wenn es Gottes klar ausgesprochener
oder endgültiger Wille ist: dann möge mich der Herr zur tatsächlichen Armut berufen. Und er soll dann beteuern, daß er das wirklich wolle und darum bitte: eben wenn, dummodo ... es zum Dienst
und zum Lobe Gottes erfordert wird. Das ist doch einfach die kon-

[85] Geistliche Übungen n. 157.

kretisierte Vater Unser-Bitte und sonst nichts. Ich bin bereit und will auch gegen mein Fleisch Deinen göttlichen Willen tun! Nehmen Sie dazu, daß Ignatius, wie schon angeführt, großherzige Menschen voraussetzt, die großer Entschlüsse und innerer Weiten fähig sind; wo soll denn da noch Raum sein für den berüchtigten Willenstraining!

Auf den gestrigen Brief erwidere ich nichts. Das eine nur: ich denke, daß Ihnen der heutige Brief zu dem Tertium verhilft, daß es eigentlich gar nicht geben soll. Über die geschichtlichen Fragen müssen wir sprechen, da reden wir aneinander vorbei. [86] Auch in den Ausführungen von Maritain finde ich keine Widerlegung, sondern nur die gute Darstellung einer Komponente der Wirklichkeit. Weltgeschichte ist mehr als Sündengeschichte! Tun Sie doch Gott die Schmach nicht an, er habe sich sein Ja vom Schöpfungsmorgen von der Kreatur in ein Nein vedrehen lassen. Aber über die Dinge müssen wir sprechen.

Das eine ärgert mich unsagbar: daß zwei Menschen, die in ihrer Haltung Christus lieben und ihm zur Verfügung stehen wollen, sich nicht verstehen sollen. Warum wollen Sie absolut den Jesuitenorden so klein sehen? Ich habe Ihnen damals zu Beginn geschrieben, weil ich das Gefühl hatte, daß Sie uns nicht so gegenüberstanden, wie es klang. Ich bin auch heute noch der Meinung. Anderseits kann ich es nicht über mich bringen, um irgendeiner Zustimmung willen uns zu verharmlosen. Im Gegenteil, ich hoffe und mit mir hoffen viele junge Menschen, die ihren Marsch durchs Leben bei uns angetreten haben, daß es uns bald vergönnt sein wird, der Kirche unverbrauchtes und ungebrochenes Jesuitenleben zu schenken und der Welt zu zeigen, daß wir immer noch Glauben an uns selbst besitzen. Man hat uns solange vorgejammert, daß wir stolz seien und daß wir Sektierer seien und daß wir Unglücksraben seien, daß manche von uns selbst angefangen haben, es zu glauben; daß manche Angst haben, die ganze Jesuitenfülle zu formulieren und sich auf Verharmlosungen einlassen. Ich mache gegen niemand einen Vorwurf, aber ich mache auch keine Abstriche. Ich hoffe, Sie bald zu sprechen und bin sicher, daß wir einen geistigen Ort finden, in dem wir uns finden und verstehen. Bis dahin grüßt Sie der Sektierer (Alfred Delp)

---

[86] Aus der Bemerkung geht das Gespür Delps für die andere Ebene hervor, auf der Thieme an die Frage herantritt.

XIII. K. Thieme an A. Delp [87]

Basel, den 23. IX. 1935

Lieber Herr Delp,

Sie haben durchaus recht damit, mir den guten Willen zum vollen Verständnis der societas zuzutrauen, und ich bin Ihnen auch dankbar dafür, daß Sie aus Ihrem Herzen keine Mördergrube machen, sondern offen sagen, wie Sie sie sehen und auf « Verharmlosung » verzichten.

Da wir uns nun bald also wirklich sehen, antworte ich nur mit ein paar knappen Bemerkungen, die mir vorweg nötig scheinen: « Sekte » ist jede Trägergruppe eines Teilaspekts, die diesen für den ganzen hält; in Ihren Briefen scheint mir dies ähnlich für den Jesuitismus zu geschehen wie im Schrifttum der Spiritualen für den Franziskanismus; nur durch das « der Kirche zur Verfügung stehen » besser versteckt. (Offenbar auch vor Ihnen selber!)

Was den Vorwurf der Häresie angeht, so habe ja nicht ich ihn Ihnen gemacht, sondern Krebs jener Auffassung Wittigs, die Sie sich zunächst zu eigen gemacht hatten; in der Abschwächung, die Sie ihr jetzt geben, ist sie sicher nicht häretisch; wenn Sie aber in Ihrem Brief vom 16. IV. nachlesen, der Mensch wäre auch ohne Sündenfall « *genau so* (!) durch *alle* Stufen seiner Entwicklung geschickt worden », dann merken Sie, daß es damals ganz anders klang; und Ihre damalige Auffassung wird eben durch Röm. 9 - 11 widerlegt, wo es sich gewiß um einen Extremfall, aber — wie etwa die Sendbriefe an die kleinasiatischen Kirchen in der Geheimen Offenbarung zeigen — durchaus *nicht* um etwas absolut Einzigartiges gehandelt hat; der Begriff « normaler, natürlicher Ablauf von Geschichte », den Sie ganz ungeniert verwenden, ist — verzeihen Sie — für einen Theologen geradezu grotesk!

Gegen den Vorwurf, ich sähe « im Hintergrund noch eine Natur, die durch die Erbsünde völlig korrumpiert ist », kann ich mich nur in aller Form verwahren, wie neulich dagegen, mir von Ihnen die Ansicht zuschreiben zu lassen, « daß Geschichte ganz und gar den Entscheidungen menschlicher Freiheit unterworfen sei etc. »; sie ist sogar umgekehrt ganz und gar göttliches Heilswerk — aber allerdings als Antwort auf den vorhergewußten Sündenfall und Messiasabfall — im Großen (je einmal) und im « Kleinen » (in tausend immer neuen Variationen).

Was nun Ihren zweiten Brief (vom 20.) angeht, so freue ich mich, daraus manches gelernt zu haben. Tatsächlich: Man hätte die Exerzitien auf große Seelen beschränkt bleiben lassen sollen, über-

---

[87] Der Brief ist nach dem Original wiedergegeben; 1 Blatt maschinenschriftlich mit handschriftlichem Zusatz.

haupt wohl die Gesellschaft quantitativ weniger wachsen lassen; dann wären ihr viele Vorwürfe erspart geblieben, weil sie keinen Anlaß dazu geboten hätte. — (Die Frage ist freilich, ob nicht ihre innere Dynamik von Anfang an auf die Überanstrengung hinausging; was ich in dem — gewiß nicht gutwilligen, aber doch in entscheidenden Punkten wie dem des Ungehorsams gegenüber Papst Pius V. S. 101/2 A 106 überzeugend dokumentierten — Buche von W. Schäfer über Petrus Canisius — Göttingen, 1931 — gelesen habe, spricht dafür, diese Frage zu bejahen.)

Hinsichtlich der Exerzitien-Stelle möchte ich Ihnen rückhaltlos rechtgeben, soweit es sich um das « protestari, se id velle » handelt, das ich doch zu sehr isoliert gelesen hatte und wo ich vor allem durch die fraglos vollkommen verkehrte Übersetzung von *velle* mit « begehren » durch P. Feder irregeführt war.

Es widerstrebt mir, mich nun hinzusetzen, um vielleicht andere Übertreibungen des Methodismus aufzustöbern (worum es sich, wenn F. richtig übersetzt hätte, gehandelt haben würde); denn ich habe gar keinen Grund, dieses großartige Werk zu zerpflücken — und brauche keine Einzelbeweise für jene Zweckbezogenheit als Bekehrungsmittel zu geben, die Sie nicht bestreiten; und die ich *nicht angreife*, sondern als zeitbedingt durch eine, wie Sie es ausdrücken « laizistisch und rebellisch verseuchte Kulturwelt » (in der besonderen Form des Barock, füge ich hinzu) *abgrenze*, — *ohne*, wie ich noch einmal aus meinem ersten Brief wiederhole, das Verschwinden dieses ganzen Phänomens für möglich oder auch nur wünschenswert zu halten, wohl aber sein Zurücktreten (ähnlich wie vorher das der Benediktiner, das der Franziskaner) für bereits wirklich, wie in der « Hochland »-Besprechung meines Buches richtig konstatiert wurde [88].

Sie wollen das Schicksal wenden? Ob Sie's nicht beschleunigen? — Herzlich grüßend und also auf baldige Begegnung wartend Ihr Karl Thieme

P.S. Darf ich die « Hochland »-Korrekturen gelegentlich zurückerbitten!

---

[88] Vgl. Hochland 32/I (1934/35) 568-571 (F. Rütten).

XIV. P. Th. Hoffmann S.J. an A. Delp [89]

Berlin-Charlottenburg 5, den 6. Sept. 1935
Neue Kantstraße 2
J 3 Westend 1289, 3113

Lieber hochw. P. Delp!

Beigeschlossen sende ich Ihnen den Briefwechsel wieder zurück. Sie können sich denken, daß er für mich viel Interessantes war. Gern würde ich näheres dazu bemerken, aber die Zeit ist mir zu knapp.

Ob Ihre Position, sowohl die Geschichtstheologie als die über die Absolutheit des ignatianischen Christusbildes nicht etwas einseitig ist? Meines Erachtens wäre auch gut ein Hinweis, daß Ignatius gar nicht in dem Umfange, wie die Protestanten (und Thieme kommt eben von den Protestanten) denken, anti-lutherisch war. Wenn man natürlich sieht, wie man es zum Beispiel in der Jesuiten-Nikolauskirche in Prag gut sehen kann: neben dem Altar auf der einen Seite in Überlebensgröße den hl. Franz Xaver, auf der anderen Seite den hl. Ignatius, wie er mit dem Speer einen, unter seinen Füßen sich windenden Ungetüm, mit dem natürlich Luther (außerdem noch besonders gekennzeichnet) gemeint ist, tötet, dann darf man sich nicht wundern, wenn solche Auffassung bei den deutschen Protestanten im Unterbewußtsein sitzt. Gerade im vorigen Winter, als ich in der Volkshochschule « 400 Jahre Gesellschaft Jesu » las, ist mir wieder so recht klar geworden, wie wenig die Gesellschaft « gegenreformatorisch » gedacht war. Man muß sich nur einmal die Jahreszahlen ansehen, wie die ersten Väter nach Brasilien, Amerika, Indien usw. kamen. Doch schade, daß wir nicht länger darüber plaudern können. Vor allem hat mich auch Ihr freundlicher Ton der Polemik, der sicher auch seine Wirkung nicht verfehlen wird, gefreut.

In Dankbarkeit Ihr   Theo Hoffmann S.J.

---

[89] Der Brief ist nach dem Original wiedergegeben; 1 Blatt maschinenschriftlich. — Th. Hoffmann (1890-1953), von 1936 - 1941 Oberer und Schriftleiter der « Stimmen der Zeit » in München; während des Krieges besaß er gute Verbindungen zum Alsatia-Verlag, Kolmar (Elsass). Offensichtlich war er für Delp schon vorher Vertrauensperson.

XV. K. Thieme an A. Delp [90]

Basel, den 4. X. 1935

Lieber Herr Delp,

Ihr Schweigen auf meinen Brief vom 23. IX. beunruhigt mich ein wenig; vollends, da ich auf Grund Ihrer früheren Dispositionen fürchte, daß Sie schon wieder auf der Rückreise sein könnten und wir uns gar nicht mehr sehen.

Hoffentlich haben Sie mir meine gelegentliche Offenherzigkeit nicht übelgenommen; ich glaubte, sie gerade Ihnen schuldig zu sein, weil Sie dadurch, daß Sie unmittelbar an mich geschrieben haben, das Recht erwarben, auch meinen Standpunkt ohne jede « Verharmlosung » kennen zu lernen. Selbstverständlich wollte ich Ihnen nicht unterstellen, daß Sie bewußt unbequemen Argumenten aus dem Weg gegangen wären; wenn das Ihre Gewohnheit wäre, hätten Sie ja diesen Briefwechsel nie angefangen. Ich wollte Sie bloß darauf aufmerksam machen, daß gerade Punkte, die Sie mir beiseitezuschieben schienen, mir besonders wichtig vorkommen. Inzwischen ist das ja geklärt, und zu meiner Freude haben auch Sie aus Ihrem Herzen keine Mördergrube gemacht, sondern mir die Häresie der « Natur, die durch die Erbsünde vollkommen korrumpiert ist », zugeschrieben, von der ich freilich nicht glaube, daß Sie sie aus irgend einer meiner Äußerungen nachweisen können, — da ich gerade dadurch, daß ich diesen Irrtum als solchen erkannte, zuerst dogmatisch vom Luthertum losgekommen bin. Hier dürfte wohl Maritain das letzte Wort wenigstens angedeutet haben, das wirklich jenseits von Jansenismus *und* Molinismus gesprochen wird. [91]

Heute und morgen spricht Kahlefeld hier über das Menschenbild der Bergpredigt; schade, daß Sie nicht dabeisein und wir daran anknüpfen können! [92] — Jedenfalls aber möchte ich doch hoffen, daß es noch vor Ihrer Rückreise zu dem geplanten Besuch hier und un-

---

[90] Der Brief ist nach dem Original wiedergegeben; 1 Blatt maschinenschriftlich.

[91] Vgl. Hochland 33/I (1935/36) 172-178; Th. dürfte vor allem im Ange haben « L'idéal historique d'une nouvelle Chrétienté », in: La Vie Intellectuelle 7 (1935) 181-232; « Le chrétien et le Monde », in: Revue de Philosophie 35 (1935) 1-22 und « Humanisme et Culture », in: Etudes Carmelitaines 20 (1935) 93-130; sie erschienen gesammelt und teilweise überarbeitet als « Humanisme Intégral », Paris 1936 (²1946; vgl. ebd. 146-147: « Chrétienté médiévale et nouvelle chrétienté »); dt. « Christlicher Humanismus », Heidelberg 1950.

[92] H. Kahlefeld (1903-1979), einer der Leiter der Gruppe um R. Guardini; einflußreich in der Bibelgruppenarbeit und in der liturgischen Erneuerung; vgl. Das Evangelium auf dem Weg zum Menschen (Hg. O. Knoch, F. Messerschmid, A. Zenner) (FS Kahlefeld), Frankfurt/M. 1973.

serem Zusammentreffen kommt. Zur Vorbereitung darauf lese ich
schon eifrig Ignatius-Briefe. Recht herzlich grüßend   Ihr Karl
Thieme.

XVI. A. DELP AN K. THIEME [93]

Ignatiuskolleg
Valkenburg, Holland   8. Okt. 1935

Lieber Herr Thieme,

leider ist es so, daß ich hier bin und Sie dort. Ich war gerade
mit einem Brief an Sie beschäftigt, als Ihr liebes Schreiben ankam.
Nun antworte ich rasch und vorläufig. Daß ich nicht mehr nach
Basel konnte, ist mir wirklich sehr leid und unangenehm. Die letzten
Tage in Blasien war ich wieder krank geworden, so daß ich bis zum
Schluß nicht wußte, ob ich zum Beginn der Vorlesungen würde hierher kommen können. Ich war sogar hier schon abgemeldet, konnte
dann aber das Schuljahr doch beginnen. Ich bitte Sie nur um eines:
lassen Sie nicht den Gedanken aufkommen, als sei ich irgendwie
verletzt oder gereizt und deswegen ausgewichen. Ich hoffe, Sie doch
sicher bald hier begrüßen zu können. Spätestens am 30ten Januar
bei Ihrem Aachener Vortrag gibt sich ja sicher Gelegenheit zu einem
Zusammenkommen. Ich hoffe aber, viel früher. Wenn Sie einmal
in der Nähe sind, lassen Sie es mich wissen. Ich komme dann gerne
hin. Hoffentlich kommen Sie ebenso gern in die « Höhle des Löwen »,
hierher nach Valkenburg.

Eine sachliche Antwort auf Ihre beiden Briefe folgt in den
nächsten Tagen. [94]

Mit herzlichen und freundschaftlichen Grüssen (Alfred Delp)

---

[93] Der Brief liegt im Durchschlag vor; ein halbes Blatt maschinenschriftlich mit gedrucktem Briefkopf.

[94] Die hier angekündigte Antwort hat sich in der vorliegenden Korrespondenz nicht erhalten.

XVII. Postkarte von K. Thieme an A. Delp [95]

Herrn Dr. Alfred Delp SJ
Ignatiuskolleg
Valkenburg a 181 Holland

Läufelfingen (Basel-Land), d. 5. II. 36

Lieber Herr Delp!

Heute erhielt ich durch Nachsendung Ihre freundliche Einladung vom 25. I.[96] und bedaure nur, daß ich Ihnen erst nachträglich antworten kann, daß mein Vortrag leider abgesagt werden mußte, weil sich die weite Reise von hier, wo ich eine neue Existenzbasis, — wenigstens bis auf weiteres[97] — gefunden habe, nicht gelohnt hätte. Trotzdem hoffe ich, daß wir, z.B. wenn Sie wieder einmal nach St. Blasien kommen, in nicht zu ferner Zeit zu der im Spätsommer leider vertagten Aussprache kommen, welche mir ungleich sinnvoller scheint als eine Fortführung der Korrespondenz, nachdem von beiden Seiten die jeweils im Vordergrund stehenden Gesichtspunkte, wenn auch summarisch, zur Geltung gebracht worden sind und wir ja keine gelehrte Kontroverse führen wollen, sondern ein brüderliches Gespräch. Also denn in nicht allzu ferner Zeit auf eine gute Begegnung! Herzlich grüßend und für Ihre freundlichen Neujahrswünsche mit leider verspäteter Erwiderung aufrichtig dankend   Ihr ergebener Karl Thieme.

---

[95] Wiedergegeben nach dem Original: eine Schweizer Postkarte abgestempelt: Läufelfingen SBB 5. Feb 36 N 6 403 — maschinenschriftlich.

[96] Delp hatte schon im Brief XVI. vom 8. Okt. 1935 den geplanten Aachener Vortrag Thiemes erwähnt, der dann nicht zustandekam. Der Dank Thiemes zeigt, daß Delp den Kontakt aufrechterhielt.

[97] Der Aufenthalt in der Schweiz sollte bis nach dem Zweiten Weltkrieg dauern; Th. bereitete hier vor « Herder *Laien-Bibel* zur Einführung ins Bibellesen », Freiburg/Br. 1938 (²1940; ³1947); vgl. Einige Daten aus dem Leben von Karl Thieme, in: Freiburger Rundbrief XIV. Folge 1962 (Sonderausgabe zum 60. Geburtstag von Prof. Dr. Karl Thieme) 31.

BIBLIOGRAPHIE A. DELP

VORBEMERKUNG

Vom Thema dieser Arbeit her ist vor allem eine Übersicht über die gedruckten Schriften Delps notwendig, so weit sie dieser Untersuchung zugrundeliegen. Die Ausgabe der « Gesammelten Schriften », die von 1982 an erscheint, spielte für uns keine Rolle und wird in dieser Aufstellung nicht berücksichtigt. Die benutzte Sekundärliteratur ist in den Anmerkungen nachgewiesen; eine eigene Übersicht erscheint unter der Rücksicht der hier vorliegenden Darstellung unnötig.

VERÖFFENTLICHUNGEN DELPS

1933

1. Sein als Existenz? Die Metaphysik von Heute
   in: B. Jansen S.J., Aufstiege zur Metaphysik heute und ehedem, Freiburg/Br. 1933, 441-484 (zur Autorschaft Delps s. ebd. VIII)!
   Rezensionen dazu, die Delps Kapitel hervorheben:
   Rüfner, V., in: Kölnische Volkszeitung Nr. 323 v. 26. Nov. 33
   Muckermann, Fr., in: Der Gral 28 (1933/34) 30 f.
   Fuetscher, L., in: ZkTh 58 (1934) 128.
   de Vries, J., in: Scholastik 9 (1934) 147 f.
   Müller, W., in: Zeitschrift f. d. Kathol. Rel. Unterricht an Höheren Lehranst. 11 (1934) 250 f.
   Lotz, J.-B., in: Kantstudien 40 (1935) 363 f.
Französische Übersetzung des Textes:
   Jansen, B. et Lenoble, F.: La philosophie existentielle de Kant à Heidegger, in: Archives de Philosophie 11 (1935) 329-377 (Die Autorschaft Delps ist übersehen).

1935

2. *Tragische Existenz*. Zur Philosophie Martin Heideggers
   128 S., Freiburg/Br. 1935
   Rezensionen dazu:
   de Munnynck, M., in: Divus Thomas (Freiburg/Schweiz) 13 (1935) 346 f.
   Muckermann, Fr., in: Der Gral 30 (1935/36) 164-167.
   Rast, M., in: Scholastik 11 (1936) 123 f.
   Hohmann, F., in: Wissenschaft und Weisheit 3 (1936) 47-49.
   Rs., in: Chrysologus 76 (1936) 221.
   Thielemanns, H., in: NRTh 63 (1936) 561-579 (Existence tragique)
   Schoeps, H. J., in: Philosophia 2 (Belgrad 1937) 142-145 (Tragische Existenz)

Getzeny, H., in: Hochland 34/II (1937) 46-50 (Vom Wesen zum Sein)
Hartmann, E., in: PhilJB 50 (1937) 375.
Feuling, D., in: ThRv 37 (1938) 479-482 (Zur Existenzphilosophie)

3. Die moderne Welt und die Katholische Aktion
   in: Chrysologus 75   170-178
4. Bereitschaft
   in: ebd.   353-357
5. Entschlossenheit
   in: ebd.   450-454
6. Kirchlicher und völkischer Mensch
   in: ebd.   723-728
7. Rez. Die religiöse Entscheidung.
   Hefte katholischer Selbstbesinnung
   in: ebd.   410 f.
8. Rez. Th. Haecker, Was ist der Mensch?
   in: ebd.   556 f.
9. Rez. E. Hello, Heiligengestalten
   in: ebd.   557
10. Rez. L. Kösters, Die Kirche unseres Glaubens
    in: ebd.   671
11. Rez. Fr. X. Kother, Vom Geheimnis der Papstkirche
    in: ebd.   671
12. Rez. R. Spamer, Die deutsche Volkskunde
    in: ebd.   672 f.
13. Rez. K. Adam, Jesus Christus und der Geist unserer Zeit.
    in: ebd.   675

                          1935/36

14. Heimat. Die deutsche Landschaft in Erzählungen
    deutscher Dichter
    in: StdZ 130   72
15. Rez. A. Delp, Tragische Existenz
    in: ebd.   277
16. Rez. E. Peters, Totenmasken
    in: ebd.   287 f.
17. Rez. W. v. Molo, Ein Deutscher ohne Deutschland
    in: ebd.   358
18. Rez. N. Orloff, Bismarck und Katharina Orloff
    in: Der Gral 30   428 f.
19. Rez. Th. Haecker, Der Christ und die Geschichte
    in: ebd.   473

                          1936

20. Modern German Existential Philosophy
    in: The Modern Schoolman 13 (St. Louis/USA)   62-66
21. Advent 1935
    in: Chrysologus 76   45-47
22. Religion
    in: ebd.   47-50

1937

45. Ferdinand Ebner: ein Denker christlichen Lebens
    in: StdZ 132   205-220
    (= Zur Erde entschlossen 132-154)

1937/38

46. Rez. J. Hessen, Wertphilosophie
    J. Hessen, Der deutsche Genius und sein Ringen
    um Gott
    in: StdZ 133   340-342

1938

47. Gelübde
    in: Kirchen-Anzeiger St. Michael 9 (München 1938) Nr. 33   130 f.
48. Warum sie sich ängern an uns
    in: ebd.   Nr. 34/35,   134-136
                                                               139 f.

1939

49. Christ und Gegenwart
    in: StdZ 136   343-355
    (= Zur Erde entschlossen 9-28)
50. Rez. A. Dempf, Christliche Philosophie
    in: ebd.   136 f.
51. Rez. H. Glockner, Das Abenteuer des Geistes
    in: ebd.   136 f.
52. Rez. O. Jansen, Dasein und Wirklichkeit
    in: ebd.   264
53. Rez. E. Thier, Gestaltwandel des Arbeiters
    in: ebd.   412 f.
54. Rez. W. Hellpach, Mensch und Volk
    in: ebd.   412 f.

1939/40

55. Der kranke Held
    in: StdZ 137   76-82
    (= Zur Erde entschlossen 116-131)
56. Über den Tod (mit P. Bolkovac)
    in: ebd.   143-148
    (= Zur Erde entschlossen 199-213)
57. Der Krieg als geistige Leistung
    in: ebd.   207-210
58. Heimat
    in: ebd.   277-284
    (= Zur Erde entschlossen 74-92)
59. Rez. G. Kittel, Christus und Imperator
    in: ebd.   205
60. Rez. A. Wenzel, Philosophie als Weg
    in: ebd.   342

61. Rez. M. Ungrund, Die metaphysische Anthropologie
der hl. Hildegard
in: ebd. 345
62. Rez. H. Heise, Der Herrschaftsstand
in: ebd. 413
63. Rez. G. Weippert, Daseinsgestaltung
in: ebd. 413

1940/41

64. Das Volk als Ordnungswirklichkeit
in: StdZ 138 5-15
(= Zur Erde entschlossen 50-73)
65. Weltgeschichte und Heilsgeschichte
in: ebd. 245-254
(= Zur Erde entschlossen 155-179)
dazu vgl. J.-B. Lotz, in: Scholastik 16 (1941) 458 f.
66. Geschichtsphilosophie und Geschichtstheologie
(Sammelrezension)
in: ebd. 241-243
67. Bäuerliches Leben (Sammelrezension)
in: ebd. 311 f.
68. Rez. B. Jansen, Geschichte der Erkenntnislehre
in: ebd. 171
69. Rez. H. A. Lindemann, Weltgeschehen und Welterkenntnis
in: ebd. 172

1941

70. Rez. H. U. v. Balthasar, Apokalypse der deutschen Seele
in: Scholastik 16 79-82
71. Rez. E. v. Hippel, Bacon und das Staatsdenken
des Materialismus
in: ebd 427
72. Rez. A. Voigt, Umriß einer Staatslehre bei J. G. Herder
in: ebd. 428
73. Rez. Dr. Wagner, Vom Adel deutscher Arbeit
in: ebd. 476 f.
74. Rez. E. Mieder, Die Betriebsgemeinschaft und ihre
Verwirklichung
in: ebd. 477 f.
75. Fez. H. Feyer, Die Bewertung der Wirtschaft
im philosophischen Denken des 19. Jahrunderts
in: ebd. 478
76. Rez. J. M. Restrepo, Corporativismo
in: ebd. 479
77. Rez. J. B. Lo Grasso, Ecclesia et Status
in: ebd. 629

1942

78. *Existencia trágica.* Notas sobre la filosofía de Martin Heidegger, Prólogo, traducción y notas de Jesús Iturrioz S.J.
Madrid 1942 127 S.
　　dazu vgl. G. Fraile, in: La Ciencia Tomista
　　(Salamanca) 65 (1943) 206 f.; 335 f.

1943

79. *Der Mensch und die Geschichte.*
80 S., Kolmar/Elsaß o.J. (1943)
Eine zweite Auflage (99 S.) erschien im gleichen Verlag
im Jahre 1955
Eine dritte Auflage (76 S.) erschien als Band 24 der
« Nürnberger Liebhaberausgaben » ohne Jahresangabe 1974,
　　dazu vgl. E. Seiterich, in: Theol. u. Seelsorge,
　　März 1944, 3. Umschlagseite

1944

80. Das Bild des Menschen im Ringen der Zeit
Kolmar/Elsaß (Alsatia) o.J. (1944)

1946

81. Vater unser
　in: StdZ 139　　　　　　　　　　　　　　　　　　5-15
82. Die Erziehung des Menschen zu Gott
　in: ebd.　　　　　　　　　　　　　　　　　　231-233

1947

82. *Vater unser.* Geschrieben zwischen Verurteilung
und Hinrichtung im Gefängnis zu Tegel
23 S., Freiburg/Br. 1947 (Sonderdruck von Nr. 81)
83. *Im Angesicht des Todes.* Geschrieben zwischen
Verhaftung und Hinrichtung 1944-1945
184 S., Frankfurt/M. 1947
(2 Aufl. 1948, 179 S.; 3. Aufl. 1949, 181 S.;
4. Aufl. 1954, 234 S.; 5. Aufl. 1956; 6. Aufl. 1958;
7. Aufl. 1960; 8. Aufl. 1963; 9. Aufl. 1965/zählt 234 S.
und 5 nichtpaginierte Blätter/; 10. Aufl. 1976;
im Jahre 1958 erschien das Buch als Band 30
in der Herder Bücherei /171 S./).
84. Veni Sancte Spiritus!
　in: StdZ 140　　　　　　　　　　　　　　　　　81-97

1948

85. Cor Jesu. Eine heilsgeschichtliche Betrachtung
　in: GuL 21　　　　　　　　　　　　　　　　　81-84

86. Von den Geheimnissen des Herzens Jesu Christi
    in: ebd.   161-170

1949

87. *Zur Erde entschlossen*
    244 S., Frankfurt/M. 1949 (Band 1 der von
    P. Bolkovac herausgegebenen Trilogie
    « Christ und Gegenwart »)
88. *Der mächtige Gott*. Ansprachen
    252 S., Frankfurt/M. 1949 (Band 2 der gleichen
    Trilogie, deren dritter Band Nr. 83 ist).
89. Das geistliche Tagebuch   153-155
    in: GuL 22
    (Aufzeichnungen Delps aus dem Jahre 1938)

1954

90. *Kämpfer, Beter, Zeuge* (Briefe und Beiträge
    von Freunden)
    Zweite Auflage Berlin 1958; dritte Aufl. ebd. 1978.
    In Jahre 1962 erschien eine Taschenbuchausgabe
    als Bd. 131 der Herder Bücherei /126 S./

1955

91. *Der Mensch vor sich selbst*
    104 S., Colmar (Alsatia) 1955

1957

92. *Zwischen Welt und Gott*
    300 S., Frankfurt/M. 1957 (Auszüge aus den
    Nr. 87 und 88; Hrsg. P. Bolkovac)

1958

93. *Honneur et liberté du chrétien*
    214 S., Paris 1958 (Frz. Übersetzung von
    Nr. 83 durch M. Rondet) dazu vgl. J. M. Faux,
    in: NRTh 82 (1960) 328

1960

94. *Kreuzweg*
    Von Willi Dirx nach Texten von Alfred Delp
    Frankfurt/M. 1960

1962

95. *Facing Death*
    X-194 S., London 1962 (Bloomsbury) (engl.

Übersetzung von Nr. 83 mit Vorwort von
Th. Corbishley)

1963

96. *The Prison Meditations*
    XXVI-166 S., New York (Macmillan) 1963
    XXX-193 S., New Rork (Herder and Herder) 1963
    (engl./amerikan. Übersetzung von Nr. 83 mit
    einer Einleitung von Thomas Merton)

1965

97. Le Fils de l'homme viendra
    in: Christus 12 (Paris 1965)   85-89
    (frz. Übers. aus Nr. 88 von R. Tandonnet)

1966

98. *Frente a la Muerte*
    202 S., Madrid 1966 (span. Übersetzung
    von Nr. 83)
99. *In Freiheit und in Fesseln.* Ein Vermächtnis
    zusammengestellt von O. Ogiermann
    458 S., Leipzig 1966

1974

100. *Worte der Hoffnung.* Ausgewählt und zusammengestellt
     von A. Scherer
     136 S., Freiburg/Br. 1974

NAMEN

Das Register verzeichnet alle im Text, in den Anmerkungen und im Anhang vorkommenden Personennamen, ausgenommen den Namen Delps wegen seines ständigen Vorkommens. Es bietet damit auch eine Hilfe beim Auffinden der herangezogenen Sekundärliteratur.